Thea Dorn

deutsch, nicht dumpf

Ein Leitfaden für aufgeklärte Patrioten

Pantheon

Verlagsgruppe Random House FSC® N001967

Der Pantheon Verlag ist ein Unternehmen
der Verlagsgruppe Random House GmbH.

Erste Auflage
Pantheon-Ausgabe März 2019

© 2018 by Albrecht Knaus Verlag, München,
in der Verlagsgruppe Random House GmbH,
Neumarkter Straße 28, 81673 München
Umschlaggestaltung: Büro Jorge Schmidt, München
Satz: Uhl + Massopust, Aalen
Druck und Bindung: CPI books GmbH, Leck
Printed in Germany
ISBN 978-3-570-55397-8

www.pantheon-verlag.de

Dieses Buch ist auch als E-Book erhältlich.

Inhalt

Vorbemerkung

Dürfen wir unser Land lieben? Dürfen wir es gar »Heimat« nennen? Falls ja: Was meinen wir damit? Das Fleckchen Erde, auf dem wir zufällig geboren wurden? Die Kultur, die uns geprägt hat? Das Umfeld, das uns vertraut ist und in dem wir *einander* vertrauen? Den Ort, an dem wir unseren Lebensunterhalt verdienen? Das soziale Netz, das uns auffängt, wenn wir straucheln? Den Staat, der uns eine freiheitliche, demokratische Verfassung beschert?

Wenn aber jeder unter »Deutschland« etwas anderes versteht, von wem reden wir dann, wenn wir »wir« sagen? Und hat Patriotismus – verstanden als die Haltung, dass ich meinem Land mindestens so viel schulde, wie es mir schuldet – überhaupt noch eine Chance in Zeiten, in denen es von jedem Funkmast zwitschert: »Ich bin doch nicht blöd!«?

Das Gelände gleicht einem Irrgarten. Zögernd, vorsichtig setzen wir Fuß vor Fuß, wohl wissend, dass wir uns nicht nur zwischen dornigen Hecken verfranzen können, sondern dass etliche Fallgruben darauf warten, uns einbrechen zu lassen.

Aus der Tiefe rufen dumpfe Stimmen zur Jagd, raunen, »Volk und Land zurückzuholen«. Aus der Höhe mahnen sorgentrunkene Chöre, das mit dem »Volk und Land« doch bitte ganz sein zu lassen, auf dass alle Menschen nun aber wirklich Brüder werden mögen – und Schwestern sowieso.

Dieser Leitfaden sei allen gewidmet, die sich nicht irremachen lassen wollen:
- die weder Rattenfängern noch Wolkenkuckucksheimern folgen;

- die nicht davon träumen, das Buch der deutschen Vergangenheit zuzuschlagen;
- die daran festhalten, dass es in diesem Buch finstere und helle Kapitel gibt – und dass das finsterste Kapitel zwischen 1933 und 1945 geschrieben wurde;
- die überzeugt sind, dass nichts dagegenspricht, deutsch *und* zivilisiert zu sein;
- die den syrischstämmigen Förster ebenso willkommen heißen wie den urdeutschen;
- die, auch wenn sie aus Syrien oder der Türkei, Tunesien, Marokko oder sonst einem Land stammen, die Vorstellung, sie selbst oder eines ihrer Kinder, eines ihrer Geschwister, könnte Förster beziehungsweise Försterin im deutschen Wald werden, nicht kategorisch ablehnen;
- die mit Freude in einem Land leben, in dem die Geschlechterrollen und Familienverhältnisse ins Tanzen geraten sind – sei's, weil sie selbst zu den Tänzern gehören, sei's, weil sie akzeptieren, dass nicht hinter jedem heimischen Herd eine Frau steht, dass nicht jede Frau Mutter ist, dass nicht alle Kinder in einer Vater-Mutter-Familie leben und manche sogar zwei Mütter oder zwei Väter haben, dass Schwule und Lesben keine »Invertierten« sind;
- die nie auf die Idee kämen, die gesellschaftliche Mehrheit, die traditionelle Herkünfte hat oder in traditionellen Verhältnissen lebt, als rückschrittlich zu verspotten;
- die ahnen, dass die gegenwärtige deutsche Liberalität und Weltoffenheit ein ethisch-kulturelles Fundament haben – und dass wir dabei sind, dieses Fundament zu untergraben;
- die bezweifeln, dass der Humanität besser gedient ist, wenn wir uns verbieten, *zunächst* an unser eigenes Land zu denken, sondern *stets* Europa oder gleich die ganze Welt im Sinn haben sollen;
- die befürchten, dass hässliche Zeiten vor uns liegen, wenn wir den öffentlichen Diskurs den Schreihälsen überlassen;
- die sich in Zeiten der Radikalisierung nach vernünftiger Orientierung sehnen;

– die nicht erwarten, dass auf komplizierte Fragen simple Antworten zu haben sind.

Berlin, im März 2018   Thea Dorn

Kapitel 1

Deutsche Kultur – gibt es sie überhaupt?

Ich wünschte, ich könnte mit etwas Schönem beginnen. Damit, wie mein Herz höherschlägt, wenn ich an einem nebligen Herbsttag durchs Elbsandsteingebirge wandere; wie ich versinke, wenn ich höre, wie Richard Wagner Tristan und Isolde in ihrer Liebe ertrinken lässt; wie ich mich freue, seit ich mich freuen kann, wenn die deutsche Nationalmannschaft bei einer Fußballweltmeisterschaft gewinnt (von meinem Vater hatte ich gelernt, dass sich ein anständiger Deutscher nur freut, wenn »die Deutschen eins auf den Deckel bekommen«); wie mir ein glückliches, ja dankbares Lächeln übers Gesicht huscht, wenn ich auf Berliner Straßen nahezu täglich Menschen begegne, die Hebräisch reden; wie ich aus dem Denken nicht mehr herauskomme, wenn ich anfange, Kant, Nietzsche, Adorno zu lesen; wie meine Geschmacksknospen aufblühen, wenn ich nach Wochen im Ausland zum ersten Mal wieder in eine Scheibe Schwarzbrot beiße und dazu ein – nach deutschem Reinheitsgebot gebrautes – Bier trinke.

Aber unsere politisch-mediale Gegenwart nötigt mich, mit etwas Hässlichem zu beginnen: mit etwas Ahnungslos-Dummem und etwas Niederträchtig-Dummem, das mir in seiner wechselseitigen Verstrickung allerdings ein trauriges Muster dafür zu sein scheint, wie der öffentliche Diskurs entgleist, sobald es nicht mehr um Verständigung geht, sondern darum, wer sich besser ins rechte Licht der Skandalscheinwerfer zu rücken weiß.

Deutschland, im Frühjahr 2017: Bald beginnt der Bundestagswahlkampf, sechs Parteien suchen nach ihren Themen. Und wie immer seit einer Weile, wenn in Deutschland nach politischen Themen gesucht wird, wirft ein Vertreter des eher konservativen Lagers den Köder »Leitkultur« in den nationalen Karpfenteich. Und wie immer beginnt es sogleich zu blubbern und zu brodeln.

Die Rolle »Aufschrei/Abwehr« war 2017 mit Aydan Özoğuz schnell und plausibel besetzt. In einem Zeitungsartikel erklärte die in Hamburg geborene SPD-Politikerin und Beauftragte der Bundesregierung für Migration, Flüchtlinge und Integration, warum sie es ablehne, über »Leitkultur« zu diskutieren: »Sobald diese Leitkultur aber inhaltlich gefüllt wird, gleitet die Debatte ins Lächerliche und Absurde, die Vorschläge verkommen zum Klischee des Deutschsein. Kein Wunder, denn eine spezifisch deutsche Kultur ist, jenseits der Sprache, schlicht nicht identifizierbar.«

Der Sommer ging ins Land, der Wahlkampf mit ihm, bis AfD-Spitzenkandidat Alexander Gauland – einstiges CDU-Mitglied, das ausgezogen ist, seine alte Partei das Fürchten zu lehren – erkannte, dass die Position des aggressiven Gegenstürmers noch immer vakant war. »Das sagt eine Deutschtürkin!«, giftete er also bei einer Wahlkampfveranstaltung im Thüringischen. »Ladet sie mal ins Eichsfeld ein und sagt ihr dann, was spezifisch deutsche Kultur ist. Danach kommt sie hier nie wieder her, und wir werden sie dann auch, Gott sei Dank, in Anatolien entsorgen können.«

Ich weiß nicht, wie es Ihnen geht, aber ich möchte mir an dieser Stelle jedes Haar einzeln raufen. Wie kann ein deutscher Bildungsbürger glauben, seinem Land – dessen Wohl ihm und seiner Partei angeblich so sehr am Herzen liegt – einen Dienst zu erweisen, indem er sich in die Tradition jener Barbaren stellt, die, wenn sie oft genug »deutsch« sagen, bald schon davon schwadronieren, Menschen, deren Haltungen ihnen nicht passen, »entsorgen« zu wollen?

Wie kann eine Deutsche, deren Eltern vor einem halben Jahrhundert hierhergekommen sind, um sich eine neue Existenz aufzubauen, glauben, ihrem Land – für dessen Wohl sie als Regierungsmitglied eine besondere Verantwortung trägt – einen Dienst zu erweisen, indem sie Einwanderern erklärt, es habe sie in ein kulturelles Niemandsland verschlagen?

Und wie können wir, alle miteinander, glauben, dass es unser Land nicht zerreißt, wenn wir weiterhin gelangweilt, resigniert oder gar amüsiert zuschauen, wie grobe Vereinfacher ihre Reißzähne in es hineinhauen?

Die rüden Kräfte, die bereits am Werk sind, bändigen wir nicht, indem wir uns jeweils auf die Seite schlagen, die beim Zerren gerade etwas Unterstützung brauchen könnte. Auf Ignoranz aus dem linken Lager antwortet man nicht mit rechter Bestialität. Und rechte Bestialität bekämpft man nicht, indem man aus Entsetzen noch weiter nach links rückt. Oder den rechten Leitwölfen mit eingekniffenem Schwanz hinterherhechelt.

Ebenso ist es unmöglich, der Logik von Skandal und Gegenskandal zu entkommen, wenn sich die politische Klasse parteiübergreifend in ein Lager der Krachmacher und ein Lager der Konsensverwalter spaltet. Destruktiv eskalierendes Gezänk beende ich nicht, indem ich eine halbwegs vernünftige oder auch bloß verzweifelte Position als »alternativlos« behaupte und damit allen Streit für obsolet erkläre. Im Gegenteil. Konstruktive Auseinandersetzungen – die wir, so wie unsere Welt verfasst ist, dringend brauchen – können wir erst wieder führen, wenn wir uns Klarheit darüber verschaffen, was wir *konkret* meinen, wenn wir Reizworte wie »deutsche Kultur« oder gar »deutsche Leitkultur« verwenden. Wem es genügt, dem Gegner die eigene Position mit möglichst lautem »Klatsch!« um die Ohren zu schlagen, der möge zum Zirkus gehen und sich als Watschenclown bewerben. Ernsthaft miteinander ringen können wir nur, wenn wir erkennen, worum es bei den aktuellen Reizthemen *dem Kern nach* geht.

In diesem Sinne möchte ich mit dem Schürfen beginnen, indem ich versuche herauszufinden, worüber wir eigentlich streiten, wenn wir uns über der Frage entzweien, ob es eine »spezifisch deutsche Kultur« gibt.

Deutsche Begriffsverwirrung und Denkhilfe
aus Österreich

Wenn zwei Parteien sich nicht einigen können, ob es ein bestimmtes Phänomen – sagen wir: Einhörner – gibt, liegt dies häufig daran, dass sie sich bereits nicht einigen können, bei wem die Beweislast liegt. Muss derjenige, der behauptet, dass es Einhörner gibt, beweisen, dass diese tatsächlich existieren? Oder muss der Einhornskeptiker dem Einhorngläubigen beweisen, dass Letzterer einem Trugbild anhängt?

Ich vermute, viele würden sagen: So nett die Vorstellung von Einhörnern auch ist, ihre reale Existenz ist nicht bezeugt und so wenig wahrscheinlich, dass in diesem Falle die Beweislast beim Einhorngläubigen liegt.

Was aber, wenn Sie es mit einem Gegner zu tun haben, der behauptet, er glaube nicht an die Existenz von Mänteln? Würden Sie da nicht sagen: Verzeihung, aber wie kommen Sie denn zu dieser absurden Einschätzung? Ich habe nicht den geringsten Zweifel daran, dass es Mäntel gibt, in diesem Augenblick zum Beispiel trage ich einen.

Sie ahnen, worauf ich hinauswill. Offensichtlich gibt es in unserem Land Menschen, denen die Behauptung, es gebe eine »deutsche Kultur«, so lächerlich erscheint wie die Behauptung, es gebe Einhörner. Diese treffen auf Menschen, denen die Existenz einer deutschen Kultur wiederum so selbstverständlich ist wie dem Mantelträger die Existenz von Mänteln. Was bleibt den beiden Parteien anderes übrig, als die jeweils andere für komplett gaga zu halten?

Versuchen wir, die Lage zu entspannen, indem wir beide Seiten in ein Gespräch bringen, bei dem wir frei nach Bertolt Brecht weder Anmut noch Mühe, weder Leidenschaft noch Verstand sparen.

Lieber Skeptiker, so könnte ein Gesprächsbeginn lauten, darf ich nachfragen, ob Sie generell nicht an die Existenz von Kulturen glauben? Nicht an die Existenz einer französischen Kultur, nicht an die Existenz einer italienischen Kultur, nicht an die Existenz einer türkischen Kultur?

Bejaht der Skeptiker diese Nachfrage, wissen wir, dass wir es mit einem waschechten Skeptiker zu tun haben. Für ihn ist das Goethe-Institut lediglich eine deutsche Sprachschule im Ausland, ebenso wie das *Institut français* seine Aktivitäten auf französischen Sprachunterricht beschränken sollte, das *Istituto italiano di cultura* die seinen auf italienischen Sprachunterricht und die diversen türkischen Kulturvereine in Deutschland nichts außer türkischen Sprachkursen im Programm haben sollten. Er ist so konsequent wie der Einhornskeptiker, der ja auch nicht behauptet, lediglich die Existenz gescheckter Einhörner infragezustellen, an die von gestreiften, gepunkteten und karierten hingegen zu glauben.

Ich befürchte allerdings, dass es unter den hiesigen Kulturskeptikern nicht wenige gibt, die exakt diese sonderbare Inkonsequenz an den Tag legen; die der Meinung sind, dass man von einer »französischen«, »italienischen« oder »türkischen Kultur« durchaus reden könne, aber eben nicht von einer »deutschen«.

Lassen wir die Kulturchauvinisten außer Acht, deren Inkonsequenz auf der Überzeugung beruht, einzig die Hervorbringungen und Lebensformen ihres eigenen (Herkunfts-)Landes verdienten die Bezeichnung »Kultur«, während im Rest der Welt Barbarei herrsche. Beschäftigen wir uns lieber mit denen, die ihre spezifische Skepsis gegenüber einer »deutschen Kultur« nicht einfach nur behaupten, sondern bereit sind, diese zu begründen.

Das erste Argument, das in diesem Zusammenhang regelmäßig angeführt wird, lautet: Deutschland ist so hochgradig regional geprägt, dass sich nicht sinnvoll von einer gemeinsamen »deutschen Kultur« reden lässt, sondern allenfalls von einer »bayerischen«, einer »rheinischen«, einer »westfälischen«, einer »sächsischen« usw.

Auf den ersten Blick hat das Argument, die deutsche Kultur erschöpfe sich in Regionalkulturen, einiges für sich. Wie der Philosoph und Soziologe Helmuth Plessner es so schön auf den Begriff brachte, handelt es sich bei Deutschland um eine »verspätete Nation«, sprich: Bis 1871 war Deutschland ein bunter – manche sagen: grotesker – Flickenteppich aus Königreichen, Großherzog-, Herzog-

und Fürstentümern; ein Kurfürstentum, eine Landgrafschaft und ein paar freie Städte kamen noch hinzu. Kein Wunder also, dass regionale Eigenheiten das Bild der deutschen Kultur stärker geprägt haben, als dies etwa im zentralistischen Frankreich der Fall ist – wobei ich mir auch da nicht sicher bin. Ich bezweifle, dass sich der Bretone dem Pariser tatsächlich inniger verbunden fühlt als der Bayer dem Berliner.

Wenn man sich mit der deutschen Geschichte in der ersten Hälfte des 19. Jahrhunderts beschäftigt, verliert das Argument der bloßen Regionalkulturen an Plausibilität. Die Zeit zwischen den Befreiungskriegen gegen die napoleonisch-französische Besatzung und der liberal-demokratischen deutschen Revolution, die in der Paulskirche ihren allzu kurzen Frühling erlebte, war die Blütezeit der volkstümlichen Vereinsgründungen. (Die »Patriotischen Gesellschaften«, »Gelehrten Gesellschaften« oder »Lesegesellschaften«, die in der zweiten Hälfte des 18. Jahrhunderts allenthalben zwischen Nordsee und Bodensee entstanden, waren hingegen eine rein bildungsbürgerliche Angelegenheit.) Die zahllosen Männergesangsvereine etwa, die nach 1813 entstanden, widmeten sich mit derselben Inbrunst der Pflege des regionalen wie des überregional-deutschen Liedguts. Ihren sicht- und hörbarsten Ausdruck fand diese Einheit des Vielfältigen in den immer gigantischer werdenden deutschen Sängerfesten, bei denen auch die Frage: »Ist das noch Biedermeier oder schon Vormärz?«, immer schwieriger zu beantworten wurde. Aus allen deutschen Landen reisten Männerchöre an, um ihre Kunst einzeln darzubieten. Doch irgendwann kam der Moment, an dem alle gemeinsam singen, sich zu einem einzigen Chor vereinigen wollten. Eine der bevorzugten Hymnen jener Zeit war *Der Jäger Abschied*, die kongeniale Vertonung des Eichendorff-Gedichts durch Felix Mendelssohn Bartholdy. Spätestens, wenn zweitausend und mehr Männer beim finalen Refrain angekommen waren und unter freiem Himmel ihr letztes »Schirm dich Gott, du deutscher Wald« in die Nacht hauchten, spielte es keine Rolle mehr, ob man Friese, Sachse, Pfälzer oder Kurpfälzer war – und, dies sei ebenfalls erwähnt, ob man Christ oder Jude war. Ein knappes Jahrhundert, bevor die Nationalsozialisten den Fackelzug zum schaurigen Sinnbild einer barbarisch gewordenen deutschen Kultur machten, geleiteten die Teilnehmer des »Ersten Sängerfests zu Cöln« eben jenen Felix Mendelssohn Bartholdy, der das Amt des Chefdirigenten freudig übernommen hatte, mit einem Fackelzug zu seiner Unterkunft.

Mir sind solche Episoden der deutschen Vergangenheit lieb und kostbar, aber ich vermute, den eingefleischten Skeptiker werde ich damit nicht überzeugen. Und tatsächlich lässt sich einwenden, dass die Geschichte des deutschen Gesangsvereinswesens eine interessante Ausnahme sein mag. Von den diversen deutschen Trachtengruppen sei nicht überliefert, dass sie sich je danach gesehnt hätten, alle in einem deutschen Tanz aufzugehen. Auch dies stimmt natürlich nur bedingt, schließlich gab es einst einen »Deutschen Tanz«, aus dem später der Walzer wurde, der womöglich mit dem Ländler verwandt ist und auf verschlungene Weise vielleicht sogar mit dem Schuhplattler.

Aber bevor wir aufs Glatteis der Diskussion geraten, wie sich die deutsche Kultur mit einem klaren Strich von der österreichischen abgrenzen lässt, schlage ich vor, dem noch immer skeptischen Skeptiker eine einfache Frage zu stellen, die fürs Erste rein gar nichts mit Geschichte zu tun hat. Dafür allerdings mit Österreich, denn der Philosoph, den ich zu Hilfe rufen will, heißt Ludwig Wittgenstein.

Frei nach Wittgenstein will ich den Skeptiker fragen: Du hast Schwierigkeiten, den Begriff »deutsche Kultur« zu verstehen. Hast du auch Schwierigkeiten, den Begriff »Spiel« zu verstehen?

Lieber Skeptiker, sagen Sie jetzt bitte nicht: Hä?! Ihr Argument gegen den Begriff »deutsche Kultur« war schließlich, dass diese »schlicht nicht identifizierbar« sei. Ich möchte Sie also lediglich auffordern, mir eine schlichte Identifikation – in diesem Fall können wir ruhig sagen: eine schlichte Definition – dessen zu geben, was Sie unter »Spiel« verstehen. Wie lautet der gemeinsame Nenner von Schach, Fußball, Murmelspiel, *Hamlet* und *World of Warcraft*? Anders gefragt: Was haben ein strategisches Brettspiel, bei dem zwei

Personen gegeneinander antreten, eine Rasen-/Ballsportart, bei der zwei Mannschaften gegeneinander antreten, ein Kind, das selbstvergessen Glaskugeln über den Boden kullern lässt, ein Schauspiel, bei dem verschiedene Menschen in die Rollen von Figuren schlüpfen, die ein englischer Dichter vor über vierhundert Jahren erfunden hat, und ein Computerspiel, bei dem allein vor ihren Bildschirmen sitzende Menschen virtuelle Identitäten annehmen, um sich in einer digitalen Welt zu bekämpfen oder Allianzen zu schließen – was haben alle diese Phänomene gemein?

Bevor wir uns den Kopf zerbrechen, möchte ich ausführlicher auf Wittgenstein zurückgreifen. In seinen *Philosophischen Untersuchungen* fordert er uns auf: »Betrachte z. B. einmal die Vorgänge, die wir ›Spiele‹ nennen. Ich meine Brettspiele, Kartenspiele, Ballspiel, Kampfspiele, usw. Was ist allen diesen gemeinsam? – Sag nicht: ›Es *muss* ihnen etwas gemeinsam sein, sonst hießen sie nicht ‚Spiele‘‹ – sondern *schau*, ob ihnen allen etwas gemeinsam ist. – Denn wenn du sie anschaust, wirst du zwar nicht etwas sehen, was *allen* gemeinsam wäre, aber du wirst Ähnlichkeiten, Verwandtschaften, sehen, und zwar eine ganze Reihe. Wie gesagt: denk nicht nach, sondern schau! – Schau z. B. die Brettspiele an, mit ihren mannigfachen Verwandtschaften. Nun geh zu den Kartenspielen über: hier findest du viele Entsprechungen mit jener ersten Klasse, aber viele gemeinsame Züge verschwinden, andere treten auf. Wenn wir nun zu den Ballspielen übergehen, so bleibt manches Gemeinsame erhalten, aber vieles geht verloren. – Sind sie alle ›*unterhaltend*‹? […] Oder gibt es überall ein Gewinnen und Verlieren, oder eine Konkurrenz der Spielenden? Denk an die Patiencen. In den Ballspielen gibt es Gewinnen und Verlieren; aber wenn ein Kind den Ball an die Wand wirft und wieder auffängt, so ist dieser Zug verschwunden. Schau, welche Rolle Geschick und Glück spielen. Und wie verschieden ist Geschick im Schachspiel und Geschick im Tennisspiel. […] Und so können wir durch die vielen, vielen anderen Gruppen von Spielen gehen. Ähnlichkeiten auftauchen und verschwinden sehen. Und das Ergebnis dieser Betrachtung lautet nun: Wir sehen ein kompliziertes Netz von Ähnlichkeiten, die einander übergreifen und kreuzen. Ähnlichkeiten im Großen und Kleinen.«

Meines Wissens taucht im Werk von Wittgenstein die Beschäftigung mit dem Begriff der »Kultur« oder gar der »deutschen« beziehungsweise »österreichischen Kultur« nirgends auf, dennoch scheinen mir seine Überlegungen für unser Problem ausgesprochen hilfreich zu sein: Zum einen führen sie uns weg von dem Holzweg, eine schlichte Definition dessen zu verlangen beziehungsweise zu suchen, was »deutsche Kultur« ist, sondern eröffnen uns, dass wir es mit einem »komplizierten Netz von Ähnlichkeiten, die einander übergreifen und kreuzen« zu tun haben. Zum anderen machen sie deutlich, dass wir den Begriff »deutsche Kultur« niemals abstrakt verstehen können, sondern nur, indem wir uns *anschauen*, wie er verwendet wurde und wird.

2011 haben der Schriftsteller Richard Wagner und ich ein Buch veröffentlicht, das *Die deutsche Seele* heißt. In 64 Kapiteln von »Abendbrot« über »Arbeitswut«, »Fachwerkhaus«, »Gemütlichkeit«, »Kirchensteuer«, »Narrenfreiheit«, »Ordnungsliebe«, »Pfarrhaus«, »Reinheitsgebot« und »Strandkorb« bis hin zur »Zerrissenheit« spüren wir dem nach, was die deutsche Kultur ausmacht. Ohne die Wittgenstein'sche Sprachphilosophie damals im Sinn gehabt zu haben, haben wir in unserem Buch unbewusst genau den Prozess nachvollzogen, von dem Wittgenstein zeigt, dass er unerlässlich ist, wenn wir einen Begriff tatsächlich verstehen und souverän mit ihm umgehen wollen: Wir haben uns die unterschiedlichen Phänomene, von denen wir trotz ihrer Unterschiedlichkeit die Vermutung hatten, dass sie konkrete Erscheinungsformen der deutschen Kultur sein könnten, genau *angeschaut*, indem wir ihre jeweilige Geschichte von der Entstehung bis in unsere Gegenwart verfolgt haben. Anders ausgedrückt: Wir haben uns auf die Suche nach dem gemacht, was Wittgenstein so schön »Familienähnlichkeiten« nennt.

Auf diese Weise haben wir zum Beispiel herausgefunden, dass zwischen den scheinbar höchst verschiedenen deutschen Kulturerrungenschaften wie dem Kindergarten, der Jugendherberge, dem

Schrebergarten und der Freikörperkultur eine verblüffend enge Verwandtschaft besteht: Alle vier Phänomene sind Reaktionen auf die Sorge, dass der Mensch, vor allem der junge Mensch, sich im Zuge der Industrialisierung und mit dem Anwachsen der Großstädte zu weit von der Natur entfernt.

Hat man dies erkannt, erkennt man auch, dass der Kindergarten, die Jugendherberge, der Schrebergarten und die Freikörperkultur allernächste Verwandte der urdeutschen Liebe zur Natur, insbesondere zum Wald sind. Die Liebe der Deutschen zum Wald wiederum ist ein so komplexes Thema, dass sie Verbindungen zu nahezu allen Ausprägungen der deutschen Kultur hat: Fünfhundert Jahre, bevor das »Waldsterben«, eine der berühmtesten deutschen Ängste, Karriere machte, befürchtete schon Martin Luther, den Deutschen könne es eines baldigen Tages an »wildem Holze« mangeln; nichts besingt der Männerchor – außer der Liebe und der Heimat – lieber als den Wald; kein Romantiker, der nicht Tag und Nacht im Wald umherwandelt; der Schriftsteller Elias Canetti war der Ansicht, dass vom wohlgeordneten deutschen Forst ein unmittelbarer Weg zum preußischen Militarismus führe; und die Forstwissenschaft – eine Disziplin, die von einem Deutschen begründet wurde – macht den Förster zum überraschend nahen Cousin des deutschen Tüftlers und Technikers, der überzeugt ist, für jedes Problem eine saubere, wissenschaftlich fundierte Lösung zu finden. Der deutsche Techniker verbeugt sich seinerseits vor der Natur, indem er etwa wie Carl Benz beim ehrgeizigen Projekt des »pferdelosen Wagens« – sprich: des Automobils – durchaus auch an die armen Vierbeiner dachte, die der Mensch bis dahin vor seinen Karren gespannt hat. Selbst das heute so populäre Konzept der »Nachhaltigkeit« entstammt der Forstwissenschaft – in der *Sylvicultura oeconomica* des sächsischen Oberberghauptmanns Hannß Carl von Carlowitz taucht es 1713 zum ersten Mal auf.

Sämtliche Bücher, die sich in den vergangenen Jahren ernsthaft bemüht haben, anschaulich zu machen, was unter »deutscher Kultur« sinnvollerweise verstanden werden könnte, sind dick. Sehr dick.

Unsere *Deutsche Seele* ist mit ihren 560 Seiten noch eine vergleichsweise schmale Lektüre. Einzig der Althistoriker und Kulturwissenschaftler Alexander Demandt bleibt mit seinem Buch *Über die Deutschen* knapp darunter. Der britische Kulturhistoriker Peter Watson etwa braucht gut 1000 Seiten, um den »deutschen Genius« zu beschreiben; der deutsche Germanist Dieter Borchmeyer benötigt nahezu 1100 Seiten, um die Frage »Was ist deutsch?« zu beantworten; und die von den französisch-deutschen Historikern Etienne François und Hagen Schulze herausgegebene Anthologie *Deutsche Erinnerungsorte* hat deutlich über 2000 Seiten.

Ich sehe, wie der Skeptiker spöttisch die Mundwinkel verzieht, getreu dem Motto: Wer klar weiß, was er meint, kann sich auch kurzfassen. Ich wiederhole es noch einmal: Wenn der Skeptiker solch ein Freund des Sich-Kurzfassens ist, dann soll er mir bitte in 140 oder meinetwegen auch 280 Zeichen erklären, was ein »Spiel« ist. Oder er möge auch dieses Wort künftig aus seinem Sprachschatz entfernen.

Ich hingegen frage mich, wie aberwitzig gehetzt oder denkfaul wir sind, wenn wir den Umstand, dass sich die deutsche Kultur eben *nicht* in einem Atemzug beschreiben lässt – und auch nicht in zwei oder drei –, polemisch gereizt gegen sie verwenden, anstatt ihre Komplexität als ihren größten Reichtum aufzufassen? Denn so wie ich niemals zu einem reichen, nuancierten Verständnis dessen kommen werde, was »Spiel« meint, wenn ich nur Fußball und *World of Warcraft* im Kopf habe, komme ich zu keinem reichen, nuancierten Verständnis der »deutschen Kultur«, wenn ich sie mit ein paar dürren Worten abfertige, anstatt sie mit allen Mitteln der deutschen Sprache, in allen Farben und Formen *anschaulich* zu machen.

Und deshalb, Herr Gauland, ist Ihre vergiftete Einladung an Aydan Özoğuz, sie möge ins Eichsfeld kommen, dann werde sie schon sehen, was »deutsche Kultur« ist, populistischer Quatsch. Ein Besuch im Eichsfeldischen kann anschaulich machen, was in diesem Fleckchen unseres vielfältigen Landes unter Kultur verstanden wird – und nicht mehr.

Aus denselben Gründen bin ich eine Gegnerin sämtlicher Versuche, auf einer halben Zeitungsseite oder in einem Zwei-Minuten-Statement erklären zu wollen, was deutsche Kultur ist. Die öffentliche Crux beginnt jedoch in dem Moment, in dem dies abgehackte, zwangsläufig oberflächliche Gestammel alles ist, was unsere Medien noch für druck- oder sendbar halten.

Offen für Veränderung

Aus eigener Erfahrung weiß ich, dass der eingefleischte Skeptiker nicht nur die in der Tat unergiebigen Schrumpfdiskurse meint, sondern generell dazu neigt, »Klischee« zu rufen, sobald ihm einer zu erzählen versucht, was deutsche Kultur ist. Ich vermute, Frau Özoğuz und alle, die ihrer Haltung zustimmen, würden auch mir vorwerfen, dass ich lediglich ein »Klischee des Deutschseins« reproduziere, wenn ich, wie eben geschehen, etwa von der »urdeutschen Liebe zur Natur, insbesondere zum Wald« spreche. Aber offen heraus: Ich verstehe nicht, was sie mir damit sagen wollen. Wenn ich »deutscher Wald« höre, gehen mir sogleich hunderterlei Bilder, Gerüche, Geschichten, Klänge durch den Kopf: Ich sehe die herrlichen Wälder vor mir, die zwischen Kühlungsborn und Warnemünde bis an den Ostseestrand reichen; mir fallen Grimms Märchen ein; in Gedanken steige ich im Morgengrauen auf den Kickelhahn und flüstere dabei: »Über allen Gipfeln ist Ruh’ …«; mir kommt mein deutsches Lieblingswort »Waldeinsamkeit« in den Sinn; ich höre nicht nur veritable Waldvöglein zwitschern, sondern höre auch Robert Schumanns *Waldszenen*; ich sehe den schwarzen, schweigenden Wald, den Caspar David Friedrich gemalt hat, und muss an den scheinbar sachlichen Waldbilder-Zyklus von Gerhard Richter denken, und so weiter und so fort. Seitenlang könnte ich darüber schwärmen, was der deutsche Wald alles ist! Das ist doch kein Klischee! Das ist Seelenreichtum!

Außerdem würde ich mir nie anmaßen zu behaupten, dass *alle* Deutschen in der Waldfrage so empfinden wie ich. Ohne jeden

22

Zweifel gibt es Hunderttausende oder vielleicht sogar Millionen von Deutschen, die den Wald meiden wie die grüne Hölle.

Einen klischeehaften Begriff vom Deutschen hätte ich doch nur, wenn ich Sätze sagen würde wie: Deutsche Kultur bedeutet, samstags Bundesliga zu schauen, sonntags *Tatort* und montags pünktlich zur Arbeit zu erscheinen. Oder: Deutsche Kultur bedeutet, im Frühjahr Spargel zu essen, im Sommer nach Bayreuth zu fahren, im Herbst das Reformationsfest zu feiern und im Winter auf den Weihnachtsmarkt zu gehen. Aber noch einmal: Nichts liegt mir ferner als derartige Pauschalisierungen und Verkürzungen.

Deshalb vermute ich, liebe Frau Özoğuz, dass Sie mit Ihrem Klischeevorwurf eigentlich etwas anderes meinen – und dass wir uns damit dem Kern unseres Dissenses nähern: Sie werfen mir vor, dass sich meine Inventur der deutschen Kulturphänomene auf solche Phänomene beschränkt, die in Deutschland schon seit Längerem zum »Bestand« gehören. Dass ich nicht von den »neuen deutschen« Kulturphänomenen rede. Nicht von Moscheen. Nicht von melancholisch dahingezupften Saz-Klängen. Nicht von dampfendem, süßem Çay – und nicht von Rock 'n' Roll und nicht von Spaghetti carbonara und nicht von Yoga-Studios, um gar nicht erst den beliebten Fehler zu machen, uns auf Phänomene aus dem islamischen Kulturkreis zu fixieren.

Aber ganz ehrlich: Würden Sie mich nicht für eine groteske Kulturkannibalin halten, würde ich plötzlich behaupten, der Rock 'n' Roll sei eine typisch deutsche Musikrichtung, so wie Spaghetti carbonara bevorzugt in der deutschen Küche anzutreffen seien? Würde ich plötzlich sagen, der Hodscha Nasreddin und seine Geschichten gehörten nicht länger zur türkischen, sondern zur deutschen Kultur, würden Sie mir nicht entgegnen: Liebe Frau Dorn, kein Deutscher türkischer Abstammung käme auf die Idee, Till Eulenspiegel der türkischen Kultur einzuverleiben, also lassen Sie die gierigen Germanenfinger bitte auch vom Nasreddin.

Und ich würde Ihnen antworten: Liebe Frau Özoğuz, Sie haben vollkommen recht. Und wenn Sie mögen, können wir uns bei Gelegenheit zusammensetzen, und Sie erzählen mir die Nasreddin-Geschichten, die Ihnen Ihre Eltern oder Großeltern erzählt oder vorgelesen haben, und ich erzähle Ihnen ein paar von Till Eulenspiegels Streichen, die mir meine Eltern und Großeltern vorgelesen haben. Vielleicht stellen wir dann irgendwann zwischen gemütlichem Bier, einem Gläschen Raki und/oder Çay fest, dass beide Schlitzohren einmal versucht haben, einen Wirt mit dem Klang von Geld um die Zeche zu prellen, und am Schluss könnten wir uns vielleicht sogar darauf einigen, dass es der Freundlichkeit unserer Begegnung keinen Abbruch tut, wenn wir den Nasreddin *bis auf Weiteres* in seinem türkischen und den Eulenspiegel in seinem deutschen Kulturkreis zu Hause sein lassen.

Denn selbstverständlich verändern sich Kulturen! Die französische Philosophin Catherine Malabou hat für komplexe Wandlungsprozesse den Begriff der »Plastizität« geprägt. Im Anschluss an den deutschen Großdenker Georg Wilhelm Friedrich Hegel unterscheidet sie zwei falsche Arten, wie sich ein Mensch zu seiner Umwelt verhalten kann: Entweder er lehnt jeden neuen Einfluss ab und erstarrt, oder er nimmt alles an, lässt sich beständig verformen und wird beliebig. Als einzige produktive Einstellung gegenüber dem Neuen, dem »Fremden«, macht Malabou die »Plastizität« aus: jene Haltung, sich für Veränderungen zu öffnen, ohne sich dabei zu deformieren.

In diesem Sinne ist auch die deutsche Kultur ein plastisches Gebilde. Das beste Beispiel dafür, wie etwas, das lange Zeit für höchst »undeutsch« gehalten wurde, nach und nach zum Inbegriff einer deutschen Leidenschaft wurde, ist der Fußball. Ein ganzes Jahrhundert, von 1810 bis zum Ersten Weltkrieg, war Turnen der Inbegriff deutscher Körperertüchtigung. Als der Gymnasiallehrer Konrad Koch 1874 das runde Leder aus England nach Deutschland mitbrachte, wurde das neue Spiel von konservativen Sportsfreunden als proletarische »Fußlümmelei« niedergemacht. Es brauchte einige Jahrzehnte, bis sich die »Spielbewegung« gegen die »Turnbewegung« durchsetzen konnte. Zum nationalen Kult wurde Fußball erst mit dem »Wunder von Bern«, der überraschend gewonnenen Weltmeisterschaft von 1954, die den moralisch und militärisch vernichteten Deutschen zum ersten Mal seit Ende des Zweiten Weltkriegs das Gefühl gab: »Wir sind wieder wer!«

Oder, um das extremste Beispiel eines deutschen Wandels zu benennen: Zwischen 1933 und 1942 gehörten KZs, zwischen 1942 und 1945 KZs und Vernichtungslager zur deutschen Kultur. (Inwiefern der Begriff »Kultur« in diesem mörderischen Zusammenhang angemessen ist, darauf werde ich im nächsten Kapitel eingehen.) Seit dem Ende der Naziherrschaft sind Phänomene wie Wiedergutmachung, Vergangenheitsbewältigung, KZ-Gedenkstätten, das Holocaust-Mahnmal und die spezielle Verantwortung gegenüber dem Staat Israel wichtige Bestandteile deutscher Kultur. (Auch darauf werde ich im Kapitel über »Leitkultur« näher eingehen, dennoch sei bereits an dieser Stelle klipp und klar gesagt: Ich hielte es für ein Anzeichen neuerlich drohenden Unheils, sollte an diesen Bestandteilen der deutschen Kultur noch heftiger gerüttelt werden, als dies im antizionistisch-antisemitischen Milieu jeglicher Provenienz heute bereits der Fall ist.)

Selbstverständlich gibt es auch harmlosere Beispiele für kulturellen Wandel: Bis vor zwanzig Jahren durfte man nicht unbedingt erwarten, etwas Trinkbares ins Glas zu bekommen, wenn man eine Flasche deutschen Weins öffnete. Heute darf sich das Bier nicht mehr sicher sein, den Gipfel deutscher Vergärungskunst dazustellen.

Ich spüre meine Gegner ungeduldig werden. Was hat diese Art von kulturellem Wandel denn mit dem kulturellen Wandel zu tun, den wir meinen?, werden sie sagen, mit dem Wandel, der durch Migration beziehungsweise Einwanderung entsteht? Der Fußball kam ja nicht durch zugewanderte Engländer nach Deutschland, sondern wurde durch einen Ur-Braunschweiger importiert.

Richtig! Aber schon beim Wein ist die Lage komplizierter. Die Winzerkunst ist ganz gewiss nicht auf deutschem Mist gewachsen, sondern kam vor über zweitausend Jahren durch die Römer nach Germanien. Später waren es die Franzosen, die als führende Weinmacht der Welt – und nicht immer geliebte europäische Nachbarn –

auch das deutsche Winzertum entscheidend beeinflussten. Der Wandel von Nazi-Barbarei zur Einsicht, dass Deutschland historische Schuld auf sich geladen hat, wäre ohne den Einfluss der Alliierten – allen voran der Amerikaner – in dieser Weise vermutlich nie geschehen.

Ich will auf Folgendes hinaus: In der Tat wäre es absurd zu verlangen oder lediglich zu behaupten, dass Kulturen ihren Wandel stets aus sich selbst heraus vollbringen müssten. Auch für Kulturen gilt: Inzest ist der sicherste Weg in die Degeneration. Befruchtung von außen muss sein. Aber sämtliche Wandlungen der deutschen Kultur, selbst diejenigen, die durch Fremdherrschaft (Römer) oder Besatzung (Franzosen, Amerikaner) bewirkt wurden, konnten sich nur vollziehen, weil sie in Deutschland irgendwann *auf fruchtbaren Boden gefallen* sind. Römische oder französische Viticulteurs hätten noch so Druck in der Kelter machen können, wenn die Deutschen nicht irgendwann Lust auf das neue Getränk bekommen und Lust daran gefunden hätten, es selbst herzustellen – und am Schluss vielleicht sogar die Lehrmeister in der Kunst zu übertrumpfen! –, dann hätte eine eigenständige deutsche Weinkultur niemals entstehen können. Selbst im Falle der »Reeducation«, die von vielen Deutschen nach 1945 zunächst als beleidigende Schmach empfunden wurde – und von heutigen Rechtsauslegern noch immer als solche empfunden wird –, gilt: Hätte die deutsche Gesellschaft in ihrer großen Mehrheit nicht irgendwann *selbst* eingesehen, dass sie sich tödlich verrannt hatte und sich deshalb ernstlich neu besinnen musste, hätte die Mehrheit der Deutschen keinen Gefallen an Jazz und Rock und Mickey Mouse gefunden, wären all die amerikanischen Umerziehungsversuche für die Katz gewesen. Oder hätten, schlimmer noch, dazu geführt, dass die Deutschen eines Tages versucht hätten, ihre Befreier in einem blutigen »Befreiungskrieg« abzuschütteln, anstatt sie ein halbes Jahrhundert später mit friedlichen Volksfesten – und zum Teil sogar mit Wehmut – zu verabschieden.

Deshalb muss ich nun aussprechen, was ich lieber nicht aussprechen würde, aber hilflose Beschönigungen haben wir in den letzten Jahren genug gehört, und sie haben nicht dazu beigetragen, die Stimmung in unserem Land freundlicher zu machen: Fünfzig bis sechzig Jahre, nachdem die ersten türkischen Gastarbeiter nach Deutschland gekommen sind, müssen wir nüchtern feststellen, dass die deutsche Kultur nahezu nichts von der Kultur in sich aufgenommen hat, die diese Gastarbeiter mitgebracht haben.

Es gibt Schriftsteller wie Emine Sevgi Özdamar oder Feridun Zaimoglu, die der deutschen Sprache ein aus dem Türkischen stammendes Wort wie »Mutterzunge« beschert oder gezeigt haben, dass von der »Kanaksprak« ein gar nicht so weiter Weg zur Luther'schen Wortwütigkeit führt. Es gibt Filmemacher und Regisseure wie Fatih Akin oder Züli Aladağ, die den leicht anämisch gewordenen deutschen Film durch den Mut zum Pathos, zum Drama, den sie mitbringen, aufregender machen. Es gibt mittlerweile an fast jeder Ecke zwischen Delmenhorst und Friedrichshafen Dönerimbisse, und in einer Stadt wie Berlin gibt es auch ein paar hervorragende türkische Restaurants. Aber sind die deutsche und die türkische Kultur jenseits der eher elitär bleibenden künstlerischen Verbindungen, die ich zuerst genannt habe, auch auf breiter kultureller Ebene Verbindungen eingegangen?

Sicher, uns verbindet die Liebe zum Fußball. Wenn ich türkischstämmige Freunde besuche, beschleicht mich der Verdacht, dass wir eine gewisse Faszination für Sauberkeit teilen. »Hüzün« und Weltschmerz verstehen sich an einem grauen Berliner Herbsttag ganz ausgezeichnet, besonders im Hamam. Falls wir deren jeweiligen Humor teilen, können wir über die Scherze von Comedians wie Kaya Yanar oder Bülent Ceylan gemeinsam lachen. Aber reicht dies, um stabile *kulturelle* (Ver-)Bindungen zu schaffen?

Die Frage ist viel zu heikel, als dass ich sie hier schon beantworten könnte, deshalb wird sie uns bis zum Ende des Buchs immer wieder begegnen, und ich habe die Hoffnung, später einen Vorschlag machen zu können, wie wir mit einer real existierenden »Multi-Kulti«-Situation produktiver umgehen könnten, als wir es derzeit tun. Aber jetzt schon will ich sagen, dass Sprachkosmetik ganz sicher kein Weg ist, die Distanzen zu überbrücken. Die gut gemeinten Aufforderungen, künftig einfach alles »deutsche Kultur« zu nennen, den Döner, das Minarett, die Hennanächte, heilen nichts, sondern sorgen eher dafür, dass sich die Wunde unter dem rhetorischen Make-up weiter entzünden wird. Ebenso wenig bringen Schuldzuweisungen. Sätze wie »die deutsche Kultur ist böse und borniert, weil sie nichts von der türkischen aufnehmen will« oder »die türkische Kultur ist einfach zu rückschrittlich, als dass sie mit der deutschen produktive Verbindungen eingehen könnte«, dienen einzig und allein der Frontverhärtung.

Dieses Reizthema hat mich in einen Nebengang geraten lassen, aber ich hatte ja gewarnt, dass wir uns in einem Irrgarten bewegen. Und der »Leitfaden« im Untertitel bedeutet lediglich, dass ich Ihnen verspreche, Sie hindurchzuführen, nicht dass dies auf dem einfachsten Weg geschehen wird. Versuchen wir also, an die Kreuzung zurückzufinden, an der wir abgezweigt sind.

Es ging um das Argument, eine »spezifisch deutsche Kultur« sei nicht zu bestimmen, weil es entweder nur regionale deutsche Kulturen gibt beziehungsweise die einzelnen kulturellen Erscheinungsformen des Deutschen so unterschiedlich sind, dass sich der Oberbegriff »deutsche Kultur« verbietet. Ich hoffe, mit Wittgenstein gezeigt zu haben, dass dieses Argument auf einem Missverständnis beruht. Und ich hoffe gezeigt zu haben, dass der Vorwurf, bei der Beschreibung der deutschen Kultur reproduziere man lediglich Klischees, nur dort berechtigt ist, wo tatsächlich verkürzt und pauschalisiert wird.

Wer bin ich?

Nun gibt es aber noch ein drittes Argument gegen die Rede von der »deutschen Kultur«, das in fast allen Diskussionen zu diesem Thema auftaucht und das erste Argument gewissermaßen auf den Kopf stellt: Lautete dieses, die deutsche Kultur sei *in sich zu disparat*, als dass man sie mit einem gemeinsamen Oberbegriff versehen dürfe, lautet jenes nun, die deutsche Kultur sei *nicht spezifisch genug*, als dass sie sich von anderen Kulturen abgrenzen ließe. Alles, was sich über die deutsche Kultur sagen ließe, ließe sich ebenso gut über viele andere Kulturen sagen. Die Liebe zum Fußball etwa sei doch auf der halben oder vielleicht sogar der ganzen Welt zu Hause. Ebenso gebe es zig andere Länder, in denen man gern Auto fährt und Bier trinkt. Oder in denen man keine Hemmungen habe, sich nackt an den Strand zu legen.

So weit kann ich dem nicht widersprechen. Aber ich möchte Sie zu einem kleinen Spiel einladen. Es ist eine Variante von »Wer bin ich?«, nur dass sich hinter dem »ich« hier eine Kultur verbirgt. Wir können es also: »Welche Kultur bin ich?« nennen. Der Einfachheit halber fangen wir mit der Frage nach dem Fußball an, und ich antworte: Ja, ich bin fußballverrückt. Wie gesagt, damit ist noch mindestens der halbe Globus im Spiel. Doch schon, wenn ich auf die Bierfrage antworte: O ja, Bier ist eines meiner Lieblingsgetränke! wird klar, dass ich vermutlich nicht die saudi-arabische oder die iranische Kultur bin. Bei der leidenschaftlich bejahten Frage nach der Freikörperkultur sind zahlreiche weitere Kulturen aus dem Rennen. (Hinter den knappen Bikinis, wie sie etwa zur brasilianischen Samba- und Strandkultur gehören, verbirgt sich ein völlig anderes Konzept »freier Körperlichkeit«.) Aber ich könnte zum Beispiel immer noch die norwegische Kultur sein. Oder die österreichische. Fragen wir deshalb nach etwas ganz anderem: Gibt es bei dir viele Opernhäuser? Abermals würde ich heftig mit dem Kopf nicken. Damit wäre Norwegen raus. Weil Sie mittlerweile einen konkreten Verdacht haben, fragen Sie nun: Geht man bei dir gern zum Heurigen? – und ich schüttle traurig den Kopf. Vielleicht rutscht mir noch ein leises »Aber es gibt bei mir ganz viele Weinfeste und Weinköniginnen« heraus.

Ich denke, wir können den Spaß an dieser Stelle beenden. Und wir hätten ihn noch viel rascher beenden können, wenn die Fragen gelautet hätten: Gibt es auf deinen Autobahnen kein generelles Tempolimit? Stehen bei dir *die meisten* Opernhäuser der Welt? Hast du einen Völkermord auf dem Gewissen, der dir tatsächlich *auf dem Gewissen liegt*? Ich vermute, nicht einmal der skeptischste Skeptiker in Sachen »deutsche Kultur« würde, nachdem ich alle drei Fragen bejaht hätte, behaupten, es könne ebenso gut von China die Rede sein. Oder von Österreich.

Nichts liegt mir ferner, als die unterschiedlichen Kulturen durch Mauern voneinander trennen zu wollen. Mir liegt nur daran zu zeigen, dass sie sich, obwohl wir sie nicht streng eingrenzen können, sinnvoll *identifizieren* lassen. Dass sie trotz ihrer Durchlässigkeit, trotz ihrer Plastizität nicht beliebig sind. Deshalb zum Schluss noch einmal Wittgenstein, der in seinen *Philosophischen Untersuchungen* auf die Frage, ob ein »Begriff mit verschwommenen Rändern« überhaupt »Begriff« genannt werden darf, mit folgenden Gegenfragen antwortet: »Ist eine unscharfe Photographie überhaupt ein Bild eines Menschen? Ja, kann man ein unscharfes Bild immer mit Vorteil durch ein scharfes ersetzen? Ist das unscharfe nicht oft gerade das, was wir brauchen?«

Kapitel 2

Leitkultur – kann es sie überhaupt geben?

Im ersten Kapitel habe ich gezeigt, dass es gute Gründe gibt, von einer »spezifisch deutschen Kultur« zu sprechen. Wir haben aber auch gesehen, dass die trennenden Kräfte, die von Kulturen ausgehen, mindestens so groß sind wie die verbindenden. Gleicht vor diesem Hintergrund nicht jede Forderung nach einer »deutschen Leitkultur« dem Versuch, Feuer mit Benzin zu löschen? Würde die Ausrufung einer »deutschen Leitkultur« diejenigen, die der deutschen Kultur eher fremd gegenüberstehen, obwohl sie in Deutschland leben, nicht noch weiter von denjenigen entfernen, die sich in der deutschen Kultur ganz selbstverständlich zu Hause fühlen? Anders gefragt: Folgt aus dem Umstand, dass es eine deutsche Kultur gibt, zwangsläufig, dass man diese zur *Leitkultur* erheben sollte?

Die zentrale Crux der Leitkulturdebatte liegt darin, dass keiner genau weiß, was er mit dem Wort »Kultur« eigentlich meint. Und zwar geht es mir hier nicht wieder um die vermeintliche Unklarheit, was eine spezifisch *deutsche* Kultur sein soll. Sondern es geht um die Unklarheit, die der Begriff »Kultur« selbst in sich trägt.

Auch ich habe ihn bislang unkritisch benutzt, das heißt, ich habe ihn in dem Sinne verwendet, für den der britische Literaturtheoretiker Terry Eagleton den präzisierenden Begriff »Kultur-als-Lebensweise« vorschlägt. Dieser Kulturbegriff ist ebenso umfassend wie unordentlich. Er umfasst Kunstwerke wie Freizeitbeschäftigungen, Ikonen des Geistes wie solche des Alltags, wohlbegründete Prinzipien wie bloße Schrullen, religiöse Gedankengebäude wie volkstümliches Brauchtum, kurz: Das Hehrste geht Hand in Hand mit dem Profansten. Hier trifft der Spitzenriesling auf die Currywurst, Helene Fischer auf die *Matthäus-Passion*, *Faust II* auf *Fack ju Göhte 3*, der Ebbelwei-Bembel auf August Bebel; die Lutherbibel kann ohne Weiteres im Strandkorb liegen, Immanuel Kant sich auf dem Oktoberfest betrinken, die Autobahn mitten durch den Teutoburger Wald führen und der Bildungsbürger vor Schadenfreude wiehern. Für dieses Verständnis von Kultur gilt, was Johann Gottfried Herder vor über zweihundert Jahren von der Nation gesagt hat: Sie ist ein »Sammelplatz von Torheiten und Fehlern so wie von Vortrefflichkeiten und Tugenden«. Oder, schöner noch: Sie ist »ein großer, ungejäteter Garte[n] voll Kraut und Unkraut«.

Im ersten Kapitel habe ich dafür plädiert, Kultur in diesem weiten, unordentlichen Sinn zu verstehen, denn nur so ergibt sich ein reicher Kulturbegriff, nur so kann Kultur Geist und Herz und alle Sinne erfassen – nur so kann Kultur Heimat sein. Aber, wie schon Herder feststellte: Diese Art von Kultur ist nicht vor »Torheiten und Fehlern« gefeit. Und auch nicht vor Bestialität und Massenmord, wie man mit Blick auf die deutsche Kultur zu Zeiten des Nationalsozialismus ergänzen muss. Verstanden als der »große, ungejätete Garten voll Kraut und Unkraut«, kann man also durchaus davon sprechen, dass Judenverfolgung und -vernichtung einmal zur deutschen Kultur gehört haben. Oder dass Zwangsverheiratungen und »Ehrenmorde« immer noch zu fast allen Kulturen gehören, die vom Islam geprägt sind.

Selbst wenn wir die verbrecherischen Exzesse von Kulturen ausklammern, zeigt sich das erste Dilemma der Leitkulturdebatte: Gerade die Auffassung von Kultur, die nötig ist, um zu einem reichen, vielfältigen Verständnis von »Kultur« zu kommen, taugt *in keiner Weise*, um daraus einen sinnvollen Begriff von »Leitkultur« zu gewinnen. Niemand kann ernsthaft behaupten, dass die Vorliebe für Currywurst oder der Hang zum Nacktbaden Teil einer deutschen Leitkultur werden sollten.

Hier müsste also ein rabiater Gärtner her, der sich anmaßt, das »Kraut« treffsicher vom »Unkraut« zu unterscheiden und Letzteres konsequent zu jäten. Aber ich zucke bereits zusammen, während ich dies schreibe. Denn haben wir in Deutschland nicht die allerschlimmsten Erfahrungen mit dieser Art von paranoidem Gärtnertum gemacht? Es kann nur Bocksbeiniges dabei herauskommen, wenn Politiker sich zum Kulturgärtner machen wollen. Einen »Zwingherrn zur Deutschheit« – um die drastisch-plastische Formulierung des Philosophen Johann Gottlieb Fichte zu zitieren – ist das Letzte, was wir brauchen.

Genauso wenig können wir es allerdings brauchen, wenn uns Politiker kulturrelativistischer Provenienz die gesamten ungejäteten Gärten voll Kraut und Unkraut, die auch die nicht-deutschen Kulturen darstellen – Stichwort: archaischer Ehrbegriff, mangelnde Säkularisierung –, undifferenziert als »Bereicherung« anpreisen. Wer verhindern will, dass von »Leitkultur« in misslich-undifferenzierter Weise geredet wird, muss aufhören, in derselben misslich-undifferenzierten Weise von »kultureller Bereicherung« zu sprechen.

Ich verstehe die regelmäßig wiederkehrenden, unergiebigen Leitkulturdebatten der letzten knapp zwanzig Jahre so: Sie sind Beschwichtigungsversuche in Richtung der deutschen Mehrheitsgesellschaft, die den Eindruck hat, dass ihre Kultur durch Globalisierung, vor allem aber durch Einwanderung, einem allzu raschen, allzu forcierten Wandel unterworfen werde. Die Alteingesessenen brummen – über sämtliche Dialektgrenzen hinweg –, »mia san mia«, und der konservative Politiker ruft bestätigend zurück: Und das ist auch gut so!

Der Bereicherungsdiskurs wiederum ist ein Beschwichtigungsversuch in Richtung der deutschen Minderheiten, die seit einer bis drei Generationen in diesem Land leben und den Eindruck haben, immer noch nicht als vollwertige Mitglieder der Gesellschaft akzeptiert zu sein. Sie beklagen sich: Die Deutsch-Deutschen mögen uns nicht!, und die progressive Politikerin ruft in ihre Richtung zurück: Fürchtet euch nicht! Für mich seid ihr, so wie ihr seid, ein Geschenk!

Gegen Beschwichtigungsversuche ist an und für sich nichts einzuwenden. Das Problem ist bloß, dass das, was die Ängste des einen beschwichtigen soll, die Ängste des anderen umso heftiger entfacht. Sprich: Wer sich danach sehnt, dass die Dominanz der deutschen Kultur klar anerkannt wird, kriegt Zustände, wenn ihm ständig etwas von »Bereicherung« durch andere Kulturen erzählt wird. Umgekehrt schrillen bei dem, der sich in Deutschland ohnehin nicht wirklich beheimatet fühlt, sämtliche Alarmglocken, wenn ihm nun auch noch eine deutsche Leitkultur aufgedrückt werden soll.

Wieder einmal sind wir in einer Sackgasse gelandet. Natürlich könnte man einfach sagen: Lasst uns einen Waffenstillstand vereinbaren, indem wir ab sofort sowohl den Begriff »Leitkultur« als auch den der »kulturellen Bereicherung« ruhen lassen. Aber ich fürchte, dies würde zu keinem wirklichen Frieden führen, sondern diente lediglich der Konfliktvertuschung.

Das kulturelle Klima

Gehen wir das Problem unter einer anderen Perspektive an. Wenn ein Mensch in ein ihm ungewohntes Klima kommt, spricht man davon, dass er sich akklimatisieren muss. Darf man analog davon reden, dass ein Mensch, der in eine ihm ungewohnte Kultur kommt, sich akkulturieren muss? Selbstverständlich ist es heikel, die Kategorien »Klima« und »Kultur« identisch zu behandeln. Dem Klima ist es egal, ob ein Mensch sich an es gewöhnen kann oder dauerhaft unter ihm leidet. Einer Kultur sollte es nicht egal sein, wenn Menschen sich nicht an sie gewöhnen können und dauerhaft unter ihr leiden. Dennoch halte ich es für keine fahrlässige Naturalisierung, vom »kulturellen Klima« eines Landes zu sprechen. Wenn dies aber zulässig ist, ist es dann nicht ebenfalls zulässig, eine Art kultureller Klimakatastrophe für möglich zu halten, wenn diesem Klima zu viele Einflüsse auf einmal zugemutet werden, die es aus seinem ohnehin fragilen Gleichgewicht bringen? Wenn eine Kultur gleichzeitig und innerhalb kurzer Zeit all dies auffangen soll: ein sich rapide wandelndes Verständnis von Geschlechterrollen und sozialen Hierarchien; einen technologischen Fortschritt, der mittlerweile so rasant ist, dass man ihn wohl richtiger als »technologische Hatz« bezeichnen sollte; die Auswirkungen der sich vollendenden Globalisierung und Digitalisierung an allen Fronten von den Finanzmärkten über die Arbeitsmärkte bis hin zu den reißend angeschwollenen Nachrichtenströmen; verstärkte Migrationsbewegungen; und in unserem speziellen deutschen Falle noch hinzukommend: die *tatsächliche* Überwindung einer vierzig Jahre währenden staatlichen Teilung? (Auf Letzteres werde ich noch näher eingehen, es scheint mir ein Aspekt zu sein, der in den gegenwärtigen Deutschlanddiskussionen notorisch unterschätzt wird.)

Ist es also statthaft, die vielen, die laut oder leise flehen: Um Himmels willen, halt! Das geht mir alles zu schnell! Weiß denn keiner mehr, wo die Bremse ist?, mit einem achselzuckenden: Gewöhn dich dran, so ist sie halt, die neue Zeit!, abzufertigen? Oder süffisanter noch zu sagen: Liebe Deutsche, wer ein generelles Tempolimit auf Autobahnen für Freiheitsberaubung hält, sollte doch sofort Verständnis dafür haben, dass sich auch der kulturelle Wandel das Rasen nicht verbieten lassen will.

Wie im ersten Kapitel betont: Kulturen *müssen* sich wandeln, um vital zu bleiben, Kulturwandel ist also das Gegenteil einer Kulturkatastrophe. Allerdings bin ich überzeugt, dass dies lediglich für Formen des Wandels gilt, die von denjenigen, die ihn mitvollziehen müssen und überdies realen oder »gefühlten« wirtschaftlichen Nachteilen ausgesetzt sind, noch als irgendwie organisch empfunden werden. Der als forciert empfundene Wandel hingegen wird in den Köpfen und Herzen derjenigen, die sich überrollt und überfordert fühlen, sehr wohl Katastrophenalarm auslösen.

Das Wahrnehmungsgenie Johann Wolfgang von Goethe spürte bereits vor knapp zweihundert Jahren, dass ein Zeitalter teuflischer Geschwindigkeiten heraufzog, und prägte dafür den nicht minder genialen Begriff des »Veloziferischen«.

Soll all dies heißen, dass ich nun plötzlich und klammheimlich doch einen Ritter und Retter der deutschen Leitkultur heraufbeschwören will? Einen, der so wie weiland Luther keine Skrupel kannte, den Kampf zu führen »wider das Papsttum zu Rom, vom Teufel gestiftet«, heute keine Skrupel kennt, den Kampf zu führen wider die Geschwindigkeitsteufel der Gegenwart, gestiftet von Emanzipation, Technologisierung, Digitalisierung, Globalisierung und Migration?

Gemach! Gemach!, rufe ich mich selbst zur Ordnung und packe die Teufelsrhetorik sogleich wieder ins Tintenfass. Denn so kraftvoll verlockend sie ist – sie birgt Unheil. Wer glaubt, gegen »Teufel« zu kämpfen, lässt in der Tat alle Skrupel fahren. Er ist nicht länger bereit, den Zweifel für seinen wertvollsten Verbündeten zu halten, sondern denunziert ihn als Laschheit und Schwäche. Er ist, ehe er dreimal »Weiche, Satan!« rufen kann, selbst jener »Teufelslist« erlegen, die – frei nach Thomas Mann – schon einmal dafür gesorgt hat, dass das Beste der deutschen Kultur in ihr Bösestes umschlug.

Helles Deutschland, dunkles Deutschland

Wie kein anderer deutscher Intellektueller hat Thomas Mann mit der Frage gerungen, ob es möglich sei, das zu sein, was ich in meiner Vorbemerkung behauptet habe: zugleich deutsch *und* zivilisiert. Deshalb wird Mann in diesem Buch immer wieder eine wichtige Rolle spielen, ja, er scheint mir der vorzüglichste Spiritus Rector zu sein, auf den wir uns berufen können, wenn wir das Deutsche begreifen und für den künftigen Gebrauch retten wollen.

Im Mai 1945 hielt der von den Nazis ins Exil getriebene Schriftsteller, der mittlerweile die amerikanische Staatsbürgerschaft hatte, in der Washingtoner Library of Congress einen berühmt gewordenen Vortrag. Darin versuchte er, sich, den Deutschen und seinem amerikanischen Publikum zu erklären, wie es zu der deutschen Barbarei hatte kommen können. Eine der zentralen Passagen lautet: »Es [gibt] nicht zwei Deutschland […], ein böses und ein gutes, son-

dern nur eines, dem sein Bestes durch Teufelslist zum Bösen ausschlug. Das böse Deutschland, das ist das fehlgegangene gute, das
gute im Unglück, in Schuld und Untergang. Darum ist es für einen
deutsch geborenen Geist auch so unmöglich, das böse, schuldbe-
ladene Deutschland ganz zu verleugnen und zu erklären: ›Ich bin
das gute, das edle, das gerechte Deutschland im weißen Kleid, das
böse überlasse ich euch zur Ausrottung‹. Nichts von dem, was ich
[…] über Deutschland zu sagen oder flüchtig anzudeuten versuchte,
kam aus fremdem, kühlem, unbeteiligtem Wissen; ich habe es auch
in mir, ich habe alles am eigenen Leibe erfahren.«

Obwohl ich Thomas Manns Rede über *Deutschland und die Deutschen* oft gelesen und speziell diese Sätze mehrfach zitiert habe, ergreifen sie mich immer noch. Weil sie so klug sind. So schonungslos.
So verzweifelt und dennoch so unweinerlich. Weil sie mir die *einzige*
Form deutscher Selbstkritik zu sein scheinen, die uns die Tür in eine
bessere Zukunft des Deutschen aufstößt.

Denn steht Thomas Mann nicht mit seinem gesamten Leben,
Denken und Schreiben dafür ein, dass es einen Weg gibt vom Deutschen, der nichts von »Zivilisation« wissen will, ja: diese rundhe-
raus als das Gegenteil »deutscher Kultur« verachtet, zum Deutschen,
der ein leidenschaftlicher Verfechter eben dieser früher verachteten »Zivilisation« wird? Anders gesagt: Ist Thomas Mann nicht der
leibhaftige Beweis dafür, dass es möglich ist, *zivilisiert zu werden
und trotzdem deutsch zu bleiben*? Doch – nun kommt das Entscheidende – eben *nicht*, indem man sich hinstellt und verkündet: »Ich
bin das gute, das edle, das gerechte Deutschland im weißen Kleid,
das böse überlasse ich euch zur Ausrottung.« Eben *nicht*, indem
man sich auf die Brust klopft und sagt: Ich helles Deutschland – du
Dunkeldeutschland!

Auch ich empfinde ein ebenso jähes wie tiefes Entsetzen, wenn
ich Bilder von deutschen Horden sehe, die sich vor Flüchtlingsunterkünften zusammenrotten; wenn ich in den »Wir-sind-das-Volk«-
Sprechchören, die »Pegida« & Co. anstimmen, die niederschmetternd
engherzig gewordene Reprise der ostdeutschen Befreiungssprech-

chöre von 1989 höre. In diesem Sinne kann ich nachempfinden, wieso sich unser damaliger Bundespräsident Joachim Gauck im August 2015 beim Besuch einer Flüchtlingsunterkunft in Berlin-Wilmersdorf gedrängt fühlte zu sagen: »Es gibt ein helles Deutschland, das sich leuchtend darstellt gegenüber dem Dunkeldeutschland.« Dennoch, bei allem Respekt: Dieser Satz war nicht klug.

Abgesehen davon, dass er ein Schmähwort aus den 1990er-Jahren reproduziert, das damals von manchem Westdeutschen zur Bezeichnung der »Neuen Bundesländer« benutzt wurde – wenn man *ernsthaft* darüber nachdenken will, wie der Begriff des »Deutschen« im 21. Jahrhundert nach dem mörderischen Missbrauch, der mit ihm im 20. Jahrhundert getrieben wurde, neu belebt werden könnte, darf man die Komplexität nicht unterbieten, die Thomas Mann mit seiner Diagnose von 1945 vorgegeben hat, zumal nicht als ein oberster Repräsentant unseres Landes.

Abermals muss ich mich selbst unterbrechen. Denn lässt sich nicht sofort einwenden: Und was machen denn, bitte schön, Sie, wenn Sie auf einen Buchumschlag setzen lassen: »Deutsch, nicht dumpf«?

Die Frage hat mich, als ich über den richtigen Titel für diesen Leitfaden nachgedacht habe, bis zuletzt beschäftigt. Um welche Bestimmung des Deutschen es mir geht, ist mir durch ein Bild klar geworden, das Heribert Prantl, Mitglied der Chefredaktion der *Süddeutschen Zeitung* und Leiter des Meinungsressorts, im Zusammenhang mit Deutschland immer wieder und zuletzt nach der Bundestagswahl im September 2017 verwendet hat. In seinem Kommentar zum Einzug der AfD in den deutschen Bundestag beschreibt er, warum ihm dieser bedrohlicher erscheint als der Rechtsradikalismus/-extremismus, mit dem sich derzeit fast alle Länder Europas und die USA herumzuschlagen haben. Seine Erklärung: »Deutschland ist in der Situation des Alkoholikers. Wenn der wieder trinkt, wird es gefährlich.«

Beim ersten Lesen dachte ich: Welch treffliches Bild! Doch je länger ich darüber nachdachte, desto unklarer wurde mir, was mir der Autor damit sagen will. Wofür soll die Metapher »Alkohol« nun wirklich stehen? Für Rechts*extremismus*? Aber ist es denn tatsächlich weniger bedrohlich, wenn ein Geert Wilders in niederländischen Wahlkämpfen die Stimmung aufheizt, indem er – vor jubelnden Anhängern – vom »marokkanischen Abschaum in Holland« spricht? Wenn eine Marine Le Pen in Frankreich den »nationalen Aufstand« heraufbeschwören will? Wenn sich in Rom auf der Piazza del Popolo Tausende Aktivisten der Lega (Nord) versammeln und keiner der Demonstranten daran Anstoß nimmt, dass sich auch italienische Neofaschisten ins fahnenschwingende Treiben mischen?

Oder sollen mit »Alkohol« jegliche patriotischen Gefühle gemeint sein? Dann würde die Warnung lauten: Deutsche, lasst *ihr* die Finger vom Patriotismus! *Ihr* seid trockengelegte Nationalisten und Völkermörder, und deshalb werdet *ihr*, sobald *ihr* wieder anfangt, Fahnen zu schwenken, auch wieder anfangen: »Deutschland, Deutschland über alles!« zu brüllen.

Ich vermute, dies ist es, was Prantl sagen will. Und eine Entgleisung wie die Gauland'sche, die ich im ersten Kapitel zitiert habe, scheint dieser Befürchtung nur allzu recht zu geben. Trotzdem: Liegt der Metapher vom »Alkoholiker Deutschland« nicht die problematische Auffassung zugrunde, dass es so etwas wie ein »deutsches Wesen«, eine unveränderbare »Essenz« des Deutschen gibt? Neudeutsch ausgedrückt: dass es zur »DNA« des Deutschen gehört, sich nicht mäßigen zu können? Müsste das richtige Bild nicht lauten: Wir heutigen Deutschen wissen, dass das Deutschland unserer Väter und Mütter beziehungsweise unserer Großväter und Großmütter oder für viele mittlerweile: unserer Urgroßväter und Urgroßmütter einem mörderischen Nationalismus verfallen war. Weil wir um diese erbliche Belastung wissen, ist es an uns, besonders achtsam zu sein, wenn wir die Flasche mit der Aufschrift »Patriotismus« öffnen. Aus diesem Wissen folgt aber nicht, dass wir die Hände von jeglichem Patriotismus lassen sollten.

In diesem Sinne will ich dazu auffordern, »deutsch, nicht dumpf« zu sein! Ich begreife das Deutsche nicht als schlichten Gegensatz zum Dumpfen, so wie es geschieht, wenn das »helle Deutschland«

gegen »Dunkeldeutschland« in Stellung gebracht wird. Vielmehr will ich das Deutsche inständig ermahnen, nicht ins Dumpfe umzuschlagen, *eben weil ich ein Bewusstsein davon habe, dass es stets gefährdet ist*; weil ich davor warnen will, sich auf der sicheren Seite zu wähnen; weil ich weiß, dass jeder, der trinkt, zum Alkoholiker werden *kann* – zumal, wenn unter seinen jüngeren Vorfahren krasse Alkoholiker gewesen sind; weil ich trotz allem überzeugt bin, dass daraus nicht folgt, in der zweiten, dritten, vierten Generation als Abstinenzler leben zu müssen; weil ich daran glaube, dass es *erwachsenen, mündigen* Menschen *erlaubt* sein muss und *möglich* ist, mit Genuss und Augenmaß zu trinken.

Damit will ich Patriotismus nicht zu einem berauschenden Genussmittel erklären, das wir uns gönnen, um am Feierabend zu entspannen. Im letzten Kapitel werde ich zu zeigen versuchen, dass im Gegenteil eine Gesellschaft ohne Patriotismus auf wackligen Beinen steht. Einstweilen möchte ich nur die Ermunterung anführen, die Thomas Manns Antipode Bertolt Brecht uns Deutschen mit seiner *Kinderhymne* – die natürlich alles andere als eine »*Kinder*hymne« ist – an die Hand gegeben hat: »Anmut sparet nicht noch Mühe / Leidenschaft nicht noch Verstand / Dass ein gutes Deutschland blühe / Wie ein andres gutes Land.«

Kenne deine Abgründe: Kultur und Zivilisation

Es ist unumgänglich, dass wir uns nun mit dem verschlungensten, abgründigsten Aspekt dessen befassen, was gemeint sein kann, wenn Deutsche von »Kultur« reden: der tief in der deutschen Geistesgeschichte verwurzelten Sonderauffassung, dass zwischen »Kultur« und »Zivilisation« ein unüberbrückbarer Gegensatz besteht. Denn nur, wenn wir uns mit diesem deutschen Sonderweg befassen, können wir begreifen, was Thomas Mann meinte, als er 1945 davon sprach, dass es nicht »zwei Deutschland« gebe, »ein böses und ein gutes, sondern nur eines, dem sein Bestes durch Teufelslist zum Bösen ausschlug«.

Thomas Mann selbst war bis in sein fünftes Lebensjahrzehnt hinein ein Anhänger dieser Auffassung. In seinen *Betrachtungen eines Unpolitischen*, geschrieben zwischen 1915 und 1918, schließt er sich dem damals vorherrschenden konservativen deutschen Zeitgeist an, indem er den Ersten Weltkrieg als »Krieg der ›Zivilisation‹ gegen Deutschland« deutet und deshalb ohne Einschränkung unterstützt, dass Deutschland seinerseits mit aller Kraft zuschlägt. Denn sollte das »Imperium der Zivilisation« siegen – gemeint waren hier in erster Linie die Kriegsgegner Frankreich und England –, so bliebe laut Mann »von deutschem Wesen nichts übrig«. Einige Seiten zuvor erklärt er, was er unter diesem »deutschen Wesen« versteht: »Deutschtum, das ist Kultur, Seele, Freiheit, Kunst und *nicht* Zivilisation, Gesellschaft, Stimmrecht, Literatur.«

Noch prägnanter stellte Mann den Gegensatz zwischen Zivilisation und Kultur in seinen bereits 1914 veröffentlichten *Gedanken im Kriege* dar. Dort heißt es: »Kultur ist Geschlossenheit, Stil, Form, Haltung, Geschmack, ist irgendeine gewisse geistige Organisation der Welt, und sei das alles auch noch so abenteuerlich, skurril, wild, blutig und furchtbar. Kultur kann Orakel, Magie, Päderastie, Vitzliputzli, Menschenopfer, orgiastische Kultformen, Inquisition, Autodafés, Veitstanz, Hexenprozesse, Blüte des Giftmordes und die buntesten Gräuel umfassen. Zivilisation aber ist Vernunft, Aufklärung, Sänftigung, Sittigung, Skeptisierung, Auflösung; – Geist.«

Ich vermute, nicht wenige werden beim Lesen dieser Zeilen gedacht haben: Von was, um alles in der Welt, redet dieser Mann da? Und, ganz ehrlich, ich halte es für ein gutes Zeichen, dass den meisten Deutschen diese Gegensatzrhetorik hundert Jahre später nicht mehr ohne Weiteres verständlich ist. Dennoch will ich versuchen, sie verständlich zu machen, Stichwort: Kenne deine Abgründe!

Das Motiv, eine spezifisch deutsche Art des Fühlens, Glaubens, Denkens, Handelns gegen die im restlichen Abendland vorherrschenden Gemüts- und Verhaltensweisen abzugrenzen, taucht zum ersten Mal bei Martin Luther auf. So etwa, wenn er in seiner theologischen Kampfschrift *Vom unfreien Willen* seinem Widersacher, dem humanistischen Gelehrten Erasmus von Rotterdam, höhnisch zugesteht, dass dieser ihm »an Kräften der Beredsamkeit und an Geist [...] bei weitem überlegen« sei, was nicht verwundere, schließlich habe er, Luther, »als Barbar immer in der Barbarei gelebt«. Sein vergiftetes Kompliment beendet Luther mit der Versicherung, dass er Erasmus beinahe bemitleide, weil dieser seine »ungemein schöne und geistreiche Ausdrucksweise« an solch »höchst unwürdigen Stoff« vergeude – gemeint ist Erasmus' Verteidigung, dass der Mensch einen freien Willen habe –, »gleich als würde man Kehricht oder Dreck in goldenen und silbernen Gefäßen auftragen«.

Hier haben wir ihn zum ersten Mal: den Gedanken, dass es dem Deutschen, dem »Barbaren«, zwar an manierlicher Form mangeln mag, doch dass hinter der formlosen Brust ein umso ehrlicheres, reineres, heißeres Herz schlägt. Der Feingeist aus Rotterdam umkreist ein erzhumanistisches Thema wie die menschliche Willensfreiheit mit kritischer, skeptischer Vernunft. Die selbst ernannte Wildsau aus Wittenberg trampelt es mit wütendem »Glauben-sollst-du-nicht-zweifeln!«-Gebrüll in den Morast, in den es ihrer Ansicht nach gehört.

Machen wir von hier einen Sprung nach Königsberg, zu Immanuel Kant, dem Inbegriff deutscher Rationalität! In seiner *Idee zu einer allgemeinen Geschichte in weltbürgerlicher Absicht*, einem der Schlüsseltexte der deutschen Aufklärung, schreibt der Philosoph 1784: »Wir sind im hohen Grade durch Kunst und Wissenschaft *kultiviert*. Wir sind *zivilisiert*, bis zum Überlästigen, zu allerlei gesellschaftlicher Artigkeit und Anständigkeit. Aber, uns für schon *moralisiert* zu halten, daran fehlt noch sehr viel. Denn die Idee der Moralität gehört noch zur Kultur; der Gebrauch dieser Idee aber, welcher nur auf das Sittenähnliche in der Ehrliebe und der äußeren Anständigkeit hinausläuft, macht bloß die Zivilisierung aus [...] Alles Gute aber, das nicht auf moralisch-gute Gesinnung gepfropft ist, ist nichts als lauter Schein und schimmerndes Elend.«

Da haben wir sie wieder, dieselbe Antithese: echte Moralität als

Teil der »Kultur« gegen die oberflächliche, lediglich »sittenähnliche« »Kultiviertheit« oder »Zivilisierung«. Allerdings muss man dem Königsberger zugutehalten, dass er diesen Gegensatz nirgends zu einem Gegensatz zwischen dem deutschen und dem restlichen europäischen Geist auflädt.

Schauen wir jedoch zu Goethe, einer weiteren Ikone des »hellen Deutschland«: Im elften Buch von *Dichtung und Wahrheit* erinnert er sich an seine Zeit in Straßburg, wohin er 1770 als junger Mann gegangen war, um sein Jurastudium zu beenden. Er erzählt, dass ihm die französische Sprache von Jugend auf »lieb« gewesen, dass sie ihm »wie eine zweite Muttersprache zu eigen geworden« sei. Doch in Straßburg machte er die ernüchternde, ja demütigende Erfahrung, dass, wann immer er glaubte, »etwas Interessantes« zu sagen, sein französischer Gesprächspartner sich damit begnügte, ihn »bloß auf den Ausdruck« zurückzuweisen, anstatt selbst »etwas Bedeutendes« beizutragen. Es folgt die Geschichte einer deutsch-französischen Entfremdung in Kurzform: »So wurden wir [...] deutschen Gesellen denn immer verdrießlicher [...]. Wir [...] Jünglinge, denen, bei einer deutschen Natur- und Wahrheitsliebe, als beste Führerin im Leben und Lernen die Redlichkeit gegen uns selbst und andere immer vor Augen schwebte [...], waren denn an der Grenze von Frankreich alles französischen Wesens auf einmal bar und ledig. Ihre Lebensweise fanden wir zu bestimmt und zu vornehm, ihre Dichtung kalt, ihre Kritik vernichtend, ihre Philosophie abstrus und doch unzulänglich [...]«

Man muss, um diese Zeilen zu verstehen, sich klarmachen, dass zu jener Zeit sämtliche gebildeten Stände in deutschen Landen auch untereinander französisch parlierten. Fast das gesamte 18. Jahrhundert hindurch war das Französische in Deutschland nicht nur die unangefochtene Leitsprache, sondern eben auch die unangefochtene »Leitkultur«. Friedrich der Große bescheinigte noch 1780 in seiner – selbstverständlich auf Französisch verfassten – Schrift *De la littérature Allemande* der deutschen Sprache, dass sie eine »langue à demibarbare« sei, und vermutet, dass es noch eine ganze Weile dauern dürfte, bis sie hinreichend zivilisiert sei, um eine eigene Literatur hervorzubringen, die »esprit« und »génie« besitze.

Ich will nicht mit allzu langen Ausflügen in die deutsche Literaturgeschichte ermüden, aber einen weiteren Beleg für den eigentümlichen deutschen Kultursonderweg kann ich uns nicht ersparen: Friedrich Schiller. Fast alle kennen seine Ode *An die Freude*, die durch Beethovens Vertonung zu einem der berühmtesten Musikstücke überhaupt wurde und heute die offizielle »Europa-Hymne« ist: »Alle Menschen werden Brüder, / Wo dein sanfter Flügel weilt.« Oder, nicht weniger erhebend: »Seid umschlungen, Millionen! / Diesen Kuss der ganzen Welt!«

Haben wir's da nicht, das strahlend helle Deutschland, das allergerechteste Deutschland im blütenweißen Kleid? Aber was machen Sie mit folgenden Versskizzen: »Darf der Deutsche in diesem Augenblick […], / wo zwei übermütige Völker ihren Fuß auf seinen Nacken setzen, und der Sieger sein Geschick bestimmt – / darf er sich fühlen? […] / Wo der Franke wo der Brite / Mit dem stolzen Siegerschritte / Über seinen Nacken tritt? […] / Ja er darf's! Er geht unglücklich aus dem Kampf, aber das, was seinen Wert ausmacht, / hat er nicht verloren. […] / Abgesondert von dem Politischen hat der Deutsche sich einen eigenen Wert gegründet, / und wenn auch das Imperium untergegangen, so bliebe die deutsche Würde unangefochten. / Sie ist eine sittliche Größe, sie wohnt in der Kultur und im Charakter der Nation […]«

Nun ja, könnte man einwenden, das tönt zwar deutlich deutschnationaler als die Ode, aber letztlich meint Schiller ja nur ein Bekenntnis zu »sittlicher Größe«, so ähnlich wie Kant, und das ist schließlich noch lange kein deutscher Kulturchauvinismus. Lesen Sie weiter: »Dem, der den Geist beherrscht, / muss zuletzt die Herrschaft werden […] / Das köstliche Gut der deutschen Sprache, / die alles ausdrückt, das Tiefste und das / Flüchtigste, den Geist, die Seele, die voller / Sinn ist. / Unsere Sprache wird die Welt beherrschen. / Die Sprache ist der Spiegel einer Nation, / wenn wir in diesen Spiegel schauen, so / kommt uns ein großes treffliches Bild von /

uns selbst daraus entgegen. […] / Keine Hauptstadt und kein Hof übte eine Tyrannei über den / deutschen Geschmack aus. Paris. London. […]«

Schiller hat es nicht böse gemeint. Schließlich stellt er klar: »Das ist nicht des Deutschen Größe / Ob zu siegen mit dem Schwert, / In das Geisterreich zu dringen / Männlich mit dem Wahn zu ringen / Das ist seines Eifers wert.«

Ich will Schiller nicht ins Lager der intellektuellen deutschen Scharfmacher abschieben, die, wenn sie die Feder in die Hand nahmen, eigentlich den Säbel meinten. Schiller hat dieses Versfragment vermutlich im Jahre 1801 geschrieben, als Reaktion auf den Frieden von Lunéville, der besiegelte, dass auch die linksrheinischen deutschen Gebiete dem französischen Staatsgebiet zugeschlagen wurden. Schiller hat diesen Text zu Lebzeiten nie veröffentlicht. Erst 1902 wurde er vom damaligen Direktor des Weimarer Goethe- und Schiller-Archivs unter dem Titel »Deutsche Größe« in den offiziellen Kanon der Werke Schillers aufgenommen. Ich will lediglich besser verständlich machen, was Thomas Mann meinte, als er sagte, dass das »Beste« der deutschen Kultur untrennbar mit ihrem »Bösen« verschlungen sei. Ich will das »Drama der deutschen Innerlichkeit« veranschaulichen, indem ich zeige, dass der deutsche Drang »nach innen«, zum »Tiefen«, »Echten«, »wahrhaft Empfundenen« gegen das »Manierliche«, »Gekünstelte«, »Oberflächliche« der »bloß zivilisierten« Nationen zwar in die Katastrophe des Ersten Weltkriegs und die Barbarei der Nazizeit geführt hat, dass derselbe Drang auf dem Feld des Geistigen, des Spirituellen, des Künstlerischen der deutschen Kultur, und mit ihr der gesamten Menschheit, jedoch Grandioses, Befreiendes und Erhellendes beschert hat: eine religiöse Reformation wie den Protestantismus; philosophische Systeme wie den Idealismus; er hat die Kunst, insbesondere die Musik, zu einer Innigkeit und Unbedingtheit getrieben, die sie mit einem zaghafteren Zugriff nie erreicht hätte. Ich will das Bewusstsein für diese tragische Verschlungenheit wecken, um *uns alle* vor der kurzsichtigen Selbstgerechtigkeit zu warnen, die in dem Bild vom »hellen

Deutschland« steckt, »das sich leuchtend darstellt gegenüber dem Dunkeldeutschland«.

Kann man dann aber nicht, ohne allzu sarkastisch zu werden, zu dem Schluss kommen: Was für ein Glück, dass das gegenwärtige deutsche Bildungsniveau derart im Keller ist! Wenn selbst die scheinbar unverdächtigsten Größen der deutschen Geistesgeschichte derart Heikles von sich gegeben haben, wenn selbst ein melancholischer Realist wie Theodor Fontane befand: »England und Deutschland verhalten sich zueinander wie Form und Inhalt, wie Schein und Sein […] Der Deutsche lebt, um zu leben, der Engländer lebt, um zu repräsentieren« – *muss* angesichts dieses brenzligen Resümees der deutschen Geistesgeschichte nicht jeder Versuch, die Deutschen nachhaltig zu zivilisieren, damit beginnen, dass man ihnen als Erstes ihr angestammtes Kulturspielzeug aus der Hand nimmt?

Genau dies ist der Vorwurf, den rechte bis rechtsradikale Kreise der amerikanischen »Reeducation« nach 1945 gemacht haben. Und bis heute machen. Ich werde darauf zurückkommen.

Aber zunächst einmal möchte ich die Frage stellen, ob diejenigen, die den alten »Kulturballast« weitestgehend abgeworfen haben, die riskante Frontstellung von Kultur gegen Zivilisation tatsächlich so gründlich überwunden haben, wie sie glauben.

Haben Sie sich jemals gefragt, warum der notorische Bestseller des US-amerikanischen Politikwissenschaftlers Samuel P. Huntington *The Clash of Civilizations* auf dem deutschen Buchmarkt unter dem Titel »Kampf der Kulturen« erschienen und als solcher in unseren Sprachgebrauch eingegangen ist? Warum heißt er nicht »Zusammenprall der Zivilisationen«? Was eine wörtlichere Übersetzungsmöglichkeit gewesen wäre, bei der sich die Alliteration des Originals ebenfalls hätte ins Deutsche hinüberretten lassen.

Zwar ist dies allein noch kein zwingendes Indiz dafür, dass der Deutsche, wenn es um die Eigenheiten bestimmter Völker oder Nationen geht, sogleich »Kultur« denkt, während dem Amerikaner als Erstes »civilization« einfällt. Es könnte sich lediglich um Begriffshuberei handeln, in dem Sinne, dass der Deutsche mit »Kultur« eben *genau das meint*, was der Amerikaner unter »civilization« versteht. Aber ist das so?

Hand aufs Herz: Wann haben Sie zuletzt Sätze wie die folgenden gehört – oder gar selbst gedacht: Also, eine wirkliche Kultur haben die Amis ja nicht, und dieses ganze »Hi, how are you today?« ist doch nichts als oberflächliches Freundlichkeitsgetue! Oder: Nichts gegen die Franzosen, aber manchmal sind sie mir mit ihrer »Haute Cuisine« und ihrer »Haute Couture« und ihrem ganzen sonstigen Chichi schon zu überkandidelt.

Zwar tritt er hier zeitgemäß hemdsärmelig auf, aber ist er nicht dennoch klar zu erkennen: der gute – böse! –, alte Gegensatz von solchen (also uns Deutschen – oder vielleicht noch den Italienern oder Griechen), die echte Kultur haben, während den Amerikanern eine aufgesetzte, unterkultivierte Plastikzivilisation, den Franzosen hingegen eine übersteigerte, aber letztlich ebenso oberflächliche Zivilisiertheit unterstellt wird? Und seien Sie nicht allzu gewiss, dass solches Denken bevorzugt »aus der rechten Ecke« kommt. Die verstörend martialische Bemerkung, dass es sich beim »American Way of Life« um die »erfolgreichste Massenvernichtungswaffe des 20. Jahrhunderts« handele, stammt nicht etwa von dem rechten Verleger und Möchtegern-Raubritter Götz Kubitschek, sondern von dem linken Salonphilosophen Richard David Precht.

Wollen wir zum Kern des Dilemmas »Kultur versus Zivilisation« vordringen, müssen wir uns klarmachen, woher die Begriffe stammen. Beide sind lateinischen Ursprungs. »Kultur« kommt, wie unschwer zu erkennen, von »cultura«, was zunächst einmal »Landbau« bedeutet, in einem übertragenen Sinne aber auch »Pflege des Körpers« und sogar »Pflege des Geistes« meinen kann. »Cultura« seinerseits entstammt dem Verb »colere«, welches ein ebenso weites Bedeutungsfeld hat: Es reicht von »bebauen, bewohnen« über »pflegen, erziehen, bilden« bis hin zu »ehren, huldigen«. Das Wort »cultus«, das den religiös-spirituellen Aspekt noch klarer zeigt, entspringt demselben Stamm.

»Zivilisation« hingegen kommt aus einer gänzlich anderen Richtung. In ihr steckt die lateinische Wortfamilie »civis«/»civitas«, welche den »Bürger« beziehungsweise die »Gesamtheit der Bürger, den Staat, das Bürgerrecht« meint, und »civilis«/»civilitas«, Begriffe, die ihrerseits einen großen Bedeutungsraum eröffnen: In diesem versammelt sich nicht allein das »Öffentliche, Politische, den Bürger Betreffende« mit dem »Patriotischen« – das »Höfliche, Leutselige, Umgängliche« stößt dezent hinzu.

Ich denke, jetzt ist unmittelbar ersichtlich, in welch tiefen Sedimentschichten unserer Sprache und unseres Denkens der Kultur-Hund und der Zivilisations-Hase begraben liegen. »Zivilisation« ist ein vorrangig politischer Begriff. Zu Hause ist er auf dem öffentlichen Forum – und auf diesem Forum soll es eben nicht nur politisch, sondern auch zivilisiert zugehen. Kultur hingegen ist der Scholle verhaftet. Ihr Bewohner ist nicht der Bürger, sondern der Bauer. Der Gärtner. Der Lehrer. Der Priester.

Wer sich zivilisiert, schert sich nicht darum, was er mit seiner inneren Natur und der äußeren anrichtet, er will sich von seinem archaischen Sein emanzipieren. Wer sich kultiviert, ist hingegen stets in Sorge, ob er die Natur in ihm und um ihn herum bei diesem Prozess tatsächlich zu etwas Besserem hinaufbildet und -pflegt – oder ob er sie in Wahrheit vergewaltigt. Zivilisation kann im schärfsten Gegensatz zur Natur stehen. In der Kultur schimmert sie, trotz des klassischen Antagonistenpaares Kultur/Natur, stets noch hindurch. Die typischen Kinder der Zivilisation sind der naturwissenschaftlich-technologische Fortschritt und die Optimierung aller menschlichen Lebensumstände. Die typischen Kinder der Kultur sind der Ackerbau, die Religion, die Geisteswissenschaften, die Kunst. Kultur weiß, wo sie herkommt; Zivilisation weiß, wo sie hinwill.

In seiner groß angelegten Studie *Über den Prozess der Zivilisation* fasst der deutsch-jüdische, von den Nazis ins Exil gejagte Soziologe Norbert Elias den Unterschied so zusammen: »›Zivilisation‹ bezeichnet einen Prozess oder mindestens das Resultat eines Prozesses. Es bezieht sich auf etwas, das ständig in Bewegung ist, das ständig ›vorwärts‹ geht. Der deutsche Begriff ›Kultur‹ […] hat eine andere Bewegungsrichtung: er bezieht sich auf Produkte des Menschen, die da sind wie ›Blüten auf den Feldern‹ […]«

Ich nehme an, ich bin nicht die Einzige, die an dieser Stelle denkt: Ja, Himmelherrgott, wenn das *so* ist, ist dann die traditionell deutsche Verteidigung der Kultur gegen die Zivilisation nicht *genau das*, was wir in unserer gegenwärtigen Situation brauchen? Ist es im Zeitalter der Hochtechnologisierung, die auf unserem Planeten wüste Spuren hinterlässt, die mit Volldampf daran arbeitet, den Menschen gentechnisch aufzurüsten, ja, ihn idealerweise unsterblich zu machen – ist es da nicht dringend nötig, daran zu erinnern, dass ein entfesselter, durch nichts gehemmter zivilisatorischer Fortschritt keine Verbesserung der menschlichen Lebensumstände mehr bedeuten wird, sondern Gefahr läuft, sich ins Inhumane zu verkehren? Weil es zum Kern des Menschseins gehört, *auch* ein natürliches Wesen und keine bloße Maschine zu sein? Im 20. Jahrhundert haben wir Deutschen, und mit uns die gesamte Welt, die grausame Erfahrung gemacht, wie ein einseitig verabsolutiertes Verständnis von Kultur in Barbarei umschlägt. Es wäre ein brutaler Treppenwitz der Geschichte, wenn die Menschheit im 21. Jahrhundert die Erfahrung machen müsste, wie ein einseitig verabsolutierter Zivilisationsbegriff ebenfalls ins Verderben führt.

In der Tat halte ich es für *die* Schicksalsfrage der gegenwärtigen Menschheit, ob es uns gelingen wird, nicht abermals einen erbitterten Gegensatz zwischen Zivilisation und Kultur zu konstruieren, sondern zu begreifen, dass es sich um eine *Spannung* zwischen zwei Polen handelt. Und dass sich unser Menschsein einzig *in diesem Spannungsfeld*, einzig *zwischen beiden Polen* voll entfalten kann.

Die zentrale Tücke der Leitkulturdebatte hat Norbert Elias, lange bevor der Begriff »Leitkultur« überhaupt am Horizont aufgetaucht ist, bereits auf den Punkt gebracht: »Der Zivilisationsbegriff«, schreibt er, »lässt die nationalen Differenzen zwischen den Völkern bis zu einem gewissen Grade zurücktreten; er akzentuiert, was allen Menschen gemeinsam ist oder – für das Gefühl seiner Träger – sein sollte.« Dagegen hält er lapidar fest: »Der Begriff ›Kultur‹ grenzt ab.« Folgt daraus nicht endgültig, dass wir uns doppelt hüten sollten, nach einer »Leitkultur« zu rufen?

Ich glaube nicht, dass dieser Schluss zwingend ist. Aus meiner Sicht gibt es zwei Strategien, wie wir mit diesem Begriff produktiv umgehen können. Wie wir ihn einsetzen können, um unsere Gesellschaft, die eine Einwanderungsgesellschaft *ist*, nicht weiter zu spalten, sondern ein gedeihliches Miteinander zu befördern.

Denn es gibt im Deutschen *eine* Verwendungsweise des höchst quecksilbrigen Kulturbegriffs, die ziemlich genau dem entspricht, was Norbert Elias über den Zivilisationsbegriff gesagt hat. Und zwar taucht sie immer dann auf, wenn »Kultur« in einem zusammengesetzten Wort hinten steht. Wenn wir von einer »Unternehmenskultur« sprechen, meinen wir *nicht*, dass in diesem Unternehmen besonders tief empfunden oder die natürlichen Wurzeln besonders sorgfältig gepflegt würden. Das *Gabler Wirtschaftslexikon* etwa definiert »Unternehmenskultur« so: »Grundgesamtheit gemeinsamer Werte, Normen und Einstellungen, welche die Entscheidungen, die Handlungen und das Verhalten der Organisationsmitglieder prägen.«

Wenn wir »Streitkultur« verlangen, meinen wir nicht, dass wir zum Streiten in den Wald gehen oder mit der Lutherbibel auf den nicht gebeizten Eichentisch hauen sollten. Wir fordern lediglich, dass wir unterschiedliche, ja entgegengesetzte Meinungen aushalten, dass wir einander zuhören, dass wir den Gegner respektieren, dass wir Streit als etwas Wertvolles betrachten – was allerdings nur möglich ist, wenn wir uns eben nicht wie Barbaren an den speckigen Kragen gehen, sondern wie zivilisierte (!) Leute streiten.

Wer sich nach »Esskultur« sehnt, sehnt sich in aller Regel nicht danach, die Schweinshaxe nackt im Stehen abzunagen, während im Hintergrund *Rammstein* tobt. Er will, dass die Tafel ordentlich gedeckt ist, dass die Speisen mit Sorgfalt ausgewählt und zubereitet sind, dass es bei Tische manierlich zugeht, und als Begleitmusik dürfen gern Vivaldis *Vier Jahreszeiten* erklingen oder darf Carla Bruni ein Chanson hauchen.

Einzig bei der »Willkommenskultur« bin ich mir nicht sicher, ob sich dort nicht doch ein spezifisch deutscher Zug Bahn bricht. Ich habe den Eindruck, dass diejenigen, die eine solche einfordern, zum Ausdruck bringen wollen, dass es nicht genügt, Flüchtlingen höflich Asyl zu gewähren und, damit dies gelingen kann, ein funktionierendes Netz aus öffentlichen Einrichtungen und privatem Engagement zu knüpfen, sondern dass sie vermitteln wollen, eine echte »Willkommenskultur« bestehe erst dann, wenn jeder Deutsche sich über jeden »Geflüchteten«, der hierzulande ankommt, offenen und aufrichtigen Herzens freut.

Ein gewitztes Rumpelstilzchen könnte nun dazwischenrufen: Aber was ist mit der »Leitkultur«, um die es hier die ganze Zeit geht? Steht da »Kultur« etwa nicht an der angeblich unverdächtigen zweiten Wortstelle? Ich würde entgegnen: In diesem speziellen Fall ist »Kultur« nur scheinbar der hintere Bestandteil eines Kompositums. Eigentlich gemeint ist »leitende Kultur«. Allerdings wäre es in der Tat originell, »Leitkultur« einmal so aufzufassen, dass damit eine »Kultur des Leitens« angemahnt werden soll, also ein ausdifferenziertes, wohldurchdachtes Set an Grundsätzen und Verhaltensweisen, wie man etwa ein Land beziehungsweise eine Regierung stimmig leitet, anstatt sich lediglich von Krise zu Krise zu wurschteln.

Aber verlassen wir das Feld der Spitzfindigkeiten. Der entscheidende Punkt sollte klar geworden sein. Fasst man »Leitkultur« in diesem entschärften, ja: »entdeutschten« Sinne auf, wird nicht verlangt, dass deutsche Staatsbürger, die selbst – oder ihre Eltern und

Großeltern – aus einem anderen Kulturkreis stammen, sich an die deutsche Kultur mit all ihren Facetten und Marotten anpassen, sondern lediglich, dass sie die Standards einer westlichen, liberal-demokratischen *Zivilität* akzeptieren.

Eben dies war es auch, was der deutsch-syrische Politikwissenschaftler Bassam Tibi sagen wollte, als er den Begriff einer »europäischen Leitkultur« 1998 zum ersten Mal ins Feld führte. Und ich vermute, dass auch die meisten der Politiker, die uns – angefangen mit Friedrich Merz – den notorischen Wiedergänger der Leitkulturdebatte beschert haben, genau dies sagen wollen. Doch dann lautet meine dringende Bitte an alle Teilnehmer unseres öffentlichen Diskurses: Wenn es wirklich »nur« das ist, was ihr sagen wollt, dann wählt – um jegliche Missverständnisse zu vermeiden, um jegliches Hase-und-Igel-Spiel, zu dem der schillernde deutsche Kulturbegriff einlädt, auszuschließen – dann wählt lieber den Begriff einer »Leitzivilität«!

Es wird Ihnen nicht entgangen sein, dass ich im letzten Satz das »nur« in Anführungszeichen gesetzt habe. Denn selbstverständlich ist es nicht so, dass es sich bei der »Zivilität« um ein die gesamte Menschheit umfassendes, gänzlich kulturneutrales Konzept handelt. Zu glauben, dass dies so sei, ist eine der Kurzsichtigkeiten des radikalen Liberalismus. In der *westlichen* Welt gehört es etwa zur alltäglichen Gesittetheit, dass man einander zur Begrüßung die Hand gibt. Oder als würdiger Herr der Dame einen Luftkuss über den Handrücken haucht. Oder ganz gleich, ob als Mann oder Frau, sich zwei bis drei Küsschen auf die Wangen schnäbelt. Und da fangen die kulturellen Unterschiede auch schon wieder an … In Japan hingegen, wo man sich mit höflichem Abstand voreinander verbeugt, würden all diese Rituale als rohe Übergriffe empfunden. Und in der islamisch geprägten Welt hält man es für eine schamlose Beleidigungsgeste, wenn eine fremde Frau einem fremden Mann zur Begrüßung die Hand hinhält und erwartet, dass dieser die ihm dargebotene Hand zwecks kurzem gegenseitigem Händedruck ergreift. (Umgekehrt ist es womöglich noch heikler.)

Landen wir also nicht abermals in derselben Sackgasse, mit dem einzigen Unterschied, dass diese Sackgasse hier eher einer weitläufigen Sackplaza gleicht, weil sie nicht nur uns Deutsche, sondern alle westlich sozialisierten Menschen von Australien bis Kanada mit einschließt – ebenso wie die Menschen aus sämtlichen anderen Kulturkreisen, die den Handschlag für ein Zeichen von Zivilität halten? Aber was machen wir mit dem – nicht ganz so kleinen – »Rest« der Welt? Mit denjenigen, denen es ihre Höflichkeitsstandards oder Religion verbieten, einander in dieser Weise zu berühren?

Da mir keine Fälle bekannt sind, bei denen es in dieser Sache zu krisenhaften Verstimmungen zwischen Deutsch-Japanern und Deutsch-Deutschen gekommen wäre, denke ich, es ist zulässig, dass wir uns auf das Problem der Handschlagverweigerung aus religiösen Gründen beschränken. Um uns aus dieser Sackplaza hinauszumanövrieren, scheint es mir ratsam, das Problem von einer anderen Seite anzugehen. Und zwar sollten wir uns fragen, was wir, wenn wir in der von mir vorgeschlagenen Weise von einer »Leitzivilität« sprechen, mit der vorderen Worthälfte, mit dem »Leit«- meinen.

Ich komme auf Johann Gottlieb Fichtes Ausdruck des »Zwingherrn« zurück. Um das in ihm geltende Recht durchzusetzen, muss der Staat als »Zwingherr« auftreten. Andernfalls untergräbt er seine eigene Autorität. Deshalb halte ich es für fatal, wenn sogenannte »Ehrenmorde« vor Gericht mit einer gewissen Nachsicht behandelt werden, wie es hierzulande einige Male geschehen ist. Denn was sind die Motive für solche Morde? Angeblich ist es die »Ehre der Familie«, die dort verteidigt wird. Aber welches Verständnis müssen deutsche Justizorgane für eine »Ehre« aufbringen, die auf der Verachtung und Unterdrückung von Frauen fußt? Muss hier nicht in aller Deutlichkeit gesagt werden: Solch ein Ehrbegriff ist durch unsere Verfassung, die festsetzt, dass Männer und Frauen vor dem Gesetz den gleichen Respekt genießen, nicht geschützt? Sollten wir, um dies deutlich zu machen, den verschleiernden Begriff des »Ehrenmords« – der in unseren Ohren ja immer auch nach »Kavaliersdelikt« klingt – nicht ablehnen, sondern dergleichen Taten als das benennen, was sie sind: »Frauenverachtungsmorde«? Ich meine, ja. Und hier muss die Justiz mit aller Härte, die ihr zu Gebote steht, durchgreifen. Dasselbe gilt für »Zwangsverheiratungen«. So schwierig diese im Einzelnen zu ahnden sind, so ist es dennoch richtig, dass das deutsche Strafgesetzbuch im Jahre 2011 um einen entsprechenden Paragrafen erweitert wurde.

Einer Frau – oder einem Mann – den Handschlag zu verweigern, ist hingegen kein Straftatbestand. Und sollte auch, um Himmels Willen, zu keinem gemacht werden. »Leitzivilität« kann nicht bedeuten, dass Menschen von staatlicher Seite zur Zivilität gezwungen werden. Deshalb bleibt es, selbst bei diesem entschärften Begriff, heikel, wenn Politiker ihn bemühen. Allerdings bedeutet dies nicht, dass wir es widerstandslos oder gar demütig hinnehmen müssten, wenn solche Gesten der Zivilität in unserem Land verweigert werden. Die Zivilgesellschaft und ihre Institutionen dürfen nicht nur, sie *sollen* darauf pochen, dass die Standards ihrer Zivilität eingehalten werden. Freundlich. Selbstbewusst. Und mit Nachdruck.

Überzeugte Anhänger eines »Multi-Kulti« werden mit dieser Lösung nicht zufrieden sein. Ich möchte ihnen eine einfache Frage stellen: Müssen wir als Gesellschaft, gerade weil wir eine offene, vielfältige, »bunte« Gesellschaft bleiben wollen, nicht auch nach etwas suchen, das uns, bei all unseren Unterschieden, verbindet? Wie aber können wir auf Verbindendes hoffen, wenn wir das Verbindliche ächten?

So wie mir die Kultur in ihrem umfassenden Sinne als gesellschaftliches Bindemittel zu viel des Guten – und des Bösen – zu sein scheint, scheint mir das Grundgesetz allein zu wenig zu sein. Selbst wenn man von ihm sagen darf, dass es das vom Bösen befreite Nur-Gute ist. Aber auch hierauf werde ich am Ende dieses Buchs zurückkommen, wenn ich die Idee des Verfassungspatriotismus diskutiere.

Bevor ich Sie und mich in den letzten Winkel dieses weitläufigen Irrgartenteils schicke, indem ich die angekündigte zweite sinnvolle Bedeutung von »Leitkultur« offenlege, muss ich noch *einen* Aspekt einer möglichen deutschen Leitzivilität erörtern, der in den gegenwärtigen Debatten gleichfalls für unselige Verwirrung sorgt. Ich meine den Umgang Deutschlands mit seiner Schuld am Holocaust.

Mittlerweile dürfte klar geworden sein, dass mir nichts fernerliegt, als die deutsche Geschichte auf die verbrecherischen zwölf Jahre des Nationalsozialismus zu reduzieren. Und gerade deshalb überkommt mich der blanke Zorn, wenn ich Sätze höre wie: »Wir Deutschen sind das einzige Volk der Welt, das sich ein Denkmal der Schande in das Herz seiner Hauptstadt hat pflanzen lassen.« So gesagt von Björn Höcke, dem AfD-Oberkrawallinski aus Thüringen, der zwar noch nicht im deutschen Bundestag sitzt, aber hat durchblicken lassen, dass er dies anstrebt. Oder wenn ich bei einem der »Vordenker« der »Neuen Rechten«, dem Schweizer Armin Mohler – der sich 1942 der Waffen-SS angeschlossen und bis zu seinem Tod in der Bundesrepublik gelebt und publiziert hat –, in einem 1965 veröffentlichten Essay lese: »Zugestanden: das geschichtliche Erbe, das die deutsche Jugend heute vorfindet, nimmt sich auf den ersten Blick nicht erfreulich aus.«

Nicht erfreulich? Ich werde bis ans Ende meines Lebens die Bilder der Leichenberge, die Bilder der wandelnden menschlichen Skelette, die von den Alliierten aus den Konzentrationslagern befreit wurden, die Berichte von den wenigen, die das Grauen der nationalsozialistischen Vernichtungsmaschinerie überlebt haben, nicht aus dem Kopf bekommen! Diese Bilder nehmen sich auch auf den zweiten und den dritten und den vierten und den eintausenddreihundertzweiundzwanzigsten Blick nicht nur »nicht erfreulich« aus, sondern sie *zerreißen mir das Herz*! Haben diese Herren, die sich dem Deutschen angeblich so tief verbunden fühlen, vergessen, dass *Empfindsamkeit* zu den nobelsten deutschen Tugenden gezählt wurde – und immer noch zählt?

Nichts spricht dagegen, den deutschen »Sündenstolz« – wie ihn die österreichische Literaturnobelpreisträgerin Elfriede Jelinek einmal polemisch bezeichnete – kritisch zu sehen. Wenn ich in meiner Straße an Nachbarn vorbeikomme, die vor ihren Häusern auf dem Pflaster knien, um die »Stolpersteine« zu polieren, die dort in großer Zahl zur Erinnerung an die vertriebenen und ermordeten einstigen jüdischen Bewohner verlegt sind, weiß ich nie, ob ich lachen, heulen oder selbst zum Putzzeug greifen soll. Nichts spricht dagegen, sich darüber zu mokieren, dass sich der ehemalige Bundeskanzler Gerhard Schröder das Berliner Holocaust-Mahnmal als einen Ort wünschte, »zu dem man gerne geht«. Aber *alles* spricht dagegen, vom »Mythos Auschwitz« oder »den ominösen sechs Millionen« zu faseln, wie es der 2016 verstorbene Historiker Rolf Peter Sieferle in seinem von Götz Kubitschek posthum herausgebrachten Skandal-Postillchen *Finis Germania* tut.

Vielleicht sollten die wackeren Recken, die sich auf Einladung Götz Kubitscheks hin und wieder auf seinem »Rittergut« Schnellroda versammeln, lieber ein wenig im guten alten *Stowasser* blättern und ihr Gedächtnis in Sachen lateinischer Genitivbildung auffrischen, anstatt von der Rettung des Abendlands durch »Metapolitik« zu schwadronieren.

All denjenigen hingegen, die sich bang fragen, ob sie plötzlich »rechts« sind, wenn sie anfangen, von Deutschland *auch* in einem liebevollen Ton zu reden und von Einwanderern zu verlangen, dass sie sich an unserer Zivilität orientieren, sei versichert: Wem kein geist- und herzloser Unsinn wie der eben zitierte durchs Hirn spukt, darf sich *einigermaßen* sicher fühlen, die rote Linie noch nicht überschritten zu haben. (Um weitere rote Linien wird es im nächsten Kapitel gehen.)

Ich halte es für einen entscheidenden und in diesem Fall ausnahmsweise tatsächlich spezifisch deutschen Bestandteil unserer Leitzivilität, die Verbrechen unserer Vorfahren weder kleinzureden noch vergessen zu wollen. So wie es in anderen Nationen zur Leitzivilität gehören sollte, Verantwortung für die jeweiligen Verbrechen ihrer Vorfahren zu übernehmen. Aber dies mögen die betroffenen Nationen mit sich selbst ausmachen.

Zu *unserer* Leitzivilität gehört es allerdings auch, im Umgang mit Israel besondere Achtsamkeit walten zu lassen. Der deutsch-jüdische Publizist Henryk M. Broder hat völlig recht, die Trauer um die im Holocaust ermordeten Juden als Heuchelei zu entlarven, wenn uns das Schicksal der heute in Israel lebenden Juden egal ist. Und ja: Selbstverständlich darf man auch als Deutscher die israelische *Politik* kritisieren. Aber sehr frei nach Goethe: Wer den Staat Israel nicht anerkennt, soll ihn auch nicht kritisieren.

Von keinem, der in die Bundesrepublik Deutschland eingewandert ist oder einwandern will, kann verlangt werden, dass er Verantwortung für eine Schuld übernimmt, die keiner *seiner* Vorfahren auf sich geladen hat. Aber von ihm kann nicht nur, von ihm *muss* verlangt werden, dass er bereit ist, sich in seiner möglicherweise mitgebrachten Aversion gegen Israel zu mäßigen. Die Asche israelischer Flaggen, die bei »antizionistischen« Demonstrationen verbrannt werden, vermischt sich *hierzulande* unweigerlich mit der Asche der von Deutschen im Namen Deutschlands ermordeten Juden. Und deshalb könnte der Gesetzgeber ruhig darüber nachdenken, ob es konsequent ist, die Leugnung des Holocausts strafrechtlich schärfer zu sanktionieren als das Verbrennen der israelischen Flagge, das in aller Regel überhaupt nicht zur Anklage gebracht wird – nämlich immer dann nicht, wenn der Demonstrant die Flagge selbst gebastelt oder gekauft und nicht von einer offiziellen Einrichtung des israelischen Staates entfernt hat.

Es fällt schwer, nach diesem Thema noch einmal die Blickrichtung zu ändern. Ich will es gleichwohl versuchen. Und zwar will ich den eigentümlichen Umstand erkunden, dass im Deutschen das Wort »Kultur« noch eine ganz andere Bedeutung annehmen kann als alle bisher entfalteten.

Kultur als Kunst

Schlägt man eine deutsche Zeitung auf, ist die Wahrscheinlichkeit noch immer groß, dass man bei einem Teil landet, über dem »Feuilleton« steht. Oder eben: »Kultur«. Hier meint »Kultur« nicht mehr und nicht weniger als »Kunst«. Diese Bedeutung nimmt das Wort

kurioserweise auch fast immer dann an, wenn es in zusammengesetzten Begriffen an *vorderer* Stelle steht wie bei den »Kulturschaf-
fenden«, der »Kulturdezernentin« oder dem »Kulturauftrag«. Der
»Kulturschock« tanzt hier natürlich aus der Reihe, wobei manch
einer diesen nicht nur bei seinem ersten Besuch in Teheran, sondern
auch bei seinem ersten Opernbesuch erfahren dürfte. Der »Kultur-
beutel« hingegen stellt nur eine scheinbare Ausnahme dar. In Wahrheit verbirgt sich hinter ihm der »Körperkulturbeutel«, womit er sich
korrekterweise als ein Instrument des zivilisierten Miteinanders
und nicht als Orchesterinstrument erweist.

Warum diese Beobachtungen? Es ist mir wichtig, darauf hinzuweisen, dass es möglicherweise doch *einen* Bereich gibt, in dem der
Staat bestimmte Aspekte der Kultur besonders fördern und privile-
gieren, in diesem Sinne von »Leitkultur« sprechen darf. Eben wenn
es um Kunst, wenn es um die geistig-kulturellen Fundamente unseres heutigen Selbstverständnisses geht.

Kein anderes Land der Welt – außer vielleicht Italien, die zweite
der »verspäteten« europäischen Nationen, und Griechenland als
Erbe des antiken Hellas – hat sich so stark, ja in einer bestimmten
Epoche sogar *ausschließlich* über seine Kultur im Sinne von Kunst,
Philosophie und Geisteswissenschaft definiert, wie Deutschland
dies getan hat. Kein Land, ich habe es bereits erwähnt, besitzt aufgrund seiner kleinstaatlichen Vergangenheit ein so dichtes Netz
aus Opern- und Theaterhäusern wie Deutschland. Einem Radikal-
liberalen, der die maximale Neutralität des Staates will, sind Kultur-
subventionen, wie sie hierzulande immer noch großzügig gewährt
werden, ein Dorn im Auge. Ich hielte es für einen unersetzlichen
Verlust, wenn sie auch in unseren immer stärker an »Realpolitik« –
und Sozialpolitik – orientierten Zeiten zu einem solchen würden.

Ebenso halte ich es für eine unselige Tendenz, dass unser gesamtes Bildungssystem immer stärker in Richtung »verwertbares« Wissen umgebaut und dabei gänzlich übersehen wird, dass es einen kul-
tivierten Hans nur geben kann, wenn bereits Hänschen mit Kultur
im Sinne der Kunst in Berührung kommt. Und wie sollen wir von

Hassan erwarten, dass er sich kultiviert, wenn Hassoun nichts von dem, was man früher einmal das »Schöngeistige« nannte, vermittelt worden ist?

Befürworte ich damit auf den letzten Metern nicht plötzlich doch die eingangs von mir so vehement verworfene Vorstellung, Politiker mögen sich als Kulturgärtner betätigen? Ja und nein. Aber von »Bildungspolitik« – oder eben »Kulturpolitik« – lässt sich in keinem triftigen Sinne mehr reden, wenn es auch in diesem speziellen Gartenfleckchen so kraut-und-rübenmäßig zugeht, wie es im großen, ungejäteten Garten der Gesamtkultur eines Landes zugehen soll. Ich halte es für nötig, Bildung und Kunst als den besonders geschützten und gehegten Rosengarten inmitten des munteren Wildwuchses zu begreifen. Und natürlich wäre es eine unerträglich fade, armselige Monokultur, wenn in diesem Rosengarten einzig deutsche Heideröslein stehen dürften. Ebenso wenig erwarte ich von den Rosengärtnern, dass sie mit paranoider Akribie jedes Hälmchen ausrupfen, das den Rosenfrieden stören könnte. Ich will sie lediglich darin bestärken, dass sie hier auf ihre Gießkanne nicht den allerbreitesten Kopf setzen müssen – weil manche Pflanzen und Pflänzchen eben wässerungsbedürftiger sind als andere.

Es mag ein Ausdruck der von mir gepriesenen neuen deutschen Liberalität und Weltoffenheit sein, wenn die Songtexte des – Literaturnobelpreisträgers – Bob Dylan im Schulunterricht eine prominentere Rolle spielen als die Barockgedichte eines Andreas Gryphius. Dass wir uns damit langfristig einen Gefallen tun, wage ich zu bezweifeln. Ebenso möchte ich infragestellen, ob es klug ist, einen charmanten, anrührenden Jugendroman wie *Tschick* des verstorbenen deutschen Schriftstellers Wolfgang Herrndorf für unterrichtsgängiger zu halten als Homers *Odyssee*. Was bringt es, Schüler Aufsätze darüber schreiben zu lassen, wie sich zwei Jungs in einem gestohlenen Lada Niva auf eine turbulente Reise Richtung Walachei machen, wenn diese Schüler noch nie gehört haben, dass die abendländische Literatur mit einem listenreicher Krieger beginnt, dessen Versuch, nach Ithaka heimzukehren, gleichfalls nicht ganz ohne Umwege verlief? Sie sehen: Es geht mir *nicht* um einen deutschen Kulturprotektionismus. Es geht mir ums Niveau. Um Komplexität. Um das geistig-kulturelle Erbe jenes Landes *und* jenes Erdteils, in dem wir leben und leben wollen.

Aber all dies werde ich noch ausführlicher erörtern, wenn ich die Frage diskutiere, wie unser Verhältnis zu Europa aussehen sollte; wenn ich das deutsche Selbstverständnis, »Kulturnation« zu sein, und ihren Träger, den »Bildungsbürger«, genauer betrachte. Zum Abschluss dieses Kapitels mag es genügen, wenn ich im Dienste der Übersichtlichkeit die wesentlichen Erkenntnisse zur »Leitkultur« nochmals zusammenfasse.

Erstens: Wenn gegen unsere Verfassung, gegen unsere »Gesetzeskultur« verstoßen wird, darf sich der Staat keinerlei Laissez-faire leisten. Hier muss er »Zwingherr« sein.

Zweitens: Als Zivilgesellschaft dürfen und sollen wir die Forderung einer »Leitzivilität« mit Nachdruck erheben. Politiker allerdings sollten sich hier in Zurückhaltung üben. Es sei denn, der konkrete Zivilitätsverstoß stellt gleichzeitig einen Gesetzesverstoß dar. Oder der jeweilige Politiker macht ausdrücklich klar, dass er als Teil der Zivilgesellschaft redet.

Drittens: In der Kultur- und Bildungspolitik muss es eine Art von »Leitkultur« geben. Andernfalls riskieren wir, dass uns demnächst die mündigen Bürger ausgehen, die jede Demokratie braucht, wenn sie als reflektierte, kultivierte, liberal-zivilisierte Demokratie bestehen und nicht zur engstirnigen, engherzigen, infantil pöbelnden Volksherrschaft verkommen will.

Viertens: Die Frage, welche Erscheinungsformen der deutschen Kultur im umfassenden, unordentlichen Sinne des Wortes jeder Einzelne für sich und seine Lebensgestaltung annehmen will, muss jeder Einzelne mit sich selbst ausmachen. In diesem Kontext sollten Politiker strikt aufhören, den Begriff einer »Leitkultur« in den Mund zu nehmen. Die einzige deutsche Maxime, die hier am Platz ist, lautet: »Jeder soll nach seiner façon selig werden.«

Ein allerletztes Wort noch an den Politiker, den ich im Geiste stöhnen höre: Das ist ja schön und gut, dass Sie hier so artig differenzieren. Aber glauben Sie ernsthaft, derlei Nuancierungen hätten im politischen Alltags- und Kampfgeschäft eine Chance?

Ich weiß nicht, ob sie eine Chance haben. Ich weiß nur, dass es sich rächen wird, wenn wir im öffentlichen Diskurs mit jener Schlampigkeit weitermachen, die wir uns derzeit gestatten. Was würden Sie von einem Flugzeugingenieur, von einem Informatiker halten, der Ihnen klagt, die Dinge seien so schrecklich kompliziert geworden, dass er sich leider außerstande sieht, seine Arbeit durchdacht und gründlich zu erledigen?

Ja: Unsere hochtechnologisierte, vernetzte Welt verlangt uns vieles ab und mutet uns noch mehr zu. Es ist ein Irrtum zu glauben, dass wir uns zum Ausgleich für diese Strapazen bei der Vermessung und Gestaltung unserer geistigen, sozialen und politischen Welt Nachlässigkeit leisten dürften.

Kapitel 3

Identität – glücklich, wer keine braucht?

Um kaum einen Begriff herrscht seit Jahrzehnten solch ein Gezerre wie um den Begriff der »Identität«. Die Linke trägt ihn stolz vor sich her, wenn sie »Identitätspolitik« betreibt. Die Rechte, allen voran die »Identitäre Bewegung«, versucht, ihn neuerdings für ihre Zwecke zu kapern. Die Postmoderne hält jegliches »Identitätsgeschwätz« für Wahn. Der Therapeut, der um die Komplexität der Spätmoderne weiß, empfiehlt die »Patchwork-Identität«. Und der ganz normale Zeitgenosse? Steht mitten im Gewühle und fragt sich bang, ob es noch statthaft sei, von »kultureller Identität« zu sprechen.

Fürs Erste will ich den heiklen Begriff der »Identität« ungeprüft im Raum stehen lassen – so wie ich es mit dem heiklen Begriff der »Kultur« getan habe – und mich zunächst einmal ins politische Getümmel werfen. Beginnen wir, diesen Teil des Irrgartens zu erforschen, indem wir den Blick nach links wenden.

Identitätspolitik und ihre Gegner

Vielleicht hat sich manch einer von Ihnen geärgert, dass ich im zweiten Kapitel den identitätsbekräftigenden Satz: »Und das ist auch gut so!«, einem konservativen Politiker in den Mund gelegt habe, um mehrheitsdeutsches »Mia-san-mia«-Gebrumm zu bestärken. Denn schließlich entstammt er – auch wenn er mittlerweile inflationär gebraucht wird – einem ganz anderen Kontext. Mit ihm krönte Klaus Wowereit sein öffentliches Coming-out, das er 2001 auf dem Parteitag der Berliner SPD riskierte, bevor er zum Kandidaten für das Amt des Regierenden Bürgermeisters nominiert wurde. Wörtlich sagte er: »Damit auch keine Irritationen hochkommen, liebe Genossinnen und Genossen! Ich sag's euch auch, und wer's noch nicht gewusst hat: Ich bin schwul. Und das ist auch gut so, liebe Genossinnen und Genossen!«

Zwar wurde dieses Bekenntnis von den »lieben« Berliner »Genossinnen und Genossen« damals ebenso spontan wie kräftig beklatscht, dennoch gab Wowereit damit keinem Mehrheitsaffen Zucker. Vielmehr stellte er sich in die Tradition sozialer Emanzipationsbewegungen wie der Frauen- oder eben auch der Schwulen- und Lesbenbewegung. Mit dem Slogan »Black is beautiful!« gaben Afroamerikaner der weißen US-amerikanischen Mehrheitsgesellschaft bereits in den 1960ern zu verstehen, dass sie nicht einfach bloß »schwarz« sind, sondern dass dies auch »gut so« beziehungsweise »beautiful«/»schön« ist. Bevor dergleichen rhetorische Figuren im gesellschaftlichen Mainstream ankamen und dort zur x-beliebigen Identitäts-Bestätigungs-Floskel verwässert wurden, waren sie also zunächst einmal selbstbewusste Kampfansagen von Mitgliedern marginalisierter und unterdrückter Gruppen in Richtung eben jenes Mainstreams, der sie marginalisierte und unterdrückte.

Aus diesem neuen Selbstbewusstsein, die eigene »Identität« als Angehöriger einer gesellschaftlichen Minderheit nicht länger schamhaft zu verbergen, sondern diese stolz für sich anzunehmen und ebenso stolz nach außenhin zu zeigen, entstand linke Identitätspolitik; entstanden die »Christopher Street«- und später »Gay Pride«-Paraden, die den Regenbogen zu ihrer Fahne erhoben. »Identität« wurde zum befreienden, emanzipatorischen Kampfbegriff, weil eine Identität nur ausgebildet werden kann, wenn es den Angehörigen der jeweiligen Minderheiten *selbst* überlassen ist zu bestimmen, wer sie sind und sein wollen, anstatt sich unters Zuschreibungsjoch der Mehrheitsgesellschaft zu beugen, die eben häufig keine *schweigende*, sondern eine teils grobschlächtige, teils offen diffamierende, in jedem Fall allzu deutlich hörbare Mehrheit ist. Den von der »Political Correctness« genervten Zeitgenossen, der an dieser Stelle dazwischenrufen möchte: Aber wer traut sich denn heute noch, ein abfälliges Wort in Richtung Minderheiten überhaupt zu *denken*, möchte ich darauf hinweisen, dass es außerhalb der linksliberalen Großstadtblasen durchaus weniger Hemmungen gibt, anders Liebende und Lebende als »abartig« zu bezeichnen. Viele Schwule und Lesben können ein trauriges Lied davon singen. Dennoch will ich die »Genervten« mit diesem Hinweis nicht abspeisen, sondern lediglich um ein wenig Geduld bitten. Auf *ihre* Bedenken werde ich in Bälde eingehen.

In dem eben skizzierten emanzipatorischen Sinne verstanden, konnte sich auch ein Diedrich Diederichsen – der »Vater« des postmodernen »Pop-Journalismus« in Deutschland – dazu durchringen, den ihm eigentlich suspekten Identitätsbegriff zu verteidigen. In einem Gespräch, das 1994 in der linken Zeitschrift *Konkret* erschien, erklärte er: »Was passiert, wenn man sich mit einer Identität versieht? Man bewaffnet sich. […] Die Identität ist genauso problematisch wie jede andere Waffe – die Waffe an sich ist nichts, was es zu vergöttern gilt und was nicht zu kritisieren wäre. Eine Waffe ist dazu da, Leute umzubringen, und in diesem Sinne falsch. Nur wissen wir ja auch alle, dass es manchmal unumgänglich ist, sich zu bewaffnen; und auf dieser Ebene würde ich gerne den Begriff der Identität oder das Betonen der Besonderheiten sehen, und auf dieser Ebene kann man auch die Gefahren sehr leicht diskutieren. Es gibt ja doch einige Kollektive und Individuen, denen man in der gegenwärtigen Lage das Recht auf Bewaffnung zugesteht, der Bewaffnung mit Identität; und anderen, denen man es unbedingt verwehren muss, wie z. B. den Deutschen, und diese Unterscheidung wäre mir wichtig.«

Mir wird, wenn ich solche Auslassungen lese, höchst mulmig. Wer die Aufrüstung von Minderheiten derart vehement befürwortet, darf nicht erwarten, dass sich die Mehrheit nicht auch bald bemüßigt fühlt, sich ihrerseits zu »bewaffnen«. Wer so redet, redet den Bürgerkrieg herbei.

Um alle Missverständnisse auszuschließen: Die Geschichte der

Unterdrückung von Homosexuellen in Deutschland umfasst zahllose Kapitel voll Unrecht und Leid. Das grausamste Kapitel wurde im »Dritten Reich« geschrieben, das nicht nur Juden, Behinderte, Kommunisten und sonstige politisch »Aufmüpfige« züchtigen und ausrotten wollte, sondern ebenso Homosexuelle. Und die Geschichte homosexuellen Leidens in und an Deutschland hörte mit dem Ende der Naziherrschaft nicht auf. Der berüchtigte, aus dem »Reichsstrafgesetzbuch« übernommene Paragraf 175, der die »Unzucht zwischen Männern« verbot – die »Unzucht zwischen Frauen« hielt man offenbar für keine Bedrohung der öffentlichen Ordnung –, wurde auch im bundesrepublikanischen Strafgesetzbuch erst 1969 (beziehungsweise 1973) liberalisiert. Männer, die über einundzwanzig (beziehungsweise später dann über achtzehn) waren, durften fürderhin mit dem Segen des Staates untereinander »Unzucht treiben« oder sich voneinander »zur Unzucht missbrauchen lassen«. Jawohl, diese Formulierungen tauchten im Strafgesetzbuch 1969 noch auf. Erst 1973 mäßigte der Gesetzgeber seine Sprache, indem er von »sexuellen Handlungen« sprach, die Männer aneinander »vornehmen« oder »vornehmen lassen«.

Trotz dieser Entkriminalisierung kam es jedoch vor, dass die Daten Homosexueller in sogenannten »Rosa Listen« weiterhin polizeilich erfasst wurden. So bestätigte etwa der Datenschutzbeauftragte für Nordrhein-Westfalen im Jahre 1980, dass »eine generelle Bereinigung dieser Altakten nicht stattgefunden« habe – »wegen des Umfangs des zu überprüfenden Aktenbestands«. 1987 beschloss die bayerische Staatsregierung unter der Federführung des damaligen Innenstaatssekretärs Peter Gauweiler einen berüchtigten »Maßnahmenkatalog« gegen AIDS, der unter anderem »Zwangstests« für »Ansteckungsverdächtige« wie Prostituierte und Junkies beiderlei Geschlechts vorsah, aber eben auch zu Razzien in Münchner Schwulensaunas und anderen Einrichtungen homosexuellen Lebens in Bayern führte.

In der DDR sah die rechtliche Lage etwas rosiger aus. Bereits 1957 wurde der gleichgeschlechtliche Sex zwischen Über-Einundzwan-

zigjährigen, 1968 auch der zwischen Über-Achtzehnjährigen frei-
gegeben. Allerdings galt der zum Paragrafen 151 mutierte 175 ab
diesem Zeitpunkt nicht nur für Männer, sondern auch für Frauen,
was man als Ausdruck der größeren Geschlechtergerechtigkeit in
der DDR deuten kann, aber vielleicht nicht muss. Das Stigma des
»Bourgeoisen« haftete dem Homosexuellen im »Arbeiter- und Bauernstaat« jedenfalls dennoch an.

Doch, um auch hier der Gerechtigkeit und der Genauigkeit Ge-
nüge zu tun: In Sachen rechtlicher Gleichstellung von Homo- und
Heterosexuellen war die DDR das »bessere Deutschland«: 1987
hob ihr Oberstes Gericht ein Urteil, das sich auf den Paragrafen
151 berief, mit der Begründung auf, dass »Homosexualität ebenso
wie Heterosexualität eine Variante des Sexualverhaltens darstellt.
Homosexuelle Menschen stehen somit nicht außerhalb der sozialistischen Gesellschaft, und die Bürgerrechte sind ihnen wie allen anderen Bürgern gewährleistet.« Ein Jahr später strich die Volkskam-
mer der DDR den entsprechenden Paragrafen ganz.

Das wiedervereinigte Deutschland beschloss 1994, die diskrimi-
nierende Gesetzesklausel zunächst einmal »aufzuheben«, um 1998
dann das mit ihr zu tun, was längst an der Zeit war: sie ersatzlos
»wegfallen« zu lassen.

Warum erzähle ich all dies so ausführlich? Weil ich auch bei
denjenigen, denen die Freuden und Nöte der gleichgeschlechtli-
chen Liebe fremd (geblieben) sind, um Zustimmung zu dem Jubel
werben will, der bei deutschen Lesben und Schwulen herrschte, als
ihr langer, leidvoller Kampf um die volle rechtliche Gleichstellung
endlich an sein Ziel kam. Weil ich deutlich machen will, dass es
ebenso geschichtsvergessen wie herzlos ist, die Möglichkeit »gleich-
geschlechtlicher Partnerschaften« oder – seit 2017 – die Möglichkeit, eine »Homo-Ehe« einzugehen, als »große Verschwulung« zu
diffamieren, wie manch verfolgungsfantasiebegabter Autor dies tut.
Deutschland schwächt sich nicht, indem es denjenigen seiner Bürger, die »queer« lieben und leben, dieselben Rechte gewährt wie denjenigen, die auf der vermeintlich geraden Straße des »Heteronor-

mativen« wandeln. Im Gegenteil: Es stärkt uns *alle*, weil es uns im täglichen Miteinander zu größeren Sensibilitäten und Selbstbefragungen zwingt, weil es unser Land davor bewahrt, abermals zu verdumpfen.

Gleichzeitig lautet meine Bitte an diejenigen Minderheitenangehörigen und -fürsprecher, die – gemäß dem Diederichsen'schen Aufrüstungsappell von 1994 – das Gefühl haben, sie müssten sich auch *heute*, im Jahre 2018, immer noch bis an die Zähne bewaffnen, wenn sie der deutschen Mehrheitsgesellschaft gegenübertreten: Lasst zumindest das schwere Kampfgerät bis auf Weiteres ruhen!

Das Klima in unseren Auseinandersetzungen *ist* über die letzten Jahre hin wieder einmal rauer geworden. Man darf und *sollte* es mit misstrauischer Wachsamkeit verfolgen, wenn in deutschen Städten sogenannte »Demos für alle« stattfinden, die das Wörtchen »alle« missbrauchen, weil sie in Wahrheit eben nicht für »alle« demonstrieren, sondern lediglich für diejenigen, die sich hinter Parolen versammeln wollen wie: »Ehe und Familie vor! Stoppt Gender-Ideologie und Sexualisierung unserer Kinder!«

Liebe LGBT-Gemeinde oder meinetwegen auch liebe *LGBTIQ-Community*, liebe Lesben, Schwule, Bi-, Trans-, Intersexuelle und sonstige Queere! Lasst zum Zeichen eures Protests tausend bunte Regenbogenfahnen von euren Balkonen wehen! Singt Lieder, macht Witze, streitet euch mit eurem Gegner! Aber brüllt oder trillerpfeift ihn nicht einfach nur nieder! Beherzigt den Satz, den die damalige US-amerikanische First Lady Michelle Obama ihren demokratischen Anhängern im immer hässlicher werdenden Präsidentschaftswahlkampf des Jahres 2016 zurief: »When they go low, we go high!« Frei übersetzt: »Je niedriger das Niveau der gegnerischen Seite wird, desto höher muss das unsrige sein!«

Im November 2016 machten die Amerikaner – und wir mit ihnen – die bittere Erfahrung, dass diese noble, kluge Aufforderung nicht verhindern konnte, dass ein ungehobelter, jegliches Niveau unterbietender Klotz wie Donald Trump ins Weiße Haus gewählt wurde. Trotzdem darf uns diese Niederlage nicht zu der Annahme verleiten, wir wären hierzulande besser beraten, wenn wir uns im Umgang mit unseren Gegnern von rechtsaußen an der alten deutschen Devise orientierten: »Auf einen groben Klotz gehört ein grober Keil.« Wer diesem Sprichwort im Politischen folgt, spaltet kein störrisches Holz. Er spaltet eine verunsicherte Gesellschaft.

Und also will ich versuchen, ein nicht grobes Gespräch mit einem der Organisatoren der »Demo für alle« zu führen. Da der orange »Bus der Meinungsfreiheit«, den die Verfechter der konventionellen Sexualität und traditionellen Familie zu ihrem Streitwagen gekürt haben, derzeit nirgends in Berlin umherfährt, gehe ich ins Internet, diesen großen Marktplatz der digitalen Dauerdemonstration.

Auf der einschlägigen Homepage sehe ich als Erstes, ganz oben, einen Fries mit vier lächelnden Menschen, von denen ich annehme, dass sie eine Familie sind: Vater, Mutter, Tochter, Sohn, in dieser Reihenfolge von links nach rechts – aber wer weiß. Weiter unten sehe ich zwei blonde Mädchen, die sich (schreckhaft?) aneinanderklammern, weil sie in ein James-Bond-artiges, allerdings nicht schwarzes, sondern regenbogenbuntes Pistolenvisier geraten sind. Niedlich. Aber da ich nun mal hoffnungslos textsüchtig bin, wird mein Blick sofort von etwas anderem angezogen. »Groteske Zensur«, lese ich in anklagenden Lettern, »Facebook löscht Beverfoerde-Posting zum nicht-existenten dritten Geschlecht!« Und unmittelbar darüber: »Nach Einschalten von Rechtsanwalt Steinhöfel – Facebook stellt gelöschten Beverfoerde-Kommentar wieder her.«

Ich frage mich, woher ich den Namen »Beverfoerde« kenne. Vielleicht verwechsle ich ihn mit dem konservativen Staatsrechtler und ehemaligen Verfassungsrichter Ernst-Wolfgang Böckenförde, von dem das hellsichtige Diktum stammt: »Der freiheitliche, säkularisierte Staat lebt von Voraussetzungen, die er selbst nicht garantieren kann«? Da mich mein Hirn im Stich lässt, studiere ich einstweilen den »Beverfoerde-Kommentar«, den Facebook von seiner digitalen Pinnwand entfernen wollte: »Wo keine eindeutige Geschlechtszuordnung m/w möglich ist, liegt eine biologische Anomalie vor, aber kein drittes Geschlecht.«

Beim vollen Namen »Hedwig Beverfoerde«, der über dem Posting steht, macht es endlich »klick«. Ist das nicht die, die vor zwei Jahren mit ihrem Anwalt – vergebens – gegen die Berliner Schaubühne zu Felde gezogen ist? Gemeinsam mit der AfD-»Familienexpertin« Beatrix von Storch, weil der Dramatiker und Regisseur Falk Richter in einer seiner Produktionen ihre jeweiligen Konterfeis nicht nur mit blutigen Zombiebildern, sondern auch mit Porträts des rechtsradikalen norwegischen Massenmörders Anders Behring Breivik und der NSU-Terroristin Beate Zschäpe gegengeschnitten hat? Ich helfe meiner internen Festplatte auf die Sprünge, indem ich »Hedwig Beverfoerde« google. Und in der Tat: Sie ist's. Ich erfahre außerdem, dass sie mit vollem Namen »Hedwig Freifrau von Beverfoerde« heißt und eine geborene »Freiin von Lüninck« ist. Außerdem erfahre ich, dass es sich bei ihr um eine »deutsche Aktivistin« handelt, die sich als solche in »verschiedenen konservativen und katholischen Bürgerinitiativen und Netzwerken« engagiert. Unter anderem hat sie das Aktionsbündnis »Demo für alle« mitinitiiert.

Wunderbar, denke ich, da bin ich ja an der goldrichtigen Adresse gelandet. Und weil ich davon ausgehe, dass eine Aktivistin mit einem »Kommentar« nicht einfach nur beleidigen, sondern einen sinnvollen Debattenbeitrag leisten will, will *ich* versuchen herauszufinden, was sie mir beziehungsweise uns »allen« genau sagen möchte.

Bevor ich zum Telefon greife, überlege ich, wie unser Gespräch verlaufen könnte.

»Liebe Frau Beverfoerde«, so würde ich anfangen. »Das, was Falk Richter mit Ihrem Foto an der Schaubühne gemacht hat, war nicht nett. Ich bin mir nicht mal sicher, ob es wirklich klug war. Aber so ist das halt in einem Land, in dem die Freiheit der Kunst ein hohes Gut ist. Da braucht man (und frau und selbst freifrau) manchmal ein dickes Fell. Und – Gott sei Dank! – wird das Recht auf freie Meinungsäußerung bei uns ja ebenso hochgehalten, weshalb wir uns heute über Ihren ›Kommentar‹ zum ›nicht-existenten dritten Geschlecht‹ unterhalten können. Glückwunsch übrigens, dass Sie *diesen* Rechtsstreit gewonnen haben! Doch genug der Höflichkeiten, kommen wir zum Inhaltlichen! Verstehe ich es richtig, dass Sie den Ausdruck ›biologische Anomalie‹ so verwenden, wie Sie etwa ›Laune der Natur‹ oder ›natürliche Abweichung‹ sagen würden?«

Ich denke, dem müsste Frau Beverfoerde zustimmen.

Also würde ich als Nächstes fragen: »Stimmen Sie mir ebenfalls zu, dass der Zölibat keine geringere ›biologische Anomalie‹ darstellt, weil die Natur im Allgemeinen ja auch nicht will, dass diejenigen ihrer Kreaturen, die auf Geschlechtsverkehr angewiesen sind, um sich fortzupflanzen, sich während ihrer fruchtbaren Jahre *nicht* beharrlich paaren?«

Da ich – Internet sei Dank! – weiß, dass Frau Beverfoerde eine überzeugte Katholikin ist, vermute ich, sie würde mir empört entgegenhalten, dass man das *eine* – Intersexualität, Transsexualität, Homosexualität! – doch überhaupt nicht mit dem *anderen* – der bisweilen nur schmerzlich abgerungenen sexuellen Enthaltsamkeit aus Glaubensgründen! – vergleichen könne.

Ich würde mir daraufhin jeglichen sarkastischen Kommentar über katholische Schwulitäten im Priesterseminar und anderswo verkneifen. Nicht verkneifen würde ich mir hingegen folgende Bemerkung: »Liebe Frau Beverfoerde, Sie sprechen mit einer eingefleischten Kulturprotestantin. Und als solche möchte ich Sie darauf aufmerksam machen, dass ›mein‹ Luther das Mönchs- und Nonnentum durchaus für eine teuflische ›Anomalie‹ hielt. Zwar konnte selbst er – der aus der Kutte gesprungene Mönch, der eine aus dem Habit gesprungene Nonne heiratete – voll Ehrfurcht von den ›echten Jungfrauen‹ (beiderlei Geschlechts) sprechen. Allerdings preist er nur diejenigen ›Jungfrauen‹ als ›Gottes besondere Wunderwerke‹, die ihr ›Fleisch‹ eben *nicht* kasteien müssen, sondern in Sachen Sexualität gewissermaßen als gottbegnadete Veganer zur Welt gekommen sind. Ist man bereit, Luthers geschätzter Einschätzung in diesem Punkt zu folgen, gebe es von Letzteren jedoch ›unter tausend Menschen nicht einen‹. Was die gottbegnadeten Zölibatären zu einem deutlich selteneren Phänomen machte als die Trans- und

Intersexuellen, von denen es hierzulande unter tausend Menschen immerhin zwei bis zwanzig gibt. Das erklärt zumindest das Bundesministerium für Familie, Senioren, Frauen und Jugend.«

Falls Frau Beverfoerde über Humor verfügt, würde sie mir womöglich entgegnen, mein kleiner Exkurs beweise lediglich eines: dass es sich beim Protestantismus um eine »theologische Anomalie« handele.

Obwohl ich mich versucht fühlen würde, mein protestantisches Erbe an dieser Stelle zu verteidigen, würde ich den Verlockungen des ökumenischen Dialogs widerstehen, sondern schlicht darauf hinweisen, dass wir in jedem Fall den vermeintlich soliden Boden der natürlichen Tatsachen beziehungsweise der »biologischen Normalfälle« verlassen haben und in die himmlische Sphäre religiöser Spekulationen entschwebt sind.

Dieser Beobachtung wiederum müsste Frau Beverfoerde sich anschließen können, hoffe ich. Vielleicht täte sie dies sogar mit Nachdruck, indem sie mir als Nächstes entgegenhielte, Gott habe gesagt: »Du sollst nicht bei einem Manne liegen wie bei einem Weibe; es ist ein Gräuel.« Sinngemäß bekam unlängst einer meiner schwulen Freunde diesen Satz zu hören – allerdings nicht von einer katholischen Familienaktivistin, sondern von einem jungen muslimischen Taxifahrer.

Ich käme meiner Gesprächspartnerin nun nicht mit der *Bibel in gerechter Sprache*, denn ich habe dort nachgesehen und musste enttäuscht feststellen, dass sie die Lesben nicht weniger ausschließt, als es der bundesrepublikanische Paragraf 175 getan hat. »Gerecht« übersetzt lautet der einschlägige Bibelvers nämlich so: »Mit einem männlichen Partner sollst du keinen Geschlechtsverkehr haben wie mit einer Frau, ein Tabu ist dies.«

Ich würde Frau Beverfoerde, da sie ja um ein Vielfaches bibelfester ist als ich, etwas fragen, und zwar: »Bitte, helfen Sie meinem Gedächtnis nach – war es das elfte oder das zwölfte Gebot, in welchem Gott befahl: Ich bin der Herr, dein Geschlecht, du sollst keine anderen Geschlechter haben neben mir? Und welches war nochmals das

Gebot, in dem Gott sprach: Du sollst nicht begehren deines Nächsten Geschlecht?«

Da ich befürchte, dass die gläubige Katholikin unser Gespräch mit einem angewiderten Schnauben beenden könnte, würde ich schnell noch hinzufügen: »Liebe Frau Beverfoerde, machen Sie sich nichts draus! Nicht mal der *Allwissende* konnte vorhersehen, auf welch abgefahrene Ideen seine Geschöpfe eines Tages kommen würden.«

Ich nehme es niemandem krumm, wenn er mir entgegnet: Dies soll ein Musterbeispiel für eine faire, offene Auseinandersetzung mit dem politischen Gegner sein? Vielleicht haben Sie mit so etwas auf linksliberalen Kabarettbühnen Erfolg, aber Sie glauben doch nicht im Ernst, dass uns solch ein Gespräch im wechselseitigen Verständnis weiterbringt!

Nein, das glaube ich nicht. Allerdings halte ich es für eine Illusion, dass mit *jedem* Gesprächspartner Verständigung möglich ist. So wie ich im letzten Kapitel festgestellt habe, dass eine rote Linie überschritten ist, wenn mein Gegenüber im Zusammenhang mit dem Holocaust anfängt, von den »ominösen sechs Millionen« zu faseln, muss ich hier feststellen: Wer sich im *politischen* Diskurs auf »die Natur« oder »Gott« als letztes Argument beruft, stellt sich *selbst* außerhalb des Spielfeldes, das unser Grundgesetz vorgibt. Dieses Spielfeld ist groß und lässt mehr Positionen und Spielzüge zu, als es uns die politische Korrektheit vorschreiben will. Dennoch gibt es klar gezogene Außenlinien. Wenn wir deren Überschreitung verständnisvoll tolerieren, riskieren wir das ganze Spiel.

Damit will ich nicht sagen, dass mit zutiefst gläubigen Menschen *gar kein* Gespräch möglich sei. Selbst mit einem religiösen Fundamentalisten kann ich mich durchaus lohnend unterhalten, etwa über die Frage, woher es kommt, dass sein Weltbild so fest im Glauben verankert ist, während mir dieser »Sprung in den Glauben« nicht gelingen will, und ich stattdessen lieber dem Zweifel die Treue halte.

Auch mit naturwissenschaftlichen Fundamentalisten sind erkenntnisbringende Gespräche möglich. Weil ich selbst zahlreiche

Gespräche dieser Art geführt habe – allerdings unterhalte ich mich lieber doch mit vernünftig-skeptischen Naturwissenschaftlern –, weiß ich, dass es manche Bereiche gibt, in denen wir Menschen die Sklaven unserer Gene sind. So reicht etwa die Mutation eines einzigen Gens aus, und wir sind dazu verdammt, an bislang unheilbaren Krankheiten wie Huntington's oder Mukoviszidose zu leiden und zu sterben. In diesem Zusammenhang benutze ich das Wörtchen »natürlich« bewusst: *Natürlich* sind wir alle jenseits solch dramatischer Einzelfälle von unseren Genen geprägt. Gleichwohl bestehe ich darauf, dass es sich hier um Prägungen oder eben Veranlagungen handelt und *nicht* um unumstößliche Urteilssprüche des Schicksals. Das Reich des genuin Humanen – das Kulturelle, das Soziale, das Politische, Erziehung und Bildung – beginnt dort, wo der Mensch um seine Veranlagungen weiß und versucht, das Beste daraus zu machen. Aus eigenem Antrieb und mit Unterstützung der menschlichen Umwelt, in der er lebt.

An dieser Front würde ich mich auch mit Luther bis aufs Blut streiten und leidenschaftlich die Partei des Humanisten Erasmus von Rotterdam ergreifen: Nein, wir Menschen haben keinen »freien Willen« in dem Sinne, dass wir als unbeschriebene Blätter zur Welt kämen und diese leeren Seiten nach Belieben vollschreiben könnten. Und *trotzdem*: Wenn wir uns lediglich als »Lasttiere« begreifen, die entweder von »Satan« oder von »Gott« geritten werden, und wenn wir darüber hinaus glauben, es liege vollständig außerhalb unserer »freien Wahl«, den jeweiligen »Reiter« abzuwerfen und zum anderen »zu laufen und ihn zu suchen«, dann sind wir in der Tat keine Menschen mehr, sondern Lasttiere.

In diesem Zusammenhang sei – selbst auf die Gefahr hin, dass dies als jäher Niveauabsturz erscheint – ebenfalls ein Wort gesagt zu Thilo Sarrazin und seinem Bestseller *Deutschland schafft sich ab*: Viele der Thesen, die dort zu Immigration und Integration aufgestellt werden, müssen auf dem großen Spielfeld unseres öffentlich-politischen Diskurses Platz haben. Aber in der Tat setzen wir »unser Land aufs Spiel« – wie es im Untertitel des Buches heißt –, wenn wir Sarrazin nicht in eben dem Moment des Platzes verweisen, in dem er selbst das Spielfeld verlässt. Da es eine Zeit gab, in der es nahezu unmöglich war, sich dem Erregungstornado, der rund um sein Buch tobte, zu entziehen, vermute ich, Sie ahnen, wovon ich rede: von jenen Auslassungen Sarrazins, in denen er uns die Gene als den entscheidenden Faktor für Intelligenz weismachen will. Ob und inwieweit Intelligenz genetisch bestimmt ist und welche Rolle epigenetische Vorgänge dabei spielen – das heißt, welchen Einfluss äußere Umstände auf die Gene haben –, all das ist in der Wissenschaft höchst umstritten.

Es ist richtig, dass die Wissenschaft derartigen Fragestellungen nachgeht. Die Freiheit der Forschung ist ein weiteres hohes Gut, auch in unserem Land. Ebenso wie die Freiheit des Glaubens. Deshalb muss frei geforscht und frei geglaubt werden dürfen. Aber sobald im politischen Diskurs wissenschaftliche *Annahmen* – keine hinreichend gesicherten *Erkenntnisse*! – und religiöse Überzeugungen als vermeintliche Totschlagargumente aus der Tasche gezogen werden, sind sie tatsächlich nur noch eins: Totschläger. Es war angemessen, Sarrazin die rote Karte zu zeigen, sobald er begann, die politische Debatte mit seinem spekulativen Biologismus zu vergiften.

Soll all dies nun heißen, dass der »gewöhnliche« heterosexuelle Zeitgenosse *keinerlei* Bedenken mehr artikulieren darf, wenn er den homo-/bi-/inter- und transsexuellen Regenbogen betrachtet, der seit einer Weile auch über unserem Land immer farbenprächtiger leuchtet? (Damit wir uns nicht verfranzen, möchte ich auf die Bedenken beim Betrachten von Kopftuch und Burka erst später eingehen.)

Dies heißt es selbstverständlich nicht. Wenn etwa ein »traditioneller« Vater oder eine »traditionelle« Mutter einem schwulen Paar, das ein Kind adoptieren beziehungsweise mit einer befreundeten Frau zeugen und bei sich aufziehen möchte, die besorgte Frage stellt, ob es für die Entwicklung dieses Kindes wirklich gut ist, in einem »reinen Männerhaushalt« aufzuwachsen, möchte ich dringend zur gelassenen Reaktion raten. Aus meiner Sicht lässt sich darauf leicht und entspannt antworten, indem man(n) an die traurige Tatsache erinnert, dass es wahrlich nicht zwei Väter – oder zwei Mütter – braucht, um einem Kind einen »suboptimalen« Start ins Leben zu bescheren. Gleichwohl halte ich es für keinen Skandal, wenn »Heteros« darauf bestehen, dass ein Kind *vielleicht* bessere Aussichten auf einen gelingenden Lebensstart hat, wenn es in seinem nächsten Umfeld erlebt, dass es unterschiedliche Geschlechter gibt. Nebenbei sei erwähnt, dass auch der Philosoph Theodor W. Adorno, der Urpate des »Nicht-Identischen«, der Homosexualität skeptisch gegenüberstand, weil er den Verdacht hatte, dass in ihr das jeweils »Andere« kategorisch ausgeschlossen werden solle. Dies will ich nicht meinerseits als hinterhältiges Totschlagargument in die Debatte werfen. Ich will lediglich darauf hinweisen, dass nicht jeder, der so denkt, eine katholisch-fundamentalistische Aktivistin sein *muss*. So wie nicht jeder, der sich bei einer oder einem Transsexuellen mit anzüglichem Grinsen erkundigt, wie »das« eigentlich geht, ein AfD-Anhänger sein *muss*.

Nachdem das Bundesverfassungsgericht im November 2017 den Gesetzgeber aufgefordert hatte, eine rechtliche Gleichbehandlung für »alle Personen« zu schaffen, »die sich weder dem männlichen noch dem weiblichen Geschlecht zuordnen, aber auch nicht dauerhaft als ›geschlechtslos‹ registriert werden möchten«, veröffentlichte der Vorsitzende des Deutschen Ethikrats, der evangelische Theologe Peter Dabrock, in mehreren Zeitungen Kommentare, worin er die juristische Einführung eines »dritten Geschlechts« klar befürwortete. Gleichzeitig warnte er: »Gerade auch, wenn man das menschen- und grundrechtliche Anliegen einer dritten Geschlechtskategorie teilt, muss man doch sehen, dass man für den Zusammenhalt einer Gesellschaft möglichst viele Menschen mitnehmen muss. Die überragende Zahl der Menschen lebt aber nun einmal heterosexuell und versteht auch diese Geschlechtsidentität mit den damit verbundenen Attraktionen wie Intimitäten als Merkmal ihrer Persönlichkeit. Augenscheinlich berührt das Thema viele Ängste und produziert Unsicherheiten. [...] Ganz offensichtlich muss sich deshalb unsere

Gesellschaft Zeit lassen, den unabweisbaren Karlsruher Impuls um-zusetzen und keine Schnellschüsse abzugeben. Nur auf diesem Wege wird das Wir nicht noch mehr beschädigt, sondern kann umgekehrt vielleicht sogar wachsen.«

Dieser Beurteilung schließe ich mich an. Viele meiner »queeren« Freunde werden jetzt rufen: Wir sind lange genug unterdrückt wor-den, wir haben genug erduldet, im Jahre 2018 müssen wir uns solche Bedenkenkrämerei nicht mehr anhören! Ihnen möchte ich antwor-ten: Doch, ihr müsst.

Ich möchte sie an das Märchen *Vom Fischer und seiner Frau* er-innern, in welchem »die Ilsebill« ihren Mann nötigt, vom »Buttje, Buttje in der See« immer neue Wunderwohltaten zu verlangen – bis sie am Schluss alles verliert. *Selbstverständlich* ist mir bewusst, dass all jene Bürger, die in sexuellen Belangen »anders« empfinden und leben, keine »Wunderwohltaten« erbetteln, wenn sie die volle recht-liche Gleichstellung fordern. Sie fordern einzig und allein ihr gutes Menschenrecht. Dennoch möchte ich sie inständig bitten, die Ge-fühle der »anderen«, die in diesem Fall eben die Masse all derer sind, die konventioneller empfinden und leben als sie, nicht gänzlich zu übergehen. Ich möchte sie auffordern, sich auf der Welt und in der Geschichte umzuschauen und sich dann zu fragen, ob unsere ge-genwärtige Gesellschaft wirklich so »böse« und reaktionär verbohrt ist, wie man bisweilen meinen könnte, wenn man ihren enttäusch-ten Klagen und Anklagen lauscht. Abermals möchte ich die beiden ersten Verse aus Brechts *Kinderhymne* zitieren: »Anmut sparet nicht noch Mühe / Leidenschaft nicht noch Verstand!« Und möchte er-gänzen: »Auch Geduld sei mit dabei.«

Kein emanzipatorischer Fortschritt, der je erkämpft wurde, ist endgültig. Weder müssen sich die notorisch Aufmüpfigen unter uns einem autoritär-gereizten »Jetzt ist aber mal Schluss!« fügen und hinnehmen, dass etwas die letzte Forderung gewesen sei, noch sollte sich *irgendwer* auf der trügerischen Annahme ausruhen, Fortschritt sei für alle Zeiten und ganz von selbst gesichert. Aber so, wie es Zei-ten der Beschleunigungen gibt, gibt es Zeiten, in denen man möglicherweise klüger und besser vorankommt, wenn man für eine Weile in ein gemächlicheres Tempo wechselt.

Exzesse der politischen Korrektheit

Seit einer Weile geistert das Schlagwort der »robusten Zivilität« durch unsere Gazetten, das der britische Historiker und Schriftsteller Timothy Garton Ash geprägt hat. Prinzipiell habe ich nichts gegen dieses Schlagwort. Im Gegenteil: Ich würde die »Robustheit« gern als sechste Tugend – neben der »Anmut«, der »Mühe«, der »Leidenschaft«, dem »Verstand« und der »Geduld« – in den Katalog des geistig-charakterlichen Rüstzeugs aufnehmen, das wir benötigen, wenn wir die Zivilität unserer Gesellschaft erhalten beziehungsweise verteidigen und befördern wollen. Allerdings bin ich strikt dagegen, nach dieser »Robustheit« immer nur dann zu rufen, wenn islamistische Terrorattentäter Bürger der westlichen Welt ermorden. Um kein paranoider Überwachungsstaat zu werden, brauchen wir bei solch furchtbaren Anlässen eine ebenso solide wie »zivile Robustheit«, das würde ich nie bestreiten. Aber eine ähnliche »Robustheit« muss auch all denen abverlangt werden, die sich seit Jahren lauter und lauter um die Trophäe des am schlimmsten behandelten Opfers rangeln.

Ich kann nachempfinden, dass man als Angehöriger einer Minderheit, die lange gesetzlich diskriminiert wurde und im Alltag bisweilen immer noch diskriminiert wird, eine besondere Sensibilität für Beleidigungen und schiefe Blicke entwickelt. Schließlich bin ich selbst eine Frau, geboren in einem Jahrzehnt, in dem mein Vater von Rechts wegen meiner Mutter noch hätte verbieten können, berufstätig zu sein. Da mein Vater ein kluger Mann ist, hat er dies nicht getan. So gesehen weiß ich ziemlich genau, wie es sich anfühlt, enervierend oft – und öfter noch: auf unterschwellig-perfide Art – vermittelt zu bekommen: Mädchen, was willst du denn hier?

Ich will die Diskriminierungserfahrungen, die ich am eigenen

Leib und an der eigenen Seele gemacht habe, nicht auf dieselbe Stufe stellen mit jenen Diskriminierungserfahrungen, die etwa eine lesbische Afro-Deutsche oder ein transsexueller Muslim in Deutschland machen mussten – und müssen. Dennoch habe ich kein Verständnis für diejenigen, die etwa Anstoß daran genommen haben mögen, dass ich ein Wort wie »Schwulitäten« benutzt oder im Zusammenhang mit Transsexualität etwas flapsig von »abgefahrenen Ideen« gesprochen habe. Solch mimosenhafte Sensibilität bringt uns nicht weiter.

Ebenso wenig halte ich von dem begrifflichen Murks, zu dem uns die »gerechte Sprache« zwingen will. Der Sommer der Freiheit beginnt nicht beim Binnen-I – oder noch absurderen Sprachmanövern, wie manch akademische Hardcore-Feministin sie einfordert. Vielmehr bekomme ich Zustände, wenn ein artiger Gastgeber die anwesenden »Schriftsteller und Schriftstellerinnen« begrüßt, und ich bin die einzige Frau im Raum. Es gibt Kontexte, in denen ich es für sinnvoll halte, zu sagen oder zu schreiben, dass ich eine Schriftsteller*in* bin. Aber es würde mir nie einfallen, mich ausgeschlossen zu fühlen, wenn von den »deutschen Schriftstellern« die Rede ist.

Auf eine ähnlich schiefe Bahn geraten wir, wenn jede Minderheit darauf besteht, bei Ansprachen explizit genannt zu werden. Entweder wird der arme Ansprechende irgendwann nicht mehr über die Begrüßungsfloskeln hinauskommen, sobald er eine etwas größere Zahl an Menschen vor sich hat und in Sorge ist, ob er auch wirklich keine Minderheit vergessen hat. Oder er muss Zuflucht zu Kürzelmonstern wie »LGBT« nehmen, die den meisten Uneingeweihten bis heute ein Rätsel sind und bei denen sich der Eingeweihte fragt, ob er hierzulande nicht korrekterweise eigentlich »LSBTTIQ« (für »lesbisch«, »schwul«, »bisexuell«, »transsexuell«, »trans*/transgender«, »intersexuell« und »queer«) sagen müsse. Wenn wir diese Bahn weiterverfolgen, landen wir eines Tages bei einer babylonischen Sprachverwirrung, die einzig und allein dafür sorgt, dass wir nicht mehr miteinander reden, sondern bloß noch aneinander vorbei.

Deshalb lautet mein Wunsch an die »Queere Community«:

Könnt ihr euch nicht mit solch einer noch überschaubaren Bezeichnung anfreunden? Oder erfindet ein anderes lustiges Wort wie etwa »HoBITs«. Da wären alle **Ho**mo-/**Bi**-/**I**nter-und **T**ranssexuellen berücksichtigt, und der »einfache Mann von der Straße« könnte es sich merken und ordentlich aussprechen. Regt euch jetzt bitte nicht auf, dass das aber verdächtig nach »Hobbits« klinge. Wenn ich *Der Herr der Ringe* richtig gelesen habe, werden uns die Hobbits dort als vielleicht etwas, nun ja: »queere« Gestalten erzählt, aber eben auch als grundsympathische Genossen, die, wenn's drauf ankommt, große, tapfere Kriegerherzen haben. Und außerdem: War ja nur ein Vorschlag.

Was für ein hilflos-verlogenes Unterfangen es ist, ein Buch wie die Bibel in »gerechte Sprache« bringen zu wollen, dürfte durch die kleine Kostprobe, die ich vorhin gegeben habe, deutlich geworden sein. Historische Texte werden nicht »gerechter«, indem man sie einer kosmetischen Chirurgie unterzieht. Ihnen ergeht es nicht anders als Menschen, die allzu rigoros an ihren Gesichtern herumschnippeln lassen: Am Ende sind sie maskenhaft entstellt.

Pippi Langstrumpf ist eines der wunderbarsten Kinderbücher aller Zeiten. Lassen wir ihren Papa doch bitte einen »Negerkönig« sein und modeln ihn nicht zum »Südseekönig« um. Und wenn wir Kindern *Pippi Langstrumpf* vorlesen – was wir unbedingt tun sollten! –, erklären wir ihnen, dass diese Romane in den Vierzigerjahren des letzten Jahrhunderts geschrieben worden sind und dass es damals gänzlich unbedenklich war, das Wort »Neger« zu benutzen. Dunkelhäutige Menschen selbst benutzten bis in die Sechziger- und Siebzigerjahre hinein dieses Wort, wenn sie von sich und ihren Befreiungskämpfen sprachen. Ebenso möchte ich einer afro-deutschen Frau, die sich beschwert, wenn jemand »schwarzsieht«, versichern, dass dies *in aller Regel* keine beleidigende Anspielung auf ihre Hautfarbe ist. Gemeint ist lediglich, dass einer seinen Rundfunkbeitrag nicht gezahlt hat beziehungsweise immer nur das »Schwarze« im Sinne des »Dunklen«, »Düsteren« sieht. Wem geschieht Unrecht, wenn wir von der Nacht sagen, sie sei »schwarz«?

Anstatt Wörter zum tabuisierten Fetisch zu machen, sollten wir ihre *Geschichte* erzählen. Nur so begreifen wir, warum etwas nicht mehr so ist, wie es einmal war. Wie sich unsere Welt wandelt. Und dass solch emanzipatorischer Wandel nicht vom Himmel fällt, sondern hart erkämpft wird.

Eine der groteskesten Episoden in der mittlerweile nicht mehr ganz so kurzen Geschichte der politischen Korrektheit auch hierzulande ereignete sich in Berlin im April 2013. Die Tageszeitung *taz* veranstaltete damals eine Podiumsdiskussion mit dem Titel »Meine Damen und Herren, liebe N-Wörter und Innen!«. Damit spielte man auf den ehemaligen Bundespräsidenten Heinrich Lübke an, der 1962 bei einem Staatsbesuch in Liberia die Anwesenden mit den Worten: »Sehr geehrte Damen und Herren, liebe Neger!« begrüßt haben soll. Moderiert wurde das Gespräch über Sprache und Diskriminierung von dem türkisch-deutschen Journalisten Deniz Yücel, der zu diesem Zeitpunkt noch nicht für *Die Welt*, sondern für die *taz* schrieb – derselbe, der ein Jahr lang in Istanbuler Haft gesessen hatte, bis sich die Erdoğan'sche Justiz endlich entscheiden konnte, wessen sie ihn eigentlich anklagen wollte, allerdings nur, um ihn danach nicht etwa vor ein türkisches Gericht zu bringen, sondern umgehend nach Deutschland zurückreisen zu lassen.

Im April 2013 kam es zum Eklat, als Deniz Yücel ein Zitat aus der berühmtesten aller Reden vorlesen wollte, die im afro-amerikanischen Emanzipationskampf je gehalten worden sind, aus der Rede *I Have a Dream* des schwarzen Bürgerrechtlers Martin Luther King. Folgenden Satz versuchte Yücel zu zitieren: »But one hundred years later, we must face the tragic fact that the Negro is still not free.« Auf Deutsch: »Aber einhundert Jahre später müssen wir der tragischen Tatsache ins Auge blicken, dass der Neger noch immer nicht frei ist.« Doch kaum hatte Yücel das »N-Wort« in den Mund genommen, brach im Saal Tumult aus.

Damit Sie das ganze Ausmaß der Absurdität begreifen – und die blanke Fassungslosigkeit des Moderators –, zitiere ich aus dem Artikel, den Yücel selbst über diesen Vorgang kurz darauf in der *taz* veröffentlicht hat: »Noch mal: Antirassistische Aktivisten wollen verhindern, dass aus einer Rede, dass aus *der* Rede von Martin Luther King zitiert wird. Sie kreischen den Moderator (immer mich) an: ›Sag das Wort nicht! Sag das Wort nicht!‹«

Wenn Sie Zeit haben, googeln Sie den ganzen Artikel! Und überlegen Sie dann selbst, ob Sie sich der Einschätzung, die Yücel seiner Kolumne als Überschrift gegeben hat, nicht anschließen wollten: »Liebe N-Wörter, ihr habt 'nen Knall!«

Der Tumult lässt sich einzig begreifen – so er denn überhaupt zu begreifen ist –, wenn man sich mit dem Konzept der »Mikro-Aggression« vertraut macht. Wie die »Political Correctness«, so entsprang auch dieser Zugang zu Sprache und Welt dem wohlbehüteten Schutzraum des US-amerikanischen Campus. Gemeint ist letztlich nicht mehr und nicht weniger, als dass *jede* alltägliche Kleinigkeit, jede Geste, jeder Blick, jedes Wort, selbst wenn diese vom »Absender« »gut« gemeint sind, vom »Empfänger« als »Aggression« empfunden werden können. Das jovial-männliche In-den-Mantel-Helfen, das einer Frau übergriffig erscheint, weil es sie in die Rolle des hilfsbedürftigen Weibchens zwängt: »Mikro-Aggression«. Das Kompliment, das ein Weißer einem Schwarzen zu seiner Frisur macht: »Mikro-Aggression«, weil der Sprecher nicht bedenkt, dass die »Afro-Krause« schwieriger zu bändigen ist als kaukasisches Haar und die Frisur für einen Schwarzen somit ein heikles oder gar schmerzliches Thema sein kann. Ich denke, Sie können den endlosen Reigen möglicher »Mikro-Aggressionen« selbst fortsetzen.

Die *Zivilität*, über die ich im letzten Kapitel einiges gesagt habe, gebietet uns, dass wir uns im Alltag bemühen, einander nicht unnötig vor den Kopf zu stoßen oder zu beleidigen. Dennoch führt eine derartige Ausweitung der Aggressionszone nicht dazu, dass unser soziales Miteinander freundlicher und rücksichtsvoller wird. Sie führt dazu, dass unser öffentlicher Raum mehr und mehr von Paranoia und Hysterie beherrscht wird; dass wir uns beständig umschauen, ob hinter unserem Rücken nicht wieder ein »böses« Wort gefallen ist, ein scheeler Blick geworfen wurde; dass wir verlernen, zwischen den »echten«, den schlimmen, gewalttätigen »Makro-Aggressionen« und lästigen Kinkerlitzchen zu unterscheiden.

Selbstverständlich lässt sich die Linie zwischen einer »Makro-Aggression« und einer »Mikro-Aggression« nicht mit dem Lineal ziehen und ein für alle Mal festlegen, sondern muss Gegenstand permanenter Auseinandersetzung bleiben. Wir *sind* in vielen Bereichen des sozialen Umgangs sensibler geworden, als unsere Vorfahren es waren – *und das ist auch gut so!*, um diesen armen geschundenen Spruch ein letztes Mal zu strapazieren. Aber wir dürfen nicht so dünnhäutig werden, dass uns jeder Windstoß gleich bis ins Mark erschüttert. Sonst enden wir als Mephisto-Travestien, als Teil von jener Kraft, die stets das Gute will und stets das Böse schafft.

Wie bereits gesagt: Ich halte es für richtig, an unsere »robuste Zivilität« zu appellieren, das heißt, die Gesamtgesellschaft aufzufordern, die Nerven zu behalten, wann immer extremistische Attentate geschehen. Aber müssen wir denselben Appell nicht an die Mitglieder von Minderheiten richten, selbst wenn diese diskriminiert werden oder sich diskriminiert *fühlen*? Und zwar noch nicht einmal in Fällen, in denen sie bei Attentaten verletzt oder niedergemetzelt werden, sondern lediglich dann, wann immer sie mit einem dummen, achtlosen Spruch, einem unliebsamen Wort oder sonst einer Beleidigung konfrontiert sind?

Die soziale Situation von Mitgliedern einer Minderheit und Mitgliedern der Mehrheitsgesellschaft *ist* nicht symmetrisch. Und dennoch treibt man mit der »robusten Zivilität« grob asymmetrisch Schindluder, wenn man sie von Letzteren stets verlangt, während man Erstere vor allem bewahren möchte, das irgendwie feindselig oder verstörend auf sie wirken könnte. Meinetwegen darf man feixen, wenn eine Hedwig Beverfoerde oder Beatrix von Storch sich damit abfinden müssen, dass ein Theatermacher Fotos von ihnen mit Bildern von Zombies, Terroristen und Massenmördern vermengt. Aber im Interesse der zivilen *Redlichkeit* – Tugend Nummer sieben – sollte man dann nicht rufen: O weh! Die Armen!, wenn muslimische

Frauen es ertragen sollen, dass ein Thilo Sarrazin sie als »Kopftuch-mädchen« verunglimpft.

Jedem Einzelnen ist es unbenommen, parteiisch zu sein und sich deshalb nicht in gleichem Maße zu freuen oder zu empören, wenn Vertreter von Gruppen beleidigt werden, die ihm nicht in gleichem Maße unsympathisch oder eben sympathisch sind. Aber wenn in einer *medialen* Öffentlichkeit strukturell parteiisch geurteilt wird, wie es hierzulande allzu oft der Fall gewesen ist, gerät eine Gesell-schaft in Schieflage.

Eine Bemerkung noch zur »Holocaust-Leugnung«: Den sechsmil-lionenfachen Mord an den Juden während der Nazizeit zu bestreiten ist keine antisemitische Beleidigung. Es ist eine Verdrehung histori-scher Tatsachen, die gerade wir in Deutschland nicht tolerieren dür-fen. Um den Lieblingswitz eines jüdisch-amerikanischen Freundes zu zitieren: »Antisemitismus ist, wenn man die Juden noch weniger leiden kann, als es normal ist.« Womöglich finden deutsche Juden diesen Witz weniger komisch als amerikanische, was ich aber nicht glaube. Doch selbst wenn das so wäre, darf er auch hierzulande ge-macht werden. *Humor* würde ich gern als achten Punkt dem Katalog der zivilen Tugenden hinzufügen.

Ich habe dargelegt, inwiefern ich die politische Korrektheit und das Konzept der »Mikro-Aggression« für Exzesse linker Identitäts-politik halte und warum ich fürchte, dass sie den gesellschaftlichen Frieden langfristig gefährden können. Im Folgenden möchte ich er-läutern, wieso ich außerdem befürchte, dass sie selbst denjenigen nicht guttun, die sich mit ihnen zu schützen glauben.

Anerkennung und Ablehnung

Richtig ist am linken »Kampf um Anerkennung«, dass ein Mensch nur dann eine Chance hat, eine eigene Identität zu entwickeln, wenn er nicht permanent Ablehnung erfährt. Wem von seiner Umwelt un-unterbrochen signalisiert wird, er sei minderwertig oder gar »abartig«, kämpft in der Tat auf verlorenem Posten. Allerdings kann man auch zu Tode anerkannt werden. Was meine ich damit? Ich will damit sagen, dass sich eine Identität nur *schärfen* kann, wenn derjenige, der herausfinden möchte, wer er ist und wer er sein will, *auch* Widerstand und Ablehnung erfährt. Ich werde darauf zurückkommen, wenn ich unsere heutigen Identitätskonzepte im Allgemeinen betrachte. Hier sei lediglich angedeutet, dass ich es für einen verhängnisvollen Denkfehler halte zu meinen, Identität nähme dann am besten Gestalt an, wenn einem alle Tag und Nacht auf die Schulter klopfen und sagen: Toll bist du! Ganz, ganz toll! Weiter so! Individuelle Konturen entstehen nur im Wechselspiel von Anerkennung *und* Ablehnung, von Unterstützung *und* Widerstand, von Gelingen *und* Scheitern. Aus eigener Erfahrung behaupte ich, dass viele von mir als unpassend oder ungerecht empfundene Zuschreibungen von außen, wer ich angeblich bin beziehungsweise wie ich gefälligst sein sollte, entscheidend dazu beigetragen haben, dass ich eine deutlichere Ahnung davon bekommen habe, wer ich »eigentlich« bin oder wer *ich* sein *will*.

Allerdings ist mir bewusst, dass dieses Lob der falschen äußeren Zuschreibungen heikel ist. Denn ebenso gut können solche Zuschreibungen dazu führen, dass ich mich störrisch in dem falschen Bild einkapsele, das meine Umwelt sich von mir macht, nach dem Motto: Ihr seht mich so? Gut, das könnt ihr haben!

Wenn etwa manche Afro-Amerikaner das rassistische Schimpfwort »Nigger« seit einer Weile mit trotzigem Stolz auf sich selbst anwenden, bin ich mir nicht sicher, ob ich der postmodernen Feminismus-Ikone Judith Butler zustimmen mag, die dergleichen als widerständige »Enteignungs«-Manöver preist. Vielmehr möchte ich raten, die Memoiren von Barack Obama zu lesen, in denen dieser eindringlich beschreibt, wie er in seiner Jugend gefährdet war, zum »Pothead« zu werden, sich in der »endgültigen, tödlichen Rolle« des »andauernd zornigen«, »jungen Möchtegern-Schwarzen« zu verlieren, und wie er im Gegenzug beschloss, der weißen Mehrheitsgesellschaft zu beweisen, wie gründlich falsch sie mit ihrem Klischeebild, zumindest in seinem Fall, lag.

Ich halte es nicht für abwegig, dass zahlreiche Muslimas hierzulande *gerade deshalb* nach dem Kopftuch greifen, weil sie damit der deutschen Mehrheitsgesellschaft signalisieren wollen: »Ihr seht mich als ›Kopftuchmädchen‹? Bitte, hier habt ihr euer *Kopftuchmädchen*!« Was wiederum nicht wenige Linke innerhalb der nicht-muslimischen Mehrheitsgesellschaft zu dem formalistischen Trugschluss verleitet, es handele sich beim Kopftuch um ein im *emanzipatorischen* Sinne widerständiges Identitätssymbol – und es deshalb begrüßen. Aber bevor man solche identitätspolitischen Banner für emanzipatorisch hält, sollte man sich doch genauer klarmachen, für welche Inhalte und Ziele sie im jeweiligen Kontext stehen.

»Muslim Pride« und der bereits erwähnte »Gay Pride« scheinen mir mitnichten solidarische Geschwister zu sein – im Gegenteil. Wenn ich HoBITs sehe, die stolz die Regenbogenfahne schwingen, gehe ich davon aus, dass sie zumindest ahnen, was sie am liberalen Rechtsstaat haben. Kann ich, wenn ich Muslimas sehe, die selbstbewusst das Kopftuch tragen, oder wenn ich Frauen sehe, die sich meinen Blicken unter einer Burka entziehen – woher weiß ich überhaupt, dass es Frauen sind? –, kann ich bei ihnen in ähnlicher Weise davon ausgehen, dass sie zwar mit vielem nicht einverstanden sein mögen, was in unserem und damit auch *ihrem* Land passiert, dass sie die Grundsätze des liberalen Rechtsstaats aber dennoch gutheißen? Und schmiede ich den Teufelskreis aus gegenseitigem Misstrauen und gegenseitigen Zuschreibungen noch härter, indem ich auf diese Weise zweifle?

Ich weiß es nicht. Vielleicht würden meine Bedenken schwinden, sähe ich beim nächsten Christopher Street Day etliche Muslime, die eine Takke mit Aids-Schleife tragen, und Muslimas, die sich eine Regenbogenfahne als Kopftuch gewickelt haben.

Die trotzigen Verhärtungen, die Zuschreibungen *auch* bewirken können, zeigen sich aktuell aber nicht nur bei einer religiösen Minderheit wie den Muslimen – sie zeigen sich ebenso am rechten Rand des politischen Spektrums. Als die AfD im Februar 2013 gegründet wurde, war sie mit Blick auf muslimische Minderheiten in unserem Land zwar bereits eine integrationsskeptische Partei, aber im Wesentlichen kritisierte sie die bestehende Euro- und EU-Politik.

Wahrscheinlich ist es müßig zu fragen, was aus dieser Partei geworden wäre, hätten diejenigen, die den öffentlichen Diskurs dominieren, sie nicht systematisch in die äußerste »rechte Ecke« geschrieben und geredet. Jedenfalls will ich davor warnen, jedem »Rechten« oder auch nur »Konservativen« von Anfang an »böse! böse! böse!« zuzurufen. Dann darf man sich nicht wundern, wenn er eines Tages tatsächlich »böse« wird.

Indem ich dies sage, will ich keinesfalls entschuldigen, zu welch trübem Sammelbecken die AfD mittlerweile geworden ist. Ich will nicht rechtfertigen, dass sie sich 2017 ein Parteiprogramm gegeben hat, welches dem Islam nicht mehr mit Skepsis begegnet, sondern von ihm in feindseliger Weise besessen ist. Vielmehr will ich die AfD ermahnen, das zu beherzigen, was linke Identitätspolitik und linker Emanzipationskampf schon lange erkannt haben: Man muss sich nicht jeden Stiefel anziehen, den einem die Mehrheitsgesellschaft hinstellt. Und schon gar nicht muss man ihn so stramm schnüren wie jene Herrschaften, denen ich meinen Blick als Nächstes zuwenden möchte.

Doch bevor ich dies tue, muss ich noch auf einen Einwand eingehen, den jeder regelmäßig zu hören bekommt, wann immer er größere »Robustheit« im Umgang mit falschen Zuschreibungen verlangt. Er lautet: Es sind halt nicht alle so stark wie Sie – ganz zu schweigen von Barack Obama, den Sie als noch viel leuchtenderes Beispiel für souveräne Charakterstärke anführen.

Ich will gar nicht darauf herumreiten, dass auch ich manche Nacht voll ohnmächtiger Wut ins Kopfkissen geheult habe – und dass vielleicht sogar Barack Obama dies getan hat. Ich will von dem sprechen, was Psychologen »Resilienz« nennen.

Wenn ich es richtig überblicke, vermag bis zum heutigen Tage niemand abschließend zu erklären, warum es manchen Menschen besser gelingt als anderen, Beleidigungen und seelische Verletzungen wegzustecken. Sicher spielen bei der Frage, wie robust das psychische Immunsystem eines Menschen wird, auch genetische Faktoren eine Rolle. So, wie es Menschen gibt, die unter einer angeborenen körperlichen Immunschwäche leiden, gibt es Menschen, die »von Natur aus« zu einem schwachen seelischen Immunsystem neigen. Und es gibt so schlimme Fälle, in denen man den »Patienten« tatsächlich nur schützen kann, indem man alle Viren, Bakterien und sonstigen Krankheitserreger von ihm fernhält. Aber dürfen wir deshalb unsere gesamte Gesellschaft zu einer sterilen Isolierstation machen wollen?

Aus der immunologischen Forschung wissen wir, dass es für die Ausbildung eines robusten Immunsystems unerlässlich ist, dass ein heranwachsender Mensch zahlreichen »Erregern« ausgesetzt ist, zahlreiche Krankheiten durchläuft. Nur so kann sich sein Immunsystem *überhaupt* entwickeln. Ich halte es für zulässig, dies in analoger Weise vom psychischen Immunsystem zu sagen. In diesem Sinne: Lasst uns alles Menschenmögliche dafür tun, dass wir unsere seelischen Abwehrkräfte stärken. Lasst uns einen noch genaueren Blick darauf haben, unter welch vergifteten familiären und sonstigen sozialen Umständen etwa eine Frau aufgewachsen sein muss, dass ihr psychisches Immunsystem nicht aufgebaut, sondern dermaßen zersetzt wurde, dass ihr im späteren Leben als *Erwachsene* jeder sexistische Witz, jede falsche Berührung direkt unter die Haut gehen. Dies müsste das zentrale Anliegen der »MeToo«-Bewegung sein! Nicht die Forderung, die Welt der Kunst von »schmutzigen« Künstlern oder Kunstwerken zu säubern! Stilisieren wir uns nicht zu Patienten, die man rund um die Uhr vor jeglichen feindlichen Einflüssen bewahren müsste. Mit solch falscher Vorsicht machen wir uns erst wirklich schwach und krank.

»Identitär«

Nun will ich mich aber, wie angekündigt, jenen Herrschaften widmen, die versuchen, den Identitätsbegriff der Linken zu kapern, indem sie sich selbst stolz »Identitäre« nennen. Im November 2007
gründete sich in Frankreich der »Bloc identitaire«, aus dem später die »Génération Identitaire« beziehungsweise die »Identitäre
Bewegung« in anderen europäischen Ländern wie Österreich und
Deutschland hervorging. 2012 erklärte sie allen von den 68er-Be-
wegungen geprägten, multikulturellen Gesellschaften per Videobot-
schaft den »Krieg«. Zu ihrem Banner kürten sie den griechischen
Buchstaben Lambda in Gelb auf schwarzem Grund. Das Symbol
entliehen sie sich bei dem Sandalenkracher *300* aus Hollywood, der
in grell bis düster animierten Bildern die Schlacht bei den Ther-
mopylen im Jahre 480 v. Chr. nachzuerzählen versucht, in welcher
das legendäre spartanische Trüppchen um Leonidas I. der gegnerischen persischen Übermacht so tapfer trotzte und damit angeblich das Abendland gegen die Horden aus dem Südosten verteidigte.
Aus historischer Sicht ist letztere Einschätzung allerdings nicht unproblematisch, schließlich lagen am Schluss alle Spartaner unter der
Erde, und Xerxes I. konnte mit seinem bunt zusammengewürfelten
Heer ungehindert nach Athen weitermarschieren. Der Aufstieg des
Abendlandes, der damals gerade erst begann, wurde davon mitnichten aufgehalten.

Ihre eigenen Thermopylchen organisierten sich die »Identitären«,
indem beispielsweise 2012 sechzig bis achtzig der Ihrigen für sechs
Stunden das Dach einer Moschee im westfranzösischen Poitiers besetzt hielten. Im August 2016 erklomm ein Dutzend deutscher und
österreichischer Kampfgefährten bei strahlend blauem Himmel das
Brandenburger Tor, um mit dem Transparent »Sichere Grenzen –
sichere Zukunft« staunende Touristen daran zu erinnern, wie schön
es doch gewesen war, als noch Mauer und Stacheldraht eben jenes
Tor versperrten. Sie wurden – samt Transparent – von den staatli-

chen Ordnungshütern bereits nach wenigen Minuten auf den Boden der Berliner Tatsachen zurückgeholt.

Medienwirksame Aktionen wie die genannten zeigen, dass die »Identitären« von den 68ern, die sie so sehr verachten, durchaus gelernt haben. Und in der Tat versteht sich die Bewegung als »aktivistische Avantgarde«, als Neuauflage der linken Spaßguerilla unter umgekehrtem Vorzeichen, indem sie mit rechtem Sponti-Spökes – ja, was eigentlich genau erreichen will? Zum Schrecken linker Bürger zu werden? Oder tatsächlich »das Abendland zu retten«, wie sie nicht müde wird zu behaupten?

Das »Identitäre« verhält sich zur Identität wie das »Autoritäre« zur Autorität. Ich denke, es ist durchaus beabsichtigt, dass »identitär« und »autoritär« sich reimen. Schließlich erfreut sich das »Autoritäre« – leider auch in unseren westlichen Gesellschaften – seit einer Weile wieder wachsender Beliebtheit. Offensichtlich gibt es nicht wenige Zeitgenossen, die im »Autoritären« den starken Mann sehen, der sich nichts sagen und noch weniger bieten lässt; der mit »harter Hand« durchgreift.

Ich weiß nicht, woran es liegt, dass ich – wann immer ich an die Trumps, Putins, Erdoğans unserer gegenwärtigen Welt denke – keine »starken Männer« sehe, sondern überspannte Neurotiker ohne wirkliches Selbstbewusstsein, die sich mit verkrampfter Mimik und linkischen Gesten bemühen, ihre hysterischen Selbstzweifel zu kaschieren.

Beim »Identitären« scheint es sich um eine ebenso zwanghaft übersteigerte Verfallsform der Identität zu handeln, wie sich das »Autoritäre« im Verhältnis zur Autorität beschreiben lässt. Wer in aller Gemütsruhe weiß, dass er eine Identität »besitzt« und deshalb vielleicht sogar imstande ist, eine souveräne »Autorität« auszustrahlen – wie Barack Obama –, muss sich keinen »identitären« Stiefel anziehen. Umgekehrt darf man schließen: Je lauter ein Mensch »identitär!« brüllt, desto größer ist die Wahrscheinlichkeit, dass man es in Wahrheit mit einem zutiefst verunsicherten Mann ohne Eigenschaften zu tun hat.

Im Prinzip könnte ich es – was diesen Gang unseres Irrgartens angeht – damit bewenden lassen und allenfalls noch ergänzen, dass es in Europa deutlich mehr Trans- und Intersexuelle als »Identitäre« gibt. In der Tat habe ich mich gefragt, ob ich diesem lauten, gleichwohl winzigen Häuflein, das sich selbst wichtiger nimmt, als es nüchtern betrachtet ist, nicht ohnehin schon zu viel Aufmerksamkeit geschenkt habe. Aber ich will »den Rechten« keinen Vorwand geben, sich wieder einmal als Opfer zu stilisieren, die einfach so im Vorübergehen abgefertigt werden, während anderen Minderheiten – wie den HoBITs – ganze Passagen gewidmet werden. Außerdem halte ich es nach wie vor für kein Ruhmesblatt in der Chronik bundesdeutscher Zivilcouragiertheiten, dass während der letztjährigen Frankfurter Buchmesse eine Veranstaltung, an welcher der österreichische »Oberidentitäre« Martin Sellner teilnehmen sollte, von linken Aktivisten niedergebrüllt und damit verhindert wurde. Und ich frage mich bis heute, was sich die Verantwortlichen der Buchmesse dabei gedacht haben, den Stand des rechten bis rechtsradikalen Verlags Antaios einer – sagen wir vorsichtig – *sehr* linken Organisation wie der Amadeu-Antonio-Stiftung gewissermaßen direkt vor die Nase zu setzen. Hoffte man in Frankfurt darauf, dass die weltanschauliche Rechnung »ganz weit rechts« plus »sehr weit links« irgendwie doch mit der schwarzen Null unterm Bilanzstrich aufgehen würde? Vielleicht hätte man vor der Standvergabe die Macher des *Dschungelcamps* konsultieren sollen. Die hätten sofort gesagt: Klar! Könnt ihr machen! Wir packen ja auch Silikonblondinen und Silikonblondinen-Hasser auf engstem Raum zusammen. Aber macht's nur, wenn ihr euch so wie wir über die Schlagzeile freut: »Zoff im (Messe-)Dschungel!«

Ich habe mir also zwei Bücher von Martin Sellner besorgt, die bei Antaios erschienen sind. Das erste trägt den Titel *Identitär! Geschichte eines Aufbruchs* und ist eine Mischung aus rechtem Aktivistenhandbuch und »identitärer« Coming-of-Age-Erzählung. Es beginnt mit der atemlos begeisterten Schilderung, wie im Jahre 2012 die Bilder der besetzten Moschee in Poitiers für eine Handvoll gleichgesinnter Studenten – die sich in bester Wiener Intellektuellentradition im legendären Café Eiles trafen, um sich dort über einer »Melange« oder einem »Kleinen Braunen« als »Freischärler des Geistes« zu fühlen –, wie diese Bilder zum »identitären« Erweckungserlebnis wurden. Ich denke: Komisch, wenn ich mir diese Bilder anschaue, käme ich im Traum nicht auf den Gedanken, dass »doch wahrhaftig der Weltgeist auf einer Moschee in Poitiers« stehe, wie Sellner es zu formulieren beliebt. (Der Mann studiert Philosophie.) Eher wird mir angst und bang ums Abendland. Dieses kümmerliche Häuflein von selbst ernannten Neo-Spartanern bildet sich ein, unsere altehrwürdig ergraute Dame »retten« zu können? Und zwar nicht, indem es grandiose Kunst produziert, bahnbrechende Erfindungen macht oder die Fahne von »Freiheit, Gleichheit, Brüderlichkeit« schwingt, um dem Rest der Welt zu beweisen, dass »diese Zitrone noch viel Saft« hat – wie es die deutsch-jüdische Allroundkünstlerin Lotti Huber ausgedrückt hätte.

Erfreut hingegen nehme ich zur Kenntnis, dass auch Herr Sellner ein Anhänger von Friedrich Nietzsche und dessen Einladung zum »gefährlichen Denken« ist. Großartig, denke ich, dann wird Nietzsches berühmtester Spruch zum Thema »nationale Identität«: »Gut deutsch sein heißt sich entdeutschen«, ja bestimmt bald auftauchen. (Oder meinetwegen auch: »Gut österreichisch sein heißt sich entösterreichern«. Aber das klingt natürlich weniger schön.)

Erst einmal bekomme ich zu lesen: »Identitär zu sein, bedeutete für uns, gegen die Verwundung unserer Identität als internationale Konsumenten, als ›Weltbürger‹ einer grenzenlosen Globalisierung zu rebellieren. Wir wollten einen neuen Bezug zu Identität, Herkunft, Kultur und Tradition finden, der die ideologischen Verzerrungen der Moderne hinter sich ließ. Wir wollten ein Bewusstsein des Eigenen stärken, frei von Selbsthass oder Selbstüberhöhung. Ein echter Pluralismus, der Gegensätze versöhnt, ohne sie aufzuheben oder gleichzuschalten – das bedeutete für uns ›identitär‹.«

Donnerwetter, denke ich. Ein erstes saures Aufstoßen überfiel mich allerdings beim Wörtchen »gleichschalten«. Noch stutziger werde ich, sobald ich anfange zu überlegen, was Sellner mit den »ideologischen Verzerrungen der *Moderne*« meint. Sind die Phänomene, die er anführt (»internationale Konsumenten«, »grenzenlose Globalisierung«), nicht allesamt höchst spezifische Erscheinungen einer fortgeschrittenen *Spät*moderne? Ein wenig mehr Begriffsgenauigkeit möchte ich von einem Philosophen schon verlangen. Aber vielleicht hat Sellner ja tatsächlich etwas gegen die Moderne insgesamt. Müsste er dann aber nicht eigentlich ein großer Anhänger jener islamischen Fundamentalisten sein, die gleichfalls lieber vor- beziehungsweise antimodern leben möchten? Müsste er nicht dem französischen Schriftsteller Michel Houellebecq zustimmen, der in seinem dystopischen Roman *Unterwerfung* sehr einleuchtend erzählt, wie gut sich »Identitäre« und islamische Fundamentalisten miteinander arrangieren können?

Doch selbst falls Sellner wirklich nur gegen die globalisierte, kapitalistische Spätmoderne zu Felde ziehen möchte und halt bloß ein bissel schlampert mit seinen Begriffen ist: Warum gerät er dann ins Jubeln, wenn jemand einer Moschee aufs Dach steigt? Es wäre mir neu, dass die Machinationen der Spätmoderne in *Moscheen* ausgeheckt werden. Müssten die Ziele ›identitärer‹ Guerilla-Aktionen nicht vielmehr so lauten: Google, Facebook, Twitter, Apple?

Aber da ich die Flinte nicht schon auf der zwölften Seite eines Buchs ins Korn werfen mag, mache ich unverdrossen weiter. Und staune nicht schlecht, als ich lese: »Viele Bewegungen im In- und Ausland, die sich mit neuen Bildern und Begriffen umgaben, waren oft nicht mehr als neue Aufgüsse alter Ideen. Abseits der poppigen Internetauftritte, nach ein, zwei Gläsern und im ›kleinen Kreis‹ bröckelte die Fassade rasch ab. Antisemitismus, Rassismus und Revanche-Nationalismus dominierten dann wieder die Witze, Gespräche und bierseligen, rückwärtsgewandten Visionen. Wir wollten ›aussteigen‹ aus dieser Szene, in der sich einige von uns eine Zeitlang bewegt hatten [...]«

Abermals Donnerwetter! Fantastisch, dass Herr Sellner mit all dem nichts (mehr) zu tun haben will! Allerdings würde ich seinen

Beteuerungen mehr Glauben schenken, wenn er am Schluss – dort, wo ich das Zitat ausblende – nicht einfach weiterbeteuern würde. In einem Porträt, das *Zeit-Campus* im vergangenen Herbst über ihn gebracht hat, ist zu erfahren, dass Martin Sellner ein Anhänger seines neonazistischen Landsmanns und Holocaust-Leugners Gottfried Küssel gewesen ist, der mit seiner Gruppe das vom österreichischen Innenministerium stillgelegte Portal *www.alpen-donau.info* betrieben hat. Aber würde der aktivistische Autor dies in seinem Buch erzählen, müsste er womöglich auch erzählen, in welchem Jahr die staatliche Intervention stattfand: 2011. Ein Jahr, bevor er sich zum Hauptmann der »Identitären Bewegung« in Österreich und Deutschland aufschwang. Zufall?

Endgültig abgebrochen habe ich meine Lektüre dieses Pamphlets an der Stelle, an der Sellner mir weismachen will, die »Liebe auf den ersten Blick«, die er für seinen Mitstreiter Martin Lichtmesz empfunden hätte, müsse auch daher rühren, dass beider Vorfahren »aus demselben kleinen niederösterreichischen Ort« stammten. Die Ideologie von »Blut und Boden« bleibt zutiefst morastig, auch wenn man sie im »Genpool« reinzuwaschen versucht.

Ähnliches hat mich dazu gebracht, auch die Lektüre von Sellners »philosophischem« Buch *Gelassen in den Widerstand* zu beenden, in welchem er sich mit seinem Kollegen Spatz über Martin Heideggers *Schwarze Hefte* austauscht. Die beiden »Identitären« bemühen sich dort angestrengt, eine Antwort auf die in der Tat schwierige Frage zu finden, was es zu bedeuten hat, dass sich der anfängliche Nazi-Apologet und spätere Mitläufer Heidegger im Jahre 1942 intensiv mit Friedrich Hölderlins Hymne *Der Ister* beschäftigte – und in diesem Zusammenhang also auch mit »dem Fremden«. (»Ister« war eine in der Antike verbreitete Bezeichnung für den Unterlauf der Donau, jenen Abschnitt zwischen dem Eisernen Tor in den südlichen Karpaten und dem Donaudelta am Schwarzen Meer.) Noch einmal muss ich ausführlicher im Wortlaut zitieren, sonst glaubt keiner, was nun kommt: »Hier haben wir einen Sprung aus dem deutschen Volk hinaus in ein anderes, nämlich das griechische. Es scheint, als fehle hier ein bodenmäßiges Bindeglied. Es scheint so, denn wir müssen es uns nur wieder vergegenwärtigen, dass der alte griechische Mensch ein nordischer Typus war, wie eindrücklich durch Statuen und Texte der Antike belegt ist.«

An dieser Stelle habe ich mich gefragt, ob unter dem hippen Schafspelz, den Sellner trägt, in Wahrheit vielleicht doch nicht der gerissene alte Wolf steckt, sondern ein ziemlich junges, ziemlich verwirrtes Schaf. So stümperhaft flachfrisiert zu werden hat selbst Heidegger nicht verdient.

Durch alles, was ich von Sellners Texten gelesen habe, zieht sich das Leiden an der »unheroisch« gewordenen Spätmoderne, an den Ängstlichkeiten unserer mit allen möglichen Sicherheitsvorkehrungen »zugestellten« Welt. Er beschreibt, welch erhebendes Gefühl es gewesen sei, am Morgen seiner ersten eigenen »Aktion« – die »Gegenbesetzung« einer Wiener Kirche, die zu diesem Zeitpunkt von Flüchtlingen »besetzt« war – in einem Raum voll »schnarchender junger Männer in Schlafsäcken« aufzuwachen, die allesamt »mehr schlecht als recht geschlafen« beziehungsweise die ganze Nacht lang »Blut geschwitzt« hätten. »Wenn Du noch niemals Teil einer politischen Aktion warst, wirst Du das Gefühl nicht nachvollziehen können!«, behauptet Sellner. Einspruch. Ich bin noch niemals Teil einer »politischen Aktion« in diesem Sinne gewesen, und dennoch kenne ich das Gefühl bestens. Als leidenschaftliche Freizeitalpinistin weiß ich, wie es nachts oder morgens um vier in Berghütten am Fuße steiler Nordwände zugeht. Exakt so, wie Sellner es beschreibt. Nur dass sich dort mittlerweile gemeinsam mit den »jungen Männern« auch ältere Männer und Frauen unterschiedlichen Alters in ihren Schlafsäcken wälzen.

Als Schriftstellerin kenne ich die Lust am Abgrund und bin überzeugt, dass die Kunst ein vorzüglicher Ort ist, um die schwarzen, dreckigen, dämonischen Kräfte, die in uns Menschen schlummern, auszuloten und zu bändigen. Wir müssen ihnen sublimierte Ausdrucksräume gönnen, wenn sie sich im Alltag nicht auf destruktive Weise an uns rächen sollen. Deshalb bin ich solch eine strikte Gegnerin davon, die Kunst »säubern« zu wollen.

Sellners Büchlein *Identitär!* ist mit zahlreichen Zeichnungen versehen. Da kein anderweitiger Urheber genannt ist, vermute ich, dass sie von ihm selbst stammen. Und wenn ich mir diese braven Skizzlein anschaue, beschleicht mich der Verdacht, dass da noch viel Luft nach oben ist, was die expressiven Möglichkeiten anbelangt. Deshalb mein Rat: Arbeiten Sie an Ihrem Bleistiftstrich! Denn sonst, Herr Sellner, muss ich sagen: Nein, Sie sind nicht der Anfang von etwas Neuem. Sie sind die muffige Nachhut von etwas, das vor über siebzig Jahren zur Hölle gegangen ist. Es lohnt sich nicht, in die Fußstapfen jenes österreichischen Wolfs treten zu wollen, dessen künstlerisches Talent nicht ausreichte, um das, was in ihm tobte, mit Farbe auf Leinwand zu bannen – und deshalb nach Blut und Boden griff.

Ich hoffe, man nimmt es mir nicht übel, dass ich mich mit dem gesellschaftlichen Randphänomen des »Identitären« so ausführlich beschäftigt habe. Ich wollte zeigen, dass die ernsthafte Auseinandersetzung mit der »Neuen Rechten« nicht so einfach ist, wie man auf Anhieb meinen könnte. Auch hier offenbart sich der Teufel erst, wenn man ins Detail blickt. Im zweiten Kapitel habe ich zu erklären versucht, wie kompliziert das »gute« und das »böse« Deutschland kulturhistorisch ineinander verschlungen sind. Hier möchte ich das Bewusstsein dafür schärfen, dass den Rechtsradikalen unserer Tage am wenigsten beizukommen ist, indem man sich auf die Seite der »Guten« stellt und versucht, den »Bösen« von der vermeintlich sicheren Seite des Gartenzauns aus Gardinenpredigten zu halten. Wenn Rechtsradikale Straftaten begehen, muss unser Rechtsstaat eingreifen. Solange sie jedoch bloß Wörter wie »Patriotismus« im Munde führen oder von der »Liebe zum Eigenen« sprechen, muss man so lange mit ihnen reden, bis die Masken fallen; bis sich herausstellt, ob sie diese Begriffe lediglich zur Tarnung benutzen – wie Martin Sellner dies tut –, weil sie in Wahrheit eben doch »Blut und Boden« meinen, wenn sie »Volk und Land« sagen. Nur so können wir verhindern, dass gemäßigte Konservative den völkischen Rattenfängertönen folgen – im irrigen Glauben, ihre Anliegen würden dort angemessen vertreten.

Zwischenfazit: Natur und Recht

Bevor ich mich der Frage zuwende, wie ein triftiges Verständnis von »Identität« im Allgemeinen und »kultureller Identität« im Besonderen aussehen könnte, möchte ich ein kurzes Resümee ziehen.

Sowohl die »queere« Identitätspolitik als auch die rechten Sehnsüchte nach dem »Identitären« beziehen sich beide auf »Natur«. Allerdings gibt es einen – und zwar alles entscheidenden! – Unterschied: Erstens berufen sich HoBITs auf ihre *individuelle* Natur; zweitens fordern sie lediglich, dass die anderen dieser spezifischen Natur ihr *Recht lassen*. Das rechte Lager hingegen bemüht in seinen Agitationen die vermeintlich »normale« Natur des Menschen – oder schlimmer noch: die angeblich verbindliche Natur einer »Rasse«, eines »Stammes« –, um daraus *Normen* für »alle« – »Rassen«- oder »Stammesmitglieder« – abzuleiten.

Ich kenne keinen einzigen Schwulen und keine einzige Lesbe, die ihre sexuellen Vorlieben damit begründen würden, dass sie diese frei gewählt hätten, dass sie damit einem Launenfieber oder einem Modetrend gefolgt wären. In den Siebzigerjahren des letzten Jahrhunderts mag es manch selbst auferlegtes »Scheinlesbentum« gegeben haben, in dem frau nur deshalb so tat, als würde sie Frauen lieben, weil frau dies für das feministische Gebot der Stunde hielt. Dennoch ist es heillos verquer, wenn etwa die Aktivisten der »Demo für alle« befürchten, ein Unterrichtsvorhaben wie »sexuelle Vielfalt« würde ihre Kinder falsch sexualisieren oder gar »verqueeren«. Ein solches Projekt bewirkt lediglich, dass Kinder und Jugendliche frühzeitig lernen, dass sie sich, sobald der Frühling bei ihnen erwacht, nicht zu verstecken brauchen, wenn sie das Gefühl haben, sie könnten »anders« als die »anderen« sein. Es erzieht die »anderen«, die vermutlich nach wie vor in der Mehrheit bleiben dürften, schlicht dazu, rücksichts- und verständnisvoller mit denjenigen umzugehen, die »andersartig« sind, aber eben nicht »abartig«.

Aus der Ferne höre ich meine imaginierte Telefonfreundin rufen: Ha! Haben Sie vorhin nicht davon gesprochen, dass es sich bei unserer genetischen Ausstattung im Wesentlichen um *Veranlagungen* handele und nicht um *unumstößliche Urteilssprüche des Schicksals*? Dass das Reich des *genuin Humanen, Erziehung* und *Bildung* dort begännen, wo der Mensch um seine Veranlagungen weiß – und versucht, *das Beste daraus zu machen*?

Ja, Frau Beverfoerde, das habe ich gesagt. Die Liebe mag eine Himmelsmacht sein, die Sexualität ist und bleibt eine Urgewalt. Wir *alle* – und diesmal meine ich wirklich *alle* (außer den sehr wenigen gottbegnadeten sexuellen Veganern) – müssen lernen, mit ihr umzugehen. Vielleicht sollten wir doch einmal einen ökumenischen Dialog miteinander führen, denn in diesem Punkt stehe ich fest an Luthers Seite: »Umgehen lernen« heißt *nicht*, sich selbst zu kasteien oder von anderen kasteien zu lassen. Uns *allen* schadet es nicht im Geringsten, bei dem heiklen und langwierigen Unterfangen, eine eigene, stimmige sexuelle Identität auszubilden, mit allem Möglichen in Berührung gekommen zu sein. Und ich meine das mit der »Berührung« durchaus wörtlich. (Nein! Dies ist kein Appell an Lehrer oder Erziehungsberechtigte, an ihren Zöglingen in erotischer oder gar sadistischer Absicht herumzufummeln!) Im Übrigen gilt selbstverständlich auch hier der Spruch des »Alten Fritz«: »Jeder soll nach seiner façon selig werden.« Wer keinen Zweifel daran hat, eine hundertprozentige Frau, ein hundertprozentiger Mann zu sein, wer von Anfang an ahnt, dass er von Kopf bis Fuß auf Hetero-Liebe eingestellt ist, weil *das* seine Welt ist und sonst gar nichts, dem wird auch nichts anderes eingeredet. Wobei die göttliche Marlene Dietrich, die dies Liedchen sang, ja bekanntlich für vieles offen war ...

Patchwork-Identitäten

Kommen wir zu denjenigen, die jeglichen Tanz ums Goldene Identitätskalb für Mumpitz halten – zu den Postmodernen. Ihre Aversion gegen den »Identitätswahn« fußt auf der Annahme, dass das »Subjekt« unter den Bedingungen der Spät- oder eben *Post*moderne »tot« sei. Da ich niemandem zumuten will, sich mit mir ins äußerst verzweigte und dornige Gestrüpp »poststrukturalistischer« Theoriehecken hineinzubegeben, begnüge ich mich mit zwei deutschen Zeugen, die in den 1980er-Jahren dem postmodernen Lebensgefühl schwungvoll und unmittelbar verständlich Ausdruck verliehen haben.

Bernd Guggenberger, Soziologe, Essayist, bildender Künstler und Professor für politische Wissenschaften – Sie sehen es, wir kommen in breit aufgefächerte Gefilde –, schrieb 1987 in seinem Buch *Sein oder Design. Zur Dialektik der Abklärung:* »Wenn die Erfahrung der Welt zwangsläufig in ein pluralisiertes Bewusstsein mündet, dann wäre auch das Streben nach Eindeutigkeit eine verfehlte Festlegung, eine Fessel, der virtuosen Weltteilhabe hinderlich! Wer sich in wechselnden Sinnsystemen bewegen, sich unter divergenten Lebensaspekten bewähren muss, der darf sich nicht mit zu viel ›Identität‹ belasten; das heißt, er darf sich nicht festlegen, sondern muss beweglich bleiben, offen und anpassungsfähig.«

Während bei Guggenberger noch Skepsis mitschwingt, wenn er von der vermeintlich »virtuosen Weltteilhabe« der postmodernen Zeitgeistgenossen schreibt, stimmt Matthias Horx – Publizist, Unternehmensberater, »Trend- und Zukunftsforscher« – in seinem Buch *Die wilden Achtziger* ein dezidiert leidenschaftliches »Loblied auf die Identitätslosigkeit« an. So lautet jedenfalls der Titel jenes Kapitels, in welchem er erzählt, wie er auf einer Zugfahrt kurz hinter Hannover dem »Neuen Mann ohne Eigenschaften« begegnet. Dessen Gesicht und Name sind Horx naturgemäß entfallen, aber er erinnert sich daran, dass der »Mittdreißiger« auf dem Kopf »schütteres

Haar« hatte und eine »alte, wunderschöne Lederjacke« trug. Außerdem tippte dieser konzentriert auf die Tasten eines »tragbaren Personal-Computers« ein, dessen »wunderbar orange-rot leuchtender Plasmabildschirm« sich aus der »Dämmerung« des Erste-Klasse-Großraumwagens »schälte«. Dabei rauchte der »Neue Mann ohne Eigenschaften« ein »kubanisches Zigarillo«.

Die beiden kommen trotz »Personal-Computer« und »kubanischem Zigarillo« ins Gespräch, und während sie das Kinzigtal in Richtung Frankfurt »herunterrasen«, beginnt der »Neue Mann ohne Eigenschaften« dem anderen sein Leid zu klagen. Wie heillos unglücklich der Mensch geworden sei, seit er immerzu auf dem Sprung leben muss. Erst hat er das studentische Leben in den Wohngemeinschaften satt, als »ackernden Yuppie« dann nerven ihn sein »Zwölf-Stunden-Tag« samt »Zweierwohnung«, und kaum zieht er als »fester Freier« in eine »alte Mühle am Stadtrand, als Kompromiss zwischen dem beschissenen Land und der noch beschisseneren Stadt«, geht ihm auch die Mühle, »eine modifizierte Wohngemeinschaft mit integrierter Zweierbeziehung«, auf den Wecker. Schließlich steigert er sich in eine Hasstirade auf die »steifen Hennatanten«, »linksliberalen Pfeiferaucher« und »naturholzgelackten Übermütter« hinein, die sich am »verkaufsoffenen Samstag« bei Ikea »nichts sehnlicher wünschen als das Küchenbüffet ›Snäckebröööh‹ oder das Fleischmesser ›Billeböö‹.«

Doch diese angeekelte Abrechnung mit dem ewig unzufriedenen Lebenszickzack ist nicht das letzte Wort. Denn nach einem herzhaften »Ist-ja-auch-alles-Quatsch!«-Gelächter endet das Gespräch der beiden Zugreisenden so: »Wir redeten über das Dilemma unserer Generation: Kein Weg zurück und nicht nach vorn, eine Mitte gibt es nicht. Ergo: Nur Simulation ist möglich. Wir können ›Väter‹ simulieren oder ›Angestellte‹ oder ›Landbewohner‹ oder ›Auswanderer‹ oder ›frustrierte Midlife-Linke‹ oder ›doch-noch-Lehrer‹ oder ›disziplinierte Journalisten‹, aber eben nur *simulieren*. Wir kamen überein, das einzusehen und nicht mehr zu versuchen, das Authentische, das Wahre, die Identität zu suchen, denn gerade in der Annahme, es könnte das Authentische, das Wahre, das Identische geben, läge der große Irrtum unserer Generation.«

Ich kann mir vorstellen, dass manch einer sich oder Teile seines Bekanntenkreises in der Beschreibung der hilflos durchs Leben Irrenden lachend wiedererkannt hat. Aber ich bezweifle, dass viele mit der Empfehlung der beiden Intercity-Plauderer glücklich gewesen sind, die Suche nach dem Authentischen, Wahren, Identischen einfach einzustellen und sich mit der Einsicht zu begnügen, dass das Seelenheil eben einzig in der »Simulation« liege. Es sei denn, Sie gehören zu den wenigen wahren Neo-Romantikern, denen – wie jenen Träumern an der Wende vom 18. zum 19. Jahrhundert – das Herz aufgeht, sobald sie die Verse hören: »Lieb und Leid im leichten Leben, / Sich erheben, abwärts schweben, / Alles will das Herz umfangen, / Nur Verlangen, nie erlangen [...]« Clemens Brentano, der diese schönen Zeilen gedichtet hat, war allerdings wie die meisten seiner frühromantischen Mitträumer ein gläubiger Christ, und das machte es ihm und seiner Clique wohl leichter, alles Irdische nur als schwebendes Spiel, als irrlichternden Schein, zu betrachten. Es lebt sich leichter ironieverliebt, wenn die Seele im Jenseits ihren festen Ankerplatz hat.

Um den Eindruck zu vermeiden, das eben skizzierte Lebensgefühl sei in unserer Gegenwart einzig die Sache oberflächen- und trendverliebter Lifestylisten, seien noch ein paar Sätze aus einem Interview zitiert, das die Wochenzeitung *Die Zeit* im Jahre 1989 mit Peter Handke führte, jenem österreichischen Schriftsteller, bei dem es sich um einen *der* Neo-Romantiker handeln dürfte, die unter uns wandeln: »Ich habe oft das Bedürfnis, zu jemandem hinzugehen und zu fragen, du, sag' mal, wer bin ich eigentlich?«, bekennt der Dichter. Und weiter: »Manchmal erschrecke ich Freunde, weil ich so vieles bin. Sie halten mich für so oder so. Im nächsten Moment denken sie, ich bin ein Umspringbild. Von mir könnte jemand, wenn ich spazieren gehe, alle zehn Meter ein anderes Bild bekommen.«

Worauf gründen aber nun meine Zweifel, dass es allzu viele Zeitgenossen gibt, die ihre Existenz als »Umspringbild« betrachten, ihr

Leben im romantisch-postmodernen Modus einer heiter gestimmten Dauerungewissheit verbringen möchten oder können?

Unlängst flatterte mir ein lokales Branchenmagazin für den Bezirk Berlin-Schöneberg in den Briefkasten. Gerührt, dass es so etwas »Analoges« in unseren digitalisierten Zeiten überhaupt noch gibt, begann ich, darin zu blättern. Und stellte mit einigem Erstaunen fest, wer innerhalb des – insgesamt sehr viel Platz einnehmenden – Branchenfeldes »Gesundheit, Wellness & Schönheit« den meisten Platz einnahm. Weder waren es die »Kosmetikstudios« noch die »Friseursalons«. Weder »Yoga« noch »Fitness«. Weder »Allgemeinmedizin« noch »Pflegedienste«. Auch jene Sparten von »Ärzte/innen«, die sich um unsere Zivilisationszipperlein kümmern wie »Augenheilkunde«, »Orthopädie« oder »Physiotherapie«, machten sich erstaunlich schmal. Den mit Abstand größten Platz beanspruchte das Feld »Psychoanalyse«, »Psychologische Beratung« und »Psychotherapie«.

Denjenigen, die mit den Berliner »Kiez«-Charakteristiken nicht vertraut sind, sei erklärt, dass Schöneberg eins der typischen Ballungsgebiete ist, in denen sich die von Horx so trefflich porträtierten Großstadtneurotiker bevorzugt niederlassen. Ohne dies statistisch überprüft zu haben, wage ich zu bezweifeln, dass es nur jenes in die Jahre gekommene Milieu ist, das heute mehr oder minder verzweifelt Hilfe bei den »Psycho«-Experten sucht. Ich vermute, dass die Dichte der Seelenklempner in Bezirken wie Berlin-Prenzlauer Berg oder Berlin-Friedrichshain, in denen die jungen Hipster zu Hause sind, nicht geringer ist. Ebenso wage ich zu bezweifeln, dass die postmodernen »Simulations«-Fantasien außerhalb der urbanen Hotspots je recht beheimatet gewesen sind. Die gute alte Identitätsfrage »Wer bin ich?« lässt uns allen keine Ruhe.

Nun ist diese Frage in Zeiten, in denen die tradierten sozialen Hierarchien und Beziehungen, die alten Rollenbilder, vor allem die patriarchalen Vorstellungen von Geschlechterrollen, ihre ordnende Kraft verlieren, in der Tat immer schwieriger zu beantworten. Aus diesem Grund sind Psychologen und Sozialwissenschaftler seit knapp drei Jahrzehnten dazu übergegangen, uns rat- und rastlosen

Menschen nahezulegen, uns von diesen überkommenen Mustern zu verabschieden. Vielmehr sollten wir akzeptieren, dass sich spätmoderne Daseinsformen besser als »Patchwork-Identitäten« begreifen und gestalten ließen – so der Münchner Sozialpsychologe Heiner Keupp, der diesen Begriff geprägt hat – oder dass wir uns zu unseren eigenen Existenzen einzig als »Bastler« verhalten könnten, wie es das deutsche Soziologen-Duo Ronald Hitzler und Anne Honer empfiehlt.

Niemand wird leugnen, dass unsere Welt unübersichtlicher geworden ist, dass es zu einem mühsam verwirrenden Unterfangen werden kann, in unseren »Risikogesellschaften« eine eigene Identität auszubilden. Dennoch bin ich mir nicht sicher, ob es nicht voreilig ist, deshalb sämtliche Vorstellungen von menschlicher »Identität«, die in Europa im Laufe der letzten zwei bis zweieinhalb Jahrtausende gewachsen sind, als veraltet beiseitezuschieben.

Licht im Dunkel der Identitäten

Am Anfang des abendländischen philosophischen Nachdenkens des Menschen über sich selbst steht das »Gnothi seauton«, das am Apollotempel in Delphi prangte, die Aufforderung: »Erkenne dich selbst!« Wenn Platon diese Aufforderung zu einem wesentlichen Bestandteil seiner Seelen- und Tugendlehre erhebt, meint er damit *nicht*, seine Polis-Mitbürger sollten sich schlicht klarmachen, welchem sozialen Stand und welchem Geschlecht sie angehören, und damit seien alle weiteren Fragen beantwortet. Im Gegenteil. Gerade in dieser undurchlässigen, festgefügten sozialen Welt ermahnte der Philosoph seine Zeitgenossen, sich niemals allzu sicher zu sein, ein Bewusstsein des eigenen Nichtwissens, ein Gespür für die eigenen Unzulänglichkeiten zu entwickeln. Aus diesem Grund enden fast alle der sokratischen Dialoge in der »Aporie«, mit der Feststellung, dass wir es mit einem Problem zu tun haben, auf das es keine eindeutige Antwort gibt. Dennoch wusste Sokrates um seine eigene »Identität« – die er allerdings noch »Seele« nannte – so gut Bescheid, dass er keinen Zweifel hatte: Für ihn war es richtiger, den Schierlingsbecher zu trinken, zu dem ihn das Gericht der Athener wegen angeblicher »Gottlosigkeit« und »Verführung der Jugend« verdammt hatte, als sich dem Todesurteil durch Flucht zu entziehen.

Stehen wir Heutigen wirklich besser da, wenn der zeitgenössische Philosoph uns die uralte Frage »Wer bin ich?« nur noch mit dem augenzwinkernden Zusatz »Und wenn ja, wie viele?« vorsetzen mag? Hilft es uns, wenn wir nicht mehr wissen, ob wir überhaupt jemand beziehungsweise »wie viele« wir sind, tatsächlich weiter, wenn uns der Therapeut mit einem strahlenden Lächeln versichert: Freu dich! Du bist ein »Crazy Quilt«! – selbst wenn er dies so anschaulich erläutert, wie es der bereits erwähnte Sozialpsychologe Heiner Keupp tut, indem er schreibt: »Die klassischen Patchworkmuster entsprechen dem klassischen Identitätsbegriff. Da sind geometrische Muster in einer sich wiederholenden Gleichförmigkeit geschaffen worden. Sie gewinnen eine Geschlossenheit in diesem Moment der durchstrukturierten Harmonie, in einem Gleichgewichtszustand von Form- und Farbelementen. Der ›Crazy Quilt‹ hingegen lebt von seiner überraschenden, oft wilden Verknüpfung von Formen und Farben, zielt selten auf bekannte Symbole und Gegenstände. Gerade in dem Entwurf und der Durchführung eines solchen ›Fleckerlteppichs‹ kann sich eine beeindruckende schöpferische Potenz ausdrücken.«

Ich weiß nicht, wie es Ihnen geht, aber wenn mir jemand rät, ich solle mich in meinem Leben verwirklichen, indem ich dieses wie einen verrückten »Fleckerlteppich« gestalte oder indem ich mich im »Baumarkt der Existenzen« umschaue, um zu überlegen, was ich als Nächstes aus mir »basteln« könnte, fühle ich mich unweigerlich in einen Sketch von Loriot versetzt.

Man mag an dieser Stelle einwenden: Wieso Loriot? Die Herren und Damen Gegenwartssoziologen haben einfach ihren Montaigne gelesen. Schließlich hat dieser große Geist bereits im 16. Jahrhundert (!) exakt dasselbe Existenzgefühl ausgedrückt, indem er schrieb: »Wir sind alle aus lauter Flicken und Fetzen und so kunterbunt unförmlich zusammengestückt, dass jeder Lappen jeden Augenblick sein eigenes Spiel treibt.«

Ich fürchte, wir müssten nun einen langen Disput darüber beginnen, was es uns über das 16. Jahrhundert, über die Renaissance, erzählt, dass ein gewitzter Franzose im selben Moment, in dem der Europäer vollends begann, sich als selbstbestimmtes »Individuum« zu entdecken, gleich so munter scharf dagegenhielt. Wir müssten uns darüber unterhalten, ob die »Postmoderne« am Ende nicht mehr ist als der vorläufig letzte Wiedergänger einer Tradition, die über die Romantik hinaus eben noch weit tiefer ins abendländische Denken zurückreicht. Doch lassen wir das jetzt hier so stehen. Vielmehr möchte ich Sie einladen, sich mit mir zu vergegenwärtigen, was der Ahnherr der heutigen Identitätsforschung, Erik H. Erikson, in der Mitte des letzten Jahrhunderts zu unserem Thema zu sagen hatte.

In verschiedenen Aufsätzen entfaltet der dänisch-deutsch-amerikanische Psychoanalytiker ein mehrstufiges Entwicklungsmodell des Menschen. Am Anfang steht demzufolge die Phase, in welcher sich der Säugling als ungestörte Einheit mit der Mutter empfindet, um so das nötige »Urvertrauen« in die verstörende Welt zu gewinnen, in die er hineingeworfen wird. Erlebt er dieses Einheitsglück nicht, wird er der Welt möglicherweise mit bleibendem »Ur-Misstrauen« begegnen. Ich will an dieser Stelle die heikle und mittlerweile höchst umstrittene Frage, ob es tatsächlich die leibliche Mutter sein muss, die dem Säugling das nötige »Urvertrauen« mit auf den Lebensweg gibt, nicht vertiefen. Mit Blick auf meine eigene Biografie würde ich sagen: Es kann auch eine andere Person sein wie beispielsweise der Vater oder Großvater.

Abgelöst wird diese »orale Phase« – wie die klassische Psychoanalyse nach Sigmund Freud sie nennen würde – durch die »anale Phase«, in welcher das Kleinkind lernt, »festzuhalten und loszulassen«. Gelingt dieser Prozess, werden hier die Grundsteine zur Autonomie gelegt. Misslingt er, können lebenslange Scham und Zweifel die Folge sein.

In seiner dritten Phase, der »infantil-genitalen«, beginnt der heranwachsende Mensch, der nun idealerweise eine erste Ahnung davon hat, dass er ein »Ich« ist, in die Welt einzudringen, er beginnt, danach zu suchen, welche Art von »Ich« er sein könnte. Dabei identifiziert er sich mit Vater und Mutter oder anderen wichtigen Bezugspersonen in seiner nächsten sozialen Umgebung, er spielt mit diesen Rollen. Auf diese Weise lernt er grundlegend, in seinem Leben die Initiative zu ergreifen. Oder er geht aus diesem Entwicklungsstadium mit bleibenden Schuld- und Angstgefühlen hervor, etwa wenn der »ödipale Konflikt« mit den Eltern entgleist oder überbesorgte, eifersüchtige Erzieher seinen Initiativdrang zu sehr gängeln. »Das Kind ergeht sich in Fantasien, dass es ein Riese und ein Tiger sei«, schreibt Erikson, »in seinen Träumen aber rennt es angsterfüllt ums nackte Leben.«

Im Vor- und Grundschulalter nimmt das Spiel mit Rollen, Leben und materieller Welt zum ersten Mal Züge von Ernst an. Der »Werksinn« des Kindes erwacht nun endgültig, es genügt ihm nicht mehr, nur so zu tun »als ob«. Abermals Erikson: »[Das Kind] lernt, sich Anerkennung zu verschaffen, indem es Dinge produziert. [...] So wie es einmal danach strebte, gut zu laufen, etwas gut wegzuwerfen, so strebt es nun danach, etwas gut zu machen. Es entwickelt eine Lust an der *Vollendung eines Werkes* durch Stetigkeit und ausdauernden Fleiß.« Wird ihm diese Anerkennung konstant verweigert, kann es der Anfang einer langen, leidvollen Geschichte von Minderwertigkeitsgefühlen sein.

Mit der Adoleszenz nun beginnt laut Erikson die entscheidende fünfte Phase im Lebenszyklus eines Menschen. Hier werden die Weichen gestellt, ob es gelingt, eine eigene Identität auszubilden, oder ob die Gefahr einer hartnäckigen »Identitätsdiffusion« droht. Sicher kann man Erikson vorhalten, dass er in diesem Punkt allzu sehr ein Kind seiner Zeit geblieben ist. Zwar leugnet er die Krisen der Identitätsbildung mitnichten, dennoch kann man ihm vorwerfen, dass er die unübersichtlichen Bedingungen der Spätmoderne nicht scharf genug erfasst, indem er von mehr oder minder klassischen »Rollen- und Berufsangeboten« ausgeht, zwischen denen sich der Jugendliche entscheiden muss.

Was Erikson über die Gefahren der »Identitätsdiffusion« schreibt, ist hingegen unverändert aktuell. Unter diesem Begriff versammelt er die uns wohlvertrauten Phänomene seelischer Erkrankungen, die da wären: »Zersplitterung des Selbstbildes, […] Verlust der Mitte, ein Gefühl von Verwirrung und in schweren Fällen die Furcht vor völliger Auflösung.« Ich stimme Erikson uneingeschränkt zu, wenn er die »Intoleranz« als »notwendige *Abwehr gegen ein Gefühl der Identitätsdiffusion*« versteht und in diesem Zusammenhang schreibt: »Wenn […] ein Kind fühlt, dass seine Umgebung es zu radikal aller der Ausdrucksmittel berauben will, mit denen es den nächsten Schritt seiner Ich-Identität entwickeln und integrieren kann, so wird es diese mit erstaunlicher Kraft verteidigen, wie man es sonst nur von Tieren kennt, die plötzlich um ihr Leben kämpfen müssen.«

Ich möchte hier einzig ergänzen: Dieser verzweifelt-aggressive Kampf um die eigene Identität lässt sich nicht bloß an Kindern oder Heranwachsenden beobachten, sondern ebenso an Erwachsenen, bei denen es sich dann in Wahrheit allerdings gar nicht um »Erwachsene« im triftigen Sinne des Wortes handelt, sondern um Menschen, die aus der spätpubertären Verwirrungs- und Kampfphase auch in späteren Lebensjahren nicht herausgefunden haben. Sei es, weil die früheren psychischen Voraussetzungen für die Ausbildung einer eigenen Identität fehlen, also »Urvertrauen«, »Autonomie«, »Initiative« und »Werksinn« nicht genügend ausgebildet wurden, und das postmoderne Meer der Möglichkeiten deshalb mit einem Mal als bedrohlicher Ozean erscheint. Sei es, weil die Mehrheitsgesellschaft bei der Ausbildung einer minoritären Identität zu massive Hindernisse in den Weg gestellt hat – wir erinnern uns an das Zitat von Diederich Diederichsen und seine Rede von der Identität als »Waffe«. Sei es, weil Mitglieder der Mehrheitsgesellschaft das Gefühl haben, ihre Identität als »Deutsche« oder »Konservative« solle von einem politisch korrekten Medienmainstream aller »Ausdrucksmittel beraubt« werden.

Erikson sieht die Gefahren der ewigen Pubertät selbst und pocht deshalb – in unbeirrt altmodischer Manier – darauf, dass die Identitätsbildung mit dem Ende der Jugend im Wesentlichen vollzogen sein müsse und nicht ins Erwachsenenalter verschleppt werde. Andernfalls sei es ausgeschlossen oder zumindest höchst schwierig, sich in den weiteren Phasen des Lebenszyklus gegen die Anfechtungen von »Isolation«, »Selbstabsorption« und »Lebensekel« zu behaupten. Nur wer über ein »einigermaßen sicheres« Gefühl der eigenen Identität verfüge, könne sich als zur »Intimität« fähige, »generative« und »integre« Person erweisen.

Nun ist Erikson nicht *so* altmodisch, dass er behaupten würde: Berufswahl erfolgreich getroffen, Partner fürs Leben gefunden, Identitätsaffe tot. Er betont immer wieder, dass die Entwicklung des Menschen keineswegs mit der abgeschlossenen Adoleszenzkrise endet. Gleichwohl sollten wir seine Warnung ernst nehmen, dass es nicht ohne Kollateralschäden an der charakterlichen Reife abgeht, wenn wir in der zweiten Hälfte unseres Lebens noch immer vorrangig mit der Suche nach »uns selbst« beschäftigt sind.

Während ich dies schreibe, überfällt mich ein leichter Schwindel, weil ich mich frage: Wie altmodisch bist *du* mittlerweile geworden?! Ist das, wofür du hier plädierst, nicht Verrat an den von dir so innig verehrten, zauberreichen Nachtigallen, die vor zweihundert Jahren gegen den Morgen der Vernunft angesungen haben, weil ihnen die Nacht mit ihren Verschwommenheiten lieber war als das Tageslicht mit seinen klaren Konturen? Hast du nicht vor wenigen Jahren noch ein Literaturfestival mit dem tief romantischen Titel »Hinaus ins Ungewisse!« kuratiert? Und so lange ist es doch noch gar nicht her, dass auch du eine jener vergnügten Jongleusen gewesen bist, die ihre Haarfarben, »Outfits« und »Images« gar nicht schnell genug wechseln konnten! Wie oft hast du still in dich hineingegrinst und geflüstert: »Ist doch alles nur 'ne Maskerade«, wenn deine besorgten Eltern oder andere Zeitgenossen sich kopfschüttelnd fragten, wofür dies ganze Herumgewirble eigentlich gut sein solle? Auf wie vielen Madonna-Konzerten bist du gewesen? Und jetzt rufst du einen leicht angestaubten Psychoanalytiker aus den 1950ern herbei, um ihn zu deinem Kronzeugen in Sachen gelingender Identitätsbildung zu machen? Bitte, wie uncool ist *das* denn?!

Ich erinnere mich an die hellsichtige Studie des Soziologen Andreas Reckwitz, die 2017 erschienen ist. Reckwitz analysiert *Die Gesellschaft der Singularitäten* und meint damit jenes gegenwärtig tonangebende Milieu, das es sich zum heiklen Lebensziel gemacht hat, »bürgerliche Statusorientierung« mit dem romantischen Projekt der »Selbstverwirklichung« zusammenzubringen. Mit leisen Schaudern der Wiedererkennung habe ich gelesen, was Reckwitz über das »Romantik-Status-Dilemma« schreibt, also jene Konflikte, die in aller Regel entstehen, wenn wir eine auch äußerlich *erfolgreiche Selbstverwirklichung*« anstreben. Doch ich erinnere mich ebenfalls, dass mir nicht ganz wohl dabei gewesen ist, wie Reckwitz den »singularistischen Lebensstil« unter anderem als »kuratiertes Leben« bestimmt und in diesem Zusammenhang erklärt: »Der Kurator erfindet nicht von Grund auf Neues, er stellt klug zusammen.«

Zwar ist mir ein Begriff wie »kuratiertes Leben« deutlich sympathischer als der einer »Patchwork-Identität« oder »Bastel-Biografie«, dennoch verspüre ich ein ähnliches Unbehagen. Abermals muss ich – Montaigne zum Trotz – an Loriot denken: Bleibt es nicht possenhafter Murks, sobald wir meinen, wir könnten uns »selbst« verwirklichen, gleichzeitig aber das »Selbst« als heillos veraltetes Konzept abtun? Wenn das »Ich« nicht weiß, wer es ist und was es will, kann es in seiner sorgfältig durchgestylten Altbauwohnung noch so konsequent die Raufasertapeten herunterholen, weil es gespachtelte Wände für »authentischer« hält, kann es noch so viele Milchtöpfe auf dem Flohmarkt kaufen und in seiner Küche geschickt mit blitzenden Edelstahlgeräten kombinieren – am Ende wird es nicht mehr sein als ein tendenziell lächerlicher Designfetischist.

Ja: Unsere »Selbste« haben es nicht mehr so bequem wie die unserer Vorfahren. Das männliche Selbst kann nicht mehr mit behaglichem Seufzer in dem Ohrensessel Platz nehmen, den es von seinen Vätern geerbt hat. Das weibliche Selbst muss nicht mehr mit resigniertem Seufzer den Haushaltskittel überziehen, den möglicherweise schon die Mutter nur noch ungern getragen hat. Alles ist im Fluss. Gleichwohl sei daran erinnert, dass bereits der Vorsokratiker Heraklit, der im ewigen Wandel das Grundprinzip jeglichen Seins erkannte, ebenso feststellte: »Allen Menschen ist es gegeben, sich selbst zu erkennen und vernünftig zu sein.«

Theodor W. Adorno ist, ich sagte es bereits, der neuzeitliche Pate des »Nicht-Identischen«. In seiner *Negativen Dialektik* steht der von postmodernen, totalitätskritischen Denkern gern zitierte Satz: »Identität ist die Urform von Ideologie.« Weit populärer wurde sein ähnlich klingender Aphorismus aus *Minima Moralia*: »Das Ganze ist das Unwahre.« Wenige Zeilen darüber findet sich jedoch der nicht weniger populäre Spruch: »Bei vielen Menschen ist es bereits eine Unverschämtheit, wenn sie Ich sagen.« Und dieser – seinerseits recht unverschämte – Spruch verkündet eben *nicht* den generellen, unumgänglichen »Tod des Subjekts«, wie die Postmoderne ihn ausgerufen hat. Er drückt lediglich den Zweifel daran aus, dass es in der Gegenwart noch viele Menschen gibt, bei denen es keine Unverschämtheit wäre, wenn sie »Ich« sagen.

Selbstverständlich wäre es billig – und Adorno niemals eingefallen –, die Schuld für diese »Ich-Schwäche« vor allem oder gar einzig bei den »Ichs« zu suchen. Das mühevolle Jonglieren mit allen möglichen Erwartungen, Zuschreibungen, Interessen und Sehnsüchten – bei dem eben manch eine Keule dem Jongleur auf die Füße fällt – ist schließlich weniger eine Artistik aus Übermut, sondern entspringt der schieren Not, seinen Platz in einer immer unübersichtlicher und widersprüchlicher werdenden Gesellschaft zu finden.

Ich habe überhaupt nichts dagegen, wenn der Soziologe und Pädagoge Lothar Krappmann im Anschluss an Adornos Diktum, dass nur das »Nicht-Identische überleben« kann, einen möglichen »›postmodernen‹ Aspekt« von Identität darin ausmacht, »als zugehörig auch das auszuhalten, was seiner Art nach eigentlich nicht zu vereinigen ist«. Ebenso scheint mir sein Begriff der »balancierenden Identität« von allen bisher in die Debatte geworfenen der brauchbarste zu sein. Das alte humanistische Ideal – wie es etwa Wilhelm von Humboldt formuliert hat –, dass der »wahre Zweck des Menschen« darin liegt, »die höchste und proportionierlichste Bildung seiner Kräfte zu einem Ganzen« zu erreichen, schimmert hier wenigstens noch durch. Denn geht es uns zweihundert moderne Jahre später nicht mehr denn je so: Wir bemitleiden diejenigen oder sind von denjenigen genervt, die sich gänzlich ohne Fokus in allen möglichen Rollen verzetteln, so wie wir von denen genervt sind oder die bemitleiden, die *einen* Aspekt ihrer Identität überbetonen, indem sie sich rund um die Uhr als Berufs-HoBITs, Missions-Apostel oder Hyper-Deutsche aufführen? Und bewundern – oder beneiden – wir die (wenigen) Glücklichen nicht ganz besonders, denen es selbst heute noch gelingt, eine »proportionierlichste« Persönlichkeit auszubilden?

Niemand, der keinerlei Vorstellung davon hat, wen er meint, wenn er »Ich« sagt, kann ein einigermaßen stimmiges, geschweige denn selbstbestimmtes Leben führen. Jeder, der glaubt, ein für alle Mal zu wissen, wen er meint, wenn er »Ich« sagt, macht sich etwas vor. Als Menschen sind wir lebenslänglich dazu verdammt, nach einer Identität zu streben, doch sollten wir uns hüten zu hoffen, diese Identität ließe sich jemals besitzen wie ein Pokal, den wir in der heimischen Vitrine verwahren und stolz zur Schau stellen könnten.

Wir müssen lernen, unsere widerstrebenden Begierden, Triebe und Veranlagungen untereinander und später im Leben mit unseren Wünschen, Neigungen und Interessen zu etwas zu versöhnen, das den Namen »Ich« verdient. In diesem Sinne ist das antike »Erkenne dich selbst!« die Zwillingsschwester der ebenfalls altgriechischen Ermunterung: »Werde, der du bist!« Und wie bereits angedeutet: Dieses »Erkennen« und »Werden« kann eben nur geschehen, wenn es im Wechsel von gesellschaftlicher Anerkennung und konkreten Ablehnungserfahrungen geschieht. Identität entsteht nicht allein zwischen den spannungsreichen Polen von »Sein« und »Wollen« – meinetwegen auch zwischen denen von »Sein« und »Schein« –, sondern ebenso im konfliktgeladenen Kräftefeld von »Sein« und »Sollen«. So wie ich echte Vorbilder haben muss, mit denen ich mich identifizieren kann, brauche ich echte Gegenbilder, von denen ich mich bewusst abgrenze.

Lassen Sie mich ein letztes Mal auf Erik H. Erikson zurückkommen. In einem Tagungsbeitrag aus dem Jahre 1953 macht er die aus meiner Sicht äußerst wichtige und triftige Unterscheidung zwischen »Ganzheit« (»Wholeness«) und »Totalität« (»Totality«). Unter »Ganzheit« versteht er ein »Zusammentreten von (gegebenenfalls ganz verschiedenartigen) Teilen«, die »zu fruchtbarer Verbindung und Organisation gelangen«. Hierfür verwendet er auch den von früheren Psychoanalytikern geprägten Begriff der »Gestalt«. Im Gegensatz dazu stellt laut Erikson die »Totalität« eine »Gestalt« dar, »bei der die Betonung auf den starren Umrisslinien liegt«, und führt den Unterschied folgendermaßen aus: »Bei an sich willkürlich gewählten Grenzen darf nichts, was hineingehört, draußen bleiben, und nichts, was nach draußen gehört, kann innen geduldet werden. Totalität ist ebenso absolut exklusiv wie inklusiv: ein Zustand des Entweder-Oder, der ein Element der Gewalt enthält […]«

Ich finde es äußerst überzeugend, wie Erikson weiter erklärt, welchen Gefährdungen diejenigen ausgesetzt sind, die zu keiner organisch-balancierten »Gestalt« in ihrem Leben finden: »Wenn der Mensch an seiner wesenhaften Ganzheit verzweifelt, rekonstruiert er sich und die Welt, indem er in einer künstlichen Totalität Zuflucht sucht.«

Ich denke, wir sehen unmittelbar, welche Konsequenzen diese Erkenntnisse nicht nur auf dem Gebiet des individuellen Seelenheils haben, sondern ebenso auf dem Feld des Politischen. Als Deutsche müssen wir uns noch stärker angesprochen fühlen als Eriksons US-amerikanische Landsleute, wenn er vor einer »Flucht in die negative Identität«, vor der »übertriebenen Verachtung der eigenen Abstammung« warnt.

Ein »gesundes« Identitätsgefühl entsteht weder aus der »totalen« Ablehnung der eigenen Herkunft noch aus der krampfhaften

Überidentifikation mit dem »Eigenen«. Wer seine kulturelle Identität so missversteht, wie es die »Identitären« tun, fasst diese eben nicht als eine offene, ständigen Wandlungen unterworfene, plastische »Gestalt« auf, sondern verhärtet »Deutschsein« zum stahlharten Gehäuse. Wer umgekehrt leugnet, dass es eine kulturelle Identität überhaupt gibt, wer in postmodernem Gebaren dem »Ganzen« den »Krieg« erklärt, verfällt einer Beliebigkeitsillusion, die im Politischen mittelfristig zwar weniger gefährlich sein mag als der identitäre Wahn, aber langfristig ebenfalls zu nichts Gutem führt.

So wie wir als Subjekte unter den Bedingungen der Spätmoderne besonders zäh darum ringen müssen, all das, was *in uns* schlummert und tobt, zu wecken, zu fördern, zu zähmen, zu versöhnen und es überdies mit dem in Einklang zu bringen, was *von außen* immer chaotischer auf uns einstürmt, müssen wir erkennen, dass wir mit unseren individuellen Identitätsprojekten in der Luft hängen, wenn wir die »Wir-Schicht« derselben gänzlich negieren – wie Norbert Elias es nannte. Identität ist *sowohl* die Schnittstelle zwischen individuellen Anlagen und persönlichen Zielen *als auch* zwischen kollektiver Herkunft und gemeinsamen Absichten.

Damit befinden wir uns bereits mitten in der Diskussion um kulturelle Identität. Diese will ich jedoch nicht mehr in diesem Kapitel vertiefen, sondern im nächsten. Schließlich gibt es im Deutschen ein viel schöneres Wort für »kulturelle Identität«. Es lautet »Heimat«.

Kapitel 4

Heimat – glücklich, wer eine hat?

Das letzte Kapitel endete mit der abrupten Behauptung, dass »Heimat« nur ein anderes Wort für »kulturelle Identität« sei. Wie ich zu dieser Behauptung komme, will ich nun ausführlicher begründen, und beginne mit der Frage, welche Konsequenzen es hat, wenn man den Begriff der »Identität«, der, wie wir gesehen haben, bereits auf der Ebene einzelner Subjekte nicht unproblematisch ist, auf ganze Kulturen überträgt.

Im Anschluss an Norbert Elias habe ich von der »Wir-Schicht« gesprochen, ohne die kein individuelles Identitätsprojekt gelingen kann. Ich möchte eine zweite Begrifflichkeit ins Spiel bringen, die der Soziologe geprägt hat, um *Die Gesellschaft der Individuen* und ihre Probleme zu analysieren. Und zwar spricht Elias vom »Wir-schwachen Ich« als einem typischen Phänomen in offenen, pluralen Gesellschaften im Gegensatz zum »Ich-schwachen Wir«, das alle traditionalistischen, kollektivistischen oder gar totalitären Gemeinwesen kennzeichnet. Ich halte diese Gegenüberstellung für äußerst wichtig und werde immer wieder auf sie zurückkommen.

Ich vermute, dass es nicht wenige gibt, die sich durchaus als Kosmopoliten verstehen und sich in der Formel wiederfinden, die der deutsche Philosoph Bernhard Waldenfels für das kosmopolitische Lebensgefühl gefunden hat. Sie lautet: »Bei sich zu Hause in der Welt und in der Welt bei sich zu Hause sein.« Ebenso vermute ich, dass viele die Elias'sche Diagnose, der Kosmopolit laufe Gefahr, einzig ein »Wir-schwaches Ich« auszubilden, empört von sich weisen. Eventuell würden Sie darauf verweisen, dass Sie sich bei *Ärzte ohne*

Grenzen engagieren oder sich 2015, als über eine Million Flüchtlinge nach Deutschland kamen, spontan bereit erklärt haben, einen oder mehrere Syrer bei sich aufzunehmen.

Gestatten Sie mir, die Diskussion, was es bedeutet, die gesamte Menschheit zum »Wir« zu erheben, aufs sechste Kapitel zu vertagen, in dem ich mich mit dem Ideal des »Weltbürgertums« beschäftigen werde. Ich will nur vorausschicken, dass ich dem Kosmopoliten mitnichten den Vorwurf mache, er sei notwendigerweise ein Egoist. Aber hier will ich mich erst einmal mit all denen auseinandersetzen, die für sich eine spezifisch deutsche »kulturelle Identität« ablehnen, weil sie sagen: Das bisschen Fernsehen, das ich schaue, besorge ich mir bei Netflix, wenn ich mal einen Roman lese, stammt er von Haruki Murakami, beim Essen halte ich es mit der italienischen Küche, für mein seelisch-körperliches Gleichgewicht mache ich Tai Chi, meinen Urlaub verbringe ich neuerdings am liebsten in den Karpaten, und als meinen Lebensmittelpunkt kann ich mir Melbourne ebenso gut vorstellen wie München.

Claudius Seidl, Jahrgang 1959 und Feuilletonchef der *Frankfurter Allgemeinen Sonntagszeitung*, gehörte zu den Vertretern solch einer kosmopolitischen Weltgestimmtheit, die das Vorhaben, auf das sich mein Co-Autor Richard Wagner und ich 2011 eingelassen hatten, indem wir *Die deutsche Seele* erkundeten, für Mumpitz hielten. Die kurze, kulturhistorisch begründete Hommage, die ich dort ans deutsche »Abendbrot« in all seiner protestantischen Kargheit gemacht habe, löste in ihm den Drang aus, mich mit französischen Wachteleiern bewerfen zu wollen. Ich will Seidl für seine Fantasie gar nicht schelten, im Gegenteil, ich halte sie sogar für recht apart. Ich frage mich bloß, ob es ein Zufall ist, dass derselbe Publizist wenige Jahre zuvor das Buch *Schöne junge Welt* veröffentlicht hat, in dem er mit der Frage hadert, warum er und große Teile seine Alterskohorte partout nicht erwachsen werden wollen, warum ihm und seinem Freundeskreis das »Meer der Möglichkeiten«, das unsere heutige Welt darstellt, immer weniger reizvoll erscheint, sondern als immer bedrohlicherer Ozean. Seidl beschreibt in seinem Essay unter anderem die Krise, in die ihn sein vierundzwanzigster Geburtstag gestürzt hatte, weil er erkennen musste, dass er – anders als seine Idole Georg Büchner oder Rainer Werner Fassbinder – außer ein paar Seminararbeiten noch nichts zustande gebracht hatte.

Es liegt mir fern, Claudius Seidl auf die Couch legen zu wollen. Aber ich möchte an das erinnern, was ich im letzten Kapitel mithilfe des Psychoanalytikers Erik H. Erikson dargestellt habe: an die Tücken, die im Leben lauern, wenn die »Adoleszenzkrise«, das Projekt der »Identitätsbildung«, nicht mit dem Ende der biologischen Jugendzeit abgeschlossen ist, sondern ins Erwachsenenalter hinein verschleppt wird.

Georg Büchner, der Autor von *Dantons Tod*, der den Hütten Frieden wünschte und zum »Krieg den Palästen« aufrief, stand seinem Vaterland ohne Zweifel äußerst kritisch gegenüber. Gleichwohl wusste er, dass er in der deutschen Sprache zu Hause war, wusste er um seine kulturellen Wurzeln. Andernfalls hätte er niemals solch existenziell tiefe und sprachvirtuose Dramen schreiben können. Rainer Werner Fassbinder galt den Deutschen lange Zeit als Enfant terrible. So wie Büchner in *Leonce und Lena* unbarmherzig den Aberwitz der spätfeudalen deutschen Klein- und Kleinststaaterei seziert hatte, legte Fassbinder in seiner großen Nachkriegs-Trilogie (*Die Ehe der Maria Braun*, *Lola*, *Die Sehnsucht der Veronika Voss*) die frühe Bundesrepublik unter die Lupe der Filmkamera. Gewiss war sein Schaffen von Künstlern wie dem US-Amerikaner John Huston oder dem französisch-schweizerischen Nouvelle-Vague-Pionier Jean-Luc Godard beeinflusst. Doch sein wichtigstes Vorbild war und blieb Douglas Sirk, der 1897 in Hamburg als Hans Detlef Sierck geboren wurde und für die Ufa mehrere Melodramen mit Zarah Leander drehte, bevor ihn die Nazis zur Flucht nach Hollywood zwangen. Was wäre Fassbinders Werk ohne seine Verfilmungen solch urdeutscher Romane wie Fontanes *Effi Briest* oder Döblins *Berlin Alexanderplatz*? Selbst eine Ikone des postmodernen Kinos wie Kultregisseur Quentin Tarantino – der sich in seinen Filmen souverän aller möglichen Versatzstücke vom japanischen Manga bis zur deutschen Oper bedient – kann den kreativen Kraftakt, all die disparaten »Fetzen« zu einem Gesamtkunstwerk zusammenzufügen, nur deshalb leisten, weil er sein US-amerikanisches Erbe von der Sklaverei bis zur Country- und Rockabilly-Musik verdammt genau kennt.

Das »Meer an Möglichkeiten« erscheint nur dem als Verlockung, der weiß, von welchem Hafen er aufbricht und wohin er gegebenenfalls zurückkehren kann, wenn ihm die Wogen gar zu grausig ums Schiff toben. Die Fahrt ins Ungewisse erlebt nur derjenige als lustvolles Abenteuer, der seinem (inneren) Kompass vertraut.

Auf welch schwankenden Brettern der Mensch in der Moderne unterwegs sein kann, erkannte bereits der deutsche katholische Publizist, Naturphilosoph und Lehrer Joseph Görres. In den unruhigen Jahren 1814/15 schrieb er: »Die Alten verstanden es besser, auf das Alte Neues zu bauen, und nicht umzureißen, was stehen sollte. Der Mensch fußt – und Dank sei seiner guten Natur – mit tiefen Wurzeln in der Vergangenheit seines Daseins, und sie erstrecken sich weit unter ihrem Boden weg in uralte Zeit, aus der sie noch die unsichtbare Kraft ziehen. Das Volk, welches seine Vergangenheit von sich wirft, entblößt seine feinsten Lebensnerven allen Stürmen der wetterwendischen Zukunft. Wehe also uns, wenn unsere neue Gestalt so neu würde, dass sie nur aus dem Bedürfnis der Gegenwart ihre Gestalt schöpfte.«

Wer sich in diesem Zitat an dem Wort »Volk« stößt, mag es an der entsprechenden Stelle einstweilen gern durch »jeder Einzelne« ersetzen. Friedrich Nietzsche, der »gefährliche Denker«, dem jegliche »Vaterländerei und Schollenkleberei« Gräuel waren, empfahl in Sachen Identität: »Wenn man erst sich selber gefunden hat, muss man verstehen, sich von Zeit zu Zeit zu *verlieren* – und dann wieder zu finden […]« Diesem weisen Rat gegen die Identitätszementierung lässt er jedoch eine Einschränkung folgen: »[…] vorausgesetzt, dass man ein Denker ist. Diesem ist es nämlich nachteilig, immerdar an *Eine Person* gebunden zu sein.«

Nietzsches Einschränkung ist nicht nebensächlich. Aus ihr mag die Arroganz des Philosophen sprechen, der vom »Übermenschen«

träumte, gleichzeitig macht sie bewusst, dass das riskante Spiel von »sich verlieren« und »wiederfinden« womöglich nicht für jedermann geeignet ist, sondern eine große Bereitschaft zum »Denker« voraussetzt.

Es lässt sich einwenden, dass genau hierin eine der Herausforderungen unserer Spätmoderne liegt, indem sie uns alle zwingt, in Sachen Lebensgestaltung gewissermaßen die Haltung des »Denkers« einzunehmen. Da die Tatsache, dass viele Zeitgenossen von diesem Spiel *über*fordert sind, aber nun einmal nicht aus der Welt zu schaffen ist, möchte ich zu Stimmen kommen, die traditionellere Vorstellungen davon hatten, wie ein »Wir-gestärktes Ich« aussehen könnte.

Johann Gottfried Herder, der als einer der Ersten gilt, die sich für die individuellen Physiognomien von Völkern interessiert haben, erklärte 1774 in seiner Streitschrift *Auch eine Philosophie der Geschichte zur Bildung der Menschheit*: »Jede Nation hat ihren *Mittelpunkt* der Glückseligkeit *in sich* wie jede Kugel ihren Schwerpunkt! […] Alles, was mit meiner Natur noch *gleichartig* ist, was in sie *assimiliert* werden kann, beneide ich, streb's an, mach mir's zu eigen; *darüber hinaus* hat mich die gute Natur mit *Fühllosigkeit, Kälte* und *Blindheit* bewaffnet; sie kann gar *Verachtung* und *Ekel* werden – hat aber nur zum Zweck, mich auf mich selbst zurückzustoßen, mir auf *dem Mittelpunkt* Gnüge zu geben, der mich trägt.«

Mir ist klar, dass dieses Zitat zu allem möglichen Schindluder missbraucht werden kann, und es erfüllt mich mit umso größerem Zorn, wenn die AfD neuerdings Bestrebungen zeigt, Herder als einen ihrer ideologischen Ahnherren vereinnahmen zu wollen. Dennoch halte ich es für verkehrt, Herder deshalb auf den Index dubioser Volkstümler zu setzen. Vielmehr möchte ich dazu einladen, sich seine Überlegung zur Selbstgenügsamkeit der Nationen genauer anzuschauen, um so herauszufinden, was an ihnen gefährlich ist – und was möglicherweise zur Erhellung gegenwärtiger gesellschaftlicher Malaisen beitragen kann.

Das Bild der Kugel, das Herder benutzt, ist selbstverständlich hochnotheikel. Denn jede Kugel stellt eine – in dem von Erikson beschriebenen Sinne – »Totalität« dar. Wir erinnern uns an seine Definition von »Totalität« im Gegensatz zur »Ganzheit«: »Bei an sich willkürlich gewählten Grenzen darf nichts, was hineingehört, draußen bleiben, und nichts, was nach draußen gehört, kann innen geduldet werden. Totalität ist ebenso absolut exklusiv wie inklusiv: ein Zustand des Entweder-Oder, der ein Element der Gewalt enthält […]« Ich komme auf diese Definition zurück, weil es natürlich ein erstes »Element der Gewalt enthält«, eine Kultur – oder eine Nation oder ein Volk – mit ihren »an sich willkürlich gewählten Grenzen« ins streng geometrische Bild der Kugel zu zwingen. (Gestatten Sie mir, die Begriffe »Kultur«, »Nation«, »Volk« hier noch als austauschbar zu betrachten. Dass sie dies in Wahrheit nicht sind, werde ich im siebten Kapitel erörtern.)

Bei meinen Eingangsbetrachtungen zur deutschen Kultur habe ich derlei Metaphern, die auf einen abschüssigen, glitschigen Holzweg führen, bewusst vermieden und deshalb – im Anschluss an Wittgenstein – dafür plädiert, jede Kultur als eine »unscharfe Fotografie« zu begreifen. Aus demselben Grund habe ich im Kapitel über »Leitkultur« Herder mit seinem Bild vom »großen, ungejäteten Garte[n] voll Kraut und Unkraut« eingeführt, das ungleich sympathischer und zeitgemäßer ist als seine irritierende Rede von der »Kugel«. Warum habe ich diese Rede dann aber überhaupt ins Spiel gebracht?

Zum einen will ich ins Gedächtnis rufen, dass auch das Werk eines bedeutenden Denkers »ein großer, ungejäteter Garten voll Kraut und Unkraut« sein kann. Zum anderen steckt in Herders oben zitierten Ausführungen eine Erkenntnis, die aus meiner Sicht heute gültiger ist denn je: dass der Mensch eben *nicht* der grenzenlos neugierige, ewig unersättliche kulturelle Allesfresser und Allesverdauer ist, als den ihn uns die kosmopolitische Postmoderne verkaufen will. Trotz globaler Vernetzung und Mobilität bleibt er, zumindest bis auf weiteres, ein endliches Erdenwesen. Und deshalb *müssen* wir ihm gestatten auszuwählen, was er »beneidet«, »anstrebt« und »sich zu eigen macht«, und zu entscheiden, wo und wann er sagt: Danke, mir reicht's.

Der bereits zitierte Bernhard Waldenfels beschäftigt sich seit Jahrzehnten mit der Frage, wie Erfahrungen der Fremdheit fürs menschliche Selbstverständnis produktiv zu machen sind. Seinem philosophischen Lehrer Edmund Husserl folgend, weist er darauf hin, dass wir bereits im Moment unserer Geburt mit der größtmöglichen Fremdheit, eben mit der Ankunft in dieser uns zunächst radikal fremden Welt, konfrontiert sind – und dass am Ende unseres Lebens das nächste schlechthin Fremde auf uns wartet: der Tod. So wie unsere Existenz von diesen beiden metaphysischen Grundpolen eingefasst ist, bewegen wir uns auch während unserer Erdenzeit beständig im Kräftefeld von »Heimwelt« und »Fremdwelt«. Mit Blick auf kulturelle Identitäten schreibt Waldenfels: »Eine reine Eigenkultur wäre eine Kultur, die keine Antworten mehr gibt, sondern nur noch vorhandene Antworten repetiert oder variiert. Eine bloß funktionierende Kultur kann noch lange leben, indem sie sich überlebt. […] Insofern ist das Fremde, bei aller Bedrohung und Gefährdung, die von ihm ausgeht, ein Lebenselixier, allerdings nur dann, wenn es nicht als solches verordnet und eingenommen wird.«

Drei Punkte scheinen mir wichtig zu sein: erstens die hier anklingende Einsicht, dass die Erfahrung der »Fremdwelt«, wenn sie zu übermächtig wird, in nackte Angst vor dem Fremden umschlagen beziehungsweise die bereits von Herder benannten Abwehrreaktionen wie »Verachtung« und »Ekel« hervorrufen kann; zweitens die Ermahnung, dass Kulturen und Individuen sich selbst überleben, wenn sie sich krampfhaft gegen alles Fremde abzuschotten versuchen; und drittens der weise Rat, dass »das Fremde« nur dann als »Lebenselixier« wirken kann, wenn es aus einer freien Entscheidung heraus als solches wahrgenommen wird. Deshalb halte ich es für vollkommen kontraindiziert, wenn etwa die damalige Fraktionsvorsitzende von Bündnis 90/Die Grünen Katrin Göring-Eckardt den Flüchtlingszulauf im Sommer 2015 euphorisch als zweite »friedliche Revolution« etikettierte, die »unser Land besser machen könnte«. Nach Phasen des totalen moralischen Staatsbankrotts, wie er sich in Deutschland unter der NS-Herrschaft ereignet hatte, ist »Reeducation« ein geeignetes Mittel, um den Wiederausbruch der alten Seuche zu verhindern. Auch in der DDR musste nach dem Ende des real existierenden Sozialismus manch einer lernen »umzudenken«. Im liberalen, weltoffenen Deutschland der Gegenwart wirken derartige Verordnungen seitens der Politik als Gift.

Ich habe bereits dargelegt, warum ich Herders Rede von der »Kugel« und dem »Mittelpunkt« einer Kultur – oder Nation – für verkehrt und gefährlich halte. Dennoch bin ich überzeugt, dass Kulturen – so wie einzelne Menschen – einen *Schwer*punkt brauchen, wenn es ihnen im Stile robuster Stehaufmännchen gelingen soll, trotz aller Stöße und Stürme immer wieder ins Gleichgewicht zurückzufinden. Am Schluss meines Leitkultur-Kapitels habe ich resümiert, dass dieser »Schwerpunkt« kein einfacher sein kann, sondern auf nationaler Ebene nur im Zusammenwirken von Grundgesetz, Alltagszivilität und besonders fundamentalen Aspekten unserer geistigen Kultur entsteht. Auf individueller Ebene kommen weitere stabilisierende Faktoren hinzu wie ein verlässliches soziales Umfeld, als sinnvoll empfundene Tätigkeiten oder, so er denn vorhanden ist, der Glaube.

Kulturelle Identität in Zeiten der globalen Wanderschaft

Was bedeuten diese Überlegungen nun aber für die wachsende Zahl derjenigen unter uns, die »Bindestrich-Identitäten« haben, die in verschiedenen Kulturen und/oder Subkulturen aufwachsen und leben, sei's, weil sie selbst ihr angestammtes Land oder Milieu verlassen, sei's, weil ihre Vorfahren unterschiedlichste Herkünfte haben, sei's, weil ihr eigener kosmopolitischer Lebensstil oder der ihrer Eltern ihnen auferlegt, die Länder »weit öfter als die Kleider« zu wechseln. Das berühmte Bonmot stammt ursprünglich übrigens nicht von Bertolt Brecht, sondern von Erika Mann, und die Tochter Thomas Manns drückte damit auch nicht die existenzielle Unbehaustheit der Exilantin aus – diese Erfahrung musste sie erst wenige Jahre später machen. Erika Mann notierte den Spruch 1931 in Rom, als sie, höchst erfolgreich, an einer Rallye quer durch Europa teilnahm.

Ich sehe nichts, was dagegenspräche, eine stimmige deutsch-israelisch-brasilianische Identität auszubilden. Wenn Kulturen eben nicht als hermetisch geschlossene Kugeln, sondern als plastische Phänomene mit durchlässigen Grenzen verstanden werden, können sie vom Einzelnen selbstverständlich miteinander verwoben werden. Allerdings vermute ich, dass dieses »Verweben« umso leichter produktiv und lebbar zu machen ist, wenn es zwischen den diversen Kulturen zumindest irgendwelche »Familienähnlichkeiten« gibt. Und damit meine ich, um Himmels willen, keine »rassischen« Gemeinsamkeiten oder sonstiges übergeordnetes Blutsbandenwesen, sondern ich verstehe hier unter »Familie« das, was Goethe mit dem schönen Begriff der »Wahlverwandtschaften« bezeichnete. In diesem Sinne halte ich es in der Tat für einfacher, eine balancierte westdeutsch-ostdeutsche, deutsch-italienische oder deutsch-amerikanische Identität auszubilden als etwa eine deutsch-türkische, deutsch-iranische oder deutsch-malaiische. Damit sage ich *nicht*, dass all dies unmöglich sei. Millionen unserer Mitbürger beweisen, dass es geht. Ich vermute nur, dass das Verweben von Kulturen, die sich zunächst einmal fremder gegenüberstehen, als es die westlichen Kulturen untereinander tun, vom Einzelnen eine noch größere Kreativität und Anstrengung verlangt. Aber schließlich ist es auch kein Kinderspiel, eine Identität als Vollzeitberufstätiger, Vater, Liebhaber und ambitionierter Sportler auszutarieren.

Wer nicht im schmerzlichen Dauerkonflikt, im beständigen Taumel zwischen den Welten leben will, wird sich entscheiden müssen, welche Aspekte seiner diversen Kulturen er zurückdrängt, damit es ihm gelingt, einen stabilen Schwerpunkt auszubilden. Ernsthaft kompliziert wird das Unterfangen, wenn Teile der Kulturen sich im offenen Widerstreit miteinander befinden, weil etwa die eine Kultur säkular geworden und die andere immer noch fundamental religiös ist; oder weil die eine Kultur ans gleichberechtigte Individuum glaubt, während die andere Kultur den Einzelnen nur als Mitglied seiner Gemeinschaft gelten lässt.

Endgültig kritisch wird es, wenn ein Potentat wie der türkische Präsident Recep Tayyip Erdoğan auch von jenen seiner Landsleute, die seit Langem im Ausland leben, die unbedingte Unterwerfung unter die eigene Herkunft verlangt. Nicht weniger problematisch ist es, wenn deutsche Möchtegern-Autokraten erklären: Das Türkische und das Deutsche passen nicht zusammen. Solcherlei Rhetorik verschärft den bestehenden *Widerstreit* zwischen den Kulturen, nicht allein zum *Kampf*, sondern in letzter Konsequenz zum *Krieg* der Kulturen.

Eine tiefe weltanschauliche Zerrissenheit ist aber nicht die einzige Gefahr, die »Bindestrich-Identitäten« einzudämmen lernen müssen. Ebenso halte ich es für fragwürdig, dass sich eine triftige deutsch-portugiesisch-nigerianisch-russisch-indisch-chinesisch-amerikanische Identität konstruieren lässt. Unbestritten gibt es einzelne Genies der Multi-Kulturalität (und der Vielsprachigkeit). Bei den allermeisten, die sich solcherart »überall« zu Hause wähnen, wird am Ende nicht mehr als ein oberflächlicher Kosmopolitismus herauskommen, der in Wahrheit nirgends zu Hause ist.

Wie angekündigt, will ich dem Ideal des »Weltbürgertums« ein eigenes Kapitel widmen, dennoch möchte ich bereits hier einige weitere Betrachtungen zum Kosmopolitischen anstellen, unter den Aspekten von »Identität« und »kultureller Identität«. Gestatten Sie mir, zwei radikal entgegengesetzte Stimmen einzufangen, die sich beide vor rund zweihundert Jahren zu diesem Phänomen geäußert haben.

Ernst Moritz Arndt war Schriftsteller, Historiker und später Abgeordneter der Frankfurter Nationalversammlung in der Paulskirche, vor allem aber war er leidenschaftlicher Gegner Napoleons und wurde als solcher zum flammenden Agitator in den preußischen Befreiungskriegen. In seinem Pamphlet *Über den Gebrauch einer fremden Sprache* schreibt er: »Will man einen künftigen Vagabunden machen, d. h. einen Menschen, der kein Vaterland, keine Liebe und keine Gesinnung hat, so reise man mit seinem Sohn von dem dritten bis zum vierzehnten Lebensjahre desselben von einem Lande in das andere durch fremde Völker, Sitten und Sprachen hin: man gebe ihm eine reisende Erziehung. Der unglückliche Mensch, dessen zarter und weicher Seele zu viele bewegliche und immer erscheinende und wieder untergehende Weltbilder vorgeführt und vorübergeführt werden, wird nie etwas Festes lieben noch halten, nie ein Ding oder einen Menschen in die Tiefe seines Gemütes hinabziehen und sie dort wie einen Schatz hineinlegen. Das Unstete und Ungleiche, das alles ergreifen und nichts halten, kurz: das keinen Charakter haben wird sein künftiger Charakter sein; ihm ist zu viel aufgedrückt und zu wenig eingedrückt: er ist durch eine unselige Flachheit und Abgeschliffenheit für das ganze Leben neutralisiert.«

Mir wird bei derlei Tiraden mulmig, zumal ich Arndts seinerseits hasserfülltes Loblied auf den »Hass als einem heiligen und schützenden Wahn im Volke« im Ohr habe, ebenso wie seine rüde Aufforderung: »Wir müssen dreifache und vierfache Bollwerke und Schanzen um uns aufführen, damit wir nicht zuletzt matte Bilder werden, welche Allem und Nichts ähnlichsehen, und welche, weil sie Gestalt und Gepräge verloren haben, auch nichts anderes gestalten und bilden können.«

So richtig Arndts Befürchtung ist, dass ein übersteigerter Kosmopolitismus zur Lähmung aller gestalterischen und bildenden Kräfte führen kann, so falsch ist seine Empfehlung, »dreifache und vierfache Bollwerke und Schanzen um uns auf[zu]führen«. Aber da Herr Arndt auf mein Urteil vermutlich gepfiffen hätte, möchte ich ihn mit dem konfrontieren, was sein geschätzter Zeitgenosse Wilhelm von Humboldt zum Thema stabile *und reiche* Identitätsbildung zu sagen hatte. Zwar bekennt auch dieser: »Ich bin einmal ächt deutsch, und es gibt wenig Amalgamation zwischen mir und einem Ausländer.« Gleichzeitig schreibt er jedoch in seinem *Plan einer vergleichenden Anthropologie*: »Der Mensch soll alle Verhältnisse, in denen er sich befindet, auf sich einwirken lassen, den Einfluss keines einzigen zurückweisen, aber den Einfluss aller aus sich heraus und nach objectiven Principien bearbeiten [...] Der Mensch kann wohl vielleicht in einzelnen Fällen und Perioden seines Lebens, nie aber im Ganzen Stoff genug sammeln. Je mehr Stoff er in Form, je mehr Mannigfaltigkeit in Einheit verwandelt, desto reicher, lebendiger, kraftvoller, fruchtbarer ist er. Eine solche Mannigfaltigkeit aber gibt ihm der Einfluss vielfältiger Verhältnisse. Je mehr er sich denselben öffnet, desto mehr neue Seiten werden in ihm angespielt, desto reger muss seine innere Tätigkeit sein, dieselben einzeln auszubilden, und zusammen zu einem Ganzen zu verbinden.« Und das klingt doch nun wirklich vorbildlich humanistisch.

Nichtsdestotrotz spüre ich den Unmut *meiner* Zeitgenossen, die mit solchen Träumereien aus vergangenen Tagen nichts am Hut haben, selbst wenn ihnen Humboldts Einschätzung eigentlich hochwillkommen sein müsste, dass sich Identitäten nur in reichen, vielfältigen Umgebungen und eben nicht in bornierten Verhältnissen entwickeln lassen. Vielleicht gewinne ich ihr Wohlwollen, indem ich abermals den Soziologen Andreas Reckwitz (Jahrgang 1970) zu Rate ziehe und seine Studie über *Die Gesellschaft der Singularitäten*.

Über das kulturelle Lebensgefühl der neuen stilprägenden Mittelklasse schreibt er dort: »Die Hyperkultur hat keine vorgefertigten Präferenzen, sondern macht Offerten«, und meint damit, »dass klassische *Grenzen* des kulturell Wertvollen *aufgelöst* werden, insbesondere die zwischen dem Gegenwärtigen (Modernen) und dem Historischen, zwischen Hochkultur und Populärkultur sowie zwischen der eigenen Kultur und der fremden.« Das muntere hyperkulturelle »Sowohl-als-auch« macht er anschaulich: »Man muss sich nicht zwischen dieser oder jener Kultur entscheiden, sondern kann problemlos kulturelle Versatzstücke aus indischer Spiritualität, italienischer Früherziehung, lateinamerikanischer Bewegungskultur und deutschem Ordnungssinn miteinander kombinieren. Vor dem Hintergrund des Fremden kann dann auch wieder eine partielle Rückbesinnung auf die lokale oder nationale Kultur stattfinden. Angesichts der Vergleichsmöglichkeiten schaut man auf das Eigene – die schwäbische Küche, die Küste der Nordsee oder Franz Schubert – mit der Brille des Fremden und findet es ungeahnt bereichernd.«

Reckwitz' Analyse des vorherrschenden Lebensgefühls im urban-kosmopolitischen Milieu der Gegenwart erscheint mir äußerst zutreffend. Ich finde es vorzüglich auf den Punkt gebracht, wenn er von der »kulturellen Connaisseurhaftigkeit der neuen Mittelklasse« spricht und feststellt, dass »die neue Mittelklasse […] sowohl in ihren Grundzügen als auch in den Details ihres Lebensstils eine *globale Klasse*« sei, womit er andeuten will, dass der von ihm beschriebene Lebensstil in Ländern wie Frankreich oder Schweden ebenso verbreitet ist wie in den USA oder Japan. Bei China, das er als »sich rasant modernisierendes« Land in seine Aufzählung einschließt, wäre ich mir nicht sicher, aber das ist ein anderes Thema.

Reckwitz ist Soziologe, und deshalb sei es ihm in keiner Weise übel genommen, dass er sich in seiner Studie weitestgehend auf die Beschreibung und Analyse des Bestehenden konzentriert. Als Schriftstellerin und Philosophin kann ich jedoch nicht verhehlen, dass sich auf meiner Stirn tiefe Sorgenfalten furchen, sobald ich mich frage, was diese globale »*kulturelle Connaisseurhaftigkeit* der neuen Mittelklasse«, die sich eben auch als »kreative Klasse« versteht, für deren Kreativität tatsächlich bedeutet.

Wenn ich mir anschaue, welches in den vergangenen Jahren die »Megaseller« auf dem globalen Fernsehfilm- und Buchmarkt gewesen sind, fällt mir auf, dass es sich bevorzugt um Werke aus dem Bereich »Fantasy« handelt. Die weltweit erfolgreichste Serie, *Game of Thrones*, wirft munter alle möglichen europäischen und sonstigen Mythen in den Häcksler, um aus den Versatzstücken ein – fulminantes – neues Mythenmodell zu basteln. Dass es sich um ein solches »Modell« handelt, legt der Vorspann zu den jeweiligen Serienfolgen selbst nahe, indem sich dort die unterschiedlichsten Burgen, Städte und Kultstätten wie aus einem Spielbrett erheben und zusammensetzen. *Harry Potter*, die erfolgreichste Buchserie aller Zeiten, spielt fast ausschließlich in der fiktiven Welt von »Hogwarts« und Umgebung. Allerdings – und hier setzt mein »aber« ein – ist dieser verzauberten Internatswelt deutlich anzumerken, dass sie von einer britischen und *kulturell zutiefst britisch geprägten* Autorin ersonnen wurde.

Dasselbe lässt sich über andere internationale Serien-Großerfolge sagen: *Breaking Bad* ist die bislang böseste und raffinierteste Fernsehabrechnung mit dem amerikanischen Traum – und darin selbst höchst amerikanisch; in *Die Brücke* halten sehr skandinavische Charaktere den unverkennbar skandinavischen Gesellschaften einen düsteren Spiegel vor; die israelische Serie *Chatufim* (internationaler Titel: *Prisoners of War*), die zum Vorbild für *Homeland* wurde, legt ihren Finger schonungslos genau in die Wunden der israelischen Gesellschaft.

Serien wie die zuletzt genannten vertreiben mir flugs sämtliche Sorgenfalten von der Stirn, wenn wir uns nur klar genug machen, worin ihr Erfolgsgeheimnis liegt. Ihre außergewöhnliche Qualität besteht eben *nicht* darin, dass dort der »Europudding« zusammengerührt wird, in dem allzu viele europäische Produzenten seit geraumer Zeit ihr Heil suchen. Sie finden es nicht, weil dieses klebrig-artifizielle Zeug dermaßen nach Plastik schmeckt, dass es sogar in den Regalen unseres Kontinents liegen bleibt. Am Anfang *aller* von mir geliebten Serien steht eine starke Künstlerpersönlichkeit in Gestalt eines Autors (oder mehrerer Autoren), die ihre jeweiligen Identitäten als Amerikaner, Dänen, Schweden oder Israelis nicht verleugnen, sondern ihre je angestammten kulturellen Ressourcen für ihr Schaffen produktiv zu machen wissen. Sie verwischen ihre kulturelle Identität nicht, sie entfalten sie, ringen mit ihr, konfrontieren sie mit anderen Identitäten. Und ich versteige mich zu der Behauptung, dass es ihnen *nur deshalb* gelingt, abgründige, komplexe Geschichten mit ebenso abgründig-komplexen Figuren zu erzählen, Geschichten, die über die eigene Kultur hinausweisen, weil sie aus einem tiefen, echten Schmerz geboren sind, der dann unweigerlich zum Schmerz übers Allgemein-Menschliche in all seinen Irrungen und Wirrungen wird.

Sie dürfen mir gern entgegenhalten: Das ist ja alles traurig und wahr, was Sie über den Schmerz als die Quelle einer jeden echten Kreativität sagen. Aber warum sollen nur kulturell Verwurzelte diesen Schmerz empfinden?

Ich will erklären, warum ich glaube, dass der kosmopolitische Nomade – wenn es ihm mit seinem Nomadentum denn ernst ist und er sich dieses nicht lediglich als lässiges Allwettermäntelchen überwirft –, warum dieser Nomade gegen den Schmerz unempfindlich ist. Existenzieller Schmerz entsteht nur dort, wo etwas als einzigartig und unersetzbar erfahren wird, wo Trauer, Wut und Verlust ausgehalten, wo Konflikte ausgefochten werden. Der coole Kulturkonsument, wie Reckwitz ihn beschreibt, will sich genau diesen Schmerz vom Leib halten. Wenn ihm etwas nicht passt, wird's weggekickt oder weggeklickt. Wenn ihm sein Umfeld nicht den Genuss verschafft, den er sich erhofft, packt er eben seinen Rollkoffer und zieht weiter – oder wechselt den Streaminganbieter. Zu Recht betrachten wir die »Heuschreckenschwärme« des globalen Finanzkapitalismus mit Skepsis bis Abscheu, weil sie nichts aufbauen, sondern Vorhandenes bis zum Ruin ausnutzen. Aber sind die Globalhedonisten, die rastlos durchs Internet surfen oder um den Globus jetten, jeder Rosine hinterherjagend, die ihnen verlockend erscheint, sind diese Rosinenpicker wirklich eine produktivere, kreativere Spezies als die berüchtigten »Heuschrecken«?

Zum Unglück gibt es allzu viele Menschen, die gezwungen sind, ihre Heimat zu verlassen, weil sie dort nicht überleben können. Und falls ihre Heimat ihnen androht, sie ins Gefängnis zu werfen oder gar umzubringen, werden sie mehr als erleichtert sein, wenn es ihnen vergönnt ist, ihrem Land, ihrer Kultur den Rücken zu kehren. Dennoch wird die Trauer um das Verlorene in ihnen nicht verstummen.

Selbstverständlich gilt mein Zorn auch nicht denjenigen, die sich, ohne an Leib und Seele bedroht zu sein, eine neue Heimat suchen, um dort etwas aufzubauen, Verantwortung zu übernehmen und (Identitäts-)Konflikte auszuhalten. Dabei kann es sich um millionenschwere europäische Modefürsten handeln, die einem verfallenen Garten samt Villa vor den Toren Marrakeschs neues, elegantes (teils öffentliches) Leben einhauchen und darüber hinaus auch ein Berbermuseum gründen und finanzieren, so wie Yves Saint Laurent und sein Lebensgefährte Pierre Bergé es getan haben. Ebenso gut kann es sich um einen bitterarmen Marokkaner handeln, den es nach Europa drängt, weil er dort auf ein gelingenderes Leben hofft. Doch so wie »der Reiche« nicht über die ökonomisch ärmeren Regionen der Welt herfallen soll, um dort seinen Heuschreckenhunger zu stillen, soll »den Armen« nicht einzig die grillenhafte Hoffnung in die wohlhabenderen Länder ziehen, von den dortigen Sozialsystemen irgendwie mitgetragen zu werden. Auch sein Wunsch nach einem besseren Leben kann sich nur erfüllen, wenn er von der Bereitschaft begleitet ist, in der »Neuen Welt« in jenem ernsthaften Sinne ankommen zu wollen, dass man ihr nicht bloß die eigene Arbeitskraft zur Verfügung stellt, sondern sich *auch* für ihre kulturelle Identität öffnet. Die Erkenntnis, dass der Mensch nicht nur vom Brot lebt, mag altbacken fromm klingen – nichtsdestotrotz gilt sie für »den Reichen« wie für »den Armen«.

Eben hierin liegt die »Erbsünde« der bundesrepublikanischen Integrationspolitik, die mit dem Missverständnis begann, dass es sich bei den ab 1961 angeworbenen Türken um »Gastarbeiter« handelte, die nach wenigen Jahren in ihre »eigentliche« Heimat zurückkehren würden. Und das Missverständnis war durchaus wechselseitig, denn die allermeisten Türken kamen nicht mit der Haltung hierher, die ich eben als notwendige Voraussetzung für einen gelingenden Heimatwechsel skizziert habe, sondern gingen ebenfalls davon aus, dass ihr Aufenthalt in Deutschland ein mehr oder minder kurzes Arbeitsgastspiel sein würde.

Bei der Rede von der »kulturellen Identität« ist mir unversehens die »Heimat« herausgerutscht. Dies ist kein zufälliger Lapsus. Bereits an zwei Stellen habe ich ja erwähnt, dass ich beide Begriffe für höchst verwandt, wenn nicht gar für austauschbar halte. Bevor ich mich mit der speziellen Aura des deutschen Wörtchens »Heimat« beschäftige, möchte ich die Debatte zur kulturellen Identität abschließen, indem ich mich noch einem aktuellen Ansatz zuwende, den ich für sehr hilfreich halte, um diesen schwierigen Begriff zu klären.

Zwischenspiel: kulturelle Ressourcen

Der französische Philosoph und Sinologe François Jullien veröffentlichte 2016 eine kleine Schrift mit dem streitbaren Titel *Il n'y a pas d'identité culturelle*, die 2017 auch auf Deutsch erschien: *Es gibt keine kulturelle Identität*. Der postmoderne Kulturskeptiker sollte nicht zu früh frohlocken, sondern den Untertitel lesen, den allerdings sowohl der französische als auch der deutsche Verlag dezent *im* Buch verstecken. Er lautet: *Wir verteidigen die Ressourcen einer Kultur*.

Jullien wirbt in seinem Text dafür, die Rede von der »kulturellen Identität« aufzugeben und durch die von »kulturellen Ressourcen« zu ersetzen, ein Begriff, der auch bei Reckwitz auftaucht und den ich gleichfalls an einer Stelle verwendet habe. Zwar bestreitet Jullien nicht, dass Kultur einzig in einem bestimmten Gebiet, in einer bestimmten Umgebung, in einer bestimmten Sprache entsteht. Es ist ihm jedoch wichtig, darauf hinzuweisen, dass die so entstandenen Ressourcen anschließend kein exklusiver »Besitz« sind, sondern »allen zur Verfügung« stehen. Diese allgemeinen kulturellen Ressourcen will er dann mitnichten den Unwägbarkeiten des Marktes überlassen, sondern, wie im Untertitel angekündigt, verteidigen. Und zwar »umso leidenschaftlicher […], als sie heute bedroht sind«. Die beiden Bedrohungsfronten sieht Jullien einerseits in den verstärkten Tendenzen zu kulturessenzialistischen Erstarrungen und Abkapselungen, andererseits in der Verarmung der Kulturen, in ihrer »durch die globale und kommerzielle Uniformisierung hervorgerufene[n] Verflachung«. In diesem Sinne plädiert er in der Tat leidenschaftlich dafür, dass an französischen Schulen Schriftsteller und Philosophen wie Molière und Pascal wieder stärker ins Zentrum rücken, dass der Latein- und Griechischunterricht nicht aufgegeben wird, und dass man vor allem den schleichenden Niveauverlust in der französischen Sprache nicht widerstandslos hinnimmt.

Der Kulturkonservative, der sich nun womöglich seinerseits freut, in Jullien einen zwar verkappten, aber schlagkräftigen Verbündeten gefunden zu haben, liegt allerdings kaum weniger falsch als der Kulturskeptiker. Denn der Philosoph erklärt in deutlichen Worten, warum er die Rede von »Identität« nicht auf Kulturen übertragen will: »Kultur hat nicht die Funktion, dem nach Anerkennung strebenden Subjekt dabei zu helfen, ein Selbstbild zu konstruieren – und wenn dies doch geschieht, handelt es sich um einen pervertierten Gebrauch der Kultur (eine Perversion, in welcher der Nationalsozialismus seinen Ursprung hatte). Die Kultur, verstanden als Ressource, zielt schließlich auf das Gegenteil ab: eine Förderung der *existenziellen* Fähigkeiten des Subjekts, vor allem jener der Loslösung, aus der das Bewusstsein/Gewissen (›*conscience*‹) erwächst. Diese Förderung des Subjekts besteht gerade darin, dass es durch die Kultur in die Lage versetzt wird, die Begrenzung seines Ichs zu überwinden, die Integration in eine Welt hinter sich zu lassen und sich folglich ›aus‹ *(ex)* einer Unterwerfung herauszuziehen, um zu einer Freiheit zu gelangen – also, wie ich es nennen würde, im eigentlichen Sinne zu ›ex-istieren‹.«

Mir ist diese Argumentation prinzipiell sympathisch, obgleich ich es für zu kurz gegriffen halte, den Ursprung des Nationalsozialismus allein im pervertierten Kulturbegriff dingfest machen zu wollen. Es sind jedoch zwei andere Aspekte von Julliens Modell, bei denen sich in mir ein grundsätzlicherer Widerspruch regt. Zwar stimme ich ihm zu, dass es präziser ist, davon zu reden, dass kulturelle Ressourcen »aktiviert« werden müssen, als davon, dass eine kulturelle Identität »besessen« wird. Aber er unterschätzt meines Erachtens, dass sich eben in erster Linie diejenigen, die in einer bestimmten Kultur aufgewachsen sind, besonders verpflichtet oder aus innerem Bedürfnis heraus gedrängt fühlen werden, ihre Ressourcen zu »aktivieren«.

Zum anderen ist mir nicht wohl mit Julliens Gegenüberstellung, dass Identität »definiert« werde, Ressourcen hingegen »inventarisiert«. Dass dem Wunsch, kulturelle Identität *definieren* zu wollen, ein Denkfehler zugrunde liegt, habe ich im ersten Kapitel mithilfe von Wittgenstein erklärt. In der Tat hatten Richard Wagner und ich eine Weile erwogen, unserem Buch *Die deutsche Seele* den Untertitel *Eine Inventur* zu geben, haben uns dann aber dagegen entschieden, weil uns der Begriff der »Inventur« zu nüchtern-kühl, ja: zu bürokratisch war, um den stets auch emotionalen, sinnlichen Vorgang zu charakterisieren, den es bedeutet, eine Kultur in ihren verschiedensten Erscheinungsformen *anschaulich* zu machen.

Doch ganz gleich, wie wir es drehen und wenden: Die Rede von der »kulturellen Identität« bewegt sich auf einem schmalen Grat. Rechts lauert der Abgrund eines versteinerten Kulturessenzialismus, links das Wolkenmeer postmoderner Multi- und Hyperkulturalität. Zu meinen, dass der Sprung ins Wolkenmeer die vielversprechendere Alternative zum Sturz in den Abgrund sei, halte ich – nicht nur aus alpinistischer Sicht – für eine riskante optische Täuschung. Ich fürchte, uns bleibt nichts anderes übrig, als uns bewusst zu machen, auf welch schmalem Grat wir unterwegs sind – und alles daranzusetzen, dass wir oben bleiben.

Heimat verloren, Heimat gefunden?

Wenn wir uns nun auf die Rede von »Heimat« einlassen, müssen wir nicht nur gratwandern können, uns muss es gelingen, pendelnd zu schweben. Denn von »Heimat« sollte nur sprechen, wer von »Sehnsucht« nicht schweigen kann. Beide Begriffe sind untrennbar aufeinander bezogen, verzeihen es nicht, wenn wir es uns auf der Seite der Heimat gemütlich machen oder einzig der unruhigen Sehnsucht folgen wollen. Sehnsucht ohne Heimat ist wie Meer ohne Küste – Heimat ohne Sehnsucht wie Landschaft ohne Himmel.

Einer, der dies ganz genau weiß, ist der Extremalpinist Reinhold Messner. Er hat nicht nur als erster Mensch auf allen vierzehn Achttausendergipfeln der Erde gestanden, diverse Sandwüsten und die beiden Pole erkundet, er hat seine Heimat Südtirol mit einem gewaltigen Museumsprojekt beschenkt, in dem er auch den Nicht-Alpinisten an der »Summe all seiner Erfahrungen« teilhaben lassen möchte. Sein Pendeln zwischen »Fernweh« und »Heimkehr« beschreibt Messner in seinem Expeditionsbuch *Nie zurück*: »Es ist schizophren, wenn jemand daheim ist bei seiner Frau und sagt, ich will zum Nordpol, und dann ist er am Nordpol und denkt nur an seine Frau.« Oder philosophischer: »Mein Unterwegssein spiegelt die Zerrissenheit des romantischen Menschen, der von der Sehnsucht nach draußen lebt, wenn er daheim ist – und sich nach daheim verzehrt, wenn er draußen ist. Ich bin der Heimatsehnsuchtsverräter.«

Heimatsehnsuchtsverräter – was für ein bezauberndes Wort! Und wie viel mehr reiche Unruhe schwingt in ihm mit als in dem Gassenhauer, den Hans Albers, der raubeinig-elegante Volksschauspieler von der Waterkant, den Nachkriegsdeutschen sang: »Nimm uns mit, Kapitän, auf die Reise! / Nimm uns mit in die weite, weite Welt! / Wohin geht, Kapitän, deine Reise? / Bis zum Südpol, da langt unser Geld.« Denn im Laufe des Liedes entpuppt sich der anfängliche Heimatverräter als finaler Sehnsuchtsverräter, bis er in der letzten Strophe fleht: »Nimm mich mit, Kapitän, aus der Ferne! / Bis nach Hamburg, da steige ich aus. / In der Heimat, da glüh'n meine Sterne, / In der Heimat bei Muttern zu Haus. / In der Heimat, da glüh'n unsre Sterne, / Nimm mich mit, Kapitän, nach Haus!«

Wer beim Thema Heimat den Pol der Sehnsucht kappt, landet im selben bräsigen Mief, den der deutsch-österreichische Heimatfilm der 1950er-Jahre verklärte. Leinwandschnulzen wie *Grün ist die Heide* oder *Der Förster vom Silberwald* gaukelten den moralisch bankrotten Deutschen und Österreichern vor, in der Provinz sei die Welt heil geblieben, während alles Böse aus den Großstädten komme. Die verlogene Opposition vom redlich-ländlichen Idyll im Gegensatz zum urban-verkommenen Moloch sollten wir dort belassen, wo sie hingehört: in Opas alter Flimmerkiste.

Wie ganz anders geht der kluge, nachdenkliche Regisseur Edgar Reitz in seiner Filmtrilogie mit dem Thema Heimat um! Bis heute gehört *Heimat* zu den wenigen außergewöhnlichen Serienproduktionen, die das deutsche Fernsehen beziehungsweise das deutsche

Kino hervorgebracht haben. Zwar fängt auch Reitz den Zauber, den sein fiktives Dorf »Schabbach« im Hunsrück ausstrahlt, in magischen Bildern ein. Zwar erzählt auch er, dass man seiner Heimat emotional verbunden bleibt, selbst wenn man ihr zu entfliehen versucht, wie die beiden Filmprotagonisten Paul und »Hermännchen« Simon es tun. Dennoch blendet Reitz die Verbrechen und Verwerfungen des 20. Jahrhunderts nicht aus, die eben auch vor dem scheinbar idyllischen »Schabbach« nicht Halt gemacht haben. Nur deshalb wurde *Heimat* zu einer so anrührenden, tiefgründigen Saga von Aufbruch und Heimkehr.

Es stimmt mich nachdenklich bis traurig, wenn ich in Interviews, die Edgar Reitz im Dezember 2017 gegeben hat, lese und höre, dass er aufgrund der wiedererwachenden Neigung zu deutscher Heimathuberei seine Filme am liebsten im Nachhinein noch umbenennen würde. (Wobei ich das Wort, das ihm als ursprünglicher Titel vorgeschwebt hatte, auch wunderbar finde: »Geheischnis« – welches aus dem Hunsrücker Dialekt stammt, im Hochdeutschen »Gehegnis« ausgesprochen würde und »umfriedeter Raum« meint.) Ich weiß nicht, ob Reitz bei seinen Äußerungen auch die dümmlichen Plakate der AfD aus dem vergangenen Bundestagswahlkampf im Kopf hatte, die uns drei propper aufgedirndlte Weinköniginnen mit dem Slogan »Burka? Ich steh mehr auf Burgunder« präsentierten. In jedem Fall möchte ich dem Filmemacher zurufen: »Dass rückschrittliche Bärenhäuterei den Heimatkomplex besetzt hat, verpflichtet uns nicht, ihn zu ignorieren.«

Dieser hellsichtige Rat ist allerdings nicht von mir, sondern vom Schriftsteller Jean Améry. Der 1912 in Österreich als Hans Mayer geborene Jude, den seine nationalsozialistisch gewordene Heimat erst zur Flucht gezwungen hatte und später in ihrer Vernichtungsmaschinerie beinahe zu Tode gefoltert hätte, veröffentlichte 1966 einen Essay, in dem er ebenso ruhig wie empathisch der titelgebenden Frage nachgeht: *Wieviel Heimat braucht der Mensch?*

Trotz all des Hasses, der Schrecken und der Verwundungen, die Améry in seiner Heimat und in jenem »Reich«, in welches diese 1938

»heimkehrte«, erleiden musste, beantwortet er die Titelfrage nicht etwa mit einem seinerseits hasserfüllten: »Heimat, verrecke!« Vielmehr beschließt er seinen Essay mit der, wie er selbst bemerkt, »nüchternsten« Feststellung: »Es ist nicht gut, keine Heimat zu haben.«

Nicht nur diesen Satz, den gesamten Aufsatz Amérys sollte sich jeder zu Herzen nehmen, der meint, das Problem der Heimat sei im Global Village ein für allemal passé. Mit präzisem Sarkasmus spitzt Améry zu: »Man muss Heimat haben, um sie nicht nötig zu haben.« Heimatverachtung, »kosmopolitischen Ferienspaß«, kann sich nur der Glückliche leisten, der beheimatet ist. Der Vertriebene hingegen spürt allzu schmerzlich, dass Heimatverlust »Selbstentfremdung« bedeutet; dass er in dem Moment, in dem er keine Heimat mehr hat, der »Ordnungslosigkeit, Verstörung, Zerfahrenheit« verfällt; dass Heimat »Sicherheit« ist, weil er nur dort »die Dialektik von Kennen-Erkennen, von Trauen-Vertrauen« souverän beherrscht. In einem ähnlichen Sinne sagte Herder: »Heimat ist da, wo man sich nicht erklären muss.«

Bevor ihn die Gestapo im Juli 1943 verhaftete und nach Auschwitz deportierte, kämpfte Améry im belgischen Widerstand gegen die nationalsozialistischen Besatzer. Über sein Innenleben in jener Zeit offenbart er: »Der mit Selbsthass gekoppelte Heimathass tat wehe, und der Schmerz steigerte sich aufs unerträglichste, wenn mitten in der anstrengenden Arbeit der Selbstvernichtung dann und wann auch das traditionelle Heimweh aufwallte und Platz verlangte. Was zu hassen unser dringender Wunsch war, stand plötzlich vor uns und wollte ersehnt werden: ein ganz unmöglicher, neurotischer Zustand, gegen den kein psychoanalytisches Kraut gewachsen ist.«

Der vielleicht schwärzeste Satz in Amérys schier übermenschlich unlarmoyantem Text lautet: »Es gibt keine ›neue Heimat‹. Die Heimat ist das Kindheits- und Jugendland.« In diesem seinem »Kindheits- und Jugendland« nahm Jean Améry sich – nach Jahrzehnten im belgischen Exil – am 17. Oktober 1978 mit einer Überdosis Schlaftabletten das Leben. In Salzburg. Im »Österreichischen Hof«, welcher heute »Hotel Sacher« heißt.

Jean Améry musste die trostlose Erfahrung machen, dass es für ihn keine »neue Heimat« gab. Dennoch möchte ich mir und uns die Hoffnung erlauben, dass die existenzielle Verzweiflung, die den Schriftsteller in den Freitod trieb, nicht *jeder* empfindet, der seine Heimat verliert. Diejenigen, die ihre Heimat aus eigenem Antrieb verlassen, werden es leichter haben, am selbst gewählten neuen Ort heimisch zu werden. Ebenso will ich nicht glauben, dass all diejenigen, die aus ihrer Heimat vertrieben werden, bei ihren Versuchen, »neue Wurzeln« zu schlagen, notwendig scheitern müssen.

Gleichwohl bleibt es unbestreitbar, dass sich die Umgebung, in der wir aufgewachsen sind, in der wir unsere ersten Schritte gemacht, unser erstes Wort gesprochen, zum ersten Mal die Jahreszeiten gespürt, uns zum ersten Mal verliebt haben, sich in besonders tiefer Weise in uns einprägt. Ein entscheidender Unterschied zwischen kultureller Identität und Heimat scheint mir genau darin zu liegen, dass kulturelle Identität stärker auf geistigen Erlebnissen beruht, während Heimat in erster Linie mit sinnlichen Erfahrungen verbunden ist. Heimat ist der Geschmack, sind die Düfte, Klänge und Bilder, die, jedes Mal, wenn wir ihnen im späteren Leben wiederbegegnen, sofort die ältesten, gleichsam limbischen Schichten in uns berühren. Obwohl mir bewusst ist, dass es sich bei »Ebbelwei und Handkäs'« um keine kulinarischen Juwelen handelt, dass das Hessische nicht unbedingt der Wohlklingendste aller deutschen Dialekte ist, schleicht sich jedes Mal ein urzufriedenes Lächeln in mein Gesicht, wenn ich nach Frankfurt komme und in Sachsenhausen eine der traditionellen Ebbelwei-Kneipen vom »Fichtekränzi« über den »Kanonesteppel« bis zum »Gemalten Haus« besuche. Allein die Namen! Dass Heimat nicht zwangsläufig eine amöne oder urwüchsige Landschaft sein muss, wird mir jedes Mal klar, wenn ich in einem Flugzeug sitze, das den Rhein-Main-Airport anfliegt, und mein Herz schneller klopft, sobald ich die – sich beständig verändernde – Skyline der einzigen deutschen Stadt sehe, die architektonisch auf der Höhe der Zeit ist.

Auch wenn das Améry'sche Wort vom »kosmopolitischen Ferienspaß« noch in mir nachhallt, will ich bekennen, dass mir ein kleines, in der Tat urwüchsiges und wildes Fleckchen Landschaft in der Bretagne zur »zweiten Heimat« geworden ist. Dort habe ich zum ersten Mal den Atlantik mit seinen gischtenden Wogen gesehen, zum ersten Mal die Urgewalt starker Gezeiten erfahren, meinen ersten Seestern gefangen, meine erste Crêpe Suzette gegessen, mir zum ersten Mal Beine und Arme am Stechginster zerkratzt, zum ersten Mal die eigenwillig gequetschten Laute des Dudelsacks vernommen, kurz: Ich habe in der Bretagne die glückvollsten Sommer meiner Kindheit erlebt.

Da ich zu den Privilegierten gehöre, die eine reisesüchtige Mutter hatten und deren Eltern weder vom Staat daran gehindert wurden noch zu arm waren, mit ihren Kindern wenigstens die westeuropäische Welt mit dem Zelt oder im Campingbus zu erkunden, habe ich in meinen ersten zwei Lebensjahrzehnten manch weitere Gegend – die finnische Seenplatte oder Venedig – gesehen, an die es mich immer wieder zurückzieht. Seit ich auf eigene Faust reise, sind mir die USA zu einem Ort geworden, an dem ich mich mindestens einmal pro Jahr für mehrere Wochen aufhalten muss, um mich – im Sinne Nietzsches – gründlich selbst zu verlieren.

Dass es mit der Bretagne eine tiefere Seelenbewandtnis hat, die über den kosmopolitischen Ferienspaß hinausgeht, erfuhr ich, als meine Mutter im Januar 2008 starb und mein Vater und ich uns fragten, wo wir sie bestatten sollten. Die rheinland-pfälzische Gemeinde Haßloch, aus der sie stammte und in der viele ihrer Vorfahren begraben sind, schien uns als letzte Heimat für diese lebenslänglich vom Fernweh geplagte Einzelgängerin zu eng zu sein. Überhaupt sollte niemand gezwungen werden, für alle Zeiten in *Haßloch* zu ruhen. In dem Dorf im Taunus, in dem sie zuletzt gelebt hatte, war sie nie recht heimisch geworden. Also sahen mein Vater und ich uns an und sagten wie aus einem Mund: Bretagne. Der Umstand, dass auch meinem Vater als Erstes die Bretagne in den Sinn kam, bestätigte meine Hoffnung, dass nicht nur ich die Sommer dort als die wenigen glücklichen Zeiten unserer ansonsten nicht sehr glücksbegabten Familie erlebt habe. Trotz bundesrepublikanisch-bürokratischer Hürden gelang es uns, die Urne mit der Asche meiner Mutter zu überführen und ihre irdischen Überreste an einem verblüffend strahlenden Februarmorgen in einer kleinen felsgeschützten Bucht im Atlantik zu verstreuen.

Anschließend gab es einige, die murrten, es sei grotesk, ein »Pfälzer Mädel« am westlichsten Ende Frankreichs zu bestatten. Viele der Türken in Deutschland wünschten sich schließlich nichts sehnlicher, als eines Tages in ihrer türkischen Heimaterde begraben zu werden. Den Murrenden gab ich die Antwort, von der ich annehme, dass meine Mutter sie ihnen gegeben hätte: Als »Pfälzer Mädel« habe ich die französische Sprache von Anfang an geliebt, denn steckt im Pfälzer Wort für Kartoffel, der »Krummbeere«, nicht ein verhunztes französisches »pomme de terre«? Ich habe dafür gesorgt, dass meine beiden Kinder am altsprachlich-humanistischen Gymnasium als einzige moderne Fremdsprache nicht etwa Englisch, sondern Französisch gelernt haben. 1945 habe ich, ein junges »Pfälzer Mädel«, nicht geweint, als französische Soldaten auch unser heimisches Fachwerkhaus samt Scheune und Ställen mit Beschlag belegten, im Gegenteil: Ich habe für sie geschwärmt. Ich bin mehr als froh, dass die idiotisch-unselige »Erbfeindschaft« zwischen Deutschland und Frankreich endlich begraben ist. Also gestattet mir, dass auch ich meinen ganz persönlichen Frieden in französischen Gewässern finde.

Ich fühlte mich gedrängt, diese sehr private Geschichte zu erzählen, weil ich zeigen will, dass Heimat nicht allein die »Scholle« meinen muss, auf der man geboren wurde. Vor allem aber will ich spürbar machen, welch existenzieller Begriff »Heimat« in seinem Kern ist, selbst wenn wir das Schicksal der Vertriebenen nicht teilen; dass wir nicht umhinkommen, von den »ersten« und den »letzten Dingen« zu reden, wenn wir uns mit diesem Thema befassen. Ein populäres Kirchen- und Beerdigungslied drückt den Jenseits-Aspekt von Heimat ganz unmittelbar aus: »Wir sind nur Gast auf Erden / Und wandern ohne Ruh / Mit mancherlei Beschwerden / Der ewigen Heimat zu […]«

Eben weil »Heimat« solch metaphyisch schwebender, emotionaler Begriff ist, kann es misslich werden, wenn Politiker sich seiner bemächtigen. Es sei denn, der Politiker geht dabei so differenziert und behutsam zu Werke, wie es Bundespräsident Frank-Walter Steinmeier 2017 in seiner Rede zum Tag der Deutschen Einheit getan hat. Ob Horst Seehofer die nötige Bedachtsamkeit für das Amt des ersten Heimatministers auf Bundesebene mitbringt oder ob er dieses allzu krachledern interpretieren wird, muss sich erweisen.

Der Historiker und Essayist Gustav Seibt hat unlängst einen feinsinnigen Zeitungsartikel veröffentlicht, in dem er die »Fieberkurve« des Heimatbegriffs anhand der Worthäufigkeitszählungen im *Digitalen Wörterbuch der deutschen Sprache* nachzeichnet. Er stellt fest, dass diese Kurve überhaupt erst um 1800 herum beginnt, also mit der einsetzenden Industrialisierung im deutschsprachigen Raum. Zuvor spielte »Heimat« im Deutschen keine prominente Rolle. In den südlichen Dialekten meinte »Heimat« nicht mehr als den elterlichen Besitz beziehungsweise Hof. Ihren steilsten Anstieg erfuhr die Fieberkurve im zweiten Drittel des 19. Jahrhunderts, zu einer Zeit, in der die Industrialisierung hierzulande vollends Fahrt aufnahm, eine massenhafte Landflucht einsetzte, die deutschen Großstädte rapide anwuchsen und gleichzeitig Millionen von Deutschen in fremde Länder (vor allem in die USA) aufbrachen, um dort ihr Glück zu suchen. Zwischen 1990 und 2010 sank das rhetorische Heimatfieber, um seither wieder kontinuierlich zu steigen. Als Beleg für diesen Trend verweist Seibt auf die anschwellenden Heimatdebatten in Feuilletons, kirchlichen Akademien, Parteistiftungen und auf Schauspielbühnen. Ebenso führt er den Erfolg an, den Juli Zehs Dorfroman *Unterleuten* 2016 hatte, und den anhaltenden Boom von »Regionalkrimis«, die Seibt in der Tradition der populären Heimatliteratur im Stile Ludwig Ganghofers verortet. Die Klassiker dieses Genres von Adalbert Stifter über Gottfried Keller bis hin zu Wilhelm Raabe bleiben selbstverständlich nicht unerwähnt.

Nimmt man die Metapher der Fieberkurve wörtlich, erzählt sie uns, wie krank der Patient Deutschland in den jeweiligen Epochen seiner Geschichte gewesen ist; wie hitzig er sich mühte, die als feindlich empfundenen äußeren Einflüsse abzuwehren. Und wir müssen erkennen, dass unsere gegenwärtige Welt uns allem Anschein nach wieder einmal weidlich schwitzen macht. Gleichzeitig begreifen wir, dass »Heimat« für denjenigen, der sie als bedroht erfährt, ihrerseits zur ultimativen Sehnsucht wird – selbst wenn er sich scheut, diesen Begriff zu verwenden. Denn was sind klassische grüne Anliegen wie »Natur« oder »Ökologie« anderes als verkappte romantische Heimatprojekte? Frei nach Thomas Mann: Man kann höchst antideutsch sein und dabei höchst deutsch.

Es ist sinnvoll und ehrenwert, sich dafür einzusetzen, dass die vertraute Heimat bewahrt wird, sei's in Form von Landschafts- und Artenschutz, sei's, indem man sich für den Erhalt von traditionellem Brauchtum, historischen Kulturgütern oder der deutschen Sprache in all ihrer verschrobenen Schönheit engagiert. Über Asylbewerber mit pöbelnden Worten, geballten Fäusten oder Schlimmerem herzufallen stellt hingegen eine Perversion von »Heimatschutz« dar. Jeder, der »Heimat« sagt, erhebt Einspruch gegen den Wandel. Trotzdem möchte ich daran erinnern, dass die poetischsten Texte, die je über Heimat geschrieben worden sind, von Autoren stammen, die allesamt keinen Zweifel daran hatten, dass sie etwas Vergangenes besingen.

Dichter des Heimwehs

Der romantische Schriftsteller Joseph von Eichendorff konnte in den preußischen Amtsstuben, in denen er seinen Lebensunterhalt verdienen musste, nicht aufhören, von seinen oberschlesischen Kindheitswäldern zu träumen. Eines seiner berühmtesten Gedichte, *Mondnacht*, endet mit der Strophe: »Und meine Seele spannte / Weit ihre Flügel aus, / Flog durch die stillen Lande, / Als flöge sie nach Haus.« Der Konjunktiv im letzten Vers ist kein Zufall. Ein so melancholisch schwebendes Gedicht wie *Mondnacht* kann nur ein Mensch schreiben, der weiß, dass er seine Heimat unwiederbringlich verloren hat. Zu Recht hielt Theodor W. Adorno denjenigen, die Eichendorff von links verachteten, wie denjenigen, die ihn von rechts vereinnahmen wollten, gleichermaßen entgegen, dass der Freiherr kein »Dichter der Heimat«, sondern einer »des Heimwehs« gewesen sei.

Der Politikwissenschaftler und Publizist Christian Graf von Krockow wurde 1927 in Ostpommern geboren. Wie hart und anrührend zugleich klingt es, wenn er sich in seinem Buch *Heimat* an die Erkenntnis erinnert, die ihn im Sommer 1943 überkam, als er vor seiner Flucht gen Westen zum letzten Mal auf das elterliche Anwesen mit den Blutbuchen, dem Teich, dem Schilf und den Wildenten blickte. »Das war nicht das Ende einer Heimat«, schreibt er, »sondern ihr Anfang. Denn sie beginnt im Verlust. Vielmehr, schärfer: Sie ist das Verlorene.«

Georg Büchner legt in seinem Revolutionsdrama *Dantons Tod* eben diesem die Frage in den Mund: »Nimmt man das Vaterland an den Schuhsohlen mit?« Die Frage ist so rhetorisch wie sarkastisch gemeint. Hätten Joseph von Eichendorff und Christian Graf von Krockow mit Danton in jenem Pariser Hinrichtungskerker gesessen, in den ihn sein revolutionärer Widersacher und einstiger Mitstreiter Robespierre hatte werfen lassen, hätten sie ihm womöglich geantwortet: »An den Schuhsohlen nimmt man das Vaterland in der Tat nicht mit. Aber im Herzen.«

Der begnadete Spötter Heinrich Heine hingegen, der vor der preußischen Zensur nach Paris geflohen war, widersprach Danton in *Deutschland. Ein Wintermärchen* ganz anders: »O, Danton, du hast dich sehr geirrt / Und musstest den Irrtum büßen! / Mitnehmen kann man das Vaterland / An den Sohlen, an den Füßen. / Das halbe Fürstentum Bückeburg / Blieb mir an den Stiefeln kleben: / So lehmige Wege habe ich wohl / Noch nie gesehen im Leben.«

Allerdings konnte selbst Heine weit innigere Töne anschlagen, wenn er seiner alten Heimat gedachte. Der Schluss seiner Ballade *In der Fremde* lautet: »Ich hatte einst ein schönes Vaterland. / Der Eichenbaum / Wuchs dort so hoch, die Veilchen nickten sanft. /

Es war ein Traum. / Das küsste mich auf deutsch und sprach auf deutsch / (Man glaubt es kaum / Wie gut es klang) das Wort: ›Ich liebe dich!‹ / Es war ein Traum.«

Marcel Proust weihte sein gesamtes schriftstellerisches Leben dem Unterfangen, die Sinnesbilder, Gespräche und das großbürger-lich-aristokratische Milieu seiner Kindheit und Jugend wieder he-raufzubeschwören, die der Lauf der Zeit, durch den Ersten Weltkrieg grässlich beschleunigt, für immer ins Reich der Vergangenheit ver-bannt hatte. Wer weiß: Wäre Proust ein deutschsprachiger Autor ge-wesen, hätte er sein epochales Romanwerk vielleicht nicht *Auf der Suche nach der verlorenen Zeit* genannt, sondern *Auf der Suche nach der verlorenen Heimat*. Da er aber ein französischer Autor gewesen ist, konnte er dies nicht tun, schließlich hätte der Titel dann lau-ten müssen: *À la recherche de la patrie perdue*. Und das französische Wort »patrie« weckt völlig andere, deutlich politischere, kämpfe-rischere Assoziationen als »Heimat«. Deshalb sprachen politische, freiheitskämpferische deutsche Geister wie Büchner und Heine auch im Deutschen lieber von »Vaterland«.

Es ist vielfach festgestellt worden, dass »Heimat« ein mehr oder minder unübersetzbares Wort sei. Gustav Seibt siedelt es in der Mitte zwischen den romanischen Begriffen »casa« und »patria« an, also auf halber Strecke vom »Heim« zum »Vaterland«. Allenfalls das englische »homeland« eröffnet einen ähnlichen Bedeutungs- und Gefühlshorizont, weil es nicht nur in staatspolitischen Zusammen-hängen wie dem im Jahre 2002 geschaffenen US-amerikanischen Ministerium für Innere Sicherheit (United States Department of Homeland Security) auftaucht oder der von mir bereits erwähnten Kultserie um Terroristenjägerin Carrie Mathison den Titel gibt, son-dern ebenso die angestammten Territorien der »Native Americans« meinen kann.

Aber kommen wir noch einmal auf Proust zurück. Die berühm-teste Szene in seiner viele Tausend Seiten umfassenden *Recherche* ist jene, in welcher der Ich-Erzähler eine Madeleine in Lindenblüten-tee tunkt. Während ihm das Gebäck auf der Zunge zergeht, durchströmt ihn ein »unerhörtes Glücksgefühl«, das ihm mit einem Schlag »die Wechselfälle des Lebens gleichgültig« sein lässt. Der nervöse junge Mann hört auf, sich »mittelmäßig, zufallsbedingt, sterblich zu fühlen«. Einige Seiten später, als er schließlich begreift, was ihm widerfährt, heißt es: »Und dann mit einem Male war die Erinnerung da. Der Geschmack war der jener Madeleine, die mir am Sonntagmorgen in Combray […] meine Tante Léonie anbot, nachdem sie sie in ihren schwarzen oder Lindenblütentee getaucht hatte. Der Anblick jener Madeleine hatte mir nichts gesagt, bevor ich davon gekostet hatte […] Sobald ich den Geschmack jener Madeleine wiedererkannt hatte, […] trat das graue Haus mit seiner Straßenfront […] wie ein Stück Theaterdekoration zu dem kleinen Pavillon an der Gartenseite hinzu, […] und mit dem Hause die Stadt, der Platz, auf den man mich vor dem Mittagessen schickte, die Straßen, die ich von morgens bis abends und bei jeder Witterung durchmaß, die Wege, die wir gingen, wenn schönes Wetter war. […] ebenso stiegen jetzt alle Blumen unseres Gartens und die aus dem Park von Monsieur Swann, die Seerosen auf der Vivonne, die Leutchen aus dem Dorfe und ihre kleinen Häuser und die Kirche und ganz Combray und seine Umgebung, alles deutlich und greifbar, die Stadt und die Gärten auf aus meiner Tasse Tee.«

Ich habe Ihnen diesen – rüde zusammengestrichenen – Erinnerungsstrom von Marcel Proust zugemutet, weil ich erlebbar machen wollte, in welch vielfältigen, genauen Bildern Heimat urplötzlich aus einer simplen Tasse Tee auferstehen kann. Und weil ich mithilfe des wohl besessensten Erinnerungsromanciers aller Zeiten nochmals anschaulich machen wollte, wie untrennbar Heimat mit unseren frühesten, prägenden Sinneseindrücken verbunden ist. *Der Anblick jener Madeleine hatte mir nichts gesagt, bevor ich davon gekostet hatte…*

Künftige Heimathorizonte

Aus diesem Grund halte ich es für kolossalen Humbug, das Internet zur Heimat des 21. Jahrhunderts zu verklären. Der Journalist Dirk von Gehlen (geboren 1975) publizierte im Januar dieses Jahres einen Essay, in dem er die Generation der »Digital Natives« sagen lässt: »Heimat ist da, wo sich das Wlan automatisch verbindet.« Er betont, dass damit weder ein bestimmtes Haus noch ein bestimmtes Endgerät gemeint seien, sondern der »ortlose Ort«, den das Internet an sich darstellt, »die Realität gewordene Idee eines Völker verbindenden Netzwerks, das Landes-, Sprach- und Religionsgrenzen überwindet, und einen Austausch zwischen Menschen ermöglicht, die nicht am gleichen Ort sein müssen«.

Gewiss rührt meine Skepsis auch daher, dass ich selbst zu den »Digital Immigrants« gehöre, somit nicht weiß, wie sich eine Kindheit anfühlt, in der man als Zweijähriger einen Wutanfall bekommt, weil sich das Enkelfoto auf Omas Couchtisch nicht bewegen will, obwohl man mit seinem Fingerchen stur darauf herumwischt. Aber in dieser Frage bin ich getrost altmodisch. So intensiv ich das Internet mittlerweile selbst nutze, so sehr mir die beschriebenen Aspekte der Völkerverbindung und Grenzüberwindung einleuchten: Die Rede von der »*Heimat* Internet« klingt in meinen Ohren als brutale Zurüstung fürs Maschinenzeitalter, das uns Menschen endgültig unseres sinnlichen, kreatürlichen, endlichen Daseins berauben will.

Ich habe Marcel Proust nicht zuletzt deshalb so ausgiebig ins Feld geführt, weil sein Werk zeigt, dass Heimat nicht nur Einspruch gegen den Wandel ist, sondern in einem noch radikaleren Sinne Einspruch erhebt gegen die Zeitlichkeit schlechthin. Aus »Heimat« spricht immer auch der verzweifelte (und bis auf weiteres) unerfüllbare Wunsch, den Lauf der Zeit außer Kraft zu setzen oder umzukehren, um ewig das Kind zu bleiben, um wieder das Kind zu werden, das man einst gewesen ist. Allerdings neigen nicht nur die Heimatverbohrten zu solch regressiver Infantilität. Die postmodernen Heimatverächter tun sich, wie wir gesehen haben, mit dem Erwachsenwerden gleichfalls schwer. Das flirrende, flüchtige Glück, das uns überfallen kann, wenn wir eine Madeleine in eine Tasse Lindenblütentee tunken, sollten wir indes uns und allen Mitmenschen als besonders köstliche Trostmomente in unseren dahingehenden Leben gönnen.

Allmählich muss ich diesen melancholisch-verwunschenen Teil des Irrgartens verlassen, aber ein letzter Gang sei gleichwohl erlaubt. In ihm tut sich eine der paradoxesten Deutungen von »Heimat« auf, die in der deutschen Geistesgeschichte zu finden sind. Der jüdisch-deutsche Philosoph Ernst Bloch – auch er ein von den Nazis ins Exil Gejagter – lässt sein mehrbändiges Hauptwerk *Das Prinzip Hoffnung* mit den viel zitierten Sätzen ausklingen: »Die Wurzel der Geschichte aber ist der arbeitende, schaffende, die Gegebenheiten umbildende und überholende Mensch. Hat er sich erfasst und das Seine ohne Entäußerung und Entfremdung in realer Demokratie begründet, so entsteht in der Welt etwas, das allen in die Kindheit scheint und worin noch niemand war: Heimat.«

Bloch selbst war überzeugter Marxist. So gesehen ist es nur konsequent, wenn er den sozialistisch-kommunistischen Glauben, dass das Paradies in keiner mythischen Vergangenheit zu suchen sei, sondern in der Zukunft liege, auch auf die Heimat überträgt. Karl Marxens Analysen der »Entfremdung« scheinen mir der mit Abstand triftigste Teil seines Denkens zu sein. Ebenso erscheint es mir richtig festzuhalten, dass »Heimat«, wenn sie denn im Herder'schen Sinne jener Ort sein soll, an dem »man sich nicht erklären muss«, etwas ist, das der Mensch erst erschaffen muss. Eben darauf zielt die im letzten Kapitel erörterte linke Identitätspolitik ab. Angehörigen von diskriminierten Minderheiten wird es schändlich schwergemacht, sich in einer sozialen Umgebung beheimatet zu fühlen, in der sie sich permanent »erklären« müssen. Auch bezweifle ich nicht, dass Menschen, die innerhalb der kapitalistischen Wirtschaftsordnung grob entfremdeten Tätigkeiten nachgehen müssen, kein Gefühl von Beheimatetsein in ihrer Arbeit entwickeln können. Es sei jedoch angemerkt, dass sowohl der heroisch-paternalistische Kapitalismus als auch der Staatssozialismus durchaus Unternehmen und Betriebe hervorgebracht haben, denen sich selbst der Arbeiter, der am Fließband malochen musste, heimatlich verbunden fühlte.

Dennoch befürchte ich, dass man das Prinzip Hoffnung überstrapaziert, wenn man meint, radikal Unbeheimateten könne es eines utopischen Tages gelingen, eine Gesellschaft aufzubauen, die den Namen »Heimat« dann wirklich verdiente. Denn wie sollen Menschen, deren Seelen *keinerlei* Heimaterfahrungen bewahren, Menschen, die – so wie Bloch es behauptet – noch *nie* in einer Heimat gewesen sind, sich konkret vorstellen können, wie eine künftige Heimat auszusehen hätte? Eine bessere Heimat lässt sich nur gestalten, wenn man weiß, was man an seiner vergehenden oder verlorenen Heimat hat – und wenn man im Gegensatz dazu schmerzlich spürt, was sie einem verwehrt. Wer radikal Heimatlosen die Aufgabe stellt, eine Heimat der Zukunft zu kreieren, kommt mir ähnlich unbarmherzig vor wie derjenige, der einem von Geburt an Farbenblinden Pinsel und Palette in die Hand drückt und sagt: Da! Jetzt mal mir ein schönes, buntes Bild! Vielleicht liegt genau hierin einer der unbarmherzigsten Denkfehler des Marxismus.

Doch so unbarmherzig will *ich* nicht sein, dass wir uns mit solch schnöder Vermutung meinerseits aus dem Labyrinth der Heimat verabschieden müssten. Das letzte Wort soll Joseph von Eichendorff haben.

In der Fremde

Aus der Heimat hinter den Blitzen rot
Da kommen die Wolken her,
Aber Vater und Mutter sind lange tot,
Es kennt mich dort keiner mehr.
Wie bald, wie bald kommt die stille Zeit,
Da ruhe ich auch, und über mir
Rauschet die schöne Waldeinsamkeit
Und keiner mehr kennt mich auch hier.

Kapitel 5

Europa – unser besseres Wir?

Auf der Suche nach möglichen Wir-Kandidaten, die dem Ich dabei helfen können, sich zu stärken, sind wir schon weit herumgekommen. Wir haben »Communities« kennengelernt, die ihre sexuelle oder religiöse Identität zum Wir erheben. Wir haben die »Identitären« rechts liegen gelassen, die sich den blutig-lehmigen Volksstiefel zum Wir schnüren. Wir sind moderaten Postmodernen begegnet, die empfehlen, sich auf den globalen Grabbeltischen der Wirs umzuschauen und sich überzuziehen, was wärmend und schick erscheint. Wir haben Konservative getroffen, die ihre Kultur, Sprache und/oder Heimat als ihr Wir verstehen. Wir haben uns mit Utopisten auseinandergesetzt, die am Wir der Zukunft bauen. Und all die kleineren, aber nicht weniger stärkenden Wirs, welche die Familie, der Freundeskreis oder das Unternehmen, für das man arbeitet, darstellen, haben wir ebenfalls gestreift. Nun will ich zu all jenen kommen, die der Ansicht sind, dass unser besseres Wir »Europa« heißt.

Wer sich in diesen Tagen über Europa unterhält, kann verwirrende Gespräche erleben. Erlauben Sie mir, Sie an einem dieser Gespräche teilhaben zu lassen.

A: »Ich habe dieses nationalstaatliche Getöse so was von satt. Ich bin mit ganzem Herzen Europäer.«

B: »Das freut mich. Auch ich liebe unseren Kontinent, unsere Kultur, die so unfasslich dynamisch war und ist, dass sie das Antlitz der Erde wie keine andere Kultur verändert und geprägt hat.«

A: »Also gerade *das* meine ich nun nicht! Unserem Planeten, den anderen Völkern, ginge es viel besser, wenn wir Europäer daheimgeblieben wären, anstatt bis in den letzten Winkel der Welt auszu-schwärmen, um dort alles Urwüchsige zu zertrampeln, zu vermes-sen, auszubeuten und zu unterjochen.«

B: »Hm. Ich verstehe, was du meinst. Nein, ich mag den Imperi-alismus auch nicht.«

A: »Deshalb ist die EU ja so eine tolle Sache! Nach innen be-zwingt sie den Nationalwahn, sichert Wohlstand und Frieden, nach außen hin überwindet sie den alten Imperialismus, weil wir auch hier offen, friedlich und solidarisch geworden sind.«

B: »Ich weiß nicht. Mir wäre wohler, wenn die EU ihre Außen-grenzen wirkungsvoller schützen würde. Ich finde die Idee, ein ge-meinsames europäisches Heer aufzubauen, sogar ziemlich gut.«

A: »Du liebes bisschen! Das kann doch nicht unser Ziel sein! *Frie-den schaffen ohne Waffen!* Schon mal gehört?«

B: »Kenn ich. Berliner Appell. Verfasst von Robert Havemann und Rainer Eppelmann. Nichts dagegen. Ich bezweifle zwar, dass das mit dem Frieden ›ohne Waffen‹ immer und überall klappt, aber gehen wir mal davon aus, es wäre möglich. Wie ließe sich der Frie-den dann auf friedliche Weise schaffen? Indem wir den Diktatoren und Kriegstreibern dieser Welt freundlich, aber bestimmt, mit un-serem europäisch-westlichen Menschenrechtskatalog auf die Finger klopfen? Bin ich prinzipiell dafür.«

A: »Na ja, ganz so einfach ist das nun auch wieder nicht, das muss man schon noch mal hinterfragen. Denn natürlich gibt's auch so 'ne Art moralischen Imperialismus. Worum's mir in erster Linie geht, ist die So-li-da-ri-tät!«

B: »Aha. Europa als moralische Anstalt ohne Nationaltheater.«

A: »Hä?«

B: »Vergiss es. Hat was mit Schiller zu tun, muss dich nicht wei-ter beschäftigen.«

A: »Wieso? Schiller ist toll! Im letzten Jahr war ich so oft bei den Demos von *Pulse of Europe*, dass ich Schillers Europa-Hymne jetzt sogar auswendig mitsingen kann!«

B: »Das ist nicht Schillers *Europa-Hymne*. Von ihm stammt die

Ode *An die Freude.* Und dieses Gedicht hat Beethoven im Schlusssatz seiner Neunten Sinfonie vertont, womit er zum ersten Mal in der Geschichte der Musik – die im Wesentlichen eine abendländische Geschichte ist – das Sinfonische mit dem Gesanglichen hat verschmelzen lassen.«

A: »Du bist ja 'ne richtige Klugscheißerin. Bildest dir wohl was darauf ein, dass du so gebildet bist?«

B: »Ich weiß nicht, ob ich mir darauf etwas einbilde. Aber ich bin überzeugt, dass meine europäisch-humanistische Bildung zum Wertvollsten gehört, über das ich verfüge. Deshalb liebe ich Europa so sehr. Weil es mir ermöglicht hat, zu einem unabhängigen, kritischen Menschen zu werden.«

A: »Ach, lass mich doch in Ruhe mit deinem elitären Europageschwätz.«

Unschwer werden Sie im Dialogpartner B die Autorin dieses Buches erkannt haben. Damit Sie nun nicht etwa meinen, ich wolle mich über die Anhänger von *Pulse of Europe* lustigmachen, möchte ich erzählen, dass auch ich mich von Freunden zu einer der Berliner Kundgebungen dieser überparteilichen und unabhängigen Bürgerinitiative habe mitnehmen lassen, die 2016 in Frankfurt am Main gegründet wurde und im darauffolgenden Jahr in deutschen Städten von Freiburg bis Bremen, von Passau bis Potsdam zahlreiche proeuropäisch gestimmte Bürger auf die Straße brachte. Im Frühjahr 2017, als die niederländischen Parlaments- und die französischen Präsidentschaftswahlen bevorstanden – bei denen sich Geert Wilders und Marine Le Pen samt ihren rechtspopulistischen Parteien vergebens Hoffnungen machten, an die Macht zu kommen –, fanden (nach Angaben der Veranstalter) in bis zu zwölf europäischen Ländern beziehungsweise in 85 europäischen Städten sonntäglich gleichzeitig Kundgebungen mit insgesamt bis zu 48 000 Teilnehmern statt. Auch mir ist der Schrecken angesichts von US-amerikanischer Trump-Wahl und erstarkenden nationalistischen Rabauken in Europa in die Knochen gefahren. Auch ich empfand es als erhebendes Gefühl, gemeinsam mit vielen Hundert Berlinern aus voller Kehle »Freude, schöner Götterfunken!« anzustimmen. Dennoch fühlte ich mich, ich kann es nicht verhelen, unter meinem bunten Regenschirm, unter dem ich auf dem Gendarmenmarkt stand, auch fremd.

Nach wie vor halte ich es für fragwürdig, wenn beim Reden über Europa Wohlstand und Frieden so massiv in den Vordergrund gestellt werden. Selbstverständlich sind beide wertvollste Errungenschaften. Es ist ein Segen, dass unser heutiges Europa weder von Hunger und Seuchen noch von blutigen Glaubens-, Ideologie- oder Territorialkriegen verwüstet wird, wie es bis vor wenigen Jahrzehnten so häufig der Fall gewesen ist. Dennoch ist »mein« Europa, ich habe es in dem kurzen Dialog bereits angerissen, in erster Linie ein geistig-kultureller *und* freiheitlicher Kontinent.

Ich kann hier nicht die große Erzählung von Europa liefern, die wir dringend bräuchten, wenn wir Europa in einem triftigen, starken Sinne zu unserem besseren Wir machen wollen. Gleichwohl möchte ich versuchen, in der gebotenen Kürze und der damit zwangsläufig verbundenen Schemenhaftigkeit anzudeuten, wie ein europäisches Wir aussehen könnte.

Wenn ich den eigentümlich unruhigen und dynamischen Zauber des »Abendlands« mit einem Wort benennen sollte, würde ich sagen: Er liegt im *Widerstreit* begründet. Das europäische Denken nahm seinen Anfang mit fragmentarisch überlieferten Reflexionssplittern wie denen des Vorsokratikers Heraklit: »Der Gott ist Tag-Nacht, Winter-Sommer, Krieg-Frieden, Sättigung-Hunger – alle Gegensätze, das ist die Bedeutung […]« Oder, weit berühmter: »Krieg ist von allem der Vater, von allem der König […]«

Wenn wir noch weiter, in sumerisch-babylonische, also vorabendländische, Zeiten zurückgehen, erfahren wir, dass ein zu zwei Dritteln göttlicher Kraftmensch wie König Gilgamesch zur verwüstenden Gewalt wird, wenn er keine angemessene Gegenkraft findet, die ihm Widerstand leistet. Deshalb flehen die Untertanen der Königsstadt Uruk, allen voran die Frauen, die Götter an, einen weiteren göttlich-starken Menschen zu erschaffen und auf die Erde zu setzen. Die Götter zeigen sich verständnisvoll und erschaffen Enkidu, der

Gilgamesch zum zärtlich geliebten Dauerraufgefährten wird und dessen Tod ihn in unendliche Traurigkeit stürzt.

Ich will hier nicht darüber spekulieren, warum dieses zentrale Gegensatzdenken in einem der ältesten Epen der Menschheitsgeschichte im arabischen Kulturraum später ganz anders weitergeführt wurde als im europäischen. Ebenso kann ich hier bloß andeuten, warum es sich aus meiner Sicht beim Prinzip des »Yin und Yang«, das für den chinesischen-ostasiatischen Kulturraum fundamentale Bedeutung hat, um eine andere Spielart von Gegensatzdenken handelt: Das Ziel des Daoismus liegt darin, die höhere Harmonie zwischen all dem Widerstreitenden zu erkennen. Das europäische Gegensatzdenken, wenn es denn auf der Höhe seiner Kraft ist, hält den ewigen, unauflösbaren Konflikt aus. Es erträgt das, was Theodor W. Adorno meinte, wenn er von jeglicher Dialektik die Einsicht verlangte, dass sie »negativ«, also ohne ein Endziel, bleiben muss, in dem alle Gegensätze vermeintlich aufgehoben wären. Ebenfalls kann ich nur darauf hinweisen, dass eines der politisch wirkmächtigsten philosophischen Gedankengebäude des 19. Jahrhunderts, der Marxismus, im Kern dialektisch ist. Allerdings beging er den Fehler zu glauben, in der kommunistischen Gesellschaft wären alle Gegensätze ein und für alle Mal versöhnt.

Prometheus und Jesus weisen Europa den Weg

Ausführlicher will ich auf das Antagonistenpaar eingehen, welches die Entwicklung des Abendlands so entscheidend bestimmt hat wie kein zweites. Auf der einen Seite steht Prometheus, jener Gott, der – glaubt man der griechischen Mythologie – den Menschen das Feuer brachte und damit ihre Revolte gegen das Schicksal, gegen ihr ohnmächtiges Unterworfensein unter göttliche und natürliche Mächte, unlöschbar entfachte. In diesem Sinne ist Prometheus der Ahnherr unserer Zivilisation, unseres technologischen Fortschritts.

Auf der anderen Seite steht Jesus, der Sohn des biblischen Gottes, der den Willen seines Vaters erfüllte, indem er sich für die sündige Menschheit ans Kreuz schlagen ließ. Er ist der Ahnherr nicht nur des Christentums, sondern aller abendländischen Demut.

Dass der jüdische Christ Jesus mit Prometheus in einem engeren Verhältnis steht, als man auf Anhieb meinen könnte, zeigt sich daran, dass auch der griechische Revoluzzergott als »Angenagelter« endet. Der antike Obergott Zeus lässt den Feuerdieb zur Strafe für seinen Frevel an eine Felswand im Kaukasus ketten, wo ein Adler ihm täglich von der ewig nachwachsenden Leber pickt. Es gibt aber noch ein zweites Indiz dafür, dass Jesus und Prometheus sich über die Jahrhunderte und ihre große räumliche Distanz hinweg trotzdem begegnet sein könnten: Prometheus trägt in der griechischen Mythologie den Beinamen »Phosphoros«, auf Deutsch: »Lichtbringer«. In der christlichen Mythologie hat der Teufel viele Namen, aber einer sticht besonders hervor: »Luzifer«. Und »Luzifer« ist nichts anderes als die lateinische Übersetzung von »Phosphoros«.

Die Evangelisten Matthäus und Lukas berichten davon, wie der Teufel Jesus in der Wüste auflauert, um ihn in Versuchung zu führen. Den Streit zwischen trotzigem Aufbegehren und demütiger Ergebenheit tragen sie auch anhand der Frage aus, ob ein Wesen – in diesem Falle Jesus – seine übermenschlichen Kräfte dazu nutzen soll, Steine in Brot zu verwandeln. Luzifer ist unbedingt dafür. Unsere heutige Lebensmittelindustrie folgt ihm, wenn sie versucht, Nahrungsmittel künstlich herzustellen oder wenigstens zu optimieren. Jesus hingegen sagt den berühmten Satz, dass der Mensch nicht nur vom Brot lebe, sondern wesentlicher noch von Gottes Wort. Ihm folgen all diejenigen Biobauern und Ökoanhänger, die Lebensmittelverpanschungen und gentechnische Manipulationen strikt ablehnen.

Ich schätze, nicht wenige werden mir an dieser Stelle widersprechen wollen, indem sie laut oder leise denken: Jetzt aber mal langsam! Der Umstand, dass ich versuche, mich »bio« zu ernähren, macht mich noch lange zu keinem Jünger Jesu. Ich tue es schlichtweg deshalb, weil es für mich und meinen Körper gesünder ist. Mit »Gottes Wort« hat das rein gar nichts zu tun.

Gewiss. Dennoch kann ich mir nicht verkneifen, die hübsche Anekdote wiederzugeben, die mir ein berühmter deutscher Naturwissenschaftler einmal erzählt hat. Bei einem Abendessen saß er neben einer Dame, die sämtliche Tomaten in ihrem Salat sorgfältig beiseiteschob. Auf seine Frage, ob sie gegen Tomaten allergisch sei, antwortete sie: Nein. Aber ich esse nichts mit Genen.

Ich kann mich nicht mehr erinnern, ob der Naturwissenschaftler so frei gewesen ist, die Dame darauf hinzuweisen, dass sie dann leider bald verhungern werde, weil es nichts natürlich Gewachsenes gibt, das ohne Gene auskommt.

Bestimmt ist diese Episode ein kruder Einzelfall. Trotzdem beschleicht mich bisweilen der Verdacht, dass sich der überpingelige Öko-Apostel nicht allzu sehr von jenen unterscheidet, die ihr religiöser Glaube dazu veranlasst, sich vor jedem Bissen, den sie zu sich nehmen, zu vergewissern, ob dieser auch wirklich koscher oder halal ist. Aber da ich selbst mich bemühe, meinen Konsum von Formschinken, Götterspeise und ähnlich dubiosen Kreationen der Lebensmittelindustrie in Grenzen zu halten, will ich dem Freund der Biokost versichern, dass ich seine Bedenken grundsätzlich verstehe – und in Maßen teile.

Bei meinen Überlegungen zum deutschen Verständnis von »Kultur« im Gegensatz zum westlichen Zivilisationsbegriff habe ich bereits deutlich gemacht, dass ich ebenso wenig davon halte, die vermeintlich naturwüchsige Kultur zu verabsolutieren, wie davon, eine Zivilisation erschaffen zu wollen, die ihre natürlichen Wurzeln rigoros ausreißt.

Damit komme ich auf meine grundlegende These zurück, dass die ungeheure produktive Kreativität des Abendlandes eben genau darin liegt, dass »wir Europäer« den Konflikt zwischen extremen Polen in besonderer, einzigartiger Weise aushalten. Dort, wo sich beispielsweise der US-Amerikaner – oder seit einer Weile auch mancher Asiate – dem technologisch-medizinischen Fortschritt vorbehaltlos an die Brust wirft, sind wir eher geneigt, »stopp!« zu rufen und daran zu erinnern, dass es manchmal besser ist, unsere natürlichen

Bedingtheiten und Beschränkungen *demütig* anzunehmen. Gleichzeitig sind wir nicht mehr die unschuldigen Naturkinder, die jede alte Eiche oder jeden umwölkten Bergesgipfel als Sitz der Götter anbeten. Aber beide Weltanschauungen sind uns nicht fremd. Deshalb betrachte ich es in der Tat als die wichtigste geo-ethische Aufgabe Europas, die Spannung zwischen den tendenziell feindlichen Polen »Natur« und »Technologie« aufrechtzuerhalten und darauf zu achten, dass nicht einer der beiden Pole zum einzig dominanten wird.

Wenn ich es richtig sehe, herrscht derzeit innerhalb der weltweiten wissenschaftlichen Elite eine gewisse Ratlosigkeit, wie weit man mit den Anwendungen der Technologie des Genome Editing gehen soll, die eine französische und eine US-amerikanische Molekularbiologin vor wenigen Jahren entwickelt haben. Diese biochemische Methode, die es erlaubt, präzise, schnell und preisgünstig DNA zu schneiden und zu verändern, kann in vielen Bereichen eingesetzt werden – und wird bereits eingesetzt. Auf dem medizinisch-therapeutischen Feld könnte sie den endgültigen Durchbruch im Kampf gegen Krankheiten wie Aids oder Krebs bringen. In der »grünen Gentechnik« kann sie genutzt werden, um schädlings- und witterungsresistentere Getreidearten zu züchten, die darüber hinaus wenig Wasser benötigen, um zu gedeihen. Der Hunger in der Welt könnte mithilfe des Genome Editing entschieden eingedämmt werden.

Die massiven Fragen und Sorgen vieler Wissenschaftler beginnen dort, wo es darum geht, in die Keimbahn von Lebewesen einzugreifen. Sollen wir gentechnisch unfruchtbar gemachte Moskitos in die Welt setzen, um damit möglicherweise eine Menschheitsplage wie Malaria zu beseitigen, obwohl keiner vorhersagen kann, welche Auswirkungen dies auf die Ökosysteme haben wird? Oder sollen wir gar menschliche Embryonen gentechnisch manipulieren dürfen? Ist dies zu begrüßen, wenn es sich darum handelt, erbbedingte Krankheiten zu eliminieren, bevor der betroffene Mensch geboren wird, und ihm somit erhebliches Leiden erspart bleibt? Wo verläuft die Grenze zwischen solch therapeutischen Eingriffen und jenen Eingriffen, die aufs perfekt designte Baby zielen? Dürfen werdende

Eltern sich anmaßen, lieber gesunde, hochbegabte und sportliche Sprösslinge haben zu wollen als kranke, weniger begabte und unsportliche?

All dies sind aktuell brennende Fragen. Dass es vielleicht noch nicht zu spät ist, Antworten auf sie zu suchen, lässt sich daran ablesen, dass führende internationale Wissenschaftler – unter ihnen die beiden »Mütter« des Genome Editing Emanuelle Charpentier und Jennifer Doudna – im Frühjahr 2015 zu einem weltweiten Moratorium aufriefen, um Zeit zu gewinnen, bevor in den Laboratorien zwischen San Francisco und Shenzhen harte, unumkehrbare Fakten geschaffen werden. Die Tatsache, dass sich die globale Forschungsgemeinde auf ein solches Moratorium nicht einigen konnte oder wollte, spricht allerdings dafür, dass uns nur noch wenig Zeit bleibt, mit dem Nachdenken über diese Fragen endlich systematisch, öffentlich und laut zu beginnen – wie es der Deutsche Ethikrat in seiner Ad-hoc-Empfehlung vom September 2017 gefordert hat.

Ich meine es exakt so pathetisch, wie es klingt, wenn ich dafür plädiere, dass wir unser europäisches Auge – das eben ein recht scharfsichtiges europäisches Augen*paar* ist! – sehr genau darauf richten, was sich in unserer Welt am überhitzten Pol der Technologiegläubigkeit tut. Und es treibt mir die Tränen in *mein* europäisches Augenpaar, wenn ich höre, dass die Engländer – unsere mit Europa ja ohnehin hadernden Nachbarn – auf dem heiklen Gebiet der Keimbahneingriffe genauso nassforsch zur Sache gehen wie die US-Amerikaner oder Chinesen. Trotz meiner Tränen will ich selbstverständlich nicht dazu animieren, in den europäischen Abendhimmel zu heulen oder ängstlich die Hände über dem Kopf zusammenzuschlagen, wenn wir all das Unheimliche erspähen, das aus West und Ost über uns hinweggeschossen wird. Ich will nicht dazu animieren, dass wir den Hochgeschwindigkeitszug des technologischen Fortschritts ohne uns weiterfahren lassen. Nur wer an Bord des Zuges bleibt – den er in Gestalt der behäbigen Dampflok einst selbst erfunden hat –, kann wissen, wie viel Fahrt jenes Gefährt aufnehmen darf, ohne zu entgleisen. Nur wer im Zug sitzt, kann gegebenenfalls die Notbremse ziehen. In diesem Sinne halte ich es für ein kleines, vorsichtig hoffnungsfroh stimmendes Zeichen, dass etwa Emanuelle Charpentier seit vielen Jahren wieder an europäischen Forschungseinrichtungen arbeitet und dass in Berlin 2015 eigens für sie ein neues Max-Planck-Institut geschaffen wurde, das sie als Direktorin leitet.

Mir ist bewusst, dass all meine Ratschläge unendlich viel leichter geschrieben sind als in die Tat umgesetzt. Ich habe kein Patentrezept dafür, wie Europa seine menschheitswichtige Funktion erfüllen kann. Ich kann lediglich dafür plädieren, dass wir uns über diese Funktion klar werden. Ich will uns ermutigen, die europäischen Segel nicht zu streichen. Wenn wir das Erbe von Herkules und Sisyphos selbstbewusst antreten, wenn wir angesichts unlösbarer Aufgaben nicht kapitulieren, sondern diese mit stoischem Mut in Angriff nehmen, ohne die Demut zu vergessen, ist die abendländische Sonne noch lange nicht untergegangen.

Auch wenn ich überzeugt bin, dass das von mir eröffnete Themenfeld uns *alle* angeht, verdenke ich es niemandem, wenn er sagt: Entschuldigung, aber diese ganze Hightech-Welt übersteigt meinen Horizont. Ich bin froh, wenn es mir gelingt, mein Smartphone auf dem neuesten Stand zu halten. Wozu gibt es einen Europäischen Ethikrat?

Ich habe nichts dagegen, wenn Sie Europa in einem schlichteren Sinn als Ihre Heimat betrachten; wenn »Ihr« Europa die Städte und Städtchen zwischen Bukarest und Lissabon, zwischen Trondheim und Palermo sind; wenn Sie sich in den Lavendelfeldern der Provence zu Hause fühlen oder an den isländischen Fjorden; wenn Sie sich für die Ausgrabungen von Pompeji begeistern oder die keltischen Hügelgräber. Ich selbst habe im letzten Kapitel erzählt, wie sehr mir die Bretagne zur »zweiten Heimat« geworden ist. Wenn Sie über das nötige Geld verfügen, um dem europäischen Kosmopolitismus zu frönen, und wenn Sie dann vielleicht sogar noch Freude daran haben, mehr als eine der vielen europäischen Sprachen zu lernen, packe ich die Pendlerkoffer freudig mit Ihnen.

Frieden und Wohlstand über alles?

Lassen Sie mich auf meine Skepsis zurückkommen, Friedens- und Wohlstandssicherung zum Kern des europäischen Gedankens zu machen. Schaut man sich die Geschichte der Europäischen Union an, stellt man rasch fest, dass eben diese beiden Ziele von Anfang an im Vordergrund standen. Unter dem Eindruck der blutigen Verwüstungen der beiden Weltkriege beschlossen die sechs Gründerländer Belgien, Deutschland, Frankreich, Italien, Luxemburg und die Niederlande im Jahre 1950, die Europäische Gemeinschaft für Kohle und Stahl zu schaffen, in der Hoffnung, durch diese wirtschaftliche und politische Vereinigung den bislang stets gefährdeten europäischen Frieden wenigstens im westlichen Teil unseres Kontinents zu sichern. Mit dem Vertrag von Rom, der sieben Jahre später unterzeichnet wurde, entstand die Europäische Wirtschaftsgemeinschaft (EWG) – der erste gemeinsame europäische Markt.

Die wesentlichen Stationen in der weiteren Entwicklung der Europäischen Union lasse ich im Schnelldurchlauf Revue passieren: In den 1970er-Jahren schließen sich Dänemark, Irland und das Vereinigte Königreich der Europäischen Union an; das Europäische Parlament erhält mehr Einfluss auf die EU-Politik; 1979 können alle Bürger der EU ihre Vertreter in diesem Parlament erstmals direkt wählen. In den 1980er-Jahren kommen Griechenland, Spanien und Portugal als neue Mitglieder hinzu, nachdem es ihnen im Jahrzehnt zuvor gelungen war, ihre jeweiligen diktatorischen Regimes zu stürzen.

Seine entscheidende Beschleunigung erfährt der europäische Vereinigungsprozess durch den Zusammenbruch der UdSSR und des Kommunismus in den sowjetischen Satellitenstaaten von Mittel- und Osteuropa, durch den Fall der Mauer und die deutsche Wiedervereinigung. Mit dem Balkankonflikt der Neunzigerjahre muss Europa jedoch gleichfalls erkennen, dass Kriege auf seinem Territorium nicht der Vergangenheit angehören. Massenvertreibungen, ethnische Säuberungen und Völkermord führen dazu, dass über zwei

Millionen Menschen aus Bosnien-Herzegowina, Serbien, Montenegro, Kroatien und dem Kosovo Zuflucht in der EU suchen. 1993 wird der europäische Binnenmarkt Realität: Ab sofort herrscht innerhalb der EU freier Verkehr von Waren, Dienstleistungen, Personen und Kapital. Ebenfalls in den Neunzigerjahren werden die Verträge von Maastricht und Amsterdam unterzeichnet, welche auch in den Bereichen Umwelt, Sicherheit und Verteidigung gemeinsames europäisches Handeln ermöglichen. 1995 kommen Österreich, Finnland und Schweden als mittlerweile dreizehnte bis fünfzehnte Mitglieder zur EU hinzu. Ein kleines Dorf in Luxemburg dient als Namensgeber für die Übereinkommen von Schengen, die Reisenden die Möglichkeit geben, innereuropäische Grenzen ohne Passkontrolle zu passieren. 2002 wird der Euro zunächst für 320 Millionen Bürger in zwölf europäischen Ländern die neue Währung – weitere Länder treten dem Euro-Raum in den 2000er-Jahren bei. Nach den Attentaten vom 11. September 2001 in den USA beginnen die EU-Länder, bei der Verbrechensbekämpfung enger zusammenzuarbeiten – nicht immer mit Erfolg, wie wir etwa bei dem islamistischen Terroranschlag auf einen der Berliner Weihnachtsmärkte im Dezember 2016 leidvoll erfahren mussten.

Nach dem Beitritt von insgesamt zehn neuen Staaten im Jahr 2004 sowie Bulgarien und Rumänien im Jahr 2007 wird die EU zu einer tatsächlich gesamteuropäischen Union. Im September 2008 unterzeichnen alle 27 EU-Mitgliedsstaaten den Vertrag von Lissabon, ein Jahr später tritt dieser in Kraft. Die EU-Institutionen, wie wir sie heute kennen, sind damit begründet. Sie befinden sich nicht nur, wie mancher meint, in den EU-Hotspots Brüssel und Straßburg, sondern sind über den gesamten Kontinent verteilt. Die Agentur für Netz- und Informationssicherheit etwa hat ihren Sitz in Heraklion auf Kreta, die Europäische Grenzschutzagentur befindet sich in Warschau, und die Fischereiaufsichtsagentur residiert im spanischen Vigo. 2012 erhält die Europäische Union den Friedensnobelpreis. 2013 wird Kroatien der 28. und vorläufig letzte neue EU-Mitgliedsstaat.

Wenn Sie Zyniker – oder Melancholiker – sind, dürfen Sie jetzt an Ihr altes Plattenregal gehen und ein Hildegard-Knef-Album hervorholen, auf welchem sich der Song *Von nun an ging's bergab* befindet.

Bei den Europawahlen 2014 werden zahlreiche europaskeptische Abgeordnete ins Europäische Parlament gewählt. Immer mehr Menschen fliehen vor Terror und Kriegen in ihren arabisch-nordafrikanischen Herkunftsländern und suchen Zuflucht in Europa. Die EU ringt mit der Frage, wie sie diese Menschen aufnehmen kann, und wird derweil selbst zum Schauplatz etlicher Terroranschläge. Im Juni 2016 stimmen bei einem Referendum 51,89 Prozent der Wähler für den Austritt des Vereinigten Königreichs aus der Europäischen Union. Mit dem Vollzug des »Brexit« ist für März 2019 zu rechnen.

Ich habe meine EU-Hausaufgaben mithilfe der offiziellen Selbstdarstellung der EU auf ihrer Web Domain gemacht, weil ich das, was ich vor diesen Hausaufgaben lediglich in den Raum gestellt hatte, gründlicher belegen wollte: wie sehr die ökonomischen und friedenssichernden Aspekte das Selbstverständnis der EU dominieren. Ich betone es gern noch einmal: Die Generationen der nach dem Zweiten Weltkrieg in Westeuropa Geborenen und Aufgewachsenen dürfen sich mehr als glücklich schätzen, dass sie (bislang) keine Tränen um ihre Vaterländer weinen mussten, wie der deutsche Barockdichter Andreas Gryphius, dessen gesamtes Leben vom Dreißigjährigen Krieg überschattet war, sie anno 1636 vergoss: »WIr sind doch nunmehr gantz / ja mehr denn gantz verheeret! // Der frechen Völcker Schaar / die rasende Posaun // Das vom Blutt fette Schwerdt / die donnernde Carthaun // Hat aller Schweiß / und Fleiß / und Vorrath auffgezehret. [...]« Dieses Sonett zählt zu den ergreifendsten Gedichten der deutschen Literatur. Doch ganz gleich, wie poetisch die Tränen eines Andreas Gryphius sind – sie bleiben blutrot.

Ich möchte ein weiteres Zitat aus der deutschen Literatur anführen, das allerdings nicht den Krieg, sondern den Wohlstandsfrieden zum Thema hat. Es stammt aus Friedrich Schillers »Dramatischem Gedicht« *Don Carlos, Infant von Spanien.* Im dritten Akt kommt es zur schicksalhaften Begegnung zwischen dem spanischen Inquisitionskönig Philipp II. und dem freiheitskämpferischen Marquis von Posa. Letzterer wird die ebenso spontane wie unergründliche Zuneigung, die der König zu ihm gefasst hat, dazu nutzen, dem »Sire« die sprichwörtlich gewordene Forderung ins Gesicht zu schleudern: »Geben Sie Gedankenfreiheit!« Bevor es dazu kommt, ringen die beiden jedoch um ein anderes Thema.

Der Marquis konfrontiert den König mit dem Elend und dem Leiden, die er in Flandern und Brabant gesehen hat, in jenen aufständischen Regionen, die von der spanischen Krone und Inquisition unter eiserner Knute gehalten werden. Der König gibt dem Marquis recht, dass es dort grausam zugeht, und verleiht seiner Hoffnung auf friedlichere Zeiten Ausdruck. Zum Beweis, dass er auch ein milder Regent sein kann, führt er an: »Sehet / In meinem Spanien Euch um. Hier blüht / Des Bürgers Glück in nie bewölktem Frieden; / Und diese Ruhe gönn ich den Flamändern.« Woraufhin der Marquis dazwischenfährt: »Die Ruhe eines Kirchhofs!«

Nun lässt sich dieser Aufschrei in verschiedene Richtungen deuten. Will der Marquis den König »nur« darauf aufmerksam machen, dass es in den unterworfenen Regionen eines Tages bloß noch Leichen sein werden, die sich des »nie bewölkten Friedens« erfreuen dürfen? Ich glaube, Schiller meint mehr. Er lässt seinen Marquis diesen Satz sagen, weil er auch darauf hinweisen möchte, dass des spanischen »Bürgers Glück« der Ruhe eines Kirchhofs gleicht. Denn schließlich waltet die Inquisition, welcher der Marquis am Schluss des Dramas selbst zum Opfer fallen wird, im spanischen Mutterland nicht weniger eisern.

Mitnichten will ich darauf hinaus, die EU-Politik unserer Gegenwart mit dem mörderischen Herrschaftstreiben Spaniens im 16. Jahrhundert zu vergleichen. Die EU ist auf dem Fundament der Menschenrechtscharta errichtet, und eine ihrer kostbarsten Karten schützt die Gedankenfreiheit. In Kürze werde ich darauf eingehen, dass es der gesamten EU die Berechtigungsgrundlage zu entziehen droht, wenn sie ohnmächtig zuschaut, wie einzelne Mitgliedsstaaten sich daranmachen, diese Charta im Rahmen ihrer nationalen Kartenhausspiele nach Belieben zu knicken oder zurechtzustutzen. Doch zunächst einmal möchte ich erklären, worauf ich mit meinem kleinen Ausflug zu Schiller hinauswill. Dafür muss ich den weiten, aber erkenntnisbringenden Umweg über China nehmen.

Im Sommer 2016 war ich auf Einladung des Goethe-Instituts zwei Wochen dort unterwegs. Während dieser beiden Wochen verging kein Tag, an dem ich nicht an die eben geschilderte Szene aus *Don Carlos* denken musste. In Metropolen wie Peking oder Shanghai erlebte ich »Bürgers Glück« in Gestalt von eleganten, architektonisch hypermodernen Shopping Malls, neben denen alle Shopping Malls, die ich in der westlichen Welt gesehen hatte, zu Ramschläden verblassten: Gucci, Prada, BMW – so weit das Auge reicht. Dass man selbst in den chinesischen Luxusoasen das Leitungswasser noch nicht einmal zum Teekochen verwenden darf, weil es zu schadstoffbelastet ist, sei nur am Rande erwähnt. In China umfing mich also ein durchaus starker Hauch von Wohlstand. Vom Geist der Freiheit und des Widerstands, der die studentische Demokratiebewegung im China der 1980er-Jahre getragen hatte und der im Juni 1989 vom chinesischen Militär auf dem Platz am Tor des »Himmlischen Friedens« massakriert worden war, verspürte ich hingegen nichts. Die Begegnungen mit chinesischen Dissidenten, die das Goethe-Institut für mich arrangiert hatte, bildeten die einzigen Ausnahmen und bleiben mir in dankbar gehüteter Erinnerung.

Die endgültige Abscheu vor einem Kapitalismus ohne menschenrechtliches Antlitz überkam mich, als ich eines Abends auf der Dachterrasse des noblen »Hyatt on the Bund« stand. Um mich herum tummelten sich die Reichen, Jungen und Schönen Shanghais, die keine Schwierigkeiten haben, in einer Nacht zehntausend Dollar für Austern und Champagner durchzubringen. Als es finster wurde, begannen auf der gegenüberliegenden Seite des Huangpu-Flusses die Wolkenkratzer Pudongs zu funkeln. Meine Augen brauchten eine Weile, bis sie bemerkten, was sich derweil unten auf dem Fluss tat. Eine endlose Karawane von Lastkähnen zog den Huangpu hinunter.

Allesamt unbeleuchtet und in der Dunkelheit deshalb fast nicht zu erkennen. Die Mitarbeiterin des Goethe-Instituts, die mich an diesen Ort gebracht hatte, um mir zu zeigen, »wie Shanghai tickt«, erklärte mir, dass diese Lastkähne die Kohle für die Kraftwerke transportierten, die nicht nur gewährleisten, dass Shanghai leuchtet, sondern auch, dass Shanghai, wie alle chinesischen Millionenstädte, im Smog versinkt. Außerdem erfuhr ich, dass diese unbeleuchteten Kähne nur nachts schippern dürfen, um das Auge des stilbewussten Shanghaiers nicht zu beleidigen. Und dass es auf dem allzu dicht befahrenen nächtlichen Huangpu regelmäßig zu tödlichen Schiffsunglücken kommt.

Hätte die chinesische Regierung nicht eine Mauer um das Internet ihres Landes errichtet – in jener Nacht hätte ich ganz gewiss in meinem Hotelzimmer gesessen und mir bei »Projekt Gutenberg« den Text von *Don Carlos* auf den Bildschirm gegoogelt.

Ich vermute, mittlerweile ist offensichtlich, worauf ich hinauswill. Nein, die EU ist nicht China. Sie ist sogar kontinentweit davon entfernt, diesem kommunistischen Ungetüm zu gleichen, das sich im Laufe der letzten Jahrzehnte einen kapitalistischen Bauch angefressen hat, derweil sein Herz immer nationalistischer schlägt. Dennoch müssen wir genauestens darauf achten, dass wir nicht irgendwann china-ähnlichen Zuständen entgegendriften, wenn wir weiterhin allein Wohlstand und Frieden so dezidiert ins Zentrum unserer europäischen Anstrengungen rücken.

Trotz aller Einwände verdenke ich es niemandem, wenn seine Augen *auch* deshalb zu glänzen beginnen, sobald die Buchstabenkombination »EU« fällt, weil er in ihr den Schutzherrn von Wohlstand und innereuropäischem Frieden sieht. Aber nun möchte ich zu denjenigen kommen, deren Stirn sich verdüstert, sobald sie »EU« hören. Dass sie keine verschwindende Minderheit sind, belegen die europaweit zunehmenden Erfolge europaskeptischer bis -feindlicher Parteien – wie zuletzt in Italien.

Der skeptische Europäer

Da ich keine Lust habe, mich schon wieder mit Rechtsaußenverteidigern auseinanderzusetzen, die beständig versucht sind, die Linie zu übertreten, möchte ich einen umsichtigen Libero ins Spiel bringen, der von sich selbst sagte, kein »Europaskeptiker« zu sein, sondern vielmehr ein »skeptischer Europäer«. Ralf Dahrendorf war ein deutsch-britischer Soziologe, Politiker und Publizist. Der 1929 in Hamburg geborene Sohn eines Genossenschafters und SPD-Reichstagsabgeordneten verfasste als Jugendlicher Flugblätter gegen den Nationalsozialismus und wurde von den Nazis in ein Arbeitserziehungslager gesteckt. Nach dem Krieg gehörte Dahrendorf der SPD an, wechselte aber bald schon zur FDP, an deren programmatischer Neuausrichtung während der späten Sechziger- und frühen Siebzigerjahre er maßgeblich beteiligt war. Zur Zeit der ersten rot-gelben Koalition unter Willy Brandt war er Parlamentarischer Staatssekretär im Auswärtigen Amt, bevor er 1970 als Mitglied der Europäischen Kommission nach Brüssel ging. Von 1974 bis 1984 leitete er die renommierte London School of Economics, 1982 wurde er von Königin Elisabeth II. zum »Knight Commander of the Order of the British Empire« geschlagen, weshalb er sich künftig »Sir Ralf Dahrendorf« nennen durfte. 1988 nahm der »Sir« die britische Staatsbürgerschaft an, 1993 wurde er zum »Life Peer« erhoben und erhielt den Titel eines »Baron Dahrendorf, of Clare Market in the City of Westminster«, welcher ihm später erlaubte, Mitglied des britischen Oberhauses zu werden. Außerdem war er einer der Gründerväter der Universität Konstanz und an zahlreichen weiteren akademischen Einrichtungen in Europa und den USA tätig, verfasste zig Bücher und sonstige Schriften, kurz: Als Ralf Dahrendorf 2009 in Köln starb, verlor Europa einen seiner wachsten und engagiertesten liberalen Geister, die es im 20. Jahrhundert hervorgebracht hatte.

1996 veröffentlichte Dahrendorf in der Monatszeitschrift *Merkur* einen Essay, in dem er der titelgebenden Frage nachging: *Warum*

EUropa? Manches in dem Aufsatz ist veraltet, weil die Entwicklung der EU während der vergangenen zwanzig Jahre schneller vorwärtsgaloppiert ist, als selbst Dahrendorf es sich vorstellen mochte. Dessen ungeachtet enthält der Text nach wie vor gültige Einsichten, die uns helfen, besser zu verstehen, woher das Unbehagen rührt, das viele gegenüber der EU empfinden.

Der Essay beginnt mit dem Bekenntnis: »Das schlimmste an der Europäischen Union ist die gähnende Langeweile, die die meisten ihrer Themen umhüllt. Neulich, im Ständigen Ausschuss des House of Lords für Europafragen, lagen uns wie üblich ein Dutzend Brüsseler Dokumente zur Begutachtung vor: eine Badewasser-Direktive, die Genehmigung einer Kreditlinie für Peru bei der Europäischen Investitionsbank, ein erklärender Antwortbrief der Kommission an den Rechnungshof zu Fragen der Übertragbarkeit von Haushaltstiteln, irgendetwas zur Netzweite der Hochseefischer, und so weiter.«

Ich denke, mit diesem Stoßseufzer spricht Dahrendorf vielen aus dem Herzen, die sich fragen, ob Brüssel nicht letztlich bloß ein Synonym für »Lobbyistenparadies« ist. Doch mehr noch als die »gähnende Langeweile« wirft Dahrendorf der EU ihre »Irrelevanz« in vielen zentralen Bereichen der Politik vor. So führt er in dem Aufsatz etwa aus, dass bei drängenden Themen wie »Arbeitslosigkeit« oder »Neue Bedrohungen« die EU letztlich kaum etwas ausrichten kann. Auch wenn die EU in den letzten zwei Jahrzehnten an politischer Relevanz gewonnen hat, halte ich diesen Einwand für unverändert triftig. Noch immer gelingt es ihren Mitgliedsstaaten nicht, sich in grundlegenden sozioökonomischen Fragen wie Steuern oder Rentenalter auf einheitliche Regelungen zu verständigen – stattdessen erschöpfen sich »Europäische Normen« darin, die Wattzahlen von Staubsaugern oder die Länge von Schnullerketten zu »harmonisieren«, sprich: zu begrenzen. Auf das Versagen der europäischen Sicherheitspolitik im Falle des Weihnachtsmarktattentäters Anis Amri habe ich bereits kurz hingewiesen. Noch mehr muss uns schmerzen, wie hilflos und ohnmächtig die EU dasteht, sobald Einzelne ihrer Mitgliedsstaaten wie Polen, Ungarn oder auch Rumänien damit beginnen, die freiheitsrechtliche Grundordnung mit Füßen zu treten. Bereits 2010 verabschiedete die Regierung Viktor Orbán für Ungarn ein Gesetz, das es den dortigen Behörden erlaubt, Medien zu kontrollieren und abzustrafen. Kein skeptischer Mensch ist bereit zu glauben, dass die Oppositionszeitung *Népszabadság* (wörtlich »Volksfreiheit«) 2017 tatsächlich aus »wirtschaftlichen« Gründen eingestellt werden musste, wie von staatlicher Seite behauptet wurde. Und alles, was die EU an Widerstand zu leisten imstande ist, sind »Ermahnungen«.

Damit will ich nicht nahelegen, den genannten Ländern unverzüglich mit einem EU-Ausschluss zu drohen. Sowohl in Ungarn als auch in Polen oder Rumänien sind jene freiheitsliebenden Kräfte noch vorhanden, die in den 1980ern zum Sturz der jeweiligen kommunistisch-sozialistischen Regimes entscheidend beitrugen. Auf sie müssen wir zählen, sie müssen wir unterstützen. Aber: Die EU läuft Gefahr, ihre Berechtigungsgrundlage zu verlieren, wenn sie zulässt, dass einzelne Mitgliedsstaaten mit der Menschenrechtscharta *House of Cards* spielen. Bevor ich auf diejenigen eingehe, die aus den genannten Phänomenen den radikalen Schluss ziehen, dass die europäischen Nationalstaaten nun endlich wirklich abgeschafft gehörten und schleunigst die »Republik Europa« ausgerufen werden müsste, möchte ich noch einen Moment bei Dahrendorf und seinen skeptischen Überlegungen zu »EUropa« bleiben.

Der wichtigste Punkt in seinem Aufsatz scheint mir der Gedanke zu sein, dass die Idee, man könne Politik gewissermaßen »durch die Hintertür betreiben und Europas politische Einheit herstellen […], ohne dass die Bürger es merken«, irrig ist. In diesem Kontext erklärt Dahrendorf, es sei illusorisch zu glauben, eine Währungsunion sichere automatisch den Frieden. Als Grund für seine Skepsis führt er den blutigen Konflikt an, der in Nordirland über Jahrzehnte eskalierte, weil sich die Anhänger der IRA als irisch und nicht britisch verstanden – ungeachtet der Tatsache, dass alle Nordiren selbstverständlich mit derselben Währung, dem Pfund Sterling, bezahlten.

Für noch wertvoller halte ich Dahrendorfs Hinweis auf den deutschen Einigungsprozess. Über diesen schreibt er: »Die deutsche Einheit war nicht etwa ein Resultat der Währungsunion, sondern umgekehrt, die Währungsunion wurde möglich – und stabil – wegen der politischen Grundentscheidung zur Einheit.«

Um es mit den tausendfach zitierten Worten Willy Brandts zu sagen: »Es wächst zusammen, was zusammengehört.« Und damit kehre ich zu meinem anfänglichen Plädoyer zurück, dass Europa seine »große Erzählung« dringend benötigt. Solange die Bürger Europas nicht fühlen und erkennen, dass sie zusammengehören, wird Europa auch nicht zusammenwachsen. Solange die EU von vielen als künstlich erschaffenes Zweckbündnis empfunden wird, kann es kein vereintes Europa, keine »Europäische Republik«, kein europäisches Wir, in einem stabilen und belastbaren Sinne geben. Auch Dahrendorf kommt in seinem Aufsatz zu dem ernüchterten und ernüchternden Resümee: »Aber seit langem schon gilt für mich, dass Europa eine Kopfgeburt, nicht eine Herzenssache ist.«

Gemeinschaft und Gesellschaft

Um Licht ins Dunkel des Wir-Begriffs zu bringen und zu begreifen, welches Wir Herz und Geist berührt und welches Wir lediglich den Verstand oder die Eigeninteressen anspricht, hilft es, sich die Unterschiede zu vergegenwärtigen, die der deutsche Soziologe, Nationalökonom und Philosoph Ferdinand Tönnies bereits Ende des 19. Jahrhunderts zwischen der »Gesellschaft« und der »Gemeinschaft« herausgearbeitet hat. Unter »Gemeinschaft« versteht er jede Gruppe, die sich durch »reales und organisches Leben« miteinander verbunden fühlt. Demgegenüber beruhe jede »Gesellschaft« auf »ideeller und mechanischer Bildung«. Im ersten Paragrafen seines epochalen Werks *Gemeinschaft und Gesellschaft* von 1887 stellt Tönnies fest: »Alles vertraute, heimliche, ausschließliche Zusammenleben (so finden wir) wird als Leben in Gemeinschaft verstanden. Gesellschaft ist die Öffentlichkeit, ist die Welt. In Gemeinschaft mit den

Seinen befindet man sich, von Geburt an, mit allem Wohl und Wehe daran gebunden. Man geht in die Gesellschaft wie in die Fremde.«

Den Gegensatz führt Tönnies aus, indem er darauf verweist, dass man kaum von einer »Handels-Gemeinschaft« und noch viel weniger von einer »Aktien-Gemeinschaft« reden könne, wohingegen man die »Güter-Gemeinschaft zwischen Ehegatten [...] nicht Güter-Gesellschaft nennen« würde. Vor diesem Hintergrund wird die Begriffsverwirrung ersichtlich, die darin liegt, dass sich die EU in ihren ersten Gestalten als »Europäische Gemeinschaft für Kohle und Stahl« beziehungsweise »Europäische Wirtschaftsgemeinschaft (EWG)« bezeichnete.

Um »Gemeinschaft« zu verstehen, muss man Tönnies zufolge von der Familie ausgehen, von den Blutsbanden, vom Haus. Erweitert man den soziologischen Bildausschnitt, rückt als Nächstes die Nachbarschaft in den Blick. Tönnies betont, wie wichtig für derartige größere Gemeinschaften die »gegenseitige Gewöhnung« ist: »Gedächtnis wirkt als Dankbarkeit und Treue; und im gegenseitigen Vertrauen und Glauben aneinander muss sich die besondere Wahrheit solcher Beziehungen kundtun [...]. Gegenseitig-gemeinsame, verbindende Gesinnung, als eigener Wille einer Gemeinschaft, ist das, was hier als *Verständnis* (consensus) begriffen werden soll. Sie ist die besondere soziale Kraft und Sympathie, die Menschen als Glieder eines Ganzen zusammenhält. [...] Verständnis ist demnach der einfachste Ausdruck für das innere Wesen und die Wahrheit alles echten Zusammenlebens, Zusammenwohnens und -wirkens.«

Nicht zufällig erinnern uns diese Bestimmungen an das, was ich im letzten Kapitel mithilfe von Jean Améry und Johann Gottfried Herder als typische Merkmale der »Heimat« beschrieben habe. Die Ausführungen von Tönnies sind mir deshalb so wichtig, weil sie zeigen, dass der diffizile und alles entscheidende Sprung von der Blutsbanden-Gemeinschaft zur größeren Gemeinschaft nur dann gelingen kann, wenn sich auch unter Nichtverwandten gegenseitiges Vertrauen, Aneinander-Glauben und Verständnis für den anderen herausbilden, wenn man sich nachbarschaftlich aneinander gewöhnt und gemeinsame Erinnerungen teilt, aus denen »Dankbarkeit und Treue« erwachsen. Jeder, der Integrationspolitik betreibt, sollte sich die zitierten Sätze von Tönnies über den Schreibtisch hängen.

Dass es jedoch ein kategorialer Fehler sei, die Gesellschaft lediglich als noch weiter ausgedehnte Gemeinschaft aufzufassen, stellt Tönnies zu Beginn seines Gesellschaftskapitels klar. Dort heißt es: »Die Theorie der Gesellschaft konstruiert einen Kreis von Menschen, welche, wie in Gemeinschaft, auf friedliche Art nebeneinander leben und wohnen, aber nicht wesentlich verbunden, sondern wesentlich getrennt sind, und während dort verbunden bleibend trotz aller Trennungen, hier getrennt bleiben trotz aller Verbundenheiten.« In der Gesellschaft ist »ein jeder für sich allein, und im Zustande der Spannung gegen alle übrigen«. (Im siebten Kapitel werde ich zu zeigen versuchen, dass der Nationalstaat Aspekte von *beiden* Erscheinungsformen des Sozialen, von Gemeinschaft *und* Gesellschaft, in sich vereinigen muss, will er sowohl stabil als auch liberal sein.)

Was bedeuten diese Erkenntnisse nun aber für unsere Suche nach einem europäischen Wir? Ich denke, wir sehen jetzt weit klarer als zuvor, dass die heutige EU eher einer Gesellschaft im Sinne von Tönnies gleicht als einer Gemeinschaft. Sie ist ein aus rationalen politischen Erwägungen geschaffenes Gebilde, in welchem die Bürger »auf friedliche Art nebeneinander leben und wohnen«, aber sich eben auch »im Zustande der Spannung gegen alle übrigen« befinden.

Für ein »Europa der Regionen«?

Damit bleibt die Frage, wie wir all die flottierenden Gemeinschaftssehnsüchte ein- und auffangen, die in dieser Gesellschaft hartnäckig weiterbestehen. Alltäglich machen wir die Erfahrung, dass sich ein europäisches Gemeinschaftsgefühl eben weder aus Brüssel anordnen noch von sonst wem befehlen lässt. Es müsste *wachsen*.

Manche Zeitgenossen sehen den elegantesten und friedlichsten

Ausweg aus dieser Misere, indem sie für ein »Europa der Regionen« plädieren, nach der Devise: Das Herz mag sich seiner jeweiligen Heimatregion erfreuen, für den Kopf – und den Geldbeutel – schaffen wir die »Vereinigten Staaten von Europa«, und die Nationalstaaten, die dieses Projekt verhindern, räumen wir schlicht aus dem Weg.

Einer der Ersten, der dieses Konzept prominent vertrat, war der 2005 verstorbene SPD-Politiker Peter Glotz. 1990, im Jahr der deutschen Wiedervereinigung, riet er nicht nur den Deutschen, sondern allen Europäern, dass sie kulturell »hinunter zu den ›Stämmen‹« müssten und ökonomisch hinauf zu »größeren, supranationalen Strukturen«. Es dauerte nicht lange, und Ralf Dahrendorf erhob gegen dieses Modell vehement Einspruch. Abermals im *Merkur* ging er mit diesem »Small-is-beautiful«-Denken der intellektuellen Linken hart ins Gericht: »Bürgerrechte beruhen auf der politischen Überwindung der Stämme durch größere, in sich vielfältige Gebilde; und supranationale Strukturen haben ihren ökonomischen Nutzen, doch ersetzen sie einstweilen noch nicht den Verfassungsrahmen der Grundrechte aller Bürger. In der These von der doppelten Irrelevanz des Nationalstaates liegt selbst ein antiinstitutioneller Zug, ein Missverstehen, ja Nichtverstehen der elementaren Voraussetzungen der Freiheit. Die These ist insofern eine neue Form der alten deutschen Schwiemeligkeit angesichts aller Institutionen und der damit allzuoft verbundenen Bereitschaft, diese für wolkige Versprechungen und Hoffnungen aufzugeben.«

Ich weiß nicht, ob der österreichische Schriftsteller Robert Menasse, der gegenwärtig das Modell eines »Europas der Regionen« am wortstärksten vertritt, diesen Aufsatz Dahrendorfs gelesen hat. Ich vermute, nicht. Dabei fände er in dem einstigen »Knight Commander of the Order of the British Empire« einen starken Mitstreiter, schließlich bekannte dieser immer wieder, dass er eine europäische Republik mit freiheitlicher Verfassung, ja letzten Endes sogar den »Weltbürgerstaat« für die Ziele jedes konsequenten Liberalen halte.

Am Vorabend der Frankfurter Buchmesse 2017 wurde Menasse für seinen Roman *Die Hauptstadt*, in dem er erzählt, dass die Brüsseler Bürokratie eben doch nicht jenes Kafka-Schloss sei, für das es von vielen gehalten wird, mit dem Deutschen Buchpreis ausgezeichnet. Kurz darauf las ich ein Interview, das *Der Tagesspiegel* mit dem frischgebackenen Preisträger geführt hatte, und staunte nicht schlecht: »Regionen sind nicht aggressiv«, erfuhr ich aus der Zeitung, »sie sind im Kern kooperativ und pazifistisch.« Als Beispiel für solch eine »nicht aggressive«, »im Kern kooperative« und »pazifistische« Region führte Menasse ausgerechnet Tirol an.

Lieber Herr Menasse! Sie sind ein paar Jahre älter als ich – wieso erinnern Sie sich nicht mehr an den »Befreiungsausschuss Südtirol«, von dessen legendären Umtrieben ja sogar ich in meiner hessischen Kindheit gehört habe? In welchem Stollen Ihres Gedächtnisses hat sich der BAS verbarrikadiert, jene separatistische Organisation, die Mitte der 1950er-Jahre gegründet wurde und bis 1969 für die Abspaltung Südtirols vom italienischen Staat kämpfte, weil ein unwiderstehliches Heimweh sie zu ihren Ost- und Nordtiroler Brüdern und Schwestern in Österreich zog? Seinen »nicht aggressiven«, »im Kern kooperativen« und »pazifistischen« Kampf trug der BAS auch mit Sprengstoff aus. Meine rheinland-pfälzische Großmutter hat mir das Volkslied beigebracht: »Die Tiroler sind lustig, / Die Tiroler sind froh; / Sie trinken ein Gläschen / Und machen's dann so: / Rudirudi, rullalla, / Rullalla, rullalla; / Rudirudi rullalla / Rullallalla.« Ich befürchte, dass ich die Tiroler Seele trotzdem nicht verstehe, denn es will mir einfach nicht gelingen, die Bozener »Feuernacht« vom 11. auf den 12. Juni 1961, in welcher 37 Strommasten in die Luft gejagt wurden, in der lustigen Brauchtumstradition der Freudenfeuer zu sehen. Bei späteren Anschlägen des BAS wurden zahlreiche Angehörige der italienischen Sicherheitskräfte und auch Zivilisten teils verwundet, teils getötet.

Lieber Herr Menasse, wollen Sie über die Sache mit den »nicht aggressiven«, »im Kern kooperativen« und »pazifistischen« Regionen nicht doch noch einmal in Ruhe nachdenken? Ganz spontan würden Sie mir vermutlich entgegenhalten, dass der BAS doch nur deshalb entstanden ist, weil die Grenze zwischen Österreich und

Italien in der für Nationalstaaten eben typischen aggressiven, unkooperativen und kriegerischen Weise mitten durchs arme Tirol hindurchgezogen worden sei. Da Südtirol nach dem Ersten Weltkrieg in der Tat als Kriegsbeute an Italien verteilt wurde, hätten Sie damit noch nicht einmal unrecht. So wie das Argument, das Sie womöglich als nächstes brächten, ebenfalls triftig ist: In dem Moment, in dem der aggressiv-kriegerische Gestus der europäischen Nationalstaaten wirklich verblasst war, sprich: in dem Moment, in dem Italien und Österreich – mit freundlicher Nachhilfe seitens der EU und der UNO – endlich Vernunft annahmen, war es auch möglich, eine friedliche Lösung des Südtirol-Problems zu finden. Seit 1972 beziehungsweise 1992 genießt diese Region (samt dem Trentino) weitgehende Autonomierechte. Und vielleicht würden Sie mir drittens erklären, dass die hässlichen Vorgänge, die sich seit 2017 rund um den katalanischen Unabhängigkeitskampf abspielen, ebenfalls verhindert werden könnten, wenn die spanische Regierung nach Italien schauen und sich vom Südtiroler Autonomiestatut eine Scheibe abschneiden würde. Auch diesen Punkt lasse ich gelten.

Dennoch bleiben mir erhebliche Zweifel, ob es fair ist, die Schuld an entgleisenden Unabhängigkeitskämpfen allein dem »bösen« Nationalstaat in die Schuhe zu schieben. Die armen Kleinen, die sich von ihrer Mutter abnabeln wollen, sind in aller Regel auch keine Unschuldsengel. Und ob sie »im Kern« wirklich so »kooperativ« sind, wie Sie behaupten, Herr Menasse, dahinter möchte ich ein noch größeres Fragezeichen setzen. Denn spielt nicht in nahezu allen separatistischen Bewegungen, die wir derzeit in Europa erleben, folgendes ziemlich egoistische Argument eine wichtige Rolle: Wenn unsere Region autonom wäre, stünde sie ökonomisch besser da. Wir haben keine Lust mehr, die ineffizienten Faulenzer, die manch andere Region des Staates besiedeln, weiter mitzufinanzieren.

Mir kommen diejenigen, die so reden, vor wie die erfolgreiche Tochter, die zur ihrer Mutter sagt: Mutti, mir langt's, ich zieh aus. Schau künftig selbst, wie du dich und meine Loser-Geschwister durchbringst.

Vielleicht bekommt meine Argumentation für Sie mehr Gewicht, Herr Menasse, wenn ich abschließend ins Gedächtnis rufe, was der österreichische Philosoph Karl Popper am Ende des ersten Bandes von *Die offene Gesellschaft und ihre Feinde* geschrieben hat: »Unser Traum vom Himmel lässt sich auf Erden nicht verwirklichen. [...] Für die, welche vom Baum der Erkenntnis gekostet haben, ist das Paradies verloren. Je mehr wir versuchen, zum heroischen Zeitalter der Stammesgemeinschaft zurückzukehren, desto sicherer landen wir bei Inquisition, Geheimpolizei und einem romantisierten Gangstertum.«

Popper wird, als er diese Zeilen während des Zweiten Weltkriegs zu Papier brachte, in erster Linie die blutig-braunen Afterpropheten der Stammesgemeinschaft vor Augen gehabt haben, die ihn und seine Frau ins neuseeländische Exil gezwungen hatten und sechzehn seiner Familienangehörigen, denen die Flucht nicht möglich war, in ihren nationalsozialistischen Vernichtungslagern ermordeten. Aber wer Poppers Werk insgesamt studiert, stellt fest, dass er die idealistischen und marxistischen Propheten als kaum weniger gefährliche Feinde der offenen Gesellschaft entlarvt.

Mit Ferdinand Tönnies mussten wir einsehen, dass die Gemeinschaft und also auch die Region ihre heiklen Wurzeln im Stammesdenken hat. Mir ist schleierhaft, wie man als denkender Mensch ernsthaft hoffen kann, eine Beförderung von Stammesdenken führe dazu, Bürger für das Ideal einer »Republik Europa« zu begeistern. Der Rabe, der sich in Krähwinkel festhockt, krächzt sich die Seele nicht für ein vereinigtes Europa aus dem Leib. Unbestritten: Die meisten europäischen Nationalstaaten haben in ihren jeweiligen Vergangenheiten entsetzliche Blutbäder angerichtet. Aber wenn wir uns auf der Welt und in der Geschichte umschauen, wie können wir da träumen, dass es überall dort, wo Stammesgemeinschaften das Sagen haben, friedlicher zuginge? Auch als kathartisch begeisterter Leserin und Zuschauerin der antiken Tragödien wäre es mir neu, dass die Familie der Hort des zivilen Miteinanders ist. »Familientragödie« ist ein Pleonasmus. Familie *ist* Tragödie! Der Weg hinunter zu den Stämmen oder hinein in die Regionen führt in keiner magischen Gegenbewegung gleichzeitig hinauf ins Freie, hinaus ins Offene, sondern befeuert Abschottungsfantasien, während im Innern dieser gemütlichen Bolleröfen die Sehnsucht nach kultureller Homogenität zu lodern beginnt. Warum erkennen wir nicht an, dass der *liberal verfasste,* kulturell nicht beliebige, aber dennoch *heterogene Nationalstaat* – einstweilen zumindest – das beste Gehäuse für unser gemeinschaftlich-gesellschaftliches Leben darstellt, weil er einerseits unsere Bedürfnisse nach einer Wir-Identität befriedigen kann, uns andererseits Offenheit und Toleranz und Rechtsstaatlichkeit lehrt?

Friede der »Europäischen Republik« –
Krieg den »faulenden Nationalstaaten«?

Wieso ich der Ansicht bin, dass wir diese gleichfalls nicht ganz unbescheidene und unriskante Hoffnung in den heutigen Nationalstaat, auch in den deutschen, setzen dürfen, werde ich, wie gesagt, erst im siebten Kapitel begründen. Zum Abschluss des aktuellen Kapitels möchte ich mich noch mit der flammend proeuropäischen Stimme einer Frau auseinandersetzen, die derzeit als eine der führenden »Europa-Expertinnen« gilt. Die Rede ist von der deutschen Politikwissenschaftlerin und Publizistin Ulrike Guérot. Sie war die Gründerin und ist Direktorin des European Democracy Labs an der European School of Governance in Berlin, außerdem leitet sie als Professorin das Department für Europapolitik und Demokratieforschung an der Donau-Universität Krems in Österreich. Zwanzig Jahre lang hat sie in Think-Tanks in Paris, Brüssel, London, Washington und Berlin zu Fragen der europäischen Integration und der Rolle Europas in der Welt mitgedacht, in den vergangenen Jahren hat sie Hunderte öffentlicher Auftritte zum Thema Europa bestritten – einige davon gemeinsam mit Robert Menasse.

2017 veröffentlichte Guérot das Bändchen *Der neue Bürgerkrieg.*

Der reißerische Titel löste bei mir auf Anhieb Widerwillen aus, weil ich mich sogleich fragte, was die Metapher »Bürgerkrieg« auf dem Cover einer Schrift soll, die für ein freiheitliches Europa jenseits der Nationalstaaten, für eine gemeinsame europäische Demokratie werben will. Noch mehr ärgerte ich mich über den Untertitel. Er lehnt sich dreist an Karl Popper an, lautet er doch: *Das offene Europa und seine Feinde.* Ich erlaube mir, diese Anlehnung als »dreist« zu bezeichnen, weil ich vermute, dass der liberale, sorgfältig-kritisch argumentierende Popper, der ein Gegner radikal-utopistischen Denkens *jeglicher* Couleur war, sich im Grab umdrehen würde, erführe er, in was für einem missbräuchlichen Gewand sein Titel nun herumspukt.

Um eine Kostprobe zu geben, welch rabiate, illiberale Töne in Guérots Pamphlet angeschlagen werden, zitiere ich eine etwas längere Passage aus dem »Vorab«: »Wenn wir die ›granulare Stunde‹ Europas, in der wir uns befinden, den Moment der Fäulnis der europäischen Nationalstaaten, also richtig deuten, und zwar als Übergang von einem Aggregatzustand in einen anderen, dann können uns die Rechtspopulisten eine Mammutaufgabe abnehmen, indem sie die Nationalstaaten, die sie zu einen vorgeben, de facto spalten und damit kaputtmachen. Das würde es ermöglichen, die inzwischen von tatsächlicher Souveränität weitgehend entkernten Gehäuse der Nationalstaaten von der europäischen Landkarte zu entfernen. Gut so, denn sie müssen weg! Fast augenzwinkernd möchte man anmerken, dass der europäische Rechtspopulismus, der eine Reaktion auf den hyperventilierenden Neoliberalismus und die Fehlkonstruktion des Euro ist, jetzt vielleicht der Engels'schen Prognose zur Wahrheit verhilft, derzufolge der Kapitalismus zum ›Absterben des Staates‹ führt. Lassen wir also die Populisten diese Abrissarbeit leisten. In einem demokratischen Europa, in dem die Bürger tatsächlich der Souverän des politischen Systems sind, haben Nationalstaaten keinen Platz. Europa ist ohne die entschiedene Ablehnung des Nationalstaats als vermeintlichem Inhaber von Souveränität gar nicht denkbar. Sich daran zu erinnern ist das Gebot der Stunde!«

Beim Lesen dieser Tirade denke ich unweigerlich: armes offenes Europa! Wer solche Freunde hat, braucht keine Feinde mehr. Aber das arme offene Europa hat Feinde. Und deren rhetorischer Gestus ähnelt dem seiner vermeintlichen Freunde zum Verwechseln. So findet sich etwa in Götz Kubitscheks selbst verlegtem Pamphlet *Provokation* die rechtsrevolutionäre Aufwallung: »Wünschen wir uns die Krise! Sie bedrängt, sie bedroht unser krankes Vaterland zwar, aber gerade dies weckt vielleicht seinen Mut, ins Unvorhersehbare abzuspringen und das zu wagen, was den Namen ›Politik‹ verdiente: Nur kein Rückfall ins Siechtum, ins Latente, ins Erdulden.«

Wen dergleichen Verlautbarungen zum »Augenzwinkern« veranlassen, weil er sich klammheimlich freut, dass die »Neue Rechte« jetzt »kaputtmacht«, was auch ihm nie behagte, hat aus der Geschichte des 20. Jahrhunderts *nichts* gelernt. Da kann Ulrike Guérot noch so oft beteuern, dass sie das mit dem »Bürgerkrieg« ja nur in jenem übertragenen Sinne meine, dass es derzeit in manchen Internetforen und auf manchen Plätzen Europas rhetorisch hoch hergehe. Wer sich selbst revolutionärer Agitationsrhetorik bedient, indem er von »Abrissarbeit«, »granularer Stunde« und dem »Moment der Fäulnis« schwadroniert, redet dem leibhaftigen, dem blutigen Bürgerkrieg das Wort. Wer zu solch kruden Metaphern greift, betreibt die gleiche Eskalation von links und rechts, die erst Deutschland, später Europa und zuletzt die Welt schon einmal ins Verderben geführt hat.

Ein zwar strammer, aber gerade deswegen verantwortungsbewusster Konservativer wie der deutsche Journalist Lorenz Jäger hat mittlerweile längst erkannt, welch Unheil sich abermals zusammenbraut. In einem Artikel, der im Oktober 2011 in der *Frankfurter Allgemeinen Zeitung* erschien, nahm er unter der Überschrift *Adieu, Kameraden, ich bin Gutmensch* seinen Abschied von der »Neuen Rechten«, zu der er sich bis dahin selbst gezählt hatte. Jäger schreibt: »Antideutsch und überdeutsch spielen uns einen Streit vor, aber wir sehen sie Arm in Arm. Und plötzlich findet sich der genuine Konservative, der vermeintliche Militarist, in der ungewohnten Rolle des

Pazifisten wieder. Genuin konservativ zu sein würde vor allem zweierlei bedeuten: ein Gefühl für das Gewicht der Wirklichkeit zu haben; daraus folgt von selbst eine Mäßigung. Und – nicht weniger wichtig – jedenfalls die Sehnsucht nach Maßstäben, die von oben kommen, vielleicht von Gott. Aber das ist die Sache von Einzelnen, keine Partei und kein Volkstribun wird's richten.«

Wenn sie ehrlich wäre, müsste Ulrike Guérot zugeben, dass sie insgeheim exakt auf diese beiden Kräfte setzt: auf »Partei« und »Volkstribun«. Denn wer sonst soll die Errichtung der »Republik Europa« in dem Tempo forcieren, das ihr vorschwebt? Bildet sie sich ein, der nicht geringe Prozentsatz an europäischen Bürgern, die einstweilen lieber in einem »Europa der Vaterländer« leben möchten, werde eines schönen Morgens aufwachen, sich an die Stirn schlagen und mit ihr ausrufen: »Es lebe die Europäische Republik!« Was bleibt den Europa-Revolutionären angesichts des »Gewichts der Wirklichkeit« in letzter Konsequenz denn anderes übrig, als die Sturschädel, die einfach nicht kapieren wollen, worin ihr wahres Glück liegt, allesamt in Umerziehungslager zu stecken? So wie es die Stalinisten einst mit all denen taten – und die Neo-Stalinisten noch immer tun –, die sich weigern, die »Segnungen des Kommunismus« anzuerkennen.

Es macht mich wütend, wenn ich erlebe, wie der altlinke Irrglauben wiederaufersteht, man müsse die Widersprüche der bestehenden Gesellschaften auf die Spitze treiben, weil sich Utopia einzig aus Ruinen erheben könne. Wer nach dem weitestgehenden Zusammenbruch der real existierenden kommunistischen Gesellschaftsexperimente meint, er könne gescheiterte Denkmuster ins 21. Jahrhundert hinüberretten, indem er das marode Wörtchen »Kommunismus« durch den frischer klingenden Namen »Republik Europa« ersetzt, treibt mit dem kostbaren europäischen Gedanken Schindluder.

Ich stimme Ulrike Guérot zu, dass viele Probleme der heutigen Welt wie Digitalisierung oder Umweltschutz von Nationalstaaten allein nicht mehr zu lösen sind. Welche Herausforderungen der gentechnische Fortschritt an uns alle stellt, habe ich selbst umrissen.

Bezeichnenderweise kommen »Sicherheit« und »Verteidigung« als vermutlich auch nur mit vereinten europäischen Kräften zu meisternde Aufgaben bei Guérot nicht vor. Stattdessen benennt sie als zwei der wichtigsten Aufgaben Europas: »Wir müssen Afrika modernisieren […] und den Flüchtlingen helfen […]« Wie ich vorhin bekannte, bin ich eine Anhängerin unlösbarer Aufgaben, aber: »*Wir müssen Afrika modernisieren?*« Wenn mich nicht alles täuscht, hat der europäische Kolonialismus der vergangenen Jahrhunderte dies schon einmal versucht; mit zweifelhaftem Erfolg – sowohl was die moralische als auch was die Modernisierungsbilanz angeht. Und *helfen* wir Flüchtlingen nicht bereits jetzt, in der EU der Gegenwart, allem Behördenchaos zum Trotz? Es ist unredlich, die Realität falsch zu beschreiben, um die eigenen falschen Schlüsse plausibler dastehen zu lassen.

Wenn Guérot vom Kampf »Europäischer Geist versus Ungeist« spricht, frage ich mich, wer in ihren Augen alles auf die Seite des »Ungeists« gehört. Wirklich nur die einschlägigen Rechtspopulisten? Oder alle, die an einem »mehrstimmigen Europa« festhalten, so wie es der von mir im letzten Kapitel bereits zitierte Philosoph Bernhard Waldenfels tut, wenn er den Epilog von *Sozialität und Alterität* mit der Einsicht beschließt: »Es kann nicht darum gehen, ein neues europäisches Walhalla zu errichten, sondern es kommt darauf an, sich durch den Geist der Fremdheit anstacheln und anstecken zu lassen, woher er auch kommen mag.«

Ich bin mir einigermaßen sicher, dass Friedrich Nietzsche, der sich selbst zu denen rechnete, die er mit leiser Ironie als »wir ›guten Europäer‹« ansprach, für Frau Guérot ein Vertreter des »Ungeists« ist. Aber was bleibt vom »europäischen Geist« übrig, wenn man es für »Ungeist« hält, beim »Europäer der Zukunft« zuallererst an europäisch gestimmte große Künstler wie Johann Wolfgang von Goethe, Ludwig van Beethoven, Heinrich Heine, Eugène Delacroix oder Stendhal zu denken, wie Nietzsche es tat? Für die Wagnerianer sei angemerkt, dass Nietzsche sich sogar dazu durchrang, sein einstiges Idol Richard Wagner, dem er mittlerweile mit enttäuschter Skepsis begegnete, trotz allem Teutonentum in den Olymp jener Künstler aufzunehmen, deren Werke nur zu verstehen sind, wenn man sie *auch* als gesamteuropäische Phänomene begreift. Zeugt es von »Ungeist«, wenn Nietzsche in *Jenseits von Gut und Böse* den europäischen »Fanatikern des *Ausdrucks* ›um jeden Preis‹« huldigt und das »Genie« dieser »großen Suchenden« so erklärt: »Europa ist es, das Eine Europa, dessen Seele sich durch ihre vielfältige und ungestüme Kunst hinaus, hinauf drängt und sehnt – wohin? in ein neues Licht? nach einer neuen Sonne?«

So diffus Ulrike Guérot in der Frage bleibt, wen sie nun tatsächlich alles dem Lager des »Ungeists« zuschlagen will, so präzise wird sie, wenn es darum geht, diejenigen zu benennen, die ihrer Ansicht nach die großen europäischen Geister der Vergangenheit waren. Um ihre Offensive gegen den Nationalstaat kulturhistorisch zu flankieren, führt sie unter anderem Stefan Zweig, Heinrich Mann und Romain Rolland ins Feld. Auch ich halte alle drei für große europäische Schriftsteller. Doch Guérot bezieht sich mitnichten auf die literarische Meisterschaft dieser Autoren, sondern schätzt diese offensichtlich vor allem deshalb, weil sie in ihren politischen Schriften pazifistisch-paneuropäische Ideen vertraten. So zitiert sie etwa Stefan Zweig mit seiner »ewigen Sehnsucht nach Einheit des Gefühls, Wollens, Denkens und Lebens«.

Als *Sehnsucht* ist dieses Einheitsstreben etwas Wunderbares. Der Künstler muss sie sogar empfinden. Sobald er jedoch meint, diese allumfassende Einheit ließe sich *politisch* realisieren oder gar erzwingen, steht er mit einem Bein auf jener schiefe Ebene, an deren unterem Ende der Abgrund des Totalitarismus lauert. Indem ich dies sage, will ich Stefan Zweig, den österreichisch-jüdischen Schriftsteller, der sich 1942 im brasilianischen Exil das Leben nahm, keinesfalls in die Reihe der Proto-Totalitären stellen. Stefan Zweig selbst zog in späteren Jahren das eine Bein entschieden zurück, indem er sich etwa 1936 auf dem PEN-Kongress in Buenos Aires weigerte, ein politisches Statement gegen Hitler-Deutschland abzugeben, weil es ihm wohlfeil erschien, aus sicherer Ferne der verlorenen Nachbar-

Heimat Lektionen zu erteilen. Auch wenn der Österreicher Zweig beim kurzen Frühling der Münchner Räterepublik im April 1919 nicht dabei gewesen ist, so gehörte er zu denen, denen der Journalist und Publizist Volker Weidermann in seinem Buch über jene Zeit den poetisch-treffenden Ehrentitel »Träumer« verliehen hat.

Ulrike Guérot hingegen erklärt in ihrem Pamphlet, man könne sich aus heutiger Sicht nur wundern, wie aktuell die pazifistisch-paneuropäischen Schriften aus den Jahren zwischen den beiden Weltkriegen seien. Ich habe mich beim Wiederlesen einer anderen Schrift aus jener Zeit gewundert, wie aktuell sie ist. Und zwar meine ich Helmuth Plessners sozialphilosophische Studie *Grenzen der Gemeinschaft. Eine Kritik des sozialen Radikalismus*, erschienen 1924.

Lob der Mäßigung

Den lutherisch getauften Plessner vertrieben die Nazis aufgrund der jüdischen Herkunft seines Vaters 1933 von der Universität Köln, er floh in die Türkei, später in die Niederlande, noch später kehrte er ins bundesrepublikanische Deutschland zurück, wo er unter anderem Rektor der Universität Göttingen wurde und dem Frankfurter Institut für Sozialforschung vorstand. Ich erzähle diese Details nicht, um im Folgenden das schäbige Spiel »mein Jude« gegen »deinen Juden« zu beginnen, sondern weil ich es für Chronistenpflicht halte, solche biografischen Hintergründe offenzulegen. Überdies will ich vor Augen führen, wie entsetzlich verblendet die Nazis auch gegen den deutschen Geist gewütet haben, indem sie versuchten, ihn zum Rassisch-dumpf-Teutonischen zu verstümmeln. Und ich erzähle diese Details, weil ich eine tiefe Dankbarkeit gegenüber all jenen empfinde, die nach 1945 bereit gewesen sind, ihrer Heimat eine zweite Chance zu geben. Wären alle, die den Holocaust überlebt hatten, »in der Fremde« geblieben – was ihnen kein fühlender Mensch hätte verdenken können –, wären die Verstümmelungen, die Deutschland in den Jahren des Nationalsozialismus seiner Kultur und seinem Geist selbst beigebracht hatte, endgültig gewesen.

Ich habe den Philosophen und Anthropologen Helmuth Plessner eingeführt, um mit ihm Kritik am »sozialen Radikalismus« zu üben, wie er mir aus dem Pamphlet von Ulrike Guérot zu sprechen scheint. Zu Beginn seiner Studie erläutert Plessner: »Unter Radikalismus verstehen wir allgemein die Überzeugung, dass wahrhaft Großes und Gutes nur aus bewusstem Rückgang auf die Wurzeln der Existenz entsteht; den Glauben an die Heilkraft der Extreme, die Methode, gegen alle traditionellen Werte und Kompromisse Front zu machen. Sozialer Radikalismus ist daher die Opposition gegen das Bestehende, insofern als es immer einen gewissen Ausgleich zwischen den widerstreitenden Kräften der menschlichen Natur einschließt und den Gesetzen der Verwirklichung, dem Zwang des Möglichen gehorcht. Seine These ist Rückhaltlosigkeit, seine Perspektive Unendlichkeit, sein Pathos Enthusiasmus, sein Temperament Glut. Er ist die geborene Weltanschauung der Ungeduldigen, soziologisch: der unteren Klassen, biologisch: der Jugend.«

Zwar gehört Frau Guérot als Professorin sicher nicht den »unteren Klassen« an, und da sie im Jahr 1964 geboren wurde, ist sie auch keine Vertreterin der »Jugend«. In allen anderen Punkten scheint mir die Plessner'sche Diagnose des sozial-radikalen Temperaments jedoch treffend zu sein, umso mehr, wenn er fortfährt: »Radikalismus heißt Vernichtung der gegebenen Wirklichkeit zuliebe der Idee, die entweder rational oder irrational, aber in jedem Sinne unendlich ist, Vernichtung der Schranken, die ihrem vollkommenen Ausdruck gezogen sind […] je pazifistischer die Ideologie wird, um so militaristischer werden die Ideologen.«

Plessners zuletzt erhobener Einwand gegen den sozialen Radikalismus wird manchem nicht auf Anhieb einleuchten, schließlich habe ich selbst betont, dass Frau Guérot, trotz ihrer bisweilen martialischen Rhetorik, eine Verehrerin der paneuropäischen Pazifisten der Weimarer Zeit ist. Aber wir müssen uns klarmachen, dass Plessners Widerspruch nicht nur den Faschisten, sondern auch denjenigen seiner Zeitgenossen galt, die eben jene linksutopischen Ziele vertraten.

Um zu verstehen, warum der anthropologische Philosoph den sozial-radikalen Bewegungen auf beiden Seiten ablehnend gegenüberstand, müssen wir uns anschauen, wie er die Gemeinschaftssehnsüchte insgesamt beschreibt: »Das Idol dieses Zeitalters ist die Gemeinschaft. Wie zum Ausgleich für die Härte und Schalheit unseres Lebens hat die Idee alle Süße bis zur Süßlichkeit, alle Zartheit bis zur Kraftlosigkeit, alle Nachgiebigkeit bis zur Würdelosigkeit in sich verdichtet. [...] Maßlose Erkaltung der menschlichen Beziehungen durch maschinelle, geschäftliche, politische Abstraktionen bedingt maßlosen Gegenentwurf im Ideal einer glühenden, in allen ihren Trägern überquellenden Gemeinschaft. Der Rechenhaftigkeit, der brutalen Geschäftemacherei entspricht im Gegenbild die Seligkeit besinnungslosen Sichverschenkens, der misstrauischen Zerklüftung in gepanzerte Staaten der Weltbund der Völker zur Wahrung ewigen Friedens. Das Gesetz des Abstands gilt darum nichts mehr, die Vereinsamung hat ihren Zauber eingebüßt. Die Tendenz nach Zerstörung der Formen und Grenzen fördert aber das Streben nach Angleichung aller Unterschiede.«

Mir läuft es kalt den Rücken hinunter, wenn ich sehe, *wie* genau Plessner vor knapp einhundert Jahren schon jene Stimmungen erfasst hat, die unser gegenwärtiges Zeitalter weit stärker noch prägen. Und es schaudert mich natürlich auch deshalb, weil es mir noch einmal bewusst macht, auf welch furchtbar dünnes Eis ich selbst mich hinausbegebe, wenn ich immer wieder dafür plädiere, dass es uns gelingen muss, unsere Gemeinschaftsbedürfnisse mit den Geboten und Gesetzen des zivilisiert-liberalen Verfassungsstaates zu versöhnen.

Plessner selbst würde meinem Unternehmen vermutlich skeptisch gegenüberstehen. Er hält ganz klar an den Grundsätzen der »Gesellschaft« als der einzig möglichen Form eines wahrhaft zivilen Miteinanders fest. Gegen die Verschmelzungssehnsüchte macht er die »Logik der Diplomatie«, die »Hygiene des Taktes«, das »Pathos der Distanz« stark. Allerdings räumt er im letzten Teil seiner *Grenzen der Gemeinschaft* selbst ein: »Die Epoche der Nationalstaaten, in ihrem Entstehen durch Rückgang der Obergewalt der Kirche, in ihrer krisenhaften Ausbildung durch Entwicklung der modernen Verkehrstechnik bedingt, die relativ große Räume in kleine verwandelt, hat zwar die Grenzen des Zusammengehörigkeitsgefühls bis zu den Grenzen der Sprachgemeinschaft hinausgeschoben, isoliert aber die einzelnen Menschen durch die abstrahierende Künstlichkeit eben dieser Technik auf viel engerem Raum voneinander als je zuvor.

Auf Grund dieses Wechselverhältnisses im Umfang der Vertrautheitssphäre, in der wir noch warm werden, ohne an das allen Menschen Gemeinsame appellieren zu müssen, und der des primären Misstrauens, wo wir selbst mit diesem Appell keine Wärme erzeugen, ist es klar, dass irgendeine Gemeinschaft natürlichen Vertrauens konstant bleibt, auch wenn sie keinem sozialen Gebilde (Volk, Rasse, Nation, Dorf, Stadt, Staat, Geschlechterverband, Familie, Sippe, Clan, Stamm, Klasse, Kaste, Berufsverband) ohne weiteres gleichgesetzt werden darf.«

Aus diesem letzten Satz beziehe ich meine gesamte Hoffnung, dass es *möglich* sein kann, für eine *auch* als gemeinschaftlich empfundene Gesellschaft zu plädieren, wenn man nur die Warnung tief genug verinnerlicht, dass keines der von Plessner angeführten sozialen Gebilde mit der »Gemeinschaft natürlichen Vertrauens […] ohne weiteres gleichgesetzt werden darf«. Ebenfalls als Ermutigung lese ich Plessners Erkenntnis: »Die soziale Verfestigungsform der Vertrauenssphären wechselt im Lauf der Geschichte, nur das Bedürfnis, etwas zu haben, worin man untertauchen, aufgehen, auftauen, warm werden kann, was dem Resonanzverlangen unserer Person Befriedigung gewährt, das bleibt.«

Wer nur eines der vielen philosophischen Werke, aus denen ich in diesem Buch zitiere, selbst zur Hand nehmen möchte, der lese Plessners 133 Seiten kurze Schrift *Grenzen der Gemeinschaft*; der lese, was Plessner über die »Pflicht zur Macht« schreibt und über den Glauben, wahre Gerechtigkeit und wahrer Friede herrschten erst dann, wenn jegliche Machtverhältnisse aus der Welt geschafft wären. Als abschließenden Teaser möchte ich herauspicken, was dort im vorletzten Absatz steht: Plessners Appell an uns, »auf die Utopie der Gewaltlosigkeit [zu] verzichten und mit der Welt des Kampfes, eines freilich in den Mitteln kultivierbaren Kampfes, der nicht ums Dasein, sondern ums Sosein ausgefochten werden soll, einen Frieden [zu] machen«.

Europa und der Stier

Ich beende meine Überlegungen zum »europäischen Wir«, indem ich kurz rekapituliere, worin ich die Chancen und Tücken dieses Projekts sehe: Wir werden mit der europäischen Einheit dauerhaft nicht sehr weit kommen, wenn wir die EU in erster Linie als Bündnis mit den Zwecken der Friedens- und Wohlstandswahrung begreifen. Ebenso wenig lassen sich die »Vereinigten Staaten von Europa« still und leise durch die »Hintertür« etablieren, wie manch ein Europapolitiker dies im Sinn hatte oder immer noch hat. Noch gefährlicher ist es, die »Republik Europa« mit revolutionärer Rhetorik herbeiproklamieren zu wollen. Die Hoffnung, dass eine Stärkung des Regionalen beziehungsweise des Stammesdenkens den europäischen Einigungsprozess befördern könne, hat sich als trügerisch entlarvt. Wenigstens in groben Strichen habe ich zu skizzieren versucht, was aus meiner Sicht der einzige Weg ist, auf dem Europa tatsächlich zusammenwachsen und seine geo-ethischen wie geopolitischen Aufgaben wahrnehmen könnte: Wir Europäer müssten begreifen, dass wir tatsächlich ein »Wir« sind. Wir müssten mit Kopf *und* Herz erfassen, was wir unserem Kontinent an gemeinsamer Zivilität, Zivilisation, Freiheit, Kultur und Geist verdanken.

Beginnen wir also wieder, uns Europa so zutraulich zu nähern, es so liebevoll zu füttern, zu streicheln und sein Haupt mit Blumen zu kränzen, wie es der griechischen Mythologie zufolge jene phönizische Königstochter – der unser Kontinent seinen Namen verdankt – mit dem weißen Stier getan haben soll, der sie übers Meer nach Kreta entführte, um sich dort mit ihr ungestört zu paaren. Belegen wir solche Mythen nicht deshalb mit einem Bann und geben sie dem Vergessen preis, weil jener Stier natürlich niemand anders als der göttliche Oberschwerenöter Zeus gewesen ist und weil sich aus diesem Umstand sehr leicht der nächste »MeToo«-Skandal machen ließe. Entfernen wir keine Gemälde aus Museen, nur weil sie uns Europa auf dem Rücken des Stieres zeigen. Bekunden wir der Welt, dass wir uns die Freiheit der Gedanken und die Freiheit der Kunst nicht nehmen lassen. Denn wir selbst sind der Stier. Und wir sind Europa.

Kapitel 6

Weltbürgertum – unser bestes Wir?

In diesem Kapitel werde ich mich nicht mit der unerträglichen Leichtigkeit des kosmopolitischen Seins beschäftigen. Auf die echte – oder manchmal bloß eingebildete – Weltläufigkeit, auf das weltgewandte Schweben zwischen Kathmandu und La Paz, zwischen Kapstadt und Montreal bin ich bereits bei meinen Überlegungen zu Identität und Heimat eingegangen, und ich werde im letzten Kapitel auf die Frage zurückkommen, wie sich Kosmopolitismus und Patriotismus zueinander verhalten.

Auch soll es nicht um die heutigen Ethnologen gehen, die in die Fußstapfen jener rastlos neugierigen Forschungsreisenden wie des Deutschen Georg Forster oder des Schotten Mungo Park treten, die im 18. Jahrhundert als Erste aufbrachen, um fremde Kontinente und Völker systematisch zu erkunden.

Hier will ich mich all denen widmen, denen Europa nicht aus Motiven des Lebensstils oder aufgrund ihrer wissenschaftlichen Interessen zu eng ist, sondern die das europäische Wir aus grundsätzlichen moralischen Erwägungen heraus für zu kleingefasst halten. Um diejenigen, die den Weltmarkt als ihr Spielfeld betrachten oder gar den alten James-Bond-Song *The World Is Not Enough* vor sich hin summen, wenn sie an ihre Geschäfte denken, wird es am Rande ebenfalls gehen.

Viele von denen, die heute für die »Vereinigten Staaten von Europa« kämpfen, wollen dieses Neue Europa mitnichten als letzte Station der Wir-Erweiterung verstanden wissen. In ihren Augen kann das europäische Wir lediglich ein Durchgangs- oder Übergangs-Wir zum weltbürgerlichen Wir sein. Die Idee der Menschenrechte haben sie in diesem Kampf auf ihrer Seite. 1776, in der Amerikanischen Revolution, fand der Gedanke, dass alle Menschen gleich erschaffen sind und deshalb gleiche Rechte beanspruchen, seinen ersten politisch konkreten und bis heute gültigen Ausdruck. In der Unabhängigkeitserklärung der Vereinigten Staaten steht das von Thomas Jefferson und Benjamin Franklin formulierte Credo gleich in der Präambel: »We hold these truths to be self-evident, that all men are created equal, that they are endowed by their Creator with certain unalienable Rights, that among these are Life, Liberty and the pursuit of Happiness.« (In der zeitgenössischen deutschen Übersetzung: »Wir halten diese Wahrheiten für ausgemacht, dass alle Menschen gleich erschaffen worden, dass sie von ihrem Schöpfer mit gewissen unveräußerlichen Rechten begabt worden, worunter sind Leben, Freiheit und das Bestreben nach Glückseligkeit.«)

Artikel 1 der Allgemeinen Erklärung der Menschenrechte vom 10. Dezember 1948 lautet auf Deutsch: »Alle Menschen sind frei und gleich an Würde und Rechten geboren. Sie sind mit Vernunft und Gewissen begabt und sollen einander im Geiste der Brüderlichkeit begegnen.«

Die Crux dieser Erklärungen, vor allem die der amerikanischen Unabhängigkeitserklärung, lag jedoch darin, dass es noch bis weit ins 20. Jahrhundert hinein dauern sollte, bis die Verfechter des Menschenrechtsgedankens endlich wirklich begriffen, wie schändlich falsch es ist, derlei zu proklamieren, in der verfassungsrechtlichen Praxis aber weit mehr als der Hälfte aller Menschen, auch in ihren eigenen Ländern, eben diese Grundfreiheiten zu verwehren. Sämtliche Emanzipationskämpfe, die der Frauen, die der Schwarzen und die sonstiger Unterdrückter oder gar Versklavter, zielten und zielen darauf ab, den »weißen Männern« klarzumachen, dass die Menschenrechte ihren Namen erst an dem Tag verdienen, an dem sie nicht länger ausschließlich Männerrechte oder Weißenrechte sind.

Mit denjenigen, die es für den nächsten schändlich falschen »Speziesismus« halten, Tieren beziehungsweise sämtlichen Lebewesen, die nicht der Spezies Mensch angehören, vergleichbare Grundrechte zu verwehren, möchte ich mich hier nicht auseinandersetzen. Wohl aber mit denjenigen, welche die innerwestlichen Emanzipations-kämpfe in die Welt tragen, indem sie darauf beharren, dass Men-schenrechte eben auch Rechte nicht bloß für Europäer und andere Einwohner des Westens sind.

Ich kenne kein einziges philosophisch stichhaltiges Argument ge-gen diese Auffassung. Und solch ein Argument kann es auch nicht geben, denn ich weiß nicht, in welchem weltanschaulichen Sumpf man beheimatet sein muss, um behaupten zu können, dass Chine-sen oder Saudis etwa keine Angehörigen der biologischen Spezies Mensch seien. Die uns allen bekannten Schwierigkeiten fangen je-doch in dem Moment an, in dem wir genauer nachfragen, was in den verschiedenen Kulturen und Ländern der Welt unter dem Wort »Mensch« jenseits seiner biologischen Bedeutung verstanden wird. Und hier stellen wir schnell fest, dass die Ansichten weit auseinan-dergehen.

Weder ein Chinese noch ein Saudi wird leugnen, dass Menschen als einzelne Wesen auf die Welt kommen. Aber viele Chinesen und Saudis – allen voran ihre jeweiligen Machthaber – stellen infrage, dass aus diesem Umstand zwangsläufig zu schließen sei, dass das einzelne Menschenwesen auch der Bezugspunkt moralischer und rechtlicher Betrachtungen ist. Die einzigen Regionen der Welt, in denen dieser Schluss mit all seinen menschenrechtlichen Kon-sequenzen gezogen wurde, waren Europa und die Europas in der Neuen Welt namens »Vereinigte Staaten von Amerika«, »Kanada«, »Australien« und »Neuseeland«.

Je tiefer in einer Kultur der Gedanke verwurzelt ist und je stär-ker er bis heute in ihr gepflegt wird, dass der Mensch in erster Linie eben nicht als »Individuum« aufzufassen sei, sondern als Angehö-riger seiner Familie, seines Clans, seines Stammes oder auch seiner Religionsgemeinschaft beziehungsweise seiner – nämlich *der* kom-munistischen – Partei, desto verlorener steht der Menschenrechtsge-danke im politischen Raum. Ich gebe dem von mir im letzten Kapitel zitierten Ralf Dahrendorf uneingeschränkt recht, dass sich kein standhafter Anhänger des Menschenrechtsgedankens mit dem Seufzer zurücklehnen kann: Na ja, dann sollen die anderen halt bei ihren Überzeugungs- und Glaubenssystemen bleiben und ungestört weiter unterdrücken, verfolgen, foltern und morden.

Die Tragödie des Menschenrechtsgedankens liegt darin, dass dieser universalistisch sein *muss*, wir nach der Euphorie der 1990er-Jahre aber einsehen müssen, dass die tatsächlich universale Durchsetzung der Menschenrechte weltpolitisch in weiter Ferne liegt.

Im Umgang mit China macht der Westen die ernüchternde Erfahrung, dass wirtschaftlicher Austausch und marktwirtschaftlich organisierter Kapitalismus nicht automatisch dazu führen, dass der Menschenrechtskatalog mit demselben Interesse studiert wird wie die Lookbooks von Prada und Gucci oder die Broschüren westlicher Edelkarossenhersteller. In den Krisen- und Kriegsregionen des Nahen und Mittleren Ostens musste der Westen schmerzlich einsehen, dass sich derselbe Menschenrechtskatalog weder von Bombern noch von Care-Paket-Fliegern abwerfen lässt. Was also tun, wenn Zurücklehnen auch keine Option ist?

Da ich keine Ambitionen auf den Friedensnobelpreis habe, will ich mich gar nicht erst an einer Antwort auf diese weltpolitische Schicksalsfrage versuchen. Alles, was zu leisten ich mir zutraue, sind ein paar Hinweise, was wir beim Kampf für Menschenrechte nicht aus den Augen verlieren sollten.

Verbündete im Kampf um Menschenrechte

Zuallererst müssen wir uns fundamental klarmachen, dass der Glaube ans Individuum und seine unveräußerlichen Rechte eben kein universeller, sondern ein kulturell tief verankerter und damit spezieller Glaube ist. Er nahm seine ersten Anfänge in der griechischen Philosophie und Kunst, entwickelte sich durch Christentum und Römisches Recht, durch Renaissance und Protestantismus weiter, bis er in der Neuzeit, durch die hellen Köpfe der Aufklärung und die freiheitsliebenden Revolutionäre in England, Frankreich und Amerika, zum leitenden Welt- und Rechtsbild des Westens wurde. Wenn wir für dieses Bild in der restlichen Welt werben wollen, bleibt uns nichts anderes übrig, als Ausschau nach Kulturen zu halten, in denen sich der Glaube ans Individuum und seine unveräußerlichen Rechte zumindest *in Ansätzen* entdecken lässt. Ich bin keine Sozial- und Kulturanthropologin, deshalb muss ich diese Herkulesaufgabe denjenigen überlassen, die sich auf diesem weiten Feld auskennen. Aber ich könnte mir vorstellen, dass es für unsere Frage aufschlussreich ist, sich die Entwicklung eines Landes wie Japan anzuschauen, das nach dem Zweiten Weltkrieg den Weg von einer *sehr fern*östlichen Kultur hin zu einer Kultur beschritten hat, die mit dem westlich-individualistischen Menschenrechtsprinzip immerhin nicht eklatant kollidiert. Und das, obwohl es im Japanischen – wie in allen ostasiatischen Sprachen – nach wie vor kein allgemeingültiges Wort für unser westliches »ich« gibt, sondern die Sätze entweder ganz ohne Personalpronomen auskommen, oder es wird sehr, sehr kompliziert. So benutzt etwa ein älterer japanischer Handwerker ein völlig anderes Wort, wenn er »ich« sagt, als eine junge japanische Büroangestellte. Die richtige Vokabel hängt außerdem davon ab, wem gegenüber man von sich als »ich« spricht. Wenn Sie ein deutsch-japanisches Wörterbuch aufschlagen, finden Sie dort zig Übersetzungseinträge für unser kleines, scheinbar harmloses »ich«.

Derselbe Blick nach möglichen Verbündeten im Kampf um Menschenrechte, der uns in weltpolitischen Fragen leiten sollte, muss mehr noch unsere Einwanderungspolitik bestimmen. In einem früheren Kapitel habe ich bereits angedeutet, dass ich wenig davon halte, wenn wir uns bei einwanderungspolitischen Entscheidungen in erster Linie an den Bedürfnissen unserer Wirtschaft auf der einen Seite und an der sozialen Bedürftigkeit von Migranten auf der anderen Seite orientieren. Das oberste Interesse aller europäischen und sonstigen westlich verfassten Staaten müsste darin liegen, ein sicherer Hafen für die Menschen auf der Welt zu sein, die mit ihren Freiheitskämpfen in ihren Herkunftsländern – einstweilen zumindest – scheitern, weil es ihnen nicht gelingt, sich gegen die brutal vorgehenden Regimes und die autoritär-reaktionären Kräfte in ihren jeweiligen Gesellschaften, die diese Regimes stützen, durchzusetzen. Warum lassen wir diese Freiheitskämpfer an der »freien Welt« verzweifeln, indem wir es aus falsch verstandener Toleranz heraus dulden, dass auch in unseren Ländern muslimische Eltern ihren Töchtern die Teilnahme am Schwimmunterricht verbieten oder den Ehemann für sie bestimmen? Indem wir entspannt zuschauen, wenn unsere Justiz, wie ich im ersten Kapitel geschrieben habe, Frauenverachtungsmorde hin und wieder als Morde aus vermeintlich »ehrenhaften« Motiven nicht ganz so streng bestraft?

Unsere uneingeschränkte Solidarität müsste Menschen wie dem aus Ägypten geflohenen Politikwissenschaftler und Publizisten Hamed Abdel-Samad gelten, der mittlerweile zwar die deutsche Staatsbürgerschaft besitzt und dessen Bücher regelmäßig die hiesigen Bestsellerlisten zieren, dessen beherztes Engagement gegen den radikalen Islam – welches ihm eine Fatwa einbrachte – vielen Gutmeinenden hierzulande jedoch nach wie vor suspekt ist.

Ich beglückwünsche die 1992 aus Somalia geflohene Frauenrechtlerin, Politikerin und Autorin Ayaan Hirsi Ali dazu, dass sie seit 2013 US-amerikanische Staatsbürgerin ist und auf der anderen Seite des Atlantiks ihren Arbeits- und Lebensmittelpunkt und hoffentlich auch ihr Glück gefunden hat. Dennoch schäme ich mich bis heute für »unser« Europa beziehungsweise unsere niederländischen Nachbarn, dass Ayaan Hirsi Ali sich gezwungen sah, unserem Kontinent, in dem sie zuerst Zuflucht gefunden hatte, den Rücken zu kehren.

Ayaan Hirsi Alis zweite Odyssee – nach ihrer Flucht vor der väterlicherseits arrangierten Zwangsverheiratung mit einem ihr unbekannten Cousin in Kanada – begann am 2. November 2004 in Amsterdam. An jenem Tag ermordete ein muslimischer Extremist auf offener Straße den niederländischen Filmemacher Theo van Gogh, mit dem gemeinsam Hirsi Ali das Drehbuch zu *Submission* geschrieben hatte – ein Kurzfilm, durch den sich nicht nur muslimische Extremisten provoziert fühlten. An van Goghs Leiche befestigte der Täter einen Drohbrief, der Hirsi Ali galt. Damals stellte die niederländische Regierung Hirsi Ali unverzüglich unter Schutz und brachte sie außer Landes, in die USA. Doch in den folgenden Jahren entwickelte sich ein immer grotesker werdendes Hickhack zwischen den niederländischen und den US-amerikanischen Sicherheitsbehörden, wer wann wie wo und warum für den Schutz der unverändert kämpferisch-unternehmungslustigen Frau zuständig sei. Im April 2006 reichten Wohnungsnachbarn von Hirsi Ali in Den Haag eine Gerichtsklage ein, weil sie sich durch deren Personenschutz gestört sahen und einen angeblichen Verfall des Immobilienwerts ihrer Wohnung befürchteten. Die Klage war erfolgreich. Zwar boten Dänemark und Frankreich der Unbequemen an, sie bei sich aufzunehmen, zwar solidarisierten sich zahlreiche liberale Intellektuelle in Europa mit Hirsi Ali, gleichwohl beschloss sie, die Überseekoffer diesmal womöglich für immer zu packen.

Ayaan Hirsi Ali ist keine Heilige. Bei ihrem Asylverfahren 1992 hatte sie falsche Angaben gemacht, was sowohl zur zwischenzeitlichen Aberkennung ihrer niederländischen Staatsbürgerschaft geführt hatte als auch zur endgültigen Niederlegung ihres Parlamentsmandats und letztlich in einer schweren Krise der niederländischen Regierung gipfelte, deren Mitglied sie gewesen war. Trotz alledem halte ich es für einen großen Verlust, dass diese streitbare Frau, die von sich selbst lachend sagt: »Oh, yes, I'm a troublemaker«, nun nicht mehr in Europa lebt.

Hoffen wir insgeheim, dass sich der viel beschworene »Dialog der Kulturen« friedlicher und produktiver gestalten wird, wenn dergleichen Troublemaker nicht mehr an ihm teilnehmen? In der Tat glaube auch ich nicht, dass viel dabei herauskommt, wenn man in einer Talkshow etwa Hamed Abdel-Samad und einen salafistischen Imam auf dasselbe Sofa setzt. Aber glauben wir, dass mehr dabei herauskommt, wenn man dem Imam eine Integrationspolitikerin zur Seite setzt, die verständnisvoll nickt, wenn der Imam sich weigert, ihr die Hand zu geben? In einer Sendung von Sandra Maischberger aus dem Jahr 2014 war unschwer auszumachen, wer den produktiven Dialog dort verhindert hat: der sich dauerbeleidigt fühlende, vor sich hin wütende Salafistenprediger Hassan Dabbagh und nicht Hamed Abdel-Samad, der die weit besseren Argumente und die weit besseren Manieren an den Tag legte.

Da wir auf unserem zum Dorf geschrumpften Globus nun einmal dazu verdammt sind, irgendwie miteinander klarzukommen, will ich mich über den »Dialog der Kulturen« nicht per se lustig machen. Allerdings müssen wir uns stets bewusst sein, dass dieser Dialog nicht ohne weise Übersetzer – etwa beim ostasiatischen »ich«-Problem – und noch weisere Moderatoren auskommt. Außerdem sollten wir damit rechnen, dass vieles in der Übersetzung verloren geht – »lost in translation« – und dass es trotz aller Bemühungen passieren kann, dass wir den Dialog, vorläufig zumindest, mit der Erkenntnis beenden müssen: Es tut uns leid, aber wir verstehen einander einfach nicht.

Zivilisierte Verachtung und politische Konflikte

Der schweizerisch-israelische Professor für Psychologie und Philosophie Carlo Strenger hat 2015 eine kurze »Anleitung zur Verteidigung unserer Freiheit« veröffentlicht, die unter dem titelgebenden Motto *Zivilisierte Verachtung* steht. Eben diese betrachtet er als eine der zentralen Tugenden jedes liberalen Charakters und Diskurses. Bevor Sie nun gleich rufen: Aber wie kann *Verachtung* denn jemals eine Tugend sein?!, schauen wir erst einmal, wie Strenger sein Anliegen erläutert: »Eine Kultur der zivilisierten Verachtung beruht [...] auf einer intellektuellen Selbstdisziplin, die dazu verpflichtet, Informationen zu sammeln und diese sorgfältig abzuwägen; und auf dem Willen, diese Disziplin konsequent aufzubringen – genau darin besteht nämlich das Prinzip der verantwortlichen Meinungsbildung. Zivilisierte Verachtung ist dann angebracht, wenn Menschen sich diesen Anforderungen entziehen, weil sie es bequemer finden, Tatsachenbehauptungen zu akzeptieren, die zu ihren emotionalen oder weltanschaulichen Präferenzen passen, selbst wenn sich leicht Indizien finden lassen, die diesen Behauptungen widersprechen.«

Vielleicht sind Sie mit Strengers »Prinzip der verantwortlichen Meinungsbildung« grundsätzlich einverstanden. Aber vermutlich würden Sie ihm zweierlei entgegnen wollen: Wer, bitte schön, schafft es in unserer unübersichtlichen Welt denn heute noch, Informationen in der geforderten Weise zu sammeln und sorgfältig abzuwägen? Und müssen wir all die vielen, denen dies nicht gelingt, deshalb gleich *verachten*?

Nehmen wir uns erst einmal ein Beispiel vor, bei dem Strengers Argumentation unmittelbar einleuchten dürfte: Als Donald Trump nach seiner Inauguration als 45. Präsident der Vereinigen Staaten über seinen damaligen Pressesprecher verlautbaren ließ, dass sich bei seiner Amtseinführung so viele Menschen auf der Mall in Washington versammelt hätten wie bei keiner Amtseinführung zuvor, werden sich die allermeisten an die Stirn gefasst und gedacht haben: Was für ein selbstbetrügerischer, verblendeter Depp! Ich darf bekennen, dass auch ich zu denjenigen zählte, die im Januar 2017 so reagiert haben. Allerdings empfand ich ein paar Jahre zuvor die gleiche Verachtung, als mir eine türkisch-deutsche Studentin mit Kopftuch – mit der ich anlässlich eines Berliner »Tags der offenen Moschee« einen Dialog zu führen versuchte – erklärte, es sei schon in Ordnung, dass dem islamischen Rechtsverständnis nach die Aussagen zweier Frauen nötig sind, um die Aussage eines Mannes zu entkräften, schließlich wisse man ja, dass Frauen strukturell unzuverlässigere Zeugen seien als Männer.

Da ich während des Präsidentschaftswahlkampfes 2016 in den USA gewesen bin, habe ich aus der Nähe miterlebt, wie unerquicklich es wird, wenn ein paranoider Stimmungsmacher wie Trump seine versammelten Anhänger zu Sprechchören à la »Lock her up! Lock her up!« animiert. (Diejenige, die aus Sicht der Trumpisten eingesperrt gehörte, war die zweite Bewerberin ums Amt des 45. US-Präsidenten, Hillary Clinton.) Ich kenne die abstoßenden Szenen, die sich in den letzten Jahren auf deutschen Straßen und Plätzen ereignet haben, wann immer sich ein aufgebrachter Mob vor Flüchtlingsunterkünften oder bei Wahlkampfauftritten von Bundeskanzlerin Angela Merkel zusammenrottete, um zu pöbeln oder gar handgreiflich zu werden.

Angesichts solcher Verachtungsexzesse beschleicht auch mich die bange Frage, ob wir nicht die Dämme des zivilisierten Miteinanders einreißen, sobald wir die Verachtung als legitime Geisteshaltung freigeben. Muss sich das Konzept einer »zivilisierten Verachtung« nicht doch den Vorwurf gefallen lassen, eine riskante akademische Träumerei zu sein, weil derjenige, der zivilisierte Verachtung sät, Stürme blinden, rohen Hasses ernten wird? Weil es am Ende eben nicht die zivilisierten Diskursteilnehmer sein werden, die *einzig* jene auf *zivilisierte* Weise verachten, die keinerlei Ethos der »verantwortlichen Meinungsbildung« besitzen, sondern weil sich gerade Letztere ermutigt fühlen könnten, jeden, der ihnen nicht ins weltanschauliche Zeug passt, zu beschimpfen und zu bespucken?

Ich halte diese Gefahr für real. Gleichwohl erscheint es mir plausibel, wenn Carlo Strenger auf die selbstzerstörerischen Gefahren aufmerksam macht, die lauern, wenn wir Freiheitlich-Zivilisierten beim Ethos der »politischen Korrektheit« bleiben und jedem, ganz gleich, was für ein krudes Menschen- und Weltbild er vertritt, mit derselben höflich-verständnisvollen Achtung begegnen. Ich selbst habe mir in diesem Buch an einigen Stellen erlaubt, liberale Seelenhygiene in dem Sinn zu betreiben, dass ich manch einem Diskursteilnehmer – und manch einem, der vom arrivierten Diskurs ausgeschlossen ist – mit »zivilisierter Verachtung« begegne. Vielleicht ist es trotzdem ratsamer, so wie Strenger es an anderer Stelle seiner Streitschrift tut, davon zu reden, dass wir die Fähigkeiten bewahren und fördern müssen, »Kritik zivilisiert zum Ausdruck zu bringen und ebenso zivilisiert zu ertragen«.

Eine andere Denkerin unserer Gegenwart, die mit Nachdruck dafür plädiert, unser liberales Heil nicht im voreiligen Konsens zu suchen, ist die belgische Politikwissenschaftlerin Chantal Mouffe. In ihrem Buch *Über das Politische. Wider die kosmopolitische Illusion* greift sie alle »postpolitischen Visionen« an, die das wahrhaft Demokratische in der Überwindung von Antagonismen sehen. Ihr eigenes Projekt umreißt sie so: »Ich werde aufdecken, wie der konsensorientierte Ansatz, statt die Bedingungen für eine versöhnte Gesellschaft zu schaffen, zur Entstehung von Antagonismen führt, die eine agonistische Sichtweise hätte verhindern können, indem sie diesen Konflikten eine legitime Ausdrucksform geboten hätte.«

Das für Chantal Mouffes Denken zentrale Begriffspaar »antagonistisch« versus »agonistisch« bedarf der Erklärung. Als »antagonistisch« definiert die Politologin die Begegnung von Feinden, die letztlich darauf abzielt, den anderen zu vernichten. Als »agonistisch« hingegen bezeichnet sie die Auseinandersetzung zwischen politischen Gegnern, die, ganz gleich, wie heftig sie einander bekämpft haben, sich am Ende dennoch, wie Sportler nach einem Match, die Hände schütteln und dem Rückspiel entgegenfiebern.

Obwohl Mouffes Buch bereits 2005 veröffentlicht wurde, lese ich nicht nur die oben zitierte, sondern auch die folgenden Einschätzungen als Kommentare zu aktuellen politischen Entwicklungen, wie wir sie auch bei uns beobachten. Die konsensorientierte Einstellung, dass es in der Politik keine markanten Wir-Sie-Unterscheidungen mehr gebe beziehungsweise geben dürfe, führt Mouffe zufolge mitnichten zum Verschwinden aller Gegensätze, sondern dazu, »dass heute das Politische vielmehr im *moralischen Register* ausgetragen wird. Mit anderen Worten, es besteht immer noch in einer Wir-Sie-Unterscheidung, die aber statt in politischen jetzt in moralischen Kategorien definiert wird. Statt mit einem Kampf zwischen ›rechts‹ und ›links‹ haben wir es mit einem Kampf zwischen ›richtig‹ und ›falsch‹ zu tun.«

Diese Moralisierung der politischen Sphäre hält Mouffe aus zwei Gründen für gefährlich. Der erste lautet: »Wenn nun die Wir-Sie-Konfrontation moralisch zwischen Gut und Böse statt politisch zwischen ›Gegnern‹ formuliert wird, dann kann der Gegenspieler nur als zu vernichtender Feind wahrgenommen werden.« Der zweite

Grund lautet: »Um Leidenschaften für demokratische Entwürfe mobilisieren zu können, muss demokratische Politik einen parteilichen Charakter haben.«

Ich denke, diese Analysen liefern eine ausgezeichnete Erklärung sowohl für die grassierende Politikverdrossenheit hierzulande als auch für das Erstarken der politischen Ränder. Dementsprechend nachdenklich sollte es uns stimmen, ob die Verlängerung der »Großen« Koalition tatsächlich zum Besten unseres Landes ist – beziehungsweise eine »Jamaika«-Koalition dies gewesen wäre – oder ob sich durch solch zunehmend verwaschene und größenmäßig einlaufende Mitte-Mitte-Bündnisse die demokratiebedrohenden Phänomene, mit denen wir seit Jahren konfrontiert sind, nicht weiter verschärfen werden. Sollte Letzteres eintreten, würde unser Bundestag aufhören, ein Ort zu sein, an dem die Gegnerschaft zwischen Parteien im zivilisiert-demokratischen Modus ausgetragen wird, sondern würde zum Schauplatz eines erbitterten Kampfes aller demokratischen Parteien gegen die antidemokratischen Kräfte rechts und links.

Was bedeuten die Überlegungen Mouffes, die für den Bereich demokratischer Innenpolitiken so einleuchtend sind, nun aber für das Feld der globalen politischen Auseinandersetzungen? Ich glaube, sie führen uns schonungslos vor Augen, in welchem Dilemma wir uns befinden. Erkennen wir Staaten wie China oder gar Nord-Korea, wie Saudi-Arabien oder den Iran als legitime Gegner unserer westlich-liberalen Verfassungsstaaten an, riskieren wir, unsere grundlegende Überzeugung, dass »alle Menschen frei und gleich an Würde und Rechten geboren sind«, preiszugeben. Betrachten wir sie als unsere »Feinde«, riskieren wir Kriege.

Jeder Mensch, der einem islamistischen Terrorattentat zum Opfer gefallen ist, ist ein Opfer zu viel. Ich halte es nicht für Ausdruck von Zynismus, sondern für unsere Pflicht, jeden dieser Terrorakte als einen Moment zu begreifen, der uns vor Augen führt, dass unser westlicher Frieden und unsere westliche Freiheit nicht selbstverständlich sind. Wir ehren das Andenken an diese Opfer am besten, wenn wir ihren Tod als Tragödien verstehen, die uns, wie Carlo Strenger es ausdrückt, die »Herausforderung« vergegenwärtigen, »dass wir für die Freiheit nur dann eine sinnstiftende Leidenschaft entwickeln, wenn sie bedroht oder unterdrückt wird«.

Ich fürchte, wir sind dazu verdammt, noch konsequenter als in der Vergangenheit jenen Weg zu verfolgen, den ich früher skizziert habe: Auf weltpolitischer Ebene müssen wir Ausschau halten nach möglichen Irgendwie-Verbündeten und uns dabei weit genauer fragen, ob etwa ein Staat wie Saudi-Arabien tatsächlich als »Irgendwie-Verbündeter« gelten kann. Der Grandseigneur der liberalen Gerechtigkeitstheorie, der US-Philosoph John Rawls – dessen Ansatz im weiteren Verlauf des Kapitels noch eine Rolle spielen wird –, schlug die Unterscheidung zwischen »achtbaren, nichtliberalen Völkern« und »Schurkenstaaten« vor. Allerdings hielt sich der Gerechtigkeitstheoretiker in der Frage, welche Staaten auf der weltpolitischen Landkarte konkret als »Schurken« betrachtet werden sollten, vornehm bedeckt. Uneingeschränkt solidarisch sollten wir uns mit all denjenigen zeigen, die dafür kämpfen, dass die Menschenrechte eines utopischen Tages tatsächlich für die ganze Menschheit gelten. Wir sollten uns vom frommen kapitalistischen Glauben verabschieden, dass der globale Markt seine unsichtbare Hand schützend über die Menschenrechte hält. Ansonsten müssen wir für unser Freiheitsverständnis werben, werben und unermüdlich weiterwerben. Wir müssen hart, aber zivilisiert Kritik an den anderen üben und darauf hoffen, dass uns die anderen ebenfalls zivilisiert begegnen und nicht mit Terror und Krieg.

Weltgerechtigkeit und offene Grenzen

Nun will ich mich all jenen zuwenden, denen das bislang skizzierte liberal-menschenrechtlich verfasste Wir immer noch zu eng ist und die stattdessen ein Menschheits-Wir fordern, das tatsächlich jeden ein- und niemanden mehr ausschließt, all jenen also, deren

Menschheitspathos auf globale Solidarität abzielt. Ich selbst bin der Ansicht, dass es Kontexte gibt, in denen wir solch ein Menschheitspathos empfinden sollten. Am stärksten überkommt es mich, wenn ich mich mit den von Jahr zu Jahr realistischer werdenden Utopien von Trans- und Posthumanisten beschäftige, die eifrig daran basteln, das Menschheitszeitalter endgültig zu beenden und das Maschinenzeitalter anbrechen zu lassen. Deshalb habe ich im letzten Kapitel dafür plädiert, dass Europa seine Funktion als Hüter des Humanen beherzter wahrnehmen soll, indem es sich bemüht, die feurigen Rösser des technologischen Fortschritts zu zügeln. Wenn wir die Gäule von Digitalisierung, Künstlicher Intelligenz und Vollautomatisierung mit uns durchgehen lassen, wird dies den Menschen, so wie wir ihn bislang kannten, als kreatürliches und vernünftiges Doppelwesen, schleifen.

Die meisten, die heute eine globale Solidarität anmahnen, haben dabei allerdings etwas anderes vor Augen. Sie sehen das eklatante Gefälle zwischen Arm und Reich in der Welt. Sie können und wollen über die Tatsache, dass sich der Reichtum mancher *auch* der Armut vieler verdankt, nicht stillschweigend hinweggehen. Ich halte das Ideal der Weltgerechtigkeit für ebenso wenig einfältig wie das Ideal weltweit gültiger Menschenrechte. Dass ich keine Anhängerin des orthodox-marktliberalen Glaubens bin, man solle die Wirtschaft nur ungehindert wirtschaften lassen, dann werde sich alles schon auf magische Weise zum Guten wenden, sollte deutlich geworden sein. Die politischen Steuerruder gehören nicht in die Hände von Firmenchefs. In der Tat erscheint es mir als eine weitere bedrohliche Tendenz unserer Gegenwart, wenn ich etwa bei einer Tagung mit Vertretern führender deutscher High-Tech-Unternehmen erlebe, wie die versammelten Herren – und wenigen Damen – spöttisch die Mundwinkel verziehen, sobald es um die Frage geht, welche Leit- und Richtlinien die Politik denn überhaupt noch vorgeben *kann*.

Ich bin dringend dafür, dass wir Teilnehmer der westlichen Konsumgesellschaften uns bewusst machen, dass die hippen Turnschuhe, die wir kaufen, in Bangladesch unter menschenunwürdigen Bedingungen fabriziert worden sein können. Obwohl auch ich zu den zig Millionen »Amazon-Prime«-Kunden gehöre, die es mittlerweile weltweit gibt, frage ich mich bei jeder Bestellung, ob ich nicht aus schierer Bequemlichkeit dazu beitrage, ein globales Ungetüm zu nähren, das danach strebt, den Weltmarkt in ein monopolistisches Waren- und Dienstleistungskaufhaus – und mehr – zu verwandeln. In einer Reportage der *Süddeutschen Zeitung* fand ich unlängst den wertvollen Hinweis, dass der Gigant Amazon eine Achillesferse hat, die gerade »Prime«-Kunden nutzen können, indem sie nicht etwa teure Produkte dort bestellen, sondern bevorzugt den alltäglichen Kleinkram, den Amazon an sie ebenfalls gratis verschickt und deshalb wenig bis nichts daran verdient.

Im letzten Kapitel will ich meine Sorge näher darlegen, was es für unser Verständnis von Politik und Staat bedeutet, wenn wir demokratische Prozesse mehr und mehr den Prinzipien des Votings und Ratings angleichen, wenn politische Parteien ihre Wähler mehr und mehr als »valued customers« begreifen. Jetzt möchte ich mich jedoch mit einer radikal global-solidarischen Position auseinandersetzen, die ein junger Schweizer Philosoph entwickelt hat. 2016 erschien im Suhrkamp Verlag die Doktorarbeit von Andreas Cassee unter dem Titel *Globale Bewegungsfreiheit. Ein philosophisches Plädoyer für offene Grenzen*. Seine Studie fand auch in deutschen Medien breites und zustimmendes Echo, 2017 wurde sie mit dem Förderpreis der Volkswagenstiftung »Opus Primum« ausgezeichnet. Cassee selbst bekennt im Vorwort seines Buchs, dass er auf das Thema »offene Grenzen« nicht zuletzt durch sein Engagement in der Flüchtlingshilfe gekommen ist. Sein expliziter Dank gilt »den Flüchtlingen und Sans-Papiers, die im Dezember 2008 die Predigerkirche in Zürich besetzt haben. Ohne sie«, heißt es dort am Schluss, »hätte ich dieses Buch wohl nie zu schreiben begonnen.«

Die Qualität von Cassees Arbeit liegt darin, dass er sich auf knapp dreihundert Seiten nun aber nicht einfach auf allgemein-menschliche Imperative, auf das humane Gebot, Notleidenden zu helfen, beruft. Im ersten Teil argumentiert er sehr gründlich gegen philosophische Positionen, die für nicht-offene Grenzen plädieren. Im zweiten Teil entfaltet er, warum er seinerseits offene Grenzen für den einzig haltbaren gerechtigkeitsphilosophischen Standpunkt hält.

Eine der weit verbreiteten Überzeugungen, die Cassee zu widerlegen versucht, lautet: »Das ist unser Land! Wir haben es zu dem gemacht, was es heute ist, und es ist unsere Entscheidung, mit wem wir die Früchte unserer Zusammenarbeit teilen wollen.« Ich folge dem Schweizer Philosophen, wenn er diese Überzeugung attackiert, indem er etwa darauf verweist, dass sie die stillschweigende Annahme macht, es sei tatsächlich das ausschließliche Verdienst der jeweiligen Bürger, wenn es ihrem Land wohl ergeht. Man muss nicht nur an koloniales Unrecht vergangener Zeiten denken, um diese Voraussetzung infragezustellen. Ebenso einleuchtend erscheint mir Cassees Hinweis, dass es ja auch im Kreise der anerkannten Staatsbürger etliche Personen gibt, die Zugang zu staatlichen Institutionen wie öffentlichen Kindergärten oder Schulen genießen, ohne dass sie vorher ihren Beitrag dazu geleistet haben. Die Reihenfolge ist hier in der Tat genau umgekehrt: In den ersten Jahren unseres Staatsbürgerlebens profitieren wir von Leistungen, und später erst sind wir verpflichtet, uns zu revanchieren.

Weniger geglückt kommt mir Cassees Versuch vor, die Argumente für nicht-offene Grenzen zu widerlegen, die sich darauf berufen, dass eine unbeschränkte Einwanderung die Kultur des jeweiligen Landes bis zur Unkenntlichkeit zu verändern droht. Wenn Sie sich an meine Darlegungen aus dem ersten Kapitel erinnern, werden Sie sofort begreifen, woher meine Bedenken rühren. Die Kulturen in offenen Gesellschaften sind zwar mehr oder minder heterogen und plastisch, aber sie sind eben nicht beliebig. Dem Missverständnis, dass »Heterogenität« oder »Plastizität« letztlich doch mit »Beliebigkeit« zu übersetzen seien, erliegt leider auch Andreas Cassee. Ich habe nichts dagegen, wenn er sagt, dass man den Erzählungen von Kulturen und den Familienähnlichkeiten zwischen ihren einzelnen Erscheinungsformen auch ganz andere Familienerzählungen entgegensetzen kann: etwa die Geschichten »über (ungleich intimere) familiäre Gemeinschaften [...], deren Mitglieder einander tief verbunden sind und sich einem gemeinsamen Leben verpflichtet sehen, das durch eine restriktive Einwanderungspolitik bedroht ist«. Allerdings sollte sich Cassee bewusst sein, dass er einen gefährlichen Weg einschlägt, wenn er die biologischen Familienbande gegen das für kulturell heterogene, freiheitliche Nationalstaaten fundamentale Sozialprinzip der Wahlverwandtschaft auszuspielen versucht.

Der eigentliche Clou von Cassees Studie liegt darin, wie er sein eigenes Plädoyer für offene Grenzen letztlich begründet. Dabei geht er von der Gerechtigkeitstheorie des bereits erwähnten John Rawls aus, die auf das politisch-philosophische Denken der letzten Jahrzehnte immensen Einfluss hatte. Das berühmt gewordene Bild, aus dem heraus der US-Philosoph seine Argumentation entwickelt, ist der »Schleier des Nichtwissens«. Damit meint Rawls folgendes Gedankenexperiment: Welchen Gerechtigkeitsprinzipien würden wir unsere Zustimmung geben, wenn wir noch keine Kenntnis davon hätten, welche gesellschaftliche Stellung wir selbst tatsächlich innehaben und welche Ideale wir dereinst persönlich verfolgen werden? Sprich: Wie würden wir unsere Gesellschaft einrichten, wenn wir nicht wüssten, ob wir als Sohn arbeitsloser Eltern oder als Tochter in reichem Hause geboren werden, wenn wir keine Ahnung hätten, ob wir einmal als streng gläubiger Mensch oder als säkularer Kosmopolit leben wollen? Rawls schließt, dass wir uns in solch einem fiktiven »Urzustand« rationalerweise auf Prinzipien einigen müssten, welche die Interessen aller Personen und alle denkbaren Lebensentwürfe gleichermaßen berücksichtigen.

Vor diesem Hintergrund stellt Cassee nun die migrationspolitische Gretchenfrage: »Auf welche Grundsätze für den Umgang mit internationaler Migration würden wir uns einigen, wenn wir nicht wüssten, welche Staatsangehörigkeit wir besitzen, welcher sozialen Schicht wir angehören und welche Vorstellung von einem gelingenden Leben wir verfolgen?«

Ich vermute, dass bereits die so gestellte Frage auf viele einen Wow!-Effekt haben wird. Auch ich würde spontan sagen: Wenn ich nicht weiß, mit welchem Geschlecht und in welchem Land ich zur Welt kommen werde, *muss* ich doch dafür sein, dass die menschenrechtlich verfassten Staaten ihre Grenzen öffnen. Denn es besteht ja die durchaus nicht ganz geringe Chance, dass ich beispielsweise als aufmüpfige Frau zur Welt komme – und wenn ich dann das Pech habe, in einem Land geboren worden zu sein, in dem aufmüpfige Frauen gesteinigt werden, dann kann ich unmöglich wollen, dass ich bei meiner Flucht an den EU-Grenzen abgewiesen werde.

Aber ist dieses Argument wirklich so zwingend, wie es auf den ersten Blick zu sein scheint? Denn was geschieht, wenn die EU ihre Grenzen nicht nur mir öffnet, sondern auch meinen männlichen Verwandten, die mich steinigen wollen? Soll ich dann in die nächstgelegene Bibliothek rennen, mir Rawls' *Eine Theorie der Gerechtigkeit* oder Cassees *Globale Bewegungsfreiheit* ausleihen, diese Bücher meinen Verfolgern entgegenstrecken und rufen: Halt, Jungs! Lest dies! Es wird euch den Schleier von den Augen reißen, und ihr werdet begreifen, wie ungerecht es ist, mich steinigen zu wollen!

Dürfte ich ernstlich darauf hoffen, dass sich der Wow!-Effekt bei meinen Peinigern in der Schweiz eher einstellt als in Saudi-Arabien?

Und was machen wir, wenn ich bereits im fiktiven Urzustand ein Spieler bin, nach dem Motto: Sollte ich als arme, aufmüpfige Frau in Saudi-Arabien zur Welt kommen, muss ich mir halt sagen: dumm gelaufen. Aber es könnte ja sein, dass ich als männlicher Spross der saudischen Königsfamilie geboren werde. Dann ginge es mir doch blendend! Dann pfiffe ich in meinem Privatjet auf offene Grenzen! Den Spaß, meine Schwestern, Cousinen und Töchter öffentlich unter den Hidschab zu stecken, würde ich mir schon auch gönnen wollen. Und es würde mir ja den ganzen Spaß verderben, wenn meine weibliche Verwandtschaft so einfach in den Westen abhauen könnte.

Ich war bei der Lektüre von Cassees Studie ein wenig enttäuscht, dass er auf die Standardargumente, die bereits gegen Rawls' Gerechtigkeitstheorie erhoben wurden, nur peripher eingeht. Das eine Argument habe ich eben bereits benannt: Ist es wirklich ein Gebot der schieren Rationalität, im Spielkasino der Lebensmöglichkeiten meine Jetons in vorsichtig kleinen Einheiten auf »Schwarz« oder »Rot« zu setzen und nicht alles auf eine Zahl? Und kann ich in dem fiktiven Urzustand, in dem laut Rawls die Prinzipien der künftigen Gesellschaft vereinbart werden, überhaupt *irgendetwas* Sinnvolles aushandeln, wenn ich noch *keinerlei* Ahnung habe, ob ich die Welt später mit den Augen eines saudischen Ölprinzen oder mit denen einer armen, aufmüpfigen Frau betrachten werde? Ist der »Schleier des Nichtwissens« wirklich mehr als eine zwar reizvolle, aber letztlich hohle philosophische Abstraktion? Und befördert diese Abstraktion – Stichwort: »Spielkasino« – nicht lediglich ein »Auf-Nummer-sicher-Gehen«, anstatt uns zu ermutigen, Riskantes zu wagen?

Trotz all dieser Einwände will ich Cassees Studie nicht als philosophische Gedankenspielerei abtun. Ich wünschte mir, dass es in unseren erregten Flüchtlingsdebatten mehr Befürworter einer liberalen Migrationspolitik gäbe, die so stringent und sorgfältig argumentieren, wie der Schweizer dies über weite Strecken tut.

Um meine eigenen Überlegungen zum global gestärkten Wir abzuschließen, möchte ich jenen Philosophen heranziehen, der den Traum von Weltbürgertum und ewigem Frieden als Erster nicht einfach bloß geträumt, sondern diesen systematisch gedacht hat: Immanuel Kant.

In seiner *Idee zu einer allgemeinen Geschichte in weltbürgerlicher Absicht* von 1784 begründet der Königsberger die Notwendigkeit einer »vollkommenen bürgerlichen Vereinigung in der Menschengattung« in neun Schritten. Ich will die Schritte hier nicht im Einzelnen wiedergeben, sondern Kants Argumentation lediglich in groben Zügen nachzeichnen.

Zu Beginn steht die Prämisse, dass »alle Naturanlagen eines Geschöpfes [...] bestimmt [sind], sich einmal vollständig und zweckmäßig auszuwickeln«. Die spezifische Aufgabe des Menschen sieht Kant darin, all diejenigen seiner »Naturanlagen« auszubilden, »die auf den Gebrauch seiner Vernunft« abzielen. Denn schließlich ist der Mensch »das einzige vernünftige Geschöpf auf Erden«. Gleichzeitig erkennt Kant, dass diese »vollständige und zweckmäßige«

Ausbildung keinem Individuum allein, sondern nur der Gattung Mensch als Ganzer gelingen kann. Als die Kraft, die diesen großen Entwicklungsprozess antreibt, benennt der Philosoph den »Antagonism«, der zwischen den einzelnen Menschen besteht. Damit meint er Gefühle wie Selbstsucht, Neid oder den Drang, seine Mitmenschen zu übertrumpfen. Zwar leugnet Kant nicht, dass der Mensch auch die Neigung hat, »sich zu vergesellschaften«, allerdings legt er diesen sozialen Zug des Menschen nicht als ein ausschließliches Bedürfnis nach geselliger Harmonie aus. Das menschliche Schicksal, beständig zwischen den Polen Harmonie und Abgrenzung zu pendeln, bringt Kant auf den wunderbar dialektischen Begriff der »ungeselligen Geselligkeit«.

Da es sich um eine meiner Lieblingsstellen bei Kant handelt, wie er die »ungesellige Geselligkeit« des Menschen beschreibt, sei die entsprechende Passage etwas ausführlicher zitiert: »Ohne jene, an sich zwar eben nicht liebenswürdige[n], Eigenschaften der Ungeselligkeit, woraus der Widerstand entspringt, den jeder bei seinen selbstsüchtigen Anmaßungen notwendig antreffen muss, würden in einem arkadischen Schäferleben, bei vollkommener Eintracht, Genügsamkeit und Wechselliebe, alle Talente auf ewig in ihren Keimen verborgen bleiben: die Menschen, gutartig wie die Schafe, die sie weiden, würden ihrem Dasein kaum einen größeren Wert verschaffen, als dies ihr Hausvieh hat.«

Wir sehen, dass Kant mitnichten die ganz große Kuschelgruppe, ein globales Harmonistan, vorschwebt, wenn er uns die Notwendigkeit einer bürgerlich verfassten Weltgesellschaft darlegen will. Im Gegenteil: Sein bestechendstes Argument für einen weltbürgerlichen Staatenbund liegt genau darin, dass ein eben solcher die einzige Bühne ist, auf der sich der »Antagonism« innerhalb der Menschheit so abspielen kann, dass er nicht in gewalttätigen Auseinandersetzungen eskaliert. So wie es für Kant nur einem bürgerlich verfassten Rechtsstaat gelingt, die »ungesellige Geselligkeit« seiner einzelnen Mitglieder in produktive Bahnen zu lenken, kann für ihn nur ein weltumspannender Bund solcher Staaten die gewaltige Aufgabe leisten, die Rivalitäten und Eifersüchteleien zwischen den jeweiligen Mitgliedsstaaten sowohl fruchtbar zu machen als auch einzuhegen.

Mir erscheint diese These extrem plausibel. Denn waren und sind innerhalb der Menschheitsgeschichte nicht diejenigen Gesellschaften die produktivsten und kreativsten, die es geschafft haben, sich eine Verfassung zu geben, in der die »ungesellige Geselligkeit« des Menschen eben nicht zu zerstörerischen Kriegen geführt hat, sondern in Kultur- und Zivilisationsleistungen sublimiert worden ist? Liegt der Charme von globalen Sportereignissen wie Fußballweltmeisterschaften oder Olympischen Spielen nicht genau darin, dass dort »die Völker der Welt« friedlich gegeneinander antreten, obwohl sie danach streben, einander im Wettstreit um Pokale und Medaillen auszustechen? Wo zu viel Harmonie herrscht, schläft alles ein. Wo zu viel Missklang besteht, beginnt früher oder später die Verwüstung.

Sollten moralische Argumente stets ausschlaggebend sein?

Damit sind wir bei der Kernfrage angekommen, worin der Wert einer Gesellschaft, einer Nation, besteht. Anhänger eines Weltbildes, das sich primär an sozialer Gerechtigkeit und Gleichheit orientiert, würden sagen: Der Wert einer Gesellschaft bemisst sich daran, welches Leben sie den Schwächsten ihrer Mitglieder ermöglicht. Anhänger eines Weltbildes, das Exzellenz im Blick hat, würden sagen: Der Wert einer Gesellschaft bemisst sich in erster Linie an ihren Leistungen auf den verschiedensten Gebieten – in der Kunst, in der Wissenschaft, in der Technik, in der Wirtschaft, im Sport. Ich würde sagen: Eine Gesellschaft, die das Exzellenzstreben aufgibt, nähert sich der Schafsherde an, die Kant beschreibt; eine Gesellschaft, die sich nur an den Starken orientiert, läuft Gefahr, kaltherzig zu werden und zu verrohen.

Am seriösesten gehen wir mit dem Konflikt zwischen diesen

rivalisierenden Weltbildern um, wenn wir ihn in aller Klarheit erkennen und austragen; wenn wir uns vergegenwärtigen, dass er bis in die Anfänge unserer westlichen Wertvorstellungen zurückreicht. So sind und waren etwa im Christentum beide Strömungen massiv vorhanden. Die eine Richtung wurde vorgegeben durch die Seligpreisungen all der Menschen, die »geistlich arm« sind, die »Leid tragen«, die »sanftmütig« sind, die »hungern und dürsten nach der Gerechtigkeit«, die »barmherzig« und »reinen Herzens« sind, die »Frieden stiften«, die »um der Gerechtigkeit willen verfolgt werden«. In seiner Bergpredigt – und nicht nur dort – lässt Jesus keinen Zweifel daran, wem sein Herz und angeblich auch das Himmelreich gehören: den Schwachen und all denjenigen, die sich bemühen, Schwachen zu helfen.

Die andere Strömung versammelte sich innerhalb des Christentums unter dem Wahlspruch »Ad maiorem Dei gloriam«. Die Überzeugung, mit dem eigenen weltlichen Tun zur »größeren Ehre Gottes« beizutragen, teilen nicht nur viele Jesuiten – sie spornte auch alle Baumeister, Künstler, Philosophen und Musiker christlichen Glaubens zu Höchstleistungen an. Wäre das Christentum *nur* das Christentum der Bergpredigt geblieben, stünde in Rom kein Petersdom, hätte Michelangelo womöglich nie zu Pinsel und Meißel gegriffen, hätte Thomas von Aquin keine vieltausendseitige *Summa Theologiae* verfasst und hätte selbst der Erzprotestant Johann Sebastian Bach einfach nur Orgel gespielt, anstatt ein gewaltiges kompositorisches Werk zu schaffen.

Diesen Widerstreit innerhalb des christlichen Weltbildes sollten alle jene nicht aus dem Gedächtnis verlieren, die auch heute das christliche Gebot der Nächstenliebe beherzigen, indem sie sich selbst bemühen, das Elend dieser Welt zu lindern, wo sie nur können – und diese Haltung auch von anderen verlangen.

Ich weiß nicht, ob Andreas Cassee ein gläubiger Christ ist. In jedem Fall spricht es für seine moralische Integrität, wenn er darauf besteht, dass wir reichen Europäer uns die Erzählungen anhören, »die von den Toten im Mittelmeer handeln, von der Verzweiflung der Ausschaffungshäftlinge, der Entrechtung der Sans-Papiers oder von Menschen, die für den westlichen Markt produzieren und im Fernsehen tagtäglich den Verheißungen des Wohlstands in Europa und Nordamerika ausgesetzt sind, ohne jemals die Möglichkeit zu haben, den Schauplatz dieser Verheißungen zu betreten«.

Allerdings habe ich den Verdacht, dass auch Cassee zu denjenigen zählt, die den moralischen Diskurs zum alles überbietenden Diskurs erheben möchten. Der US-amerikanische Philosoph Thomas Nagel hat darauf hingewiesen, dass wir den vielfältigen Reichtum unserer Welt vermindern, wenn wir moralische Argumente stets zu den ausschlaggebenden machen. Der Philosoph spricht von einer »Fragmentation of Value«, plädiert dafür, anzuerkennen, dass unser Wertehimmel kein einfacher ist, sondern ein mannigfacher, und dass es zwischen den unterschiedlichen Werten stets zu Konflikten, bisweilen auch zu tragischen, kommen kann. Ich halte es für triftig, wie Nagel diesen zerklüfteten Wertehimmel, der sich über unserer westlichen Welt wölbt, skizziert, indem er sieben Wertsphären voneinander unterscheidet, und zwar: »Verpflichtungen gegenüber anderen Personen und Institutionen«, »allgemeine Rechte«, »Nützlichkeit«, »perfektionistische, in sich selbst kostbare Ziele« und die »Verpflichtung gegenüber unseren eigenen Projekten«.

Wenn man unsere Wertewelt so versteht, ist unmittelbar ersichtlich, wie die Konflikte entstehen: Darf ein Unternehmen massenhaft Mitarbeiter entlassen, weil dies unter wirtschaftlichen Gesichtspunkten »nützlich« wäre? Dürfen wir Geld für Opernhäuser und Museen ausgeben, wenn wir mit demselben Geld Tausende von Menschen vor dem Hungertod bewahren könnten? Darf ich meine Familie und Freunde vernachlässigen, wie ich es tue, wenn ich mich monate- oder gar jahrelang einschließe, um ein Buch zu schreiben? Für viele dieser Konflikte lassen sich mehr oder minder gute Kompromisslösungen finden. Solche Kompromisse auszuhandeln ist das Kennzeichen verantwortlicher demokratischer Politik – sei's auf der zwischen- oder innerstaatlichen Ebene, sei's im Privaten.

Ich fürchte jedoch, dass es darüber hinaus Konflikte gibt, die tatsächlich tragisch sind in dem Sinne, dass sich hier eben kein »guter« Kompromiss finden lässt. Ganz gleich, für welche der beiden konfligierenden Wertsphären man sich entscheidet, man wird sich, indem man der einen Sphäre den Vorrang gibt, an der anderen Sphäre zwangsläufig »versündigen«. Ich glaube, dass solche echten Dilemmata nur dann zu »bewältigen« sind, wenn derjenige, der sich »versündigt«, ein hohes Bewusstsein davon hat, dass er mit seiner Entscheidung *auch* ein Unrecht begangen, Schuld auf sich geladen hat. Der Handelnde darf seine Entscheidung nicht für unproblematisch halten. Er muss wissen, dass er mit ihr einen nicht-versöhnten Rest hinterlassen hat. Und wenn es denn irgend möglich ist, muss er alles dafür tun, diesen nicht-versöhnten Rest später wieder zu versöhnen.

Hierin sehe ich die stärkste Begründung für Entwicklungshilfe. Die westlichen Länder »brauchten« ihre früheren Kolonien für ihre eigene wirtschaftliche Entwicklung. Dabei haben sie in den meisten dieser ehemaligen Kolonien immenses Unrecht auf sich geladen. Dieses frühere Unrecht verpflichtet uns heute dazu, den Ländern, die wir einstmals ausgebeutet haben, zu helfen, und zwar ohne die Hintergedanken, uns Zugang zu günstigen Rohstoffen und Märkten im globalen Wettbewerb zu sichern.

In diesem Zusammenhang wird eine zweite Unterscheidung wichtig, die den moralphilosophischen Diskurs seit seinen antiken Anfängen beschäftigt: die Unterscheidung zwischen »vollkommenen« und »unvollkommenen Pflichten«. Kant fasst diesen Unterschied so, indem er es zur absoluten Pflicht – zum berühmten »kategorischen Imperativ« – macht, »die Menschheit sowohl in deiner Person, als in der Person eines jeden anderen jederzeit zugleich als Zweck, *niemals bloß als Mittel*« zu brauchen. Damit meint er, dass ich Menschen schon auch für andere Zwecke einspannen darf, indem ich sie etwa als Arbeitgeber in meinem Unternehmen beschäftige, dass ich sie aber niemals als reines »Mittel« für meine Zwecke missbrauchen darf, ganz gleich, wie nobel diese Zwecke sein mögen. Folgen wir Kant, müssen wir erkennen, dass es beispielsweise kategorisch ausgeschlossen ist, einen Menschen gegen seinen Willen als medizinisches Versuchskaninchen zu benutzen, selbst wenn dies im Kampf gegen tödliche Krankheiten nutzen würde. (Die Frage, ob wir Tiere für diese Zwecke einsetzen dürfen, bleibt schwierig. Ich würde sagen, Tierversuche sind legitim, solange wir Tiere nicht für eitle Zwecke wie die Entwicklung kosmetischer Produkte oder sinnlose Abgastests missbrauchen, solange uns bewusst ist, dass wir selbst dann *auch* ein Unrecht begehen, wenn unsere Zwecke ernsthafter medizinischer Art sind, und solange wir uns bemühen, dieses Unrecht durch Tierschutzverordnungen und anderweitiges Engagement für Tiere nicht »wettzumachen«, aber zumindest einzudämmen.)

Eine gänzlich andere Sicht auf all diese Fragen haben die Anhänger des in der angelsächsischen Welt entstandenen und dort nach wie vor weit verbreiteten Utilitarismus. Dem Utilitarismus zufolge muss sich unser Handeln einzig und allein danach ausrichten, ob wir mit einer Entscheidung »das größte Glück der größten Zahl« hervorbringen, wie einer der geistigen Väter des Utilitarismus, Jeremy Bentham, es formulierte. Der krasse Utilitarist hält es nicht nur für erlaubt, sondern sogar für moralisch geboten, ein einzelnes Menschenleben zu opfern, wenn sich damit die Leben vieler anderer Menschen retten lassen. Sie merken es sofort: Beim komplexen Streit darüber, ob es einer Regierung erlaubt sein soll, ein von Terroristen entführtes Flugzeug gezielt abzuschießen, um zu verhindern, dass die Terroristen dieses Flugzeug als Waffe gegen ein Hochhaus oder gegen eine Stadt einsetzen, handelt es sich um eine Form des Streits zwischen einer Pflichtethik im Sinne Kants und einer utilitaristischen Verantwortungsethik.

Ich bin überzeugt, dass wir unsere Entscheidungen in tendenziell tragischen Konfliktsituationen besser begründen können, wenn wir uns auf die Unterscheidung berufen, die Kant selbst macht, indem er »vollkommene Pflichten« von »unvollkommenen Pflichten« unterscheidet. »Vollkommen« sind aus seiner Sicht alle Gebote, die uns verbieten, einen Menschen zu töten, zu quälen oder anderweitig zu verletzen. (Dass Kant der Ansicht war, es sei auch keinem Menschen gestattet, Hand an sich selbst zu legen, steht auf einem anderen Blatt.) »Unvollkommen« ist nach Kant ein Gebot wie dasjenige, seinen Mitmenschen zu helfen.

Eine »vollkommene Pflicht« wie diejenige, nicht zu töten, kann ich – wenn ich kein Soldat oder Polizist bin – vollkommen einhalten. Die Anforderungen hingegen, die das Gebot zu helfen an mich stellt, kann ich niemals vollständig erfüllen, ganz gleich, wie sehr ich mich bemühe. Nicht einmal Sankt Martin, der im kältesten Winter seinen Mantel zerteilte, um mit der zweiten Hälfte einen Armen zu wärmen, konnte allen Armen helfen, denen er begegnete. Hätte er seinen Mantel nicht in zwei, sondern in hundert oder gar tausend Stücke zerteilt, wäre am Schluss niemand mehr gewärmt worden.

Ich vermute, Sie ahnen, worauf ich mit diesem Gleichnis hinauswill. Ich will auf die Frage zurückkommen, wie eine verantwortliche Flüchtlingspolitik auszusehen hätte.

Als Bundeskanzlerin Angela Merkel im September 2015 beschloss, die deutsch-österreichische Grenze zu öffnen, um all die Flüchtlinge nach Deutschland hineinzulassen, die der ungarische Ministerpräsident Viktor Orbán in seinem Land nicht haben wollte – und die auch selbst lieber nach Deutschland wollten –, tat Angela Merkel das moralisch Gebotene. Man muss keine Christin sein, es genügt, ein paar Zeilen Kant gelesen zu haben, um zu wissen, dass diejenigen AfD-ler, die damals sogleich das Wort »Schusswaffen« in den Mund nahmen, im Unrecht waren. Das Gebot, auf keinen Menschen zu schießen, *darf* kein freiheitlich-grundrechtlich verfasster Staat außer Kraft setzen, nur weil ein Mensch versucht, das Staatsgebiet zu betreten. Staaten, die auf Menschen schießen lassen, nur weil diese sich anschicken, die Staatsgrenze zu überschreiten, laufen akut Gefahr, sich in den Kreis der Schurkenstaaten einzureihen. Aus dieser Einschätzung folgt jedoch nicht, dass ein freiheitlich-grundrechtlich verfasster Staat seine Grenzen beliebig öffnen müsste.

Mein Unbehagen an Angela Merkels Flüchtlingspolitik setzte erst in jenem Moment ein, in dem sie zuließ, dass Selfies von ihr und glücklich in der Bundesrepublik angekommenen Flüchtlingen um die Welt gingen. Anstatt Flüchtlinge auf diese Weise zu ermutigen, sich auf den Weg gen Deutschland zu machen, hätte die Kanzlerin bei der Position bleiben müssen, die sie in jenem berüchtigt gewordenen »Bürgerdialog« vom Juli 2015 vertreten hatte, in dem sie das palästinensische Flüchtlingsmädchen Reem Sahwil durch ihren Satz »nicht alle können bleiben« zum Weinen gebracht hatte.

So sympathisch Angela Merkels Spruch »Wir schaffen das!« vom August 2015 spontan erschienen sein mochte, so verhängnisvolle Folgen hatte er. Selbstverständlich darf die Frau, die in der Bundesrepublik Deutschland die oberste politische Verantwortung trägt, ihre Mitbürger animieren, Flüchtlingen zu helfen. Hunderttausende von Deutschen haben dies getan, und zwar ganz spontan, ohne dass die Kanzlerin ihnen ins Gewissen reden musste. An die Adresse aller Fliehenden und bereits Geflüchteten hätte Angela Merkel jedoch gleichzeitig die Ansprache richten müssen: Liebe Menschen in Syrien, Nordafrika und anderen Krisenregionen dieser Welt! Wir sehen Ihre Not. Und gern würden wir Ihnen allen helfen. Aber dies wird nicht möglich sein. Nicht einmal unser reiches Land kann unbegrenzt Menschen aus anderen Ländern und Kulturen aufnehmen. Brechen Sie einzig dann nach Deutschland auf, wenn Sie *wirklich* in einem freiheitlich-grundrechtlich verfassten Staat leben möchten; wenn Sie sich vorbehaltlos zu den Menschenrechten bekennen; wenn Sie sich in *irgendeiner* Weise für Deutschland und seine vielfältige Kultur von der Forstwirtschaft über die Ordnungsliebe bis hin zum Fußballfieber erwärmen können. Unter diesen Umständen wollen wir versuchen, unser Menschen- und Bürgermögliches zu tun, um Sie freundlich bei uns aufzunehmen. Andernfalls werden Sie Ihr Glück bei uns in keinem Fall finden.

Ich hielte es für eine Tragödie der anderen Art, wenn die Überdehnung einer unvollkommenen Pflicht wie derjenigen, Notleidenden zu helfen, dazu führte, dass die in unserem Rechtsstaat vollkommene Pflicht wie diejenige, keinen Menschen aufgrund seines Geschlechts oder seiner sexuellen Orientierung zu diskriminieren, aufgeweicht würde.

Indem ich solches behaupte, muss ich mir die Frage gefallen lassen, ob ich mich damit nicht plötzlich selbst im Lager der Hypermoralisten wiederfinde; ob ich auf einmal nicht doch wie eine der »MeToo«-Aktivistinnen klinge, die ja schließlich analog fordern, dass die künstlerischen Verdienste eines Menschen – eines Mannes – keinen Grund darstellen, geflissentlich darüber hinwegzusehen, dass derselbe Künstler gleichzeitig ein sexueller Belästiger oder gar Vergewaltiger sein könnte.

Ich glaube, mein Plädoyer für vollkommene Pflichten, die auch und gerade in einer liberal-pluralen Gesellschaft durch keine anderen Werte relativiert werden dürfen, liegt auf einer anderen Ebene. Ich bin nicht dafür, dass es vertuscht wird, wenn Künstler Schändlichkeiten begehen. Wenn der Verdacht besteht, dass sie Straftaten begangen haben, gehören sie angezeigt und gegebenenfalls vor Gericht gebracht. Ich bin nur dagegen, aus jedem Busenwitzler einen sexistischen Elefanten zu machen. Und ich bin dagegen, dass wir das frevelnde Künstlerkind mit dem Bad auskippen. Der Urvater der Essayistik Michel de Montaigne seufzte bereits im 16. Jahrhundert, dass es doch bitte erlaubt sein müsse, von einem Dieb zu sagen, er habe ein schönes Bein. Wir fallen weit hinter Montaignes Differenzierungsvermögen zurück, wenn wir meinen, wir könnten oder *dürften* es dem heutigen Publikum nicht mehr zumuten, auch Filme von und mit Künstlern zu ertragen, die sich als moralische Versager oder gar Verbrecher entpuppt haben.

Der in linken Kreisen favorisierte Kulturrelativismus begeht denselben Denkfehler wie das im neurechten Milieu beliebte Konzept des Ethnopluralismus: Beide unterstellen, die Eigenarten von Kulturen würden nivelliert und vernichtet, sobald diese dem »Diktat« der Menschenrechte unterworfen werden. Den besten Beweis, dass diese Unterstellung falsch ist, liefert wieder einmal der Blick in die Wirklichkeit: Wer möchte ernsthaft behaupten, dass Länder wie Australien oder Portugal, in denen die Menschenrechte gleichermaßen gelten, einander zum Verwechseln ähnlich sähen? Wenn sich die Optik vieler Städte rund um den Globus immer mehr angleicht, liegt dies nicht am gemeinsamen Kodex der bürgerlich-zivilen Grundrechte, sondern an globalen Konzernen. Wir dürfen gern gegen die McDonaldisierung unserer Welt polemisieren und ankämpfen. Aber wir sollten uns hüten, die Vertreter von Menschenrechten als Agenten eines gefräßigen Imperiums zu diffamieren, das die Welt mit Human-Rights-Burgern übersättigen will.

Für nicht weniger verkehrt halte ich die gegenteilige Idee einer globalen Solidarität. »Solidarität« kommt vom lateinischen Wort »solidus«, welches »gediegen«, »echt« oder »fest« bedeutet. Solidarisch können wir nur mit Menschen sein, die für Ziele eintreten, die wir teilen oder zumindest gutheißen. Dies bedeutet nicht, dass uns das Schicksal der restlichen Menschen auf diesem Planeten gleichgültig sein soll. Aber unser Mitleid mit ihrer Not darf uns nicht dazu verleiten, den Notfall zum Normalfall zu erklären, so wie es im Herbst 2015 in Deutschland geschehen ist, als sich der eigenwillig unpolitische Gedanke ausbreitete, die Grenzen eines Landes – oder eines Staatenbundes wie der Europäischen Union – dürften eigentlich gar keine Grenzen mehr sein. Die Alternative »Trutzburg Europa« versus »radikal offene Grenzen« ist falsch und lotst den politischen Dialog in gefährlich aufgewühlte Gewässer.

Träume vom Weltbürgertum

Wir müssen einsehen, dass der Traum vom Weltbürgertum ein sehr europäisch-westlicher Traum ist. Der Journalist Peter Coulmas, der als Sohn griechischer Eltern in Dresden geboren wurde, veröffentlichte 1990 ein dickes Buch mit dem Titel *Weltbürger. Geschichte einer Menschheitssehnsucht*. Coulmas spürt darin dieser »Menschheitssehnsucht« von ihren allerersten mythologischen Anfängen bis in die Gegenwart nach. Der Verdacht, dass es möglicherweise nicht die gesamte Menschheit ist, die diese Sehnsucht nach der Menschheit empfindet, kommt auf, sobald man ins Buch schaut. So muss man etwa im umfangreichen Personenregister außereuropäische und nicht-westliche Namen wie die des chinesischen Philosophen Konfuzius oder des osmanischen Sultans Suleiman II. mit der Lupe suchen.

Ich glaube nicht, dass dieses extreme Ungleichgewicht daher rührt, dass sich der Autor eines »eurozentristischen« Blicks schuldig gemacht hätte. Zwar darf man auch den abendländischen Kreuzrittern vorwerfen, dass sie mitnichten in andere Länder gezogen waren, um den Menschen dort klarzumachen, dass wir alle zur selben Menschheit gehören. Dennoch scheint es mir im Gegenzug eine Überinterpretation der Blütezeit zu sein, die der Islam vom 8. bis ins 13. Jahrhundert unter der Herrschaft der Abbasiden erlebte – und welcher Periode die islamische Welt bis heute ihre größten kulturellen und wissenschaftlichen Leistungen verdankt –, wenn man dieses »Goldene Zeitalter« des Islam so versteht, dass sich damals ein Menschenbild entwickelt hätte, das dem abendländischen Verständnis des Humanen nahe verwandt sei.

Und möglicherweise ist der Traum vom Weltbürgertum nicht nur ein sehr europäisch-westlicher, sondern sogar ein sehr deutscher. Denn Immanuel Kant war beileibe nicht der einzige Deutsche, der ihm gedankenvoll nachhing. Der Hamburger Journalist Jakob Friedrich Lamprecht brachte ihn zum Ausdruck, indem er bereits in den Jahren 1741/42 eine Wochenschrift mit dem Titel *Der Weltbürger* herausgab. Ein überzeugter Weltliterat wie Johann Wolfgang von Goethe träumte den gleichen Traum, weil er es für ausgeschlossen hielt, dass es seinen »lieben Deutschen« eines Tages gelingen könnte, ihr kleinstaatliches Chaos zu überwinden und sich zur Nation zu vereinen. Gemeinsam mit Friedrich Schiller schrieb er dem politisch zerfransten Deutschland anno 1797 in den Musenalmanach: »Zur *Nation* euch zu bilden, ihr hofft es, Deutsche, vergebens; / Bildet, ihr könnt es, dafür freier zu Menschen euch aus.« Noch weiter lehnte sich der Dichterfürst aus seinem Weimarer Fenster, als er in einem Brief von 1820 die »Bestimmung des Deutschen« darin erblickte, »sich zum Repräsentanten der sämtlichen Weltbürger zu erheben«.

Und wir Heutigen, die wir in einer freiheitlich verfassten, wiedervereinigten Bundesrepublik Deutschland leben? Sollen wir den Traum vom Weltbürgertum zu den verstaubten Musenalmanachen legen? Keineswegs. Wir sollen ihn so munter frisch weiterträumen, wie es unsere geistigen Vorfahren getan haben. Denn wer weiß schon, was kommt? Weder Goethe noch Schiller hätten sich träumen lassen, dass ihre Denkmäler eines Tages auf Plätzen in einem friedlich und freiheitlich geeinten Deutschland stehen würden.

Kapitel 7

Die deutsche Nation – warum es sie gibt

Im fünften Kapitel habe ich zu zeigen versucht, dass das europäische Wir ein sinnvolles Wir ist, wenn es uns gelingt, besser zu begründen und zu begreifen, was wir damit meinen. Noch einmal will ich den Soziologen Norbert Elias ausführlicher zu Wort kommen lassen, weil er die Schwierigkeiten des übergeordneten europäischen Wir so wunderbar zusammenfasst. In der Neuausgabe von *Die Gesellschaft der Individuen* schreibt er 1987: »Das Kernproblem liegt [...] in einer Eigentümlichkeit des Übergangs von einer Integrationsebene auf die andere. In der Übergangszeit gibt es eine oft recht lange Prozessphase, innerhalb derer die Gruppe der niedrigeren Ordnung im Gefühl ihrer Mitglieder erhebliche Einbußen als sinnerfüllende Wir-Einheit erleidet, während gleichzeitig die Gruppe höherer Ordnung noch nicht in der Lage ist, die Funktion einer gefühlsmäßig ebenfalls sinngebenden Wir-Einheit an sich zu ziehen. Man denke etwa an den Unterschied zwischen der Gefühlsladung der Aussage: ›Ich bin ein Engländer‹, ›Ich bin ein Franzose‹, ›Ich bin ein Deutscher‹, und der Aussage: ›Ich bin ein englischer, französischer, deutscher Europäer‹. Alle Bezeichnungen der einzelnen europäischen Nationalstaaten haben für die beteiligten Menschen einen starken Gefühlswert, er mag positiv, negativ oder auch ambivalent sein. Aussagen wie: ›Ich bin ein Europäer, ein Lateinamerikaner, ein Asiate‹, sind demgegenüber vergleichsweise gefühlsarm.«

Im letzten Kapitel habe ich dafür geworben, den europäischdeutschen Traum vom Weltbürgertum unbeirrt weiterzuträumen. Dazu ein weiteres Mal Norbert Elias: »Die Funktion der höchsten

Integrationsebene, der Menschheit, als Bezugseinheit der Wir-Identität von Menschen ist vielleicht im Wachsen. Aber es ist wohl keine Übertreibung, wenn man sagt, dass für die meisten Menschen die Menschheit als Bezugsrahmen der Wir-Identität auf der Landkarte ihrer Emotionen ein weißer Fleck ist.«

Mit den Befürwortern regionaler Wir-Enklaven habe ich mich ebenfalls auseinandergesetzt, um zu verdeutlichen, welche Gefahren solch ein heimatlich-homogen verstandenes Wir birgt. Nun ist es an der Zeit zu prüfen, ob sich für ein nationales Wir nur negative Argumente ins Feld führen lassen – oder ob es gute Gründe gibt, heute, im Jahre 2018, für ein deutsches Wir zu plädieren.

Nation und Bürgertum

Der Traum von der deutschen Nation ist älter als der deutsche Nationalstaat. Und diejenigen, die ihn träumten, waren mitnichten die deutschen Reichsfürsten. Im Gegenteil: Die Feudalherren im Heiligen Römischen Reich deutscher Nation, welches sich im 10. Jahrhundert unter der Dynastie der Ottonen herausbildete und auf dem Papier bis 1806 bestand, hatten wenig bis gar kein Interesse an einem deutschen Nationalstaat. Ihnen war viel mehr daran gelegen, unter dem Schutzmantel des Heiligen Römischen Reichs ihre lokale Macht auf den klein- und kleinststaatlichen Schollen zu erhalten. Der Träger und Verfechter des nationalen Gedankens in deutschen Landen war zuallererst das Bürgertum. Und selbstverständlich spielten dabei auch wirtschaftliche Interessen eine Rolle. So wie heute manch Unternehmer die EU in erster Linie als offenen Wirtschaftsraum begrüßt, hatten bereits im späten 18. Jahrhundert die damaligen Gewerbetreibenden keine Lust, dass ihre Waren alle paar Meilen am nächsten Zollhäuschen aufgehalten und verteuert wurden. Es ist kein Zufall, dass die reiche Kaufmannsstadt und freie Reichsstadt Hamburg eine der ersten Hochburgen des deutschen Patriotismus wurde. 1765 fand die Gründungsversammlung der bis heute existierenden »Hamburgischen Gesellschaft zur Förderung der Künste und nützlichen Gewerbe« statt. Der hehre Name dieser »Patriotischen Gesellschaft« war kein Tarnname für einen reinen Wirtschaftsklüngel. Anders als vielen heutigen Wirtschaftsbossen lag dem hanseatischen Bürgertum »die Förderung der Künste« mindestens ebenso sehr am Herzen wie die Förderung der »nützlichen Gewerbe«.

Der Soziologe Bernhard Giesen hat eine aufschlussreiche Studie über *Die Intellektuellen und die Nation* veröffentlicht, in welcher er die Entwicklung des Nationalismus in der »deutschen Achsenzeit« des 18. und 19. Jahrhunderts als Bewegung nachzeichnet, die primär vom deutschen Bildungsbürgertum getragen worden ist. Im Unterschied zu den Staatsnationen Westeuropas, vor allem zu Frankreich und England, konnten die Deutschen ihre nationale Identität zwischen 1770 und 1870 eben nicht auf eine politisch-staatliche Einheit gründen, sondern allein auf die verbindende Besonderheit ihrer Sprache und Kultur. Auch wenn der Begriff der »Kulturnation« interessanterweise erst nach der Staatsgründung, im Deutschen Kaiserreich, Karriere machte, verstanden sich die frühen deutschen Nationalisten durchweg als Kulturpatrioten. Wie weltoffen und modern der deutsche Kulturpatriotismus einstmals gewesen ist, wird sichtbar, schaut man sich an, aus welchen Personengruppen sich das deutsche Bildungsbürgertum im 18. Jahrhundert zusammensetzte.

So ist beispielsweise die Bourgeoisie, die damals in Preußen entstand, entscheidend von den protestantisch-hugenottischen Immigranten aus Frankreich geprägt worden, die zeitweise ein Drittel der Berliner Gesamtbevölkerung ausmachten. Der Ausbau des aufgeklärt-absolutistischen preußischen Staates in den Bereichen Verwaltung, Rechtswesen, Polizei, aber auch im Straßenbau und in den Bergwerken, erforderte immer mehr Personal, dem solch verantwortliche Positionen nicht aufgrund von Geburt oder sonstigen Privilegien übertragen wurden, sondern aufgrund von Fachwissen und individueller Leistung.

Die »neuen Preußen« kapselten sich im späten 18. Jahrhundert mitnichten in ihrer kulturellen Identität als »Franzosen« ein, bildeten keine hugenottischen Parallelgesellschaften. Auch wenn das Französische, wie bereits erwähnt, damals in gebildeten deutschen Kreisen noch die dominante Sprache und Kultur gewesen ist, wurden die neuen Pastoren und Professoren, Richter und Lehrer, Ingenieure und Ärzte, Domänenverwalter und Zollbeamten beherzte Kulturdeutsche. Gewiss erleichterte es die Akkulturation, dass die Hugenotten als überzeugte Protestanten im katholischen Frankreich blutig verfolgt worden waren und im vorwiegend protestantischen Preußen Zuflucht gefunden hatten.

Eine noch entscheidendere Rolle dürfte jedoch gespielt haben, dass sich auch die meisten neuen Bildungsbürger ohne Migrationshintergrund als »entwurzelt« empfanden. Der preußische Staat nahm bei der Vergabe seiner Posten keinerlei Rücksicht darauf, ob ein Schlesier lieber in seinen schlesischen Kindheitswäldern bleiben wollte und sich deshalb schwertat, im märkischen Sand neue Wurzeln zu schlagen. Zum Band, das die Heimatlosen jeglicher Herkunft einte, wurde die deutsche Sprache, die deutsche Kultur. Zu welcher Blüte des Geisteslebens dies in Kombination mit der deutschen Kleinstaaterei führte, lässt sich daran ablesen, dass es um 1770 in Deutschland bereits vierzig Universitäten gab. In Frankreich waren es zur selben Zeit dreiundzwanzig, in England existierten zwar die bis heute weltweit führenden Eliteuniversitäten Cambridge und Oxford – aber das war es dann auch.

Und die erwachende deutsche Bildungslust blieb kein rein akademisches Phänomen. In der zweiten Hälfte des 18. Jahrhunderts schossen in allen größeren Städten Deutschlands Sprachgesellschaften, Lesezirkel, Musikvereine und sonstige »Gelehrte Gesellschaften« wie Pilze aus dem Boden. Die berüchtigte deutsche »Vereinsmeierei« war in ihren Anfängen eine gebildete und kosmopolitische Angelegenheit.

Welch offener, menschheitszugewandter Geist damals herrschte, geht aus dem *Versuch einer Theorie des geselligen Betragens* hervor, den der Philosoph und Theologe Friedrich Schleiermacher 1799 veröffentlichte. Eine »vollendete Wechselwirkung« zwischen Menschen sei nur zu erreichen, wenn »die Sphäre eines Individui [...] von den Sphären Anderer so mannigfaltig als möglich durchschnitten werde«. Laut Schleiermacher möge »jeder seiner eignen Grenzpunkte« dem Einzelnen »die Aussicht in eine andere und fremde Welt gewähre[n], so daß alle Erscheinungen der Menschheit ihm nach und nach bekannt, und auch die fremdesten Gemüter und Verhältnisse ihm befreundet und gleichsam nachbarlich werden können«.

Mit Deutschtümelei hatte man im 18. Jahrhundert herzlich wenig am Drei- oder Zweispitz, jenem Hut, den nun endlich auch der Bürger stolz auf seinem Haupt oder unterm Arm tragen durfte. Derselbe freimütige, aufgeschlossene Esprit, den Schleiermacher pries, durchwehte die »Teetische« der großen Berliner Salondamen wie Henriette Herz oder Rahel Varnhagen (geborene Levin), in deren »Dachstuben« sich von den Brüdern Humboldt über Georg Wilhelm Friedrich Hegel und Jean Paul bis zu Bettina von Arnim alles versammelte, was im geistigen Deutschland Rang und Namen hatte. Auch Schleiermacher gehörte den erlesenen Zirkeln an und erhielt dort die Anregung zu seiner Geselligkeitstheorie. Man frönte gemeinsam der Goethe-Leidenschaft, blickte aber auch mit bewunderndem Staunen ins revolutionäre Frankreich hinüber. Varnhagen begründete ihr gesellschaftliches Engagement explizit mit der aufklärerischen Hoffnung, endlich »ein Mensch unter Menschen zu werden«.

Die Philosophin Hannah Arendt hat auf den inneren Zusammenhang hingewiesen, dass es sich bei den frühen deutschen Salonnières häufig um Jüdinnen handelte. Mehr noch als ihre christlichen Geschlechtsgenossinnen litten sie unter Marginalisierung, fanden keinen gesellschaftlichen Platz, an dem sie sich hätten entfalten können. »Der jüdische Salon in Berlin war der soziale Raum außerhalb der Gesellschaft«, schreibt Arendt, um bitter zu resümieren: »Die Juden wurden zu Lückenbüßern zwischen einer untergehenden und einer noch nicht stabilisierten Geselligkeit.«

In der Tat währte die Glanzzeit des jüdischen Salons nur zweieinhalb Jahrzehnte: Rahel Levins erster Salon kam 1806 unter die Räder der Geschichte: Nach der desaströsen Niederlage, die das preußische Heer in der Schlacht von Jena und Auerstedt erlitten hatte, besetzten napoleonische Truppen Berlin. Erst 1819 gelang es Rahel, dann verheiratete Varnhagen, ihren zweiten Salon zu eröffnen.

Schuld an diesem Niedergang waren jedoch nicht allein die französischen Besatzer, die über alle sozialen Umtriebe wachten. Entscheidender war, dass im gedemütigten Preußen der geistige Wind von universalistisch-kosmopolitisch auf deutsch-nationalistisch gedreht hatte. Seine erste Verdüsterung erfuhr der deutsche Bildungs- und Kulturpatriotismus in jenen Jahren. Heute vergessene Figuren wie Luise Gräfin von Voß übernahmen die Rolle der neuen Gastgeberin, in deren feudalen Räumlichkeiten sich eine mehr und mehr militärisch zusammengesetzte Elite traf – nicht um »Mensch unter Menschen« zu sein, sondern um im Geheimen antifranzösische Widerstandspolitik zu betreiben.

Noch deutlicher spürbar wurde diese Verdüsterung, als der romantische Dichter Achim von Arnim 1811 die erste »Christlich-deutsche Tischgesellschaft« um sich versammelte, deren Statuten »Frauen, Franzosen, Philistern und Juden« den Zutritt ausdrücklich verwehrten. Zwar erging sich diese Gesellschaft weiterhin in romantischen Spielereien, indem etwa auf jede pathetische Rede eine ironische Gegenrede gehalten werden musste, dennoch begann sich jene unangenehme deutsche Haltung herauszubilden, mit der Heinrich Heine rund zwanzig Jahre später vom französischen Exil aus so wütend abrechnete. »Der Patriotismus des Deutschen«, schreibt er in *Die romantische Schule*, »besteht darin, dass sein Herz enger wird, dass es sich zusammenzieht, wie Leder in der Kälte, dass er das Fremdländische hasst, dass er nicht mehr Weltbürger, nicht mehr Europäer, sondern nur ein enger Deutscher sein will. [...] es begann die schäbige, plumpe, ungewaschene Opposition gegen eine Gesinnung, die eben das Herrlichste und Heiligste ist, was Deutschland hervorgebracht hat, nämlich gegen jene Humanität, gegen jene allgemeine Menschen-Verbrüderung, gegen jenen Kosmopolitismus, dem unsere großen Geister, Lessing, Herder, Schiller, Goethe, Jean Paul, dem alle Gebildeten in Deutschland immer gehuldigt haben.«

Ich teile Heines Zorn. Dennoch erscheint es mir nicht ganz gerecht, wenn er die Schuld an der neuen patriotischen Engherzigkeit vor allem einem der prominentesten Deutschlandaktivisten jener Jahre, dem Lehrer, Publizisten und »Turnvater« Friedrich Ludwig Jahn, gibt. Gewiss hatte Jahn die »Turnbewegung« ins Leben gerufen, die sich unter dem Motto »Frisch, frei, fröhlich und fromm« ab 1811 in der Berliner Hasenheide traf, um die damalige Jugend für die »Befreiung und Einigung Deutschlands« sowohl zu begeistern als auch körperlich zu ertüchtigen. Gewiss wütete Jahn gegen die »Ausländerei« im eigenen Land und neigte dazu, die Deutschen für ein auserwähltes Volk zu halten. Allerdings beendete er seine Kampfschrift *Deutsches Volkstum* (1808 verfasst und 1810 veröffentlicht) keineswegs mit einer Aufforderung, alles Undeutsche zu vertilgen, sondern schwang sich zu nachgerade Schiller'schem Pathos auf: »So ist nun ewig umschlungen das Menschengeschlecht vom ewigen Bande der Menschheit, bald es mit engerem Herzen selbstsüchtig knüpfend und wieder mit höherer Ahnung die Einheit ergreifend. Ein ewiges Ebben und Fluten im Meer der Vereinigung, vereint ist nun alles und jedes.«

Mit solch einem Appell stand Jahn den idealistischen Geselligkeitsbefürwortern der Aufklärung näher als den völkischen Lederherzen, die den »Turnvater« im darauffolgenden Jahrhundert vereinnahmen und Deutschland in den Untergang führen sollten. Jahns Überzeugung, dass Gemeinschaftlichkeit auch aus den Wurzeln der eigenen Sprache, Geschichte und Tradition wachsen muss, ist kein Skandal. Aber an seinem Beispiel zeigt sich bereits, wie januskópfig das deutsche Nationalstreben im 19. Jahrhundert werden sollte.

Lassen Sie uns nochmals einen Schritt zurückgehen. Das Unheil, in welches sich die deutsche Nation in den Jahren zwischen 1933 und 1945 verrennen sollte, ist nur zu begreifen, wenn man sich klarmacht, was in den Jahren um 1800 in Deutschland passiert ist. Die fatale Weichenstellung zeichnete sich bereits damals ab. Das, wenn man so will, »Glück« der Patrioten der deutschen Aufklärung lag darin, dass sie ein politisch vereintes Deutschland, einen deutschen Nationalstaat, für keine realistische Option hielten. Ihr Idealismus hatte deshalb so milde, menschheitsfreundliche Züge, weil er im Kern unpolitisch war. Der bereits erwähnte Bernhard Giesen arbeitet in aller Schärfe heraus, dass es sich beim ersten deutschen Patriotismus eben um keine genuin politische Bewegung gehandelt hat, die für ein konkretes nationalstaatliches Ziel gekämpft hätte, sondern dass es ihr vor allem um die »Tugendhaftigkeit«, um die »moralische Emphase« ging.

Die deutsche Tragödie nahm in dem Moment ihren Lauf, in dem sich dieser eigentümlich unpolitische Zug des Deutschen auch dann fortsetzte, als es um politische Auseinandersetzungen ging. In der Romantik begann jenes unheilvolle Denken, das eine Kluft zwischen der Kultur auf der einen und der Politik auf der anderen Seite aufriss; es trieb einen Thomas Mann im Ersten Weltkrieg dazu, ein politisch-essayistisches Werk unter dem trotzig-süffisanten Titel »Betrachtungen eines *Unpolitischen*« zu veröffentlichen.

Bernhard Giesen formuliert diesen Gegensatz für die Zeit um 1800 folgendermaßen: »Die Identität der Nation war eine jenseitige, unendliche und erhabene; die staatliche Gegenwart hingegen war diesseitig, endlich und kontingent.« Die gefährliche Crux, die darin liegt, wenn sich die Romantik nicht länger als poetisch-philosophische Weltanschauung versteht, sondern zur politischen Doktrin wird, benennt der Soziologe ebenfalls: »Den Romantikern, die beim Blick in den Abgrund der eigenen Psyche schwanken, bietet [...] die Nation einen externen Rückhalt: die Nation – eine Erfindung der Intellektuellen, um ihr unruhiges Selbst zu beruhigen.«

So verkündete der romantische Philosoph und flammende Patriot Johann Gottlieb Fichte 1808 in seinen *Reden an die deutsche Nation*: »Volk und Vaterland in dieser Bedeutung als Träger und Unterpfand der irdischen Ewigkeit und als dasjenige, was hienieden ewig sein kann, liegt weit hinaus über den Staat im gewöhnlichen Sinne des Wortes – über die gesellschaftliche Ordnung, wie dieselbe im bloßen klaren Begriff erfasst und nach Anleitung dieses Begriffs errichtet und erhalten wird. Dieser will gewisses Recht, innerlichen Frieden und dass jeder durch Fleiß seinen Unterhalt und die Fristung seines sinnlichen Daseins finde, solange Gott sie ihm gewähren will. Dieses alles ist nur Mittel, Bedingung und Gerüst dessen, was die Vaterlandsliebe eigentlich will, des Ausblühens des Ewigen und Göttlichen in der Welt, immer reiner, vollkommener und getroffener im unendlichen Fortgange.«

Wie tief der Gegensatz von real existierender (schlechter) Staatsgesellschaft und imaginierter (guter) Volksgemeinschaft in der deutschen Geistesgeschichte verankert ist, ist daran abzulesen, dass selbst ein brillanter analytischer Kopf wie Heinrich Heine vor solchen Denkmustern nicht gefeit war. In der Vorrede zur zweiten, 1852 erschienenen, Auflage von *Zur Geschichte der Religion und Philosophie in Deutschland* verspottet er das »alte, offizielle Deutschland« seiner Zeit als »verschimmeltes Philisterland«, um anschließend zu versichern, dass er damit nichts gesagt haben wolle »von dem wirklichen Deutschland, dem großen, geheimnisvollen, sozusagen anonymen Deutschland des deutschen Volkes, des schlafenden Souveränen, mit dessen Zepter und Krone die Meerkatzen spielen«.

In einem ähnlichen Sinn äußerte sich Richard Wagner 1872 in einem Brief an Friedrich Nietzsche: »Über das ›was ist deutsch?‹ denke ich immer mehr nach und gerate endlich, an der Hand einiger neuerer Studien, in eine sonderbare Skepsis, die das ›Deutschsein‹ als ein reines Metaphysicum übrig lässt […]« Nur am Rande sei erwähnt, dass der Antisemit Wagner in der gesamten Weltgeschichte ein einziges echtes Pendant zum deutschen »Metaphysicum« auszumachen meinte: das Judentum.

Aber kehren wir in die politische Wirklichkeit um 1800 zurück. Den fatalen deutschnationalen Sonderweg begreifen wir nur, wenn wir uns das komplizierte, um nicht zu sagen: verkorkste Verhältnis von Deutschland zu Frankreich vor Augen führen, das in jener Zeit seinen Anfang nahm. Die wilde Achterbahnfahrt der deutsch-französischen Gefühle begann mit der dortigen Revolution. Letztere wurde zum Inbegriff des nationalstaatlichen Aufbruchs in Europa, zum Emanzipationsfanal des Volkes gegen die feudalen Eliten und wurde als solches von weiten Teilen des deutschen Bürgertums begeistert begrüßt. Die ersten Zweifel an »liberté, égalité, fraternité« kamen auch diesseits des Rheins auf, als sich abzeichnete, mit welch unersättlichem Hunger sich die Revolution daranmachte, nicht nur die Königsfamilie, sondern ihre eigenen Kinder zu köpfen. Doch selbst der aggressive Imperator Napoleon wurde in deutschen Landen, vor allem in den Rheinlanden, anfangs nicht als unterdrückender Usurpator wahrgenommen, sondern als derjenige, der dem willkürlich zerfledderten Deutschland endlich ein vernünftiges Gesetzbuch, den *Code civil*, bescherte. Ins Anti-Napoleonische, das schnell zum Anti-Französischen wurde, kippte die Stimmung, wie gesagt, erst 1806 mit der verheerenden Niederlage der Preußen bei Jena und Auerstedt. Jenes militärische Debakel wurde zur Geburtsstunde der deutschen Befreiungskriege, die 1813 in der Völkerschlacht bei Leipzig ihr – zumindest aus deutscher Sicht – triumphales Ende fanden.

In den Befreiungskriegen leckten auch die deutschen Dichter und Denker Blut. Reihenweise schlossen sie sich dem preußischen Landsturm oder dem Lützow'schen Freikorps an, um gegen »den« Franzosen, gegen alles »Welsche« ins Feld zu ziehen. Der Schriftsteller Heinrich von Kleist, der die deutsche Sprache wie kein zweiter in ihre Extreme zu treiben wusste, dichtete die Ode *Germania an ihre Kinder*, die in der hassschäumenden Aufforderung kulminiert: »Schlagt ihn tot! Das Weltgericht / Fragt euch nach den Gründen nicht!«

Der Dichter Theodor Körner, der als Mitglied des Lützow'schen Freikorps in seiner schwarzen Uniform fiel, wurde zu einer Art Poster Boy des befreiungskriegerischen Deutschland. Sein Gedichtzyklus *Leier und Schwert* erreichte horrende Auflagenzahlen. Verse wie »Des Vaterlandes Fahnen, / Hoch flattern sie am deutschen Freiheitsport. / Es ruft die heil'ge Sprache unsrer Ahnen: / ›Ihr Sänger, vor! und schützt das deutsche Wort!«« animierten nicht nur hauptberufliche »Sänger«, ihre Leiern mit Schwertern zu vertauschen.

1813 war die Schlacht geschlagen. Das besiegte Frankreich zog sich aus Deutschland zurück und leckte seine Wunden, die ihm die napoleonischen Feldzüge beigebracht hatten, indem es das bourbonische Königtum zumindest vorübergehend re-inthronisierte. Das Heilige Römische Reich deutscher Nation, das ohnehin seit Langem kein realpolitischer Machtfaktor mehr gewesen war, gehörte endgültig der Vergangenheit an. Doch dann lief politisch so ziemlich alles schief, was schieflaufen konnte. Anstatt Europa und der Welt zu zeigen, wie man eine moderne Nation im Geiste von »Freiheit, Gleichheit, Brüderlichkeit« errichtet, ohne dass es zu Terror kommt, kehrte Deutschland zum alten kleinstaatlichen Feudalismus zurück. In manchen Aspekten fiel es sogar hinter den aufgeklärten Absolutismus zurück. Reformen wie diejenigen, mit denen der Freiherr vom und zum Stein und Karl August von Hardenberg den preußischen Staat zwischen 1807 und 1812 wenigstens ansatzweise liberalisiert hatten, wurden zwar nicht gänzlich rückgängig gemacht, gleichwohl blies ab 1819 der scharfe Wind der Restauration auch durchs »befreite« Deutschland.

Doch ganz gleich, wie rigide die reaktionären Obrigkeiten in den folgenden drei Jahrzehnten die Meinungs-, Presse- und Versammlungsfreiheit einschränkten und unterdrückten, die Sehnsucht der Deutschen nach »Einigkeit und Recht und Freiheit« ließ sich nicht mehr ersticken. Denn die Nation hatte im Zuge der Befreiungskriege aufgehört, ein exklusives Anliegen von Bildungsbürgern und sonstigen Intellektuellen zu sein, auch im Kleinbürgertum war das Nationalbewusstsein unwiderruflich erwacht. Seinen sichtbarsten Ausdruck fand dies in der Ausweitung der Vereinszone. Auf die tendenziell elitären Lesegesellschaften und patriotischen Vereine des 18. Jahrhunderts folgte eine Vielzahl von Vereinsgründungen mit unterschiedlichen Zwecken und Mitgliedschaften: Insbesondere die Burschenschaften, die Gesangsvereine und die Turnvereine, die sich an ein kleinbürgerliches Publikum wandten, wurden zu Brut- und Pflegestätten nationaler Gesinnung.

Zu welchen Auswüchsen der neue deutsche Nationaldrang führen konnte, zeigte sich beim ersten Wartburgfest. Anlässlich des nahenden dreihundertsten Jahrestages des Reformationsbeginns und des vierten Jahrestages der Völkerschlacht zogen am 18. Oktober 1817 knapp fünfhundert Studenten und einige Professoren auf die Wartburg bei Eisenach, die als Zufluchtsort Martin Luthers längst zu einem inoffiziellen deutschen Nationalsymbol geworden war. Das Fest, bei dem nicht nur zahlreiche Reden gehalten, sondern auch viel und innig gesungen wurde, verstand sich als Protestkundgebung gegen reaktionäre Politik und Kleinstaaterei. In der Einladung hieß es: »Der Himmel segne unser gemeinsames Streben, Ein Volk zu werden, das voll der Tugenden der Väter und Brüder durch Liebe und Eintracht die Schwächen und Fehler beider beseitigt.«

So weit, so gut. Und auch das Fest selbst verlief in zivilisierten Bahnen. Am Abend jedoch kam es zu den berüchtigten Bücherverbrennungen, die nicht entschuldbar werden, indem man darauf verweist, dass bereits Luther anno 1520 die päpstliche Bannandrohungsbulle eingeäschert hatte. Auch rückt es den studentischen Feuereifer in kein milderes Licht, wenn man ergänzt, dass in jener Nacht auf dem nahe gelegenen Wartenberg erstens auch Symbole der verhassten Obrigkeiten (zum Beispiel ein hessischer Soldatenzopf) in Flammen aufgingen und dass zweitens ja keine richtigen Bücher verbrannt wurden – dies taten erst wieder die Nazis –, sondern lediglich Altpapierbündel, auf welche man die Titel der unliebsamen Werke gekritzelt hatte.

In jener Oktobernacht im Jahre 1817 wurde etwa ein Stellvertreter der Flugschrift des Berliner jüdischen Religionsphilosophen Saul Ascher mit dem Titel *Die Germanomanie* »den Flammen übergeben«, und zwar mit den Worten: »Wehe über die Juden, so da festhalten an ihrem Judentum und wollen über unser Volkstum und Deutschtum spotten und schmähen!«

Es lohnt sich nachzulesen, worin Aschers angeblicher »Spott« und seine »Schmähung des Deutschtums« konkret bestanden haben sollen. In seiner Schrift bekennt Ascher sich nicht nur zum Weltbürgergedanken der Aufklärung, sondern gibt sich ebenso als vorbildlich assimilierter Jude zu erkennen, indem er verlangt: »Man fragt nicht oder sollte nicht fragen: Was denkt der Ankömmling?, sondern: Was treibt er, wie lebt er? Fügt er sich in die Gesetze des Staates, so ist er ein guter Bürger.« Ja, Ascher schwingt sich sogar zu einer optimistischen These auf, welche die deutsche Geschichte zwischen 1933 und 1945 aufs Brutalste widerlegen sollte: »Hätten die Juden«, schreibt er, »dies von Anbeginn getan und, wie jetzt in den meisten Staaten, zur Bürgerlichkeit sich bequemt, sie würden schon längst oder gleich alle Bürgerrechte erlangt haben, die man ihnen jetzt allgemein einzuräumen sich entschließt.« Und Ascher erweist sich vollständig als Kind seiner Zeit, wenn ihm eine polemische Formulierung unterläuft wie die vom »Franzmann«, der Deutschland einzig wegen der Ohnmacht der deutschen »militärischen und bürgerlichen Kraft« in seine »Gewalt« bringen konnte. Macht man sich dies alles klar, muss man in Sachen Wartburgfest zu demselben Schlusssatz kommen, mit dem sich der Journalist Lorenz Jäger vor einigen Jahren von der »Neuen Rechten« verabschiedet hat: »Das war's, Kameraden.«

Zum Glück endeten nicht alle national gestimmten Feste jener Zeit so schaurig wie das erste Wartburgfest. Das Hambacher Fest, bei dem sich 1832 insgesamt zwanzig- bis dreißigtausend Teilnehmer – unter anderem zahlreiche Schüler und Studenten – versammelten, ging ohne vergleichbare Dumm- und Dumpfheiten über die Bühne. Inspiriert von der französischen Julirevolution, dem polnischen Novemberaufstand und der Belgischen Revolution schafften es dort die Verfechter eines deutschen Nationalstaats, die schwarz-rot-goldene Fahne gemeinsam mit der blau-weiß-roten Trikolore zu schwingen, anstatt im nächsten Moment das völkische Kampfbanner zu hissen. So war etwa der scharfzüngige Journalist, Literatur- und Theaterkritiker Ludwig Börne, der 1786 im jüdischen Ghetto von Frankfurt am Main geboren war, beim Hambacher Fest ganz selbstverständlich als Ehrengast zugegen.

Einer der Hauptinitiatoren des Hambacher Fests, der Jurist,

Schriftsteller und Politiker Johann Georg August Wirth, beendete seine Rede mit dem Appell: »Darum, deutsche Patrioten, wollen wir die Männer wählen, die durch Geist, Feuereifer und Charakter berufen sind, das große Werk der deutschen Reform zu beginnen und zu leiten; wir werden sie leicht finden und dann auch durch unsere Bitten bewegen, den heiligen Bund sofort zu schließen und ihre bedeutungsvolle Wirksamkeit sofort zu eröffnen. Dieser schöne Bund möge dann das Schicksal unseres Volkes leiten; er möge unter dem Schirme der Gesetze den Kampf für unsere höchsten Güter beginnen, er möge unser Volk erwecken, um von innen heraus, ohne äußere Einmischung, die Kraft zu Deutschlands Wiedergeburt zu erzeugen; er möge auch zu gleicher Zeit mit den reinen Patrioten der Nachbarländer sich verständigen, und wenn ihm Garantien für die Integrität unseres Gebietes gegeben sind, dann möge er immerhin auch die brüderliche Vereinigung suchen, mit den Patrioten aller Nationen, die für Freiheit, Volkshoheit und Völkerglück das Leben einzusetzen entschlossen sind. Hoch! dreimal hoch leben die vereinigten Freistaaten Deutschlands! Hoch! dreimal hoch das konföderierte republikanische Europa!«

Es ist eine der größten Tragödien der deutschen Geschichte, dass die freiheitlich-demokratischen Kräfte in der Mitte des vorletzten Jahrhunderts zu schwach waren, um sich politisch durchzusetzen. Zwar hatte die Deutsche Revolution vom März 1848 dazu geführt, dass noch im selben Monat in der Paulskirche das erste deutsche Parlament zusammentreten konnte, das diesen Namen tatsächlich verdiente: die Frankfurter Nationalversammlung. Doch zu zerstritten, zu politisch unerfahren, zu weltanschaulich abgehoben waren die eben erst entstandenen deutschen Parteien. Der »Konservativen Rechten«, dem »Konstitutionell-liberalen rechten Zentrum«, dem »Parlamentarisch-liberalen linken Zentrum« und der »Demokratischen Linken« gelang es nicht, sich in einem produktiven parlamentarisch-demokratischen Prozess zusammenzuraufen, um die politischen Geschicke Deutschlands fürderhin machtbewusst in die Hand zu nehmen. Erschwerend kam hinzu, dass die Habsburgermonarchie Österreich die Lieblingsidee der Paulskirchenversammlung vehement ablehnte: ein »Großdeutschland« unter Einschluss der »deutschen« Reichshälfte Österreichs. Der erste Demokratieversuch auf deutschem Boden hatte 1848 mit der hehren Proklamation begonnen: »Jeder ist ein Deutscher, der auf dem deutschen Gebiet wohnt […] die Nationalität ist nicht mehr bestimmt durch die Abstammung und die Sprache, sondern durch den politischen Organismus, durch den Staat. Das Wort ›Deutschland‹ wird fortan ein politischer Begriff.« Er endete bereits 1849 damit, dass Preußen, das heißt die Hohenzollerndynastie, das Zepter dominanter schwang als je zuvor.

Es griffe allerdings zu kurz, die Verantwortung für dieses fatale Scheitern allein beim politisch unbedarften, allzu idealistischen Bildungsbürgertum zu suchen. Auch waren es nicht nur Germanomanen vom Schlage eines »Turnvaters« Jahn, die das demokratische Paulskirchenprojekt zum Fiasko werden ließen. Die revolutionäre Linke des »Vormärz« trug ihren Teil dazu bei.

Ab circa 1830 war in Deutschland eine neue tonangebende literarische Bewegung entstanden, die sich als »Junges Deutschland« bezeichnete. Ludwig Börne und Heinrich Heine gehörten ihr an, Georg Büchner stand ihr nahe. Im Gegensatz zur Klassik mit ihrem Hellaskult und der Romantik, die nach ihren wachen Anfangsjahren bald ins Mystisch-Mittelalterliche abgedriftet war, machten die »jungen Deutschen« die Zukunft zum Fluchtpunkt ihres Denkens und Dichtens. Der Germanist Wulf Wülfing fasst den Geist jener Bewegung folgendermaßen zusammen: »Wenn die Vergangenheit nichts Anderes ist als das, was der Zeit entgegensteht, und die Gegenwart das, was der Zeit entsprechen würde, sich aber wegen des Widerstands der Vergangenheit nicht verwirklichen kann, so ist die Zukunft die Erfüllung der Zeit und damit der Gegenwart.«

Gleichzeitig verlor sich die alte idealistische Auffassung, dass es vor allem das Bildungsbürgertum sei, welches die deutschen Zustände zum Besseren richten werde. So schreibt etwa Georg Büchner 1836 in einem Brief an seinen Dichterkollegen Karl Gutzkow:

»Die Gesellschaft mittels der Idee, von der gebildeten Klasse aus reformieren? Unmöglich! Unsere Zeit ist rein materiell… Ich glaube, man muss in sozialen Dingen von einem absoluten Rechtsgrundsatz ausgehen, die Bildung eines neuen geistigen Lebens im Volk suchen und die abgelebte moderne Gesellschaft zum Teufel gehen lassen.«

Das »Volk« war also nicht länger nur bei Liebhabern von »Volksphysiognomien« en vogue – wie Johann Gottfried Herder einer gewesen war –, bei romantischen Volksmärchen- und Volksliedsammlern wie den Brüdern Grimm, Achim von Arnim und Clemens Brentano oder bei Volkstumsideologen à la Friedrich Ludwig Jahn und Ernst Moritz Arndt, sondern wurde auch von fortschrittlichen Linken für ihre Zwecke entdeckt. Deutschland mochte auf dem Feld der revolutionären Tat nach wie vor weit hinter Frankreich herhinken – im Bereich der revolutionären Theorie überholte es spätestens mit Friedrich Engels und Karl Marx den Nachbarn im Sauseschritt. Einer »nur« politisch-demokratischen Revolution, betrieben vom Bürgertum, erteilten die beiden Denker eine ähnlich strikte Absage, wie bereits Georg Büchner sie ihr auf seine Weise erteilt hatte. Gesellschaftlicher Wandel konnte ohne sozialen Radikalismus – beziehungsweise radikalen Sozialismus – nicht mehr gedacht werden. In der Einleitung von Marxens *Zur Kritik der Hegelschen Rechtsphilosophie* heißt es lapidar: »Das gründliche Deutschland kann nicht revolutionieren, ohne von Grund aus zu revolutionieren.« Es folgt der alte Goethe- und Schiller'sche Menschheitstraum in neuem dialektischen Gewand: »Die Emanzipation des Deutschen ist die Emanzipation des Menschen.«

In der Praxis verwässerte sich die gründliche Revolutionstheorie allerdings zunächst einmal, indem bei den Volksaufständen von 1848 Bildungsbürger und Bauern, Handwerker und Intellektuelle Hand in Hand die Barrikaden errichteten, mit deren Hilfe sie gemeinsam die repressive deutsche Fürstenstaaterei zugunsten eines geeinten und freiheitlich verfassten Deutschlands zu überwinden hofften. Als die Paulskirchenversammlung scheiterte, war es jedoch auch um diese kurzfristige und fragile Allianz geschehen. Der Strom der weiterhin revolutionär gestimmten Linken verließ endgültig das Flussbett des Nationalliberalen. Während in diesem zunehmend hilf- und farbloser von einer deutschen Republik geträumt wurde, entnationalisierte jener das demokratische Projekt, indem er einerseits die Klassenzugehörigkeit zur alles entscheidenden Frage erhob und sich andererseits internationalistisch ausweitete.

Reichsgründung

Der Januar 1871 war in der Geschichte Deutschlands kein glücklicher Monat. Zwar wurde in ihm das Deutsche Reich gegründet, indem der preußische König Wilhelm I. in Versailles zum Deutschen Kaiser proklamiert wurde, zwar wurde in ihm der deutsche Nationalstaat zum ersten Mal politische Wirklichkeit. Der liebenswürdige deutsche Idealismus, der einst vergeblich versucht hatte, auf die nationale Frage eine Antwort zu finden, wurde jedoch in jenem Monat begraben. Die gebildeten Stände büßten ihren stolzen Anspruch, Träger der nationalen Identität zu sein, endgültig ein. Abermals folge ich der Einschätzung von Bernhard Giesen, wenn er schreibt: »Mit der Verwirklichung des deutschen Nationalstaates nicht durch kulturelle Sendung oder liberale Ideen, sondern durch Bismarcks Maximen ›Blut und Eisen‹ verloren das Bildungsbürgertum und die Intellektuellen die Chance, kulturelle Identität über das nationale Thema im Gegensatz zum Bestehenden zu konstruieren. [...] Die Nation war nun eben nicht mehr ein kulturelles Projekt, sondern eine säbelrasselnde staatliche Wirklichkeit, die sich in gesellschaftsweiten Ritualen, in Denkmalkult und Kriegervereinen, in Kaiserverehrung und kolonialer Expansion äußerte, aber die engagierten Diskurse der Intellektuellen nicht mehr anregen konnte.«

Wie recht Giesen mit diesem Urteil hat, zeigt sich daran, dass die meisten deutschen Intellektuellen das martialische Pickelhauben-Deutschland noch heftiger ablehnten, als sie vormals das schlafmützige Michel-Deutschland bespöttelt hatten. Ein revolutionär hitzköpfiger Germanomane wie Richard Wagner, der beim Dresdner Maiaufstand 1849 mit auf den Barrikaden gestanden und als jüngerer Komponist Paris unter Absingen schmutziger Lieder verlassen hatte, hoffte zwar 1870 im Deutsch-Französischen Krieg, dass Paris, diese »*femme entretenue* der Welt«, verbrannt werde. Als ihm jedoch zu Ohren kam, dass deutsche Soldaten auf ihrem Weg nach Paris *Die Wacht am Rhein* sängen, wünschte er den Franzosen den Sieg. Glaubt man dem Tagebuch der Wagnergattin Cosima, soll »der Meister« damals ausgerufen haben: »Wir sind zu tief gesunken!« Bei der Vorstellung, dass die Deutschen mit jenem profanen Marschlied auf den Lippen in die »heilige« Schlacht zögen, sei er angeblich den Tränen nahe gewesen.

Nicht nur diese Anekdote belegt, dass Wagner bei allem teutonischen und sozialrevolutionären Pathos im Kern ein deutscher Bildungsbürger war. Der berüchtigte Schlusschor seiner 1868 uraufgeführten Oper *Die Meistersinger von Nürnberg* lautet: »Habt acht! Uns drohen üble Streich': / zerfällt erst deutsches Volk und Reich, / in falscher welscher Majestät / kein Fürst bald mehr sein Volk versteht; / und welschen Dunst mit welschem Tand / sie pflanzen uns ins deutsche Land. / Was deutsch und echt wüsst' keiner mehr, / lebt's nicht in deutscher Meister Ehr'. / Drum sag' ich Euch: / ehrt Eure deutschen Meister, / dann bannt ihr gute Geister! / Und gebt Ihr ihrem Wirken Gunst, / zerging' in Dunst / das heil'ge röm'sche Reich, / uns bliebe gleich / die heil'ge deutsche Kunst!«

Während des Ersten und des Zweiten Weltkriegs riss dieser Schlusschor das deutsche Publikum regelmäßig zu hysterischen Beifallsbekundungen hin. Dabei verkannte es auf dramatische Weise, dass Wagner mit seinen *Meistersingern* keinem wie auch immer gearteten Deutschen Reich ein tönendes Denkmal gesetzt hatte – in dieser Oper huldigte er den Nürnberger Handwerksmeistern des Mittelalters, weil er in ihnen die Vorläufer des deutschen Bildungsbürgertums zu erkennen glaubte, denen die Kunst heiliger war als jedes Geschäft und jedes imperiale Machtstreben. In Wagners fabelhafter Welt konnte der deutsche Gralsritter mancherlei Kopfbedeckung tragen, die Pickelhaube oder der Stahlhelm gehörten nicht dazu.

Im Januar 1872 erhielt »der Meister« den Brief eines anderen deutschen Schöngeistes, der das Deutsche Reich nicht weniger verabscheute: »Ja, Sie haben es richtig erkannt«, wurde dort geklagt, »was der Urgrund meiner idealen Leiden ist! Wissen es, dass ich keine noch so großen und schmerzlichen Opfer scheue, wenn es das *wahre* Wohl der Nation erheischt und dass ich in mir die Berechtigung fühle, dagegen in meiner Sphäre zu bleiben, mich nicht herabziehen lassen zu müssen in den Strudel der Alltagswelt, die mich anwidert, selbst wenn ich für sie sorgen muss, sondern in meiner ideal-monarchisch-poetischen Höhe und Einsamkeit gleich Ihnen, angebeteter Freund, zu verharren, unbekümmert durch die geifernden Schlangenzungen.«

Verfasst hatte diesen Brief niemand anderes als der bayerische »Märchenkönig« Ludwig II., der sich – nachdem er gegen seinen Willen gezwungen worden war, Wilhelm I. den Titel des »Deutschen Kaisers« anzutragen – mehr und mehr in die Einsamkeit seiner diversen Fantasieschlösser zurückzog. »Wonneschauer« überkamen den »Kini« erst wieder, als er ein halbes Jahr später die Zeilen von Wagners Hand lesen durfte: »Vollendet das ewige Werk!« Gemeint war *Der Ring des Nibelungen*, und die Errichtung des Bayreuther Festspielhauses war Ludwig II. fortan weit wichtiger als alles Politische, was sich in seinem Bayern oder gar im Deutschen Reich tat.

Der Dritte im Bunde der kunstverliebten Reichshasser war Friedrich Nietzsche. Zu Beginn der ersten seiner *Unzeitgemäßen Betrachtungen* wetterte er anno 1873 gegen den »allgemeinen Irrtum«, auch die deutsche Kultur habe im Krieg gegen Frankreich gesiegt. In den Augen des Philosophen handelte es sich bei diesem Irrtum sogar um einen »höchst verderblichen Wahn«, weil er imstande sei, »unseren Sieg in eine völlige Niederlage zu verwandeln: *in die Niederlage, ja Exstirpation des deutschen Geistes zu Gunsten des ›deutschen Reiches‹*«.

Damit keiner glaubt, nur der erweiterte Bayreuther Klüngel habe im späten 19. Jahrhundert so empfunden, möchte ich anführen, was der Herausgeber der *Preußischen Jahrbücher*, der Historiker und liberale Politiker Hans Delbrück, 1899 befürchtete: »Das hohe Ideal unserer Väter war, dass der deutsche Nationalstaat einmal entstehen sollte, ohne dass der Deutsche in die Gehässigkeit und Exklusivität verfalle, die wir bei anderen Nationen als Chauvinismus, Jingoismus, Moskowiterei brandmarken. Eine feste Staatsautorität sollte sich vereinigen mit freier Entfaltung der Individualität, die für kein Volk unentbehrlicher ist, weil keines damit so reich begnadet ist als das unsere. Dieses Ideal droht uns verloren zu gehen. Die edleren Geister beginnen mit Schrecken, auf die Formen zu sehen, in denen sich heute das nationale Gefühl bewegt, und auf die Sorte von Menschen, die sich erdreisten, in nationalen Fragen die Führung zu übernehmen. Die Staatsautorität erscheint als Vielregiererei und Polizeiwillkür. Das naturgemäße Vorwalten der Besitzenden artet aus in Klassenherrschaft und alle diese bösen Mächte schließen sich zusammen, um den freien Geist des deutschen Volkes in die Schranken zu bannen, die sie ihm vorschreiben. Noch ist das Alles in den Anfängen, aber die Anfänge sind da. Es gilt zu sorgen, dass rechtzeitig Einhalt getan werde.«

Delbrücks Wunsch verhallte ohne ein relevantes Echo in der gesellschaftlich-politischen deutschen Wirklichkeit. Da konnte der Historiker Friedrich Meinecke noch so nachdrücklich versuchen, die Deutschen daran zu erinnern, dass sie *auch* eine Kulturnation waren – im Wilhelminisch-Bismarck'schen Reich war das an Goethe und Schiller orientierte Weimar-Deutschland passé. Den Ton und leider auch die Geschicke Deutschlands bestimmten fürderhin die Thyssens, Krupps und Mannesmanns.

Der Philosoph, Soziologe und Anthropologe Max Scheler bemühte sich während des Ersten Weltkriegs, die »Ursachen des Deutschenhasses« in der Welt zu ergründen. Als eine der Hauptursachen erachtete er die groteske Tragik, die darin lag, dass die Deutschen ihr idealistisches Pathos, ihre Maxime, eine Sache um ihrer selbst willen zu tun, nicht länger in der Sphäre des Religiösen, Geistigen und Kulturellen auslebten, sondern auf die Produktion von Waren übertrugen. Scheler schreibt: »Mit demselben heroischen Pathos und mit derselben leidenschaftlichen Unbedingtheit, mit der stolz gelassenen Gleichgültigkeit gegen Leben, Wohl, Glück, mit der Kleists Prinz von Homburg in die Schlacht stürmt […], *darf* man einfach nicht Semmeln, Würste und Nähnadeln usw. produzieren, wenn man nicht entweder selber grotesk-komisch und als eine neue Form und Auflage des Ritters von La Mancha erscheinen […] oder wenn man nicht radikal missverstanden sein will als Welteroberer.«

So radikal, wie Scheler meinte, missverstanden die anderen Länder den deutschen Don Quijote allerdings nicht. Denn in der Tat versuchte das Deutsche Reich, zunächst durch eine ebenso aggressive wie glücklose Kolonialpolitik, sich sein Stück vom längst verteilten Weltkuchen doch noch abzuschneiden. Als sich abzeichnete, dass auch dieser Weg Deutschlands Macht nicht vergrößern würde, taumelte man in den Ersten Weltkrieg.

Die blinde Euphorie erfasste auch Teile der deutschen Intellektuellen. Thomas Manns höchst fragwürdige Rechtfertigung der Kriegsnotwendigkeit aus deutscher Sicht habe ich bereits im zweiten Kapitel dargestellt. Allerdings musste man schon ein kaltblütiger Hasardeur wie der Schriftsteller und hochdekorierte Offizier Ernst Jünger sein, um die »Stahlgewitter« von Verdun und an anderen Orten der Westfront als erhabene »Unwetter« oder »Naturschauspiel« zu preisen. Sein Kollege Erich Maria Remarque, der als junger Soldat an die Westfront geschickt worden war, veröffentlichte 1928/29 ein ganz anderes literarisches Werk über das Grauen in den Schützengräben: *Im Westen nichts Neues*. Obwohl Remarque sein Buch und sich selbst als »unpolitisch« bezeichnet hatte, wurde es als Antikriegsroman gelesen und als solcher ein Klassiker der Weltliteratur.

Nach der Niederlage, die Deutschland im Ersten Weltkrieg erlebte, stolperte es so angeschlagen wie halbherzig in seinen zweiten Demokratieversuch. Zwar wurde die lang ersehnte Republik zum ersten Mal Wirklichkeit, zwar gab sich Deutschland zum ersten Mal eine fortschrittliche Verfassung, zwar wurden umsichtige und leidenschaftliche Politiker wie die Sozialdemokraten Philipp Scheidemann und Friedrich Ebert oder der nationalliberale Gustav Stresemann zu herausragenden Repräsentanten des neuen Staates – geliebt wurde die junge Republik nicht. Und dies lag nicht allein an den Versailler Verträgen, die Deutschland wirtschaftlich in die Knie zwingen sollten – und dies mit fatalem Erfolg taten. Auch lag es nicht allein an der Weltwirtschaftskrise, die in den Zwanzigerjahren auch vor der Weimarer Republik nicht haltmachte. Von Anfang an versuchten sowohl die extreme Rechte als auch die extreme Linke das schwache Pflänzchen »deutsche Demokratie« gleich von zwei Seiten niederzutrampeln. Die Linke warf den Sozialdemokraten Verrat an den Idealen der Arbeiterbewegung vor, weil sie regierungshalber auch mit Teilen der alten Reichseliten zusammengegangen waren. Die Rechte machte die Anhänger der Republik für die Niederlage im Ersten Weltkrieg verantwortlich und spann die »Dolchstoßlegende«, der zufolge das »im Felde unbesiegte« deutsche Heer erst im November 1918 hinterrücks gemeuchelt worden sei, in jenem Moment, in dem vielerorts im kriegsmüden Deutschland eine rätedemokratisch beziehungsweise rätekommunistisch gestimmte Revolution ausgebrochen war.

Und die deutsche Intelligenz tat auch wenig, um die Weimarer Republik zu stützen und zu schützen. Auf der geistigen Linken liebäugelte ein Schriftsteller wie Bertolt Brecht mit dem sowjetischen Modell, weil er das kapitalistische System für prinzipiell reformunfähig hielt und stattdessen den radikalen Umbruch favorisierte. Auf der geistigen Rechten frohlockte Ernst Jünger in einem Brief kurz nach den Reichstagswahlen vom September 1930, bei denen die braunen und roten Feinde der Demokratie gemeinsam fast ein Drittel der Wählerstimmen erhalten hatten: »Ich wandele seit einigen Monaten um hundert Prozent aufgewertet mit einer apokalyptischen Schadenfreude herum, wenn ich an den europäischen Porzellanladen denke und an den Zyklon, dessen Zentrum sich mit mathematischer Präzision zu nähern beginnt.«

Armes Weimar.

Zwischenspiel: Thomas Mann

Zu einem der wenigen engagierten und wortmächtigen Verteidiger der deutschen parlamentarischen Demokratie wurde ausgerechnet Thomas Mann. Am 12. Februar 1919, einen Tag, nachdem in Weimar die Nationalversammlung zusammengetreten war und Friedrich Ebert zum ersten Reichspräsidenten gewählt hatte, notierte der Schriftsteller in seinem Tagebuch: »Mutet doch an, wie ein erster Gehversuch nach dem Kollaps, wie Wiederkehr von Würde u. Selbstgefühl.« Bereits im Sommer 1921 nahm er von der aufkommenden Nazi-Bewegung Notiz und fertigte sie als »Hakenkreuz-Unfug« ab. Am 13. Oktober 1922 hielt er in Berlin anlässlich des sechzigsten Geburtstags seines literarischen Lieblingsrivalen, des Literaturnobelpreisträgers Gerhart Hauptmann, eine Rede mit dem Titel *Von deutscher Republik*. Darin heißt es: »Wo irgend Größe waltet, da setzt das Physiognomisch-Nationale sich aller kosmopolitischen Hingabe ungeachtet unfehlbar durch, und unter uns Deutschen wenigstens scheint Grundgesetz, dass, wer sich verliert, sich bewahren wird, wer sich aber zu bewahren trachtet, sich verlieren, das heißt der Barbarei oder biederer Unbeträchtlichkeit anheimfallen wird.« Der Abdruck des Redemanuskripts in Thomas Manns Werkausgabe verzeichnet an dieser Stelle als Publikumsreaktion »verbreitete Unruhe«.

Noch deutlicher positionierte sich Mann in einem Zeitungsessay, der im März 1925 beinahe zeitgleich in Frankreich und Deutschland erschien. Unter der Überschrift *Deutschland und die Demokratie* plädierte Mann dafür, den deutsch-politischen Blick stärker gen West denn gen Ost zu richten. Als Begründung für diesen Richtungswechsel führt er an: »Dienst am Leben aber, zu dem wir Deutschen immer wahrhaft bereit waren, ist heute Dienst an der Demokratie, ohne die Europa des Todes ist [...] Demokratie aber ist nur der moderne politische Name für den älteren klassizistischen Begriff der Humanität [...]«

Endgültig Klartext sprach Thomas Mann – der mittlerweile mit dem Literaturnobelpreis geadelt worden war – im April 1932. Vor den damals anstehenden Wahlen zum preußischen Landtag veröffentlichte er einen ebenso flammenden wie verzweifelten – wie vergeblichen – Aufruf zu »deutscher Besonnenheit«. Hierin verlieh der politisch gewordene Ästhet seiner Verachtung für das, was sich damals zusammenbraute, ungehemmt Ausdruck: »Darum verabscheue ich das trübe Amalgam, das sich ›Nationalsozialismus‹ nennt, dies Falsifikat der Erneuerung, das, hirn- und ziellose Verwirrung in sich selber, nie etwas anderes als eben Verwirrung und Unglück wird stiften können, diese Elendsmischung aus vermufften Seelentümern und Massenklamauk, vor der germanistische Oberlehrer als vor einer ›Volksbewegung‹ auf dem Bauch liegen, während sie ein Volksbetrug und Jugendverderb ohnegleichen ist, der sich umlügt in Revolution.«

Thomas Manns Wandel vom deutschen Kultur-Saulus zum westlich-demokratischen Zivilisations-Paulus ist in der Geistesgeschichte der Weimarer Republik einzigartig. Wer im Ersten Weltkrieg gedacht hatte wie Mann, endete in der Regel als Nationalsozialist. Einstige geistige Weggefährten wie der Schriftsteller Ernst Bertram oder der Komponist Hans Pfitzner gingen den völkischen Rattenfängern allzu eilfertig und allzu lange auf den braunen Leim. Was den erstaunlichen Wandel bei Thomas Mann konkret bewirkt hat, wird wohl auf ewig sein Geheimnis bleiben. Die Tagebücher aus jenen Jahren, die vielleicht Aufschluss geben könnten, ließ Mann – von seinem Schweizer Exil aus – vernichten, weil er um jeden Preis verhindern wollte, dass sie den Nazis in die Hände fielen. (Das Hauptmotiv für diese teilweise Selbstauslöschung dürfte gewesen sein, dass Mann in derselben Zeit zum vermutlich einzigen Mal in seinem Leben seine homoerotischen Neigungen wenigstens ansatzweise ausgelebt hatte.) Der Mann-Biograf Hermann Kurzke vermutet, dass sich der Schriftsteller als »unpolitischer« schlicht und einfach »loyal gegenüber dem jeweils Bestehenden« verhalten habe. Plausibler erscheint mir Kurzkes Vermutung, dass Manns jüdische Ehefrau Katia

die früheren »politischen Traumtänzereien ihres Mannes mit Misstrauen« gesehen und für seine »Erdung« gesorgt habe. Tatsächlich
war selbst der Mann der *Betrachtungen eines Unpolitischen* niemals
der Pest des Antisemitismus verfallen. Obwohl in jenem Werk auch
Antisemiten wie Richard Wagner und Houston Stewart Cham-
berlain zu den Gewährsleuten zählen, schloss Mann sich dort der
Auffassung des dänischen Schriftstellers und späteren Literaturnobelpreisträgers Johannes Vilhelm Jensen an, dass erst der »Zusam-
menstoß« mit den Juden, »diese[n] gehärtete[n] Kinder[n] des Miss-
geschicks«, den »deutschen Volkscharakter so geschliffen« habe,
dass er »momentan der schärfste, vollendetste moralische Apparat
sei, den die Welt je gesehen«.

Auch die weiteren Faktoren, die bei Manns verblüffendem geis-
tig-politischen Wandel eine Rolle gespielt haben mögen, scheint
Kurzke mir plausibel aufzufächern: den Respekt vor dem Vater,
der als Senator in Lübeck ein Mann der öffentlichen Verantwortung gewesen war; die Angst vor den eigenen Gefährdungen, als
welche Mann unter anderem seine Homosexualität verstand und
die er durch seine Schutzwehr der Bürgerlichkeit zu bannen versuchte, weshalb ihm alle Angriffe aufs Bürgerliche ein Gräuel waren;
den intellektuellen Überdruss an rechten Denkern wie Oswald
Spengler; die Freude, die es dem Auch-Polemiker Thomas Mann
bereitete, sich mit einem immer mächtiger werdenden Feind an-
zulegen; das Identitätsgefühl, das der antifaschistische Kampf dem
politisch unfesten Ästheten verschaffte; und schließlich eine Dankbarkeit gegenüber der Weimarer Republik, in welcher Mann weit
mehr als im untergegangenen Kaiserreich in die Rolle des Praecep-
toris Germaniae schlüpfen konnte. Es ließe sich ergänzen, dass der
Goethe-Verehrer Mann vielleicht auch deshalb mit der »Deutschen
Republik« – wie er sie nannte – sympathisierte, weil deren verfas-
sungsgebende Nationalversammlung eben in Weimar zusammengetreten war, und zwar nicht nur, um das politisch unruhige Berlin
als Tagungsort zu vermeiden; man wollte der Welt signalisieren,
dass der »Aufbau des neuen Deutschen Reichs« nicht unter dem

säbelrasselnden, alten »Geist von Potsdam«, sondern unter dem milden, noch älteren »Geist von Weimar« stehen sollte, wie Reichspräsident Friedrich Ebert es selbst ausdrückte.

Ich habe den Verdacht, dass es die Arbeit an seinem großen Gesellschafts- und Ideenroman *Der Zauberberg* gewesen sein könnte, die Manns politische Neuorientierung letztlich bewirkt hat. Wenn Schriftsteller ihr Innerstes ergründen wollen, schreiben sie Werke, die in erster Linie als Selbstgespräche zu verstehen sind. Und solch ein exzessives Selbstgespräch führte Mann im 1924 erschienenen *Zauberberg*, indem er dort zwei Antipoden, zwei Stellvertreter seines zerrissenen weltanschaulichen Ichs, unerbittlich aufeinandertreffen lässt. In seitenlangen Dialogen ringen der humanistische Freimaurer Lodovico Settembrini und der einen totalitären Gottesstaat herbeisehnende Jesuit Leo Naphta um die geistige Vorherrschaft über den jungen Hans Castorp. Die Gefechte zwischen Settembrini, der die Ideale von Renaissance und Aufklärung, von »Persönlichkeit, Menschenrecht, Freiheit« hochhält, und Naphta, der »den absoluten Befehl, die eiserne Bindung, [...] Disziplin, Opfer, Verleugnung des Ich, Vergewaltigung der Persönlichkeit«, kurz: den »Terror« predigt, enden in einem tatsächlichen Duell. Settembrini, der sich von Naphta mehrfach als »Zivilisationsliterat« verhöhnen lassen musste – so wie Thomas Mann seinen Bruder Heinrich noch wenige Jahre zuvor als einen solchen verhöhnt hatte –, schießt in die Luft. Ich vermute: Spätestens in dem Moment, in dem Mann wusste, dass sich der dem romantischen Abgrund verfallene Naphta die Kugel selbst in den Kopf jagen wird, nahm er seinen endgültigen Abschied von der einstmals verfochtenen Zivilisationsfeindschaft. Aber wie dem auch sei. Das Einzige, was sicher ist: Thomas Mann ging 1933 ins Exil. Und Deutschland marschierte in die mörderisch-selbstmörderische Barbarei.

Wir können alles. Außer Politik

Ich habe die geistige Wandlung Thomas Manns deshalb so ausführlich zu rekonstruieren versucht, weil sein Beispiel das Versagen des deutschen Bürgertums umso schärfer hervortreten lässt. Hätte das deutsche Bürgertum Adolf Hitler und der NSDAP die Gefolgschaft so konsequent verweigert, wie der Schriftsteller dies getan hat, wäre dem 20. Jahrhundert eine seiner schlimmsten politischen Katastrophen erspart geblieben, hätten Terror, Holocaust und vielleicht sogar der Krieg mit zig Millionen von Toten verhindert werden können. Doch das deutsche Bürgertum versagte, weil zu viele seiner Mitglieder bei den Reichstagswahlen im März 1933 ihr Kreuz bei der Partei mit dem Hakenkreuz machten; weil das Bürgertum dem tödlichen Irrtum erlag, »der Führer« schütze seine Werte wie Ordnung, Disziplin und Kultur. Anders als Thomas Mann gelang es der deutschen Bourgeoisie nicht zu erkennen, dass der Bürger zur Hohlfigur verkommt, wenn er sich nicht gleichzeitig zum demokratisch-freiheitlich gesinnten Citoyen entwickelt.

Das brutale Ausmaß des deutschen Bürgerirrtums zeigt eine Karriere wie die von Albert Speer. Dieser entstammte einem großbürgerlichen Elternhaus, sein Vater und Großvater waren bereits Architekten gewesen. In der Weimarer Republik schlug auch Albert Speer die Architektenlaufbahn ein – ohne nennenswerten Erfolg. Seine Stunde kam erst, als Adolf Hitler ihn als einen seiner Lieblingsgünstlinge entdeckte und zum »Generalbauinspektor für die Reichshauptstadt« machte. Ab sofort konnte Speer seine gigantomanischen Gebäude- und Städtebaufantasien wenigstens teilweise realisieren. Als er seinem Vater das Modell von »Germania« stolz präsentierte, zu dem Hitler und er Berlin architektonisch aufbombasten wollten, soll jener gesagt haben: »Ihr seid komplett verrückt geworden.« »Germania« blieb ein monströses Hirngespinst – der Zweite Weltkrieg, den Deutschland durch seinen Einmarsch in Polen auslöste, nicht. 1942 ernannte Hitler Speer zum »Reichsminister für Bewaffnung und Munition«. In dieser Funktion war Speer maßgeblich daran beteiligt, dass das deutsche Gemetzel noch drei Jahre weitergehen konnte, dass die Nationalsozialisten ihren Vernichtungsfeldzug gegen die Juden immer systematischer in die Tat umsetzen konnten. 1946 wurde er im Nürnberger Prozess gegen die Hauptkriegsverbrecher zu zwanzig Jahren Haft verurteilt. In dieser Haft begann Speer, seine Memoiren zu schreiben, die in der Bundesrepublik – und auch international – zum Bestseller wurden. Der Mythos vom »geläuterten« oder gar »guten Nazi« war geboren.

Wie falsch und verlogen dieser Mythos ist, hat der Historiker Magnus Brechtken 2017 in einer neuen Speer-Biografie detailliert nachgewiesen. In seinem Buch arbeitet er auch die leider unrühmliche Rolle heraus, die bei dieser Mythenbildung prägende Bildungsbürger der Bundesrepublik gespielt haben wie Speers Verleger Wolf Jobst Siedler oder der Historiker, Publizist und langjährige Herausgeber der *Frankfurter Allgemeinen Zeitung* Joachim Fest.

Ich selbst habe Fest in der Büchersendung, die ich von 2004 bis 2014 beim SWR moderiert habe, kennengelernt. Zuletzt war Fest 2005 zu Gast mit seinem Buch *Die unbeantwortbaren Fragen*, in welchem er sich an die Gespräche erinnert, die er zwischen 1966 und 1981 mit Albert Speer geführt hat. Dort berichtet er, wie der Verleger Siedler ihn in seiner Eigenschaft als Speers Lektor noch einmal zu eben diesem schickte, um ihn aufzufordern, in seinen gerade entstehenden Memoiren die sogenannte »Reichskristallnacht« vom 9. November 1938 doch bitte nicht stillschweigend zu übergehen, bei der sich der Judenhass im nationalsozialistischen Deutschland erstmals flächendeckend und gewalttätig Bahn gebrochen hatte.

Da Fest in seinem Erinnerungsbuch nichts darüber schreibt, was sein Lektorat bei Speer bewirkt hat, griff ich zu Speers *Erinnerungen*, um nachzulesen, wie die entsprechende Passage im gedruckten Buch aussieht. Sie lautet folgendermaßen: »Am 10. November kam ich auf der Fahrt in das Büro an den noch rauchenden Trümmern der Berliner Synagoge vorbei. [...] Heute ist diese optische Erinnerung eine der deprimierendsten Erfahrungen meines Lebens, weil mich damals eigentlich vor allem das Element der Unordnung störte, das ich in der Fasanenstraße erblickte: verkohlte Balken, herabgestürzte Fassadenteile, ausgebrannte Mauern – Vorwegnahmen eines Bildes, das im Krieg fast ganz Europa beherrschen sollte. Am meisten aber störte mich das politische Wiedererwachen der ›Straße‹. Die zerbrochenen Scheiben der Schaufenster verletzten vor allem meinen bürgerlichen Ordnungssinn.

Ich sah nicht, dass damals mehr zerbrach, als etwas Glas, dass Hitler in dieser Nacht zum vierten Mal in diesem Jahr einen Rubikon überschritten und das Schicksal seines Reiches unwiderruflich gemacht hatte. Habe ich für einen flüchtigen Augenblick wenigstens gespürt, dass etwas begann, was mit der Vernichtung einer Gruppe unseres Volkes enden sollte? Dass es auch meine moralische Substanz veränderte? Ich weiß es nicht. Ich nahm das Geschehene eher gleichgültig auf.«

Man mag es Speer anrechnen, dass er zumindest an dieser Stelle seiner Memoiren die Ehrlichkeit aufbrachte, sich nicht rückwirkend zum Antifaschisten zu stilisieren. Aber es ist mir ein Rätsel, wie Wolf Jobst Siedler und vor allem Joachim Fest nach der Lektüre dieser Absätze immer noch glauben konnten, vom deutschen Bürgertum sei etwas zu retten, indem man versuchte, Hitlers Architekten und Rüstungsminister auch in der Bundesrepublik wieder salonfähig zu machen.

In den Kindheits- und Jugenderinnerungen, die Joachim Fest als letztes Buch vor seinem Tod 2006 fertigstellen konnte, kommt der 9. November 1938 gleichfalls vor. Fest stammte aus einem bildungsbürgerlich-katholischen Berliner Elternhaus, sein Vater, ein Lehrer, ging zu Hitler-Deutschland von Anfang an auf Distanz und zahlte dafür mit einem frühen Berufsverbot. Auch in *Ich nicht* – so der Titel von Fests Kindheits- und Jugenderinnerungen – wird berichtet, dass der bürgerliche Vater schockiert gewesen sei angesichts des chaotischen Bildes, das ausgebrannte Synagogen und eingeschlagene Ladenfenster geboten hatten. Anders als Albert Speer soll Fest senior jedoch, sobald er nach Hause gekommen war, als Erstes zum

Telefonhörer gegriffen haben, um seinen jüdischen Freunden zu raten, »besser heute als morgen« aus Deutschland zu fliehen.

Ich halte es für eine weitere gefährliche »Dolchstoßlegende«, wenn in manchen bürgerlich-konservativen Kreisen heute noch die Auffassung vertreten wird, »die 68er« hätten dem deutschen Bildungsbürgertum den Garaus gemacht. Das deutsche Bürgertum hat sich durch sein doppeltes historisches Versagen selbst erledigt: in der Weimarer Republik und im »Dritten Reich«, indem es dem falschen Deutschland die Treue hielt; in der Bundesrepublik, indem es sein Versagen nicht unumwunden zugab und stattdessen die falschen – wie einen Albert Speer – hofierte.

Der bildungsbürgerliche Widerstand gegen den Nationalsozialismus, wie er sich in der studentischen Gruppe der »Weißen Rose« um die Geschwister Hans und Sophie Scholl formiert hatte, verdient allerhöchsten Respekt. Als isoliertes Einzelphänomen konnte er nichts bewirken. Der Widerstand gegen Hitler aus dem gebildeten Adelsmilieu, den unter anderen der Wehrmachtsoffizier Claus Schenk Graf von Stauffenberg 1944 leistete und gleichfalls mit dem Tode bezahlte, hätte zwar mit etwas mehr Glück erfolgreicher sein können, dennoch kam er entschieden zu spät. Da half es auch nichts mehr, dass Stauffenberg, bevor ihn die Nazis erschossen, »Es lebe das heilige Deutschland!« gerufen haben soll – oder vielleicht sogar, frei nach seinem Idol, dem Dichter Stefan George: »Es lebe das geheime Deutschland!«

Richtig bleibt an der Kritik an »68«, dass es ein weiterer deutscher Irrtum war zu glauben, man würde mit den Vätern und Müttern am besten abrechnen, wenn man die klassischen bildungsbürgerlichen, humanistischen und republikanischen Werte radikal ablehnte und lieber von blumiger Anarchie, brachialem Kommunismus oder gar von blutigem Terror träumte. Ich kann nach wie vor nicht begreifen, wie man meinen konnte, Deutschland zu humanisieren oder zu zivilisieren, indem man auch einen kritischen Feingeist wie den in die Bundesrepublik zurückgekehrten Theodor W. Adorno als bourgeoisen »Klassenfeind« abstempelte. Die Warnung vor einem damals heraufziehenden »Linksfaschismus« ist eine der wenigen Einschätzungen des Philosophen und Adorno-Schülers Jürgen Habermas, der ich mich uneingeschränkt anschließe. 1972 verfasste die einstige Journalistin und damalige Ikone vieler Linker Ulrike Meinhof, die sich zu diesem Zeitpunkt bereits der RAF angeschlossen hatte, ein Pamphlet »zur Strategie des antiimperialistischen Kampfes«. Darin bejubelte sie die Geiselnahme und Ermordung israelischer Olympioniken in München durch Mitglieder der palästinensischen Terrororganisation »Schwarzer September« als »antifaschistische« Aktion. Hass macht nicht nur auf dem rechten, sondern auch auf dem linken Auge blind.

Dass (West-)Deutschland in den Sechzigerjahren endlich begann, sich seiner verbrecherischen Vergangenheit ernsthaft zu stellen, verdankte sich weniger revolutionären Hitzköpfen, die der »BRD« den Krieg erklärten, als vielmehr dem konsequenten Mut des jüdisch-schwäbischen Juristen Fritz Bauer, der in seiner Eigenschaft als Generalstaatsanwalt in Hessen – gegen alle juristischen, politischen und gesellschaftlichen Widerstände – dafür gesorgt hatte, dass ab 1963 in Frankfurt am Main zahlreiche SS-Leute, die im Vernichtungslager Auschwitz »Dienst« getan hatten, sich vor Gericht verantworten mussten. Die Amerikaner hatten bereits anlässlich der Nürnberger Kriegsverbrecherprozesse und durch »Reeducation«-Maßnahmen versucht, den Deutschen die Augen dafür zu öffnen, welche Gräuel sie zwischen 1933 und 1945 entweder selbst begangen hatten – oder welche Gräuel in ihrem Namen begangen worden waren. Aber erst die Auschwitzprozesse, über die unter anderen der Schriftsteller Martin Walser journalistisch berichtete und die der Schriftsteller Peter Weiss in seinem Drama *Die Ermittlung* mit den Mitteln des dokumentarischen Theaters verarbeitete, hatten zur Folge, dass die (West-)Deutschen anfingen, ihre nationalsozialistische Vergangenheit nun auch von innen heraus »bewältigen« zu wollen. So gesehen ist es mehr als angemessen, dass in den letzten Jahren gleich drei Filme produziert worden sind, die vom Kampf des tapferen, aufrechten Fritz Bauer berichten.

Aber kehren wir ins Jahr 1949 zurück, das zumindest für den westlichen Teil Deutschlands eines der glücklichsten Jahre seiner Geschichte gewesen ist. Am 8. Mai nahm der vorübergehende Parlamentarische Rat mit dreiundfünfzig zu zwölf Stimmen das Grundgesetz an, am 23. Mai wurde aus den drei westlichen Besatzungszonen die erste Bundesrepublik Deutschland. Die Rede von der »Stunde Null«, die sich nach 1945 für den kompletten Zusammenbruch Deutschlands etabliert hat, ist in mancherlei Hinsicht irreführend. Was die Geschichte der Demokratie in Deutschland angeht, war jener Mai 1949 hingegen tatsächlich eine »Stunde Null«. Zum ersten Mal müssen wir im Zusammenhang mit unserem Land nicht mehr von einem »Demokratieversuch« reden, sondern dürfen sagen: Die Demokratie war im westlichen Teil des Landes Wirklichkeit geworden.

Allerdings war die Geburt der Bundesrepublik aus dem Geiste der Musik noch immer keine leichte. Der französische Romancier Honoré de Balzac hatte den Deutschen bereits 1839 bescheinigt, dass sie zwar eine natürliche Begabung für sämtliche musikalischen Instrumente besäßen, aber keine Ahnung hätten, wie die »großen Instrumente der Freiheit« zu spielen seien. Und in der Tat: Noch 1948 lehnten die Ministerpräsidenten aller elf westlichen Bundesländer die Gründung eines neuen deutschen (Teil-)Staates ab. Weder wollten sie sich eine Verfassung geben, noch wollten sie eine Hauptstadt bestimmen, noch wollten sie in einem ernsthaften Sinne regieren. Alles, was sie von den Amerikanern, Briten und Franzosen verlangten, war eine »einheitliche Verwaltung«. Einige Historiker meinen, die mangelnde Begeisterung der damaligen westdeutschen Ministerpräsidenten sei vor allem damit zu erklären, dass diese kein geteiltes Deutschland etablieren wollten, weil in ihren Herzen noch die Parole nachhallte, die Ernst Moritz Arndt 1813 als nationalen Schlachtruf ausgegeben hatte: »Das ganze Deutschland soll es sein!« Der US-amerikanische Vier-Sterne-General und Militärgouverneur der amerikanischen Besatzungszone Lucius D. Clay war jedenfalls fassungslos. Ein »sonderbarer Zustand«, schimpfte er im Juli 1948,

»ich als Vertreter einer Siegermacht will den Deutschen Vollmachten geben, und die Deutschen erklären, diese Vollmachten gar nicht in Anspruch nehmen zu wollen«. Willkommen bei den Unpolitischen.

Hitler hatte Deutschland nicht deshalb gleichschalten können, weil er das soziale Elend bekämpft und Autobahnen gebaut hatte. Die Deutschen waren dem Nationalsozialismus vor allem deshalb verfallen, weil er mit seinen Fackelzügen, seinem Fahnenpomp und seinen Massenspektakeln Politik für Unpolitische bot. Den Nazis gelang das menschheitshistorische Schauerstück, maximale Barbarei mittels maximaler Bürokratie zu installieren – ein Schauerstück, das auch die Stalinisten und Maoisten aufzuführen versuchten, aber nicht annähernd so perfide und perfekt umsetzen konnten.

Einer der verdientesten Friedensnobelpreise aller Zeiten wurde im Jahr 1953 dem US-amerikanischen Fünf-Sterne-General und Nachkriegs-Außenminister George C. Marshall verliehen, der mit seinem »Marshallplan« dafür gesorgt hatte, dass das ruinierte Deutschland – und Westeuropa mit ihm – auch wirtschaftlich wieder auf die Beine kam. Ich bin sicher: Hätte sich der US-amerikanische Finanzminister Henry Morgenthau mit seinem rivalisierenden Plan vom Sommer 1944 durchgesetzt, der vorsah, Deutschland nach dem absehbaren Sieg der Alliierten im Zweiten Weltkrieg restlos zu demontieren und in einen reinen Agrarstaat umzuwandeln – Deutschland wäre keine friedliche und freiheitliche Nation geworden, sondern hätte (notfalls mit Mistgabeln und Pflugscharen) versucht, den Dritten Weltkrieg anzuzetteln.

Die »Westbindung«, die der erste deutsche Bundeskanzler Konrad Adenauer so überzeugt wie konsequent betrieb, war kein bloßes Stellungsmanöver im »Kalten Krieg« zwischen den USA und der UdSSR. Die »Reeducation«, die in den westlichen Besatzungszonen und in der frühen Bundesrepublik vor allem unter amerikanischer Obhut bis 1955 betrieben wurde, mag eine »Charakterwäsche« gewesen sein, als welche sie der rechte Publizist und Verleger Caspar von Schrenck-Notzing in den Sechzigerjahren verteufelte. Aber es gibt historische Situationen, in denen es nicht allein Hemden guttut, einmal gründlich gewaschen zu werden. Zweck und Aufgabe einer Wäsche ist es, den Schmutz zu beseitigen, damit das gute Stück anschließend wieder um so leuchtender strahlen kann. Wir Waschmittel-vernarrten Deutschen sollten das am allerbesten wissen. Ohne die Amerikaner wären wir nicht die, die wir heute sind. Ohne Amerika wären wir alle ein Teil des Sowjetimperiums geworden, und zumindest ich mag mir nicht ausmalen, wie unser Land gegenwärtig aussähe, wäre dies geschehen. An die tiefe Pflicht zur Dankbarkeit gegenüber den USA sollten wir uns erinnern, gerade in Zeiten, in denen es diese im Kern freiheitsbeschwingte und tapfere Nation einem leichter macht, sie zu verachten, als sie zu lieben.

Natürlich sehe auch ich das Unerfreuliche, das in manchen Auswüchsen der »Kulturindustrie« ebenfalls über den großen Teich zu uns herübergeschwappt ist. Dennoch bin ich überzeugt, dass es möglich ist, gleichzeitig amerikanisch geprägter Citizen und deutscher Bildungsbürger zu sein. Thomas Mann hat es bewiesen, indem er trotz seiner republikanischen Wandlung weiterhin ein zutiefst deutscher Schriftsteller blieb, auch wenn er 1955 in der Schweiz als amerikanischer Staatsbürger starb. Falls wir Deutschen es wirklich gelernt haben sollten, die »großen Instrumente der Freiheit« zu spielen – wenn ich mir anschaue, was sich seit der letzten Bundestagswahl in unserem Land tut, beschleichen mich allmählich Zweifel –, *falls* wir also gelernt haben sollten, endlich *auch* politisch zu sein, verdanken wir dies in erster Linie den Amerikanern. Unser ehemaliger Bundespräsident Richard von Weizsäcker hatte recht, als er in seiner Rede vom 8. Mai 1985 jenes Datum vierzig Jahre zuvor als »Tag der Befreiung« bezeichnet hat.

Ich weiß nicht, in welcher Weise mir dieses Amerikalob um die Ohren gehauen werden wird. In der »alten« Bundesrepublik hätte ich mich mit diesem ganz gewiss ins Abseits geschrieben. Aber darauf wäre es vermutlich auch nicht mehr angekommen. Mein gesamtes Unterfangen, mich zu Deutschland zu bekennen und auch Sie, geneigter Leser, in Form eines »Leitfadens für aufgeklärte Patrioten« zu dieser Haltung zu ermutigen, hätte bei der bundesrepublikanischen Intelligenz für mehr oder minder einhelliges Entsetzen gesorgt.

Einem frankophilen, konservativen Publizisten wie Friedrich Sieburg – der sich durch die Nazizeit als »Sonderbeauftragter« des Auswärtigen Amtes in Brüssel und später in Paris durchlaviert hatte, der in den Fünfziger- und Sechzigerjahren als Literaturchef der *Frankfurter Allgemeinen Zeitung* zu großem Einfluss gelangte und damit zum Lieblingsfeind der literarischen »Gruppe 47« avancierte –, Friedrich Sieburg ging die Bonner Republik mit ihrem ständigen Krisengequatsche und ihrer Stillosigkeit auf die Nerven. Ein britisch orientierter Ästhet wie der Literaturtheoretiker und Essayist Karl Heinz Bohrer prangerte den »notorischen Erinnerungsschwund« der Bundesrepublik an und mokierte sich über das Mainzelmännchen-Land als harmlos-hedonistische Provinz.

Die Intellektuellen, deren Herzen im Zweifel links schlugen, standen der »BRD« ohnehin skeptisch bis ablehnend gegenüber, sei's, weil sie in ihr den Wiedergänger des alten Nazi-Deutschlands witterten, sei's, weil sie die soziale Marktwirtschaft, wie Ludwig Erhard sie vertrat, für schiere Kosmetik hielten. Nähe zur Politik suchten intellektuelle Linke erst, als die Aussicht bestand, mit Willy Brandt den ersten Sozialdemokraten ins Amt des Bundeskanzlers zu schreiben und zu agitieren. Dass Willy Brandt 1969 tatsächlich zum ersten sozialdemokratischen Bundeskanzler Deutschlands gewählt wurde, dürfte sich allerdings nicht hilflosen Aktionen wie dem 1965 gegründeten »Wahlkontor deutscher Schriftsteller« verdankt haben – dem beispielsweise Günter Grass und F. C. Delius angehörten –, sondern Brandts persönlichem Charisma und politischem Geschick. Bei den Bundestagswahlen 1965 unterlag er jedenfalls Ludwig Erhard, 1966 folgte die erste »GroKo« in der Geschichte der Bundesrepublik unter der Kanzlerschaft von Kurt Georg Kiesinger.

Deutschland, einig Vaterland?

Zu den wenigen bundesrepublikanischen Intellektuellen, die auf eine deutsche Wiedervereinigung hofften, als noch kein Politiker an diese zu glauben wagte, gehörten der Gründer und langjährige Herausgeber des Wochenmagazins *Der Spiegel* Rudolf Augstein und der Schriftsteller Martin Walser. Anders als ihren geistigen Weggefährten bereitete ihnen der Gedanke an *ein* Deutschland keine schlaflosen Nächte, hielten sie nichts davon, die deutsche Teilung als »gerechte Strafe für Auschwitz« zu interpretieren. 1979 verlieh Walser in seinem Essay *Händedruck mit Gespenstern* seinem »Bedürfnis nach Ichüberschreitung«, das er politisch als das »Bedürfnis nach geschichtlicher Überwindung des Zustands Bundesrepublik« übersetzte, zum ersten Mal Ausdruck. Der Herausgeber des Sammelbandes Jürgen Habermas soll zwar entsetzt gewesen sein, beherzigte aber den von ihm verfochtenen »herrschaftsfreien Diskurs«, indem er den Walser-Essay dennoch erscheinen ließ. Sätze wie die folgenden werden es gewesen sein, die das Habermas'sche Unwohlsein ausgelöst haben mochten: »Und das deutsche Volk ist ein Musterschüler. In Ost *und* West. Lieber verliert es sich selbst, als dass es seinem Ost- oder Westlehrer auch nur den geringsten Kummer bereiten würde. Wir haben immer alles besser gekonnt, als wir selbst zu sein.«

1988 trat Walser in den Münchner Kammerspielen an, um abermals über Deutschland zu reden, um den »Mangel«, als den er die deutsche Teilung empfand, genauer zu schildern: »Aber ich spüre ein elementares Bedürfnis, nach Sachsen und Thüringen reisen zu dürfen unter ganz anderen Umständen als denen, die jetzt herrschen. Sachsen und Thüringen sind für mich weit zurück und tief hinunter hallende Namen, die ich nicht unter ›Verlust‹ buchen kann. Nietzsche ist kein Ausländer. Leipzig ist vielleicht momentan nicht unser. Aber Leipzig ist mein. Aus meinem historischen Bewusstsein ist Deutschland nicht zu tilgen.« Allerdings machte sich Walser keine Illusionen, wie riskant sein Unterfangen war, »ein Wort wie

Deutschland« für den »weiteren Gebrauch retten« zu wollen. »Wenn sich das Gespräch um Deutschland dreht«, sagte er gleich zu Beginn seiner Rede, »weiß man aus Erfahrung, dass es ungut verlaufen wird. Egal ob ich mich allein in das Deutschland-Gespräch schicke, ins Selbstgespräch also, ob ich es schreibend oder diskutierend versuche – es verläuft jedesmal ungut: ich gerate in Streit mit mir und anderen.« Und mit einem halben Augenzwinkern fügte er hinzu: »Vielleicht sollten wir einander so trösten: Wer beim Deutschland-Gespräch nicht unter sein Niveau gerät, hat keins.«

Dass er Niveau hat, bewies Walser bei seiner berüchtigten »Paulskirchenrede« im Oktober 1998, als er darauf bestand: »Auschwitz eignet sich nicht dafür, Drohroutine zu werden, jederzeit einsetzbares Einschüchterungsmittel oder Moralkeule oder auch nur Pflichtübung. Was durch solche Ritualisierung zustande kommt, ist von der Qualität Lippengebet.« Ebenso hielt der Kulturkatholik Walser sein Niveau, als er in verblüffend protestantischer Manier zu dem Schluss kam: »Ein gutes Gewissen ist keins. Mit seinem Gewissen ist jeder allein.« Unter sein Niveau geriet er jedoch, als er in seiner Rede das Berliner Holocaust-Mahnmal als »fußballfeldgroßen Alptraum« bezeichnete, und mehr noch im anschließend entbrennenden Streit mit dem Vorsitzenden des Zentralrates der Juden in Deutschland Ignatz Bubis, der Walser der »geistigen Brandstiftung« bezichtigt hatte. In einem vom damaligen Herausgeber der *Frankfurter Allgemeinen Zeitung* Frank Schirrmacher moderierten Gespräch zwischen den beiden Kontrahenten verstieg sich Walser dazu, Bubis – den die Nazis in ein Zwangsarbeitslager gebracht und dessen Vater, Bruder, Schwester und weitere Familienangehörige sie ermordet hatten – an den Kopf zu werfen, er, Walser, habe sich schon mit dem Holocaust beschäftigt, als Bubis – der in Frankfurt am Main als Immobilienunternehmer auch unrühmlich agiert hatte – »noch mit ganz anderen Dingen« beschäftigt gewesen sei. Für beide Entgleisungen hat Walser sich später, allerdings nicht mehr zu Lebzeiten von Ignatz Bubis, entschuldigt. Die Wunden, die er mit seiner doppelten Niveau-Unterbietung beim Thema Deutschland geschlagen hat, sind geblieben.

Walser war jedoch nicht der einzige Intellektuelle, der beim Thema Deutschland Gefahr lief, sein Niveau zu unterbieten. Der selbst ernannte geistige Wortführer der bundesrepublikanischen Sozialdemokratie, der Literaturnobelpreisträger Günter Grass, wandte sich, wo er nur konnte, gegen die deutsche Wiedervereinigung. Im Oktober 1989, kurz bevor die friedlichen Revolutionäre der DDR die Mauer und damit den gesamten sozialistischen deutschen Staat zum Einsturz brachten, sprach Grass von seinem Grauen angesichts einer »abermaligen Vereinigung der Restteile des Deutschen Reiches«, welches als »Machtballung in der Mitte Europas« nichts als »Zerstörung und Leid« gebracht habe. Im Februar 1990 erklärte Grass sich in einem in der Wochenzeitung *Die Zeit* erschienenen Essay selbst zum »vaterlandslosen Gesellen« und schrieb: »Ich fürchte mich nicht nur vor dem aus zwei Staaten zu einem Staat vereinfachten Deutschland, ich lehne den Einheitsstaat ab und wäre erleichtert, wenn er – sei es durch deutsche Einsicht, sei es durch Einspruch seiner Nachbarn – nicht zustande käme.«

Der »Einheitsstaat« kam zustande, Grass und anderen vehementen Wiedervereinigungsgegnern wie Oskar Lafontaine zum Trotz, dem damaligen saarländischen Ministerpräsidenten und SPD-Kanzlerkandidaten für die erste gesamtdeutsche Bundestagswahl im Dezember 1990. Die erste freiheitlich verfasste, geeinte deutsche Nation verdankt sich sowohl »deutscher Einsicht« als auch dem anfangs zwar zögerlichen, letztlich aber doch herzlichen Zuspruch unserer europäischen Nachbarn Frankreich und Großbritannien. Sie verdankt sich der entschiedenen Befürwortung von Michail Gorbatschow, der als letzter Staatspräsident der UdSSR das sowjetische Imperium abgewickelt und dessen Satellitenstaaten in ihre eigenen Umlaufbahnen entlassen hat. Und sie verdankt sich dem abermals umsichtig-entschlossenen europapolitischen Handeln einer US-Regierung, in diesem Falle der unter Präsident George Herbert Walker Bush. (Auf die Rolle des deutschen »Einheitskanzlers« Helmut Kohl werde ich noch eingehen.)

Vor allem aber verdankt sich das deutsche Glück, das seit 1990 kein geteiltes und damit kein halbes mehr ist, den unerschrockenen Dissidenten und Bürgerrechtlern der DDR wie Rudolf Bahro, Bärbel Bohley, Jürgen Fuchs, Katja und Robert Havemann, Lutz Rathenow und Friedrich Schorlemmer, um nur einige von ihnen zu nennen. Es verdankt sich jenen Menschen, die ab dem 4. September 1989 die Zivilcourage hatten, jede Woche zu Hunderttausenden zunächst in Leipzig, bald darauf auch in Dresden, Magdeburg, Rostock und anderen ostdeutschen Städten auf die Straße zu gehen, um gegen die real existierenden sozialistischen Verhältnisse zu protestieren. Bis heute wird hierzulande hitzig darüber debattiert, ob die Verwandlung der anfänglichen Widerstandsparole »Wir sind das Volk!« in »Wir sind *ein* Volk!« die heimliche Geburtsstunde späterer unerfreulicher Protestmärsche wie denen der »Pegida«-Anhänger in Dresden markierte.

Die Debatte ist nicht verkehrt. In der Tat zeigt sich an der Mutation der ostdeutschen Widerstandsparole von 1989, um was für einen schillernden, schwer festzumachenden Trickster es sich beim Begriff »Volk« handelt. Am deutschen Bundestag im Reichstagsgebäude prangt in großen Lettern der Schriftzug »Dem deutschen Volke«. Hier wird »Volk« politisch aufgefasst, als die wahlberechtigten Staatsbürger der Nation. Im selben Sinne heißt es in Artikel 20, Absatz 2, unseres Grundgesetzes: »Alle Staatsgewalt geht vom Volke aus.« Auch hier wird »Volk« so verstanden, wie am Vorabend der Französischen Revolution der Abbé Sieyès in seinem berühmten Traktat *Was ist der Dritte Stand?* eben diesen als die überwältigende Mehrheit der Volksmitglieder definierte, die weder dem Adel noch dem Klerus angehören. Legt man diesen Volksbegriff zugrunde, erklärt man wie Sieyès die Nation zu »einer Gesamtheit von vereinigten Individuen, die unter einem gemeinsamen Gesetz stehen und durch dieselbe gesetzgebende Versammlung vertreten sind«.

Doch mit dem Wandel von »Wir sind das Volk!« zu »Wir sind *ein* Volk!« wurde im Herbst 1989 nicht nur die Sehnsucht nach einer vereinten deutschen Nation artikuliert, sondern plötzlich stand der Verdacht im Raum, dass »Volk« kulturell, ethnisch oder gar rassisch gemeint sein könnte. Im nächsten Kapitel werde ich dafür plädieren, »Volk« durchaus *auch* kulturell, aber niemals ethnisch oder gar rassisch zu verstehen. Auf die emotionalen Aspekte des Begriffs »Volk« hat bereits in der Mitte des 19. Jahrhunderts der württembergische Paulskirchenabgeordnete und Kultusminister Gustav Rümelin hingewiesen: »Der Begriff des Volkes ist nicht durch objektive Merkmale umgrenzt, sondern er erfordert auch die subjektive Empfindung. Mein Volk sind diejenigen, die ich als mein Volk ansehe; die ich die Meinen nennen, denen ich mich verbunden fühle durch unlösbare Bande.« Wer »Volk« ausschließlich auf die politische Dimension reduzieren will, riskiert es, den Gefühlshaushalt der Bürger zu überfordern, indem sie sich einzig als »Verfassungspatrioten« betrachten dürfen, und gleichzeitig zu unterfordern, indem er ihren Sehnsüchten nach einer Zusammengehörigkeit, die über die Verfassung hinausgeht, keine Heimat mehr bietet. Vagabundierende Volkssehnsüchte aber laufen Gefahr, ins Ethnisch-Rassische umzuschlagen.

Und schließlich kann »Volk« auf die Weise gedeutet werden, wie es im Deutschen bis zur Aufwertung durch Johann Gottfried Herder hauptsächlich verwendet wurde: als Bezeichnung für die unteren Gesellschaftsschichten. Die Reanimation dieses Volksbegriffs, die wir erleben, wann immer »der kleine Mann von der Straße« gegen »die da oben« in Stellung gebracht wird, scheint mir verhängnisvoll zu sein. In einer freiheitlich verfassten Nation dürfen Volk und Eliten in keinem Gegensatz stehen. Staatsmänner wie Willy Brandt und Helmut Schmidt waren elitär und volkstümlich zugleich. Weltliteraten wie Schiller und Goethe waren selbstverständlich auch elitäre Schriftsteller. Ihrer Beliebtheit beim Volk tat dies keinen Abbruch. So ging etwa mein rheinland-pfälzischer Großvater, der lediglich einen Volksschulabschluss besaß, sobald ihn der Zorn packte, in den Hof, um Holz zu hacken. Dabei rezitierte er Schiller. Die zweibändige Schiller-Werkausgabe von 1867, die ihm einer seiner Schwiegergroßväter vermacht hatte, hütete er wie seinen Augapfel.

Aber werfen wir noch einen genaueren Blick auf die Frage, wie das Verhältnis von intellektuellen Eliten und Volk in der DDR aussah. Der Ideologie nach durfte es im »Arbeiter- und Bauernstaat« keine Eliten geben. In der sozialistischen Wirklichkeit existierten die »Parteibonzen« jedoch ebenso wie die privilegierten, linientreuen Intellektuellen, die der Nomenklatura angehörten.

Anders als in der Bonner Republik legten sich die Intellektuellen – vor allem diejenigen, die aus dem Exil nach Deutschland, das heißt: in die DDR zurückgekehrt waren – für den jungen Staat, der sich selbst zum antifaschistischen Schutzwall ausgerufen hatte, von Anfang an ins Zeug. Der Dichter, SED-Politiker und Kulturminister Johannes R. Becher verfasste 1949 den Text zur Nationalhymne der DDR *Auferstanden aus Ruinen*, der Komponist Hanns Eisler vertonte ihn.

Wie heikel diese Staatsnähe der künstlerischen Intelligenzija war, sollte sich bald zeigen. 1952 veröffentlichte Hanns Eisler das Libretto zu seiner Oper *Johann Faustus*, das er – wie Thomas Mann seinen Roman *Doktor Faustus* – im amerikanischen Exil in Angriff genommen hatte. Eisler siedelte seine Oper in der Zeit der deutschen Bauernkriege 1524/25 an, am Schluss wird Faust vom Teufel geholt, dem alten Klassenfeind, mit dem er gegen die von Thomas Münzer angeführten revolutionären Massen paktiert hat. Genutzt hat Eisler die sozialistische Linientreue bei seiner Aneignung des Fauststoffes nichts. 1953 entbrannte in der DDR eine heftige »Faustus-Debatte«. Einer der Wortführer war der SED-Politiker und Autor Alexander Abusch, damals Bundessekretär des »Kulturbundes zur demokratischen Erneuerung«, von dem wir heute wissen, dass er außerdem als »Geheimer Informator« für das Ministerium für Staatssicherheit tätig war. In einer wütenden Besprechung von Eislers Werk hielt Abusch dem Komponisten vor, dieser habe »bisher noch nicht tief genug die Grundfragen unseres patriotischen Kampfes durchdacht und deshalb auch noch nicht eine echte Beziehung zu dem großen Erbe unserer Nationalliteratur«. Die DDR-Tageszeitung *Neues Deutschland* nahm den Ball, den Abusch ihr zugespielt hatte, an und drohte Eisler unverhohlen, man werde eine derartige Verhunzung *des* deutschen Nationalepos nicht dulden. In einem Leserbrief durften vier »Werktätige« ihrer Empörung Luft machen, die sie angesichts »einer so frivolen Verhöhnung des vielleicht genialsten und dem deutschen Volke teuer gewordenen Meisterwerkes« empfanden. Um sich der »Debatte« zu entziehen – in welcher Eisler allenfalls halbherzige Unterstützung seitens seiner Künstlergenossen wie Bertolt Brecht oder Arnold Zweig erfahren hatte –, floh der Komponist nach Wien. Kurze Zeit später übte er öffentlich »Selbstkritik« und durfte nach Ost-Berlin zurückkehren. Vertont hat Eisler seinen *Johann Faustus* nie. Stattdessen verkündete der Erste Sekretär des ZK der SED Walter Ulbricht, in der DDR werde »*Faust III* vom werktätigen Volke geschrieben«.

Anders als in der von den Amerikanern »neu erzogenen« jungen Bundesrepublik konnte in der DDR der nationale Bildungsstolz ungehindert Blüten treiben. Das heißt: Er konnte dies exakt so lange tun, solange das deutsche Kulturerbe im Sinne des Sozialismus ausgelegt – sprich: vergewaltigt – wurde. Sowohl der zweihundertste Geburtstag von Goethe 1949 als auch der von Schiller 1955 wurden im Osten weit pompöser begangen als im Westen. Die von der Parteispitze angeordnete Klassikbegeisterung gipfelte darin, dass Goethe zum »Taufpaten der DDR« ernannt wurde. »Schon Goethe« wurde zur rhetorischen Lieblingsfloskel all jener, die damals in der DDR Kulturpolitik betrieben.

Dass die Weimarer Klassik zu einem der zentralen Gründungs- und Orientierungsmythen der jungen DDR wurde, lag nicht allein an der schlichten geografischen Tatsache, dass sich das Städtchen Weimar auf ihrem Staatsgebiet befand, auch nicht allein daran, dass der offizielle Sozialismus mit avantgardistischer Kunst – noch nicht einmal mit der russischen – etwas anzufangen wusste. Hinter dem staatlich betriebenen Weimarkult steckten ebenfalls handfeste politische Motive. Im Wettstreit mit der Bundesrepublik, welcher von beiden deutschen Staaten denn nun das rechtmäßigere Deutschland sei, hofften die DDR-Oberen, die nationale Kulturkarte als vermeintlichen Trumpf ausspielen zu können. Außerdem dürften die Kulturfunktionäre der DDR recht bald erkannt haben, dass sich die Begeisterung der Ostdeutschen für das Alexandrow-Ensemble und Tatjana Samoilowa in engeren Grenzen hielt als die Begeisterung der Westdeutschen für Elvis Presley und Marilyn Monroe.

Jenseits des staatlichen deutschen Klassikbrimboriums gab es in der DDR aber auch echte bildungsbürgerliche Nischen, in denen im kleinen, vertrauten Kreis nach Herzenslust hausmusiziert, Friedrich Hölderlin und heimlich sogar Friedrich Nietzsche gelesen wurden. Jenes Milieu, wie es etwa im Dresdner Villenstadtteil Weißer Hirsch überlebte, hat der Schriftsteller Uwe Tellkamp in seinem 2008 erschienenen Roman *Der Turm* literarisch verewigt.

Auf den staatspolitischen Tribünen ließ die Kulturvernarrtheit ab den 1960er-Jahren rapide nach. Den Funktionären des ZK wurde bewusst, dass der Drang eines Volkes nach politischer und geistiger Freiheit auf Dauer nicht mit preisgünstigen Klassikerausgaben zu stillen war. Der Zwangssozialismus merkte, dass er seine Schäfchen nicht mit Goethes *Faust* zusammenhielt – im August 1961 verwandelte er den »Eisernen Vorhang« in eine Mauer mit Stacheldraht und erteilte Schießbefehl.

Einer der ersten Intellektuellen, die sich vom vermeintlich »besseren Deutschland« abwandten, war Ernst Bloch. Der in Ludwigshafen am Rhein geborene Philosoph und überzeugte Marxist, der im Zweiten Weltkrieg Stalin gehuldigt hatte, war 1948 aus dem Exil zurückgekehrt und hatte sich bewusst für Leipzig als neuen Lebens- und Arbeitsort entschieden. Ein Jahr nach dem ungarischen Volksaufstand, der den Nationalpreisträger der DDR unwiderruflich auf Konfrontationskurs mit dem SED-Regime gebracht hatte, wurde er von seiner Universität zwangsemeritiert. Von einer Reise in die Bundesrepublik im Sommer 1961 – während der er auch die Bayreuther Festspiele besuchte – kehrte Bloch nicht mehr in die DDR zurück, sondern nahm die Gastprofessur an, die ihm die Universität Tübingen antrug.

Zum kultur- und staatspolitischen Fiasko wurde die Ausbürgerung Wolf Biermanns. Hatten die Intellektuellen in der DDR beim

Machtantritt Erich Honeckers im Jahre 1971 noch auf eine Liberalisierung der sozialistischen Zustände gehofft, begriffen sie spätestens jetzt, dass sie sich gründlich getäuscht hatten. Ein Konzert, das der aufmüpfige und deshalb beim SED-Regime seit Längerem in Ungnade gefallene Liedermacher im November 1976 in Köln gab, diente dem Politbüro als Vorwand, Biermann wegen »grober Verletzung der staatsbürgerlichen Pflichten« auszubürgern.

In jenem Monat änderten nicht wenige DDR-Dissidenten ihre Haltung zur Ost-Berliner Republik von »solidarischer Kritik« hin zu radikaler Distanz. Verlässliche Reisekader wie die Regisseurin Ruth Berghaus und ihr Gatte, der Komponist Paul Dessau, begrüßten die Ausbürgerung Biermanns. Der vom Schriftsteller Stephan Hermlin initiierte offene Protestbrief an die DDR-Führung wurde indes von hundert teils namhaften DDR-Künstlern unterzeichnet. Zwar gehörten zu den Unterzeichnern der Petition auch die Schriftsteller Heiner Müller und Christa Wolf, die dem maroden sozialistischen Deutschland bis zuletzt die Stange hielten, aber viele von ihnen wie die Schriftsteller Jurek Becker und Sarah Kirsch oder die Schauspieler Armin Mueller-Stahl und Manfred Krug ließen Hammer, Zirkel und Ährenkranz endgültig fallen. Die Flucht des (ost-)deutschen Geistes in den Westen war nicht mehr aufzuhalten.

Die Frage, wie es die ostdeutsche Intelligenz mit dem Gedanken an die nationale Wiedervereinigung gehalten hat, ist schwieriger zu beantworten. Auffallend ist, welch prominente Rolle der gute alte (und sehr westdeutsche) Rhein in Gedichten und Liedern aus der frühen DDR spielt. In der dritten Strophe von Brechts *Kinderhymne* heißt es etwa: »Und nicht über und nicht unter / Andern Völkern wolln wir sein / Von der See bis zu den Alpen / Von der Oder bis zum Rhein.« Im selben Jahr, 1950, trällerte der Sänger, Schauspieler und Regisseur Ernst Busch im Refrain seines Gassenhauers: »Go home, Ami, Ami go home, / Spalte für den Frieden dein Atom, / Sag ›good bye!‹ dem Vater Rhein, / Rühr nicht an sein Töchterlein; / Lorelei, solang du singst, wird Deutschland sein.«

Lieder oder Gedichte von vergleichbar einflussreichen bundesrepublikanischen Künstlern, in welchen der »Russki« aufgefordert worden wäre, der Oder »do svidaniya« zu sagen, damit »Deutschland sein« kann, sind zumindest mir nicht bekannt. Der Mansfelder Pfarrerssohn Gottfried Benn hatte der Oder zwar in den Dreißigerjahren noch manch wehmütigen Vers hinterhergedichtet, aber bereits Ende 1944 herrschte bei ihm jener sarkastisch-müde Ton, an dem auch die Bundesrepublik nichts mehr ändern sollte: »Nun längst zu Ende / graue Herzen, graue Haare / der Garten in polnischem Besitz / die Gräber teils-teils / aber alle slawisch, / Oder-Neiße-Linie / für Sarginhalte ohne Belang / die Kinder denken an sie / die Gatten auch noch eine Weile / teils-teils / bis sie weitermüssen / Sela, Psalmende.«

Nachdem die Bundesrepublik mit Frankreich, Großbritannien und den USA 1952 den »Deutschlandvertrag« geschlossen hatte, der ihren völkerrechtlichen Status normalisierte, ihre Souveränität herstellte und das Besatzungsstatut von 1949 endgültig ablöste, verfasste Bertolt Brecht ein zweites, deutlich elegischer klingendes Deutschlandgedicht: »O Deutschland, wie bist du zerrissen… / Und nicht mit dir allein. / In Kält und Finsternissen / Schlägt eins aufs Andre ein. / Und hättst so schöne Auen / Und stolzer Städte viel. / Tätst du dir selbst vertrauen / Wär alles Kinderspiel.«

Über die Frage, warum Brecht in jenen Jahren regelmäßig beim Kindlichen Zuflucht suchte, wenn er Deutschland bedichtete, mögen sich psychoanalytisch versierte Germanisten den Kopf zerbrechen. Vielleicht hatte der Bayer in Ost-Berlin, dessen Exilstationen Prag, Wien, Zürich, Thurø, Paris, Svendborg, Lidingö, Helsinki, Marlebäck, Moskau, Wladiwostok und Santa Monica gewesen waren, einfach Heimweh nach seinem alten Deutschland – für dessen politischen Erhalt er in der Weimarer Zeit allerdings, im Gegensatz zu Thomas Mann, herzlich wenig getan hatte.

Auch Wolf Biermann verlieh seinem Leiden an der deutschen Zerrissenheit poetischen Ausdruck. Als ihn die DDR noch nicht ausgebürgert hatte, sang er: »Es senkt das deutsche Dunkel / Sich über mein Gemüt / Es dunkelt übermächtig / In meinem Lied //

Das kommt, weil ich mein Deutschland / So tief zerrissen seh / Ich lieg in der besseren Hälfte / Und habe doppelt Weh.« Nachdem die »bessere Hälfte« nicht ganz ohne sein Zutun in den Orkus der Geschichte gegangen war, komponierte Biermann ein zweites Deutschlandlied, in dem er bekannte: »Heimweh nach früher hab ich keins / Nach alten Kümmernissen / Deutschland Deutschland ist wieder eins / Nur ich bin noch zerrissen.«

Weniger zerrissen dürfte sich Heiner Müller gefühlt haben. Jedenfalls verteilte er nach 1989 seinen Zynismus gleichmäßig in beide Richtungen: In der deutschen Wiedervereinigung wollte er lediglich das Startzeichen für die nunmehr ungezügelte Kraft des Kapitals erblicken; dem zerfallenden Monstrum des realen Sozialismus wollte er allerdings auch keine Tränen mehr nachweinen. Lieber vermachte er 1995 der Theaterwelt ein letztes schwerdeutsches Drama: *Germania 3 Gespenster am toten Mann*.

Der Schriftsteller Stefan Heym hatte zu denjenigen gehört, die im November 1976 die Petition gegen die Ausbürgerung Wolf Biermanns unterzeichnet hatten. In den Achtzigerjahren unterstützte Heym die Bürgerrechtsbewegung in der DDR, bereits 1982 plädierte er für eine deutsche Wiedervereinigung – unter sozialistischem Vorzeichen. Dieser Linie blieb er auch nach dem Mauerfall treu. Im November 1989 initiierte er den Aufruf »Für unser Land« mit, der sich gegen »eine Wiedervereinigung beziehungsweise eine Konföderation mit der BRD« und für den Erhalt einer eigenständigen DDR mit demokratischem Sozialismus aussprach. 1992 gehörte Heym zu den Mitbegründern des »Komitees für Gerechtigkeit« und warnte damals: »Wenn die Leute sich nicht artikulieren können, dann werden sie Häuser anzünden. Und wenn man ihnen nicht eine demokratische Lösung anbieten kann, eine linke Lösung, dann werden sie nach rechts gehen, werden wieder dem Faschismus folgen […]«

Ich halte Heyms Diagnose für grundverkehrt. Hätte die Politik 1989/90 einen »Dritten Weg« eingeschlagen, wie er damals von zahlreichen linken Intellektuellen in Ost und West favorisiert wurde, wäre der politische Schlamassel in unserem Land heute noch gewaltiger. In dieser Hinsicht bin ich dem ehemaligen Bundeskanzler Helmut Kohl uneingeschränkt dankbar, dass er den Beitritt der DDR zur Bundesrepublik Deutschland nach Artikel 23 des alten Grundgesetzes unbeirrt betrieben hat.

Im Bundestagswahlkampf 1957 war die CDU unter Bundeskanzler Konrad Adenauer mit dem berühmten Slogan »Keine Experimente!« angetreten. In der Tat hatte die SPD unter Erich Ollenhauer damals noch keine weise Ostpolitik im Stile Willy Brandts betrieben, sondern befürwortete das riskante Programm, die Bundesrepublik möge die NATO und die DDR den Warschauer Pakt verlassen. Die Hoffnung war, durch diesen doppelten Austritt dem geteilten Land eine rasche Wiedervereinigungsperspektive zu eröffnen. Trotz der vorsichtigen Zustimmungsandeutungen seitens des DDR- und Sowjetregimes wäre es damals mit einiger Wahrscheinlichkeit zum einseitigen Austritt der Bundesrepublik aus der NATO gekommen. Das SPD-Experiment hätte leicht zum weltpolitischen Debakel werden können. Ebenso richtig war es, dass die deutsche Politik unter der Federführung Helmut Kohls rund dreißig Jahre später abermals keine Experimente wagte.

Wie wir gesehen haben, ist es bislang noch immer desaströs gescheitert, wenn Deutschland versucht hat, auf dem Gebiet der Staatspolitik originell zu werden. Der Blick nach Westen, den Thomas Mann bereits 1925 empfohlen hatte, ist der einzige Garant für ein freiheitlich-demokratisch verfasstes Deutschland. Wir haben keine solide liberale Geistestradition, wie sie in Frankreich durch Montesquieu und Alexis de Tocqueville, in England durch John Locke und John Stuart Mill begründet und ausgefeilt worden ist. Wir hatten Immanuel Kant und Georg Wilhelm Friedrich Hegel. Als philosophische Gedankengebäude sind deren Systeme nach wie vor imposant und unbedingt studierenswert. Als Anleitungen für die konkrete politische Praxis taugen sie bloß ansatzweise (Kant) bis gar nichts (Hegel). Die hundert Millionen Toten, die der Kommunismus weltweit auf dem Gewissen hat, machen Karl Marx und Friedrich Engels zu keinen verwerflichen Denkern. Aber diese Toten sollten uns den bloßen Gedanken daran verbieten, deren Theorien jemals wieder als politische Handbücher lesen zu wollen. Ebenso verbieten uns die fünfundzwanzig Millionen Toten, die der Nationalsozialismus zu verantworten hat, einen Staatstheoretiker wie Carl Schmitt (»Der Führer schützt das Recht«) aus der Versenkung zu holen. Gern dürfen wir uns mit seiner machiavellistisch-politischen Theologie zu kritischen Erkenntniszwecken auseinandersetzen, wie es die von mir im sechsten Kapitel zitierte belgische Politologin Chantal Mouffe tut. Wo der konkrete staatspolitische Diskurs beginnt, gehört Carl Schmitt in den Giftschrank.

Mit all dem will ich nicht behaupten, dass bei der deutschen Wiedervereinigung, so wie sie durchgeführt wurde, nicht eine Menge versäumt worden ist. Trotz aller realpolitischen Vernunft, die bei ihrer Verwirklichung zum Zuge kam, trotz allen schwarz-rot-goldenen Jubels hatte sie etwas eigenwillig Unpolitisches. Das westdeutsche Phantom von 1948, eine »einheitliche Verwaltung« sei letztlich alles, was ein Land brauche, um ordentlich zu funktionieren, meldete sich zurück. So beherzt Helmut Kohl – mit der noch beherzteren Unterstützung seines Außenministers, des FDP-Politikers Hans-Dietrich Genscher – den Zipfel ergriff, den ihm die Geschichte hinhielt, so überfordert war der Historiker, der seine Doktorarbeit über die »politische Entwicklung in der Pfalz und das Wiedererstehen der Parteien nach 1945« geschrieben hatte, das schwierige Projekt der deutschen Einheit in geistiger, seelischer und kultureller Hinsicht auf den besten Weg zu bringen. Seine Phrase von den »blühenden Landschaften«, die er den Ostdeutschen für die baldige Zukunft versprach, war eine rhetorisch-intellektuelle Nullnummer. Sie beförderte das Missverständnis, dass es sich bei der deutschen Wiedervereinigung vorrangig um einen Wirtschafts-, Währungs- und Verwaltungsvorgang gehandelt hätte. (Eine ähnlich unterkomplexe Vorstellung hatte Kohl von Europa.) Zwar war auch Willy Brandts ins Organisch-Botanische spielende Rede davon, »dass zusammenwächst, was zusammengehört«, heikel. Gleichwohl gelang es Brandt, mit einem schlichten Bild ein vielfältiges Gedanken- und Gefühlskonglomerat anzudeuten: dass es sich bei der deutschen Vereinigung um einen historischen Prozess handelt, der vor langer Zeit als Sehnsucht begonnen hat, dessen konkrete Gestaltung Zeit brauchen wird und der sich nicht künstlich forcieren lässt.

Manche ostdeutschen Städte und Städtchen stehen heute in der Tat blühender da als manche Städte und Städtchen in Westdeutschland. Dies ist kein Anlass für westdeutschen Neid, sondern für gesamtdeutsche Freude. Die große Diskussion darüber, was es wirklich bedeutet, dass Deutschland seit 1990 zum ersten Mal in seiner Geschichte eine freiheitlich geeinte Nation ist, steht bis heute aus.

Eine weitere surreale Episode des deutschen Unpolitischseins spielte sich im Frühsommer 1991 ab. Damals wurde im ersten gesamtdeutschen Bundestag über die Frage debattiert, ob die Hauptstadt des vereinigten Deutschlands in Bonn bleiben oder nach Berlin verlegt werden soll. Anhänger Bonns fanden sich quer durch alle Fraktionen, sogar ein Abgeordneter der PDS stimmte damals pro Bonn. Die Klügeren unter diesen Anhängern argumentierten, ein Hauptstadtverbleib in Bonn würde Europa und der Welt signalisieren, dass die Bundesrepublik ihre Westorientierung auch als ostwestdeutsche Bundesrepublik beibehalten werde. Die Mehrheit der Bonnbefürworter war jedoch schlicht deshalb gegen die Hauptstadtverlegung, weil es am Rhein so schön und im Alten Wasserwerk – in welches das Parlament erst 1986 umgezogen war – nun zwar ein bisschen eng, aber vordem doch so bequem gewesen war. Wer weiß, wie die deutsche Hauptstadtdebatte ohne Wolfgang Schäuble ausgegangen wäre.

Der baden-württembergische CDU-Politiker und damalige Innenminister hatte sich gerade erst von dem schweren Attentat erholt, das ein unter Verfolgungswahn leidender Mann auf ihn im Bundestagswahlkampf 1990 begangen hatte. Trotz seiner Behinderung, die ihn seither an den Rollstuhl fesselt, hielt Schäuble eine flammende Rede für Berlin – und soll auch hinter den parlamentarischen Kulissen alles bewegt haben, was sich nur irgend bewegen ließ. Der Einsatz des klugen deutschen Patrioten Schäuble zahlte sich aus:

Bei einer Probeabstimmung hatten die Bonnbefürworter noch die Mehrheit gehabt. Am 20. Juni 1991 wurde mit dem knappen Ergebnis von 338 zu 320 Stimmen beschlossen, dass die bundesrepublikanische Hauptstadt fürderhin Berlin sein werde.

Vom Elend deutscher Selbstverständigung

Eine erste heftig geführte gesamtdeutsche Nationsdebatte auf publizistischem Parkett erlebte Deutschland wenige Jahre später. Der in Stuttgart geborene Journalist und Buchautor Heimo Schwilk und der aus der DDR in den Westen geflohene Schriftsteller Ulrich Schacht gaben 1994 einen fünfhundertseitigen Sammelband mit dem Titel *Die selbstbewusste Nation* heraus. Einer der dort versammelten Beiträger war bereits Protagonist des »Historikerstreits« gewesen, der in den Jahren 1986/87 die intellektuellen Gemüter in der Bundesrepublik erregt hatte: Ernst Nolte. In seinem nie gehaltenen, aber in der *Frankfurter Allgemeinen Zeitung* veröffentlichten Vortrag *Vergangenheit, die nicht vergehen will* schürte der Historiker mittels einer Reihe rhetorischer Fragen den Verdacht, dass erst die Verbrechen der sowjetischen Bolschewiki Hitler dazu inspiriert hätten, den Völkermord an den Juden zu planen und durchzuführen. Der Historiker Michael Stürmer – damals politischer Berater von Bundeskanzler Helmut Kohl – sprang dem angefeindeten Kollegen bei, indem er seinerseits in der *FAZ* den Artikel *Geschichte in geschichtslosem Land* publizierte. Darin erklärte Stürmer, dass Deutschland zu keiner nationalen Normalität finden könne, wenn es seine Identität weiterhin einzig daraus beziehe, sich von den Verbrechen der Nationalsozialisten abzugrenzen, und sprach in diesem Zusammenhang von der deutschen »Schuldbesessenheit«.

Auf der gegnerischen Seite reagierte Jürgen Habermas mit einer scharfen »Kampfansage«, die in der Wochenzeitung *Die Zeit* erschien. Der Philosoph warf Nolte, Stürmer und den anderen Historikern, die sich mittlerweile für Nolte starkgemacht hatten, vor, mit ihren Relativierungen der NS-Verbrechen »eine Art Schadensabwicklung« zu betreiben. In der Suche nach einer deutschen Identität jenseits der nationalstaatlichen im Sinne des von ihm verfochtenen »Verfassungspatriotismus« witterte Habermas das gefährliche Bestreben, die deutsche Westbindung infrage zu stellen, und überdies den perfiden Versuch, die Deutschen von ihrer Schuld zu entlasten. Der Historiker Hans-Ulrich Wehler wiederum sekundierte Habermas, indem er seinen rechtsgerichteten Kollegen gleichfalls vorwarf, sie wollten die verbrecherische deutsche Vergangenheit entsorgen.

In jenem Streit hatten beide »Lager« recht und unrecht zugleich. Ich schließe mich Habermas und Wehler an, wenn sie darauf bestehen, dass die Westbindung den Kern der bundesrepublikanischen Freiheit ausmacht und dass alle Bemühungen, eine deutsche Identität am Verfassungspatriotismus vorbeizukonstruieren, ins politische Desaster führen. Ich teile ihre Befürchtung – zumindest was Ernst Nolte angeht –, dass damals geschichtsrevisionistische Absichten verfolgt wurden. Es *ist* ein Unterschied, ob die Philosophin Hannah Arendt in ihrer großen Studie über *Elemente und Ursprünge totaler Herrschaft* von 1951 die strukturellen und teilweise auch ideologischen Gemeinsamkeiten von sowjetischem und nationalsozialistischem Totalitarismus herausarbeitet oder ob ein Historiker diese Gemeinsamkeiten auf publizistischem Feld dazu missbraucht, die deutschen Verbrechen kleinerzuschreiben. Andererseits stimme ich Michael Stürmer zu, dass es auf Dauer nicht gut gehen kann, wenn die Bundesrepublik ihre nationale Identität einzig als negative versteht, allein auf ihre Verantwortung für die NS-Verbrechen reduziert.

Die gleiche unproduktive Polarisierung des Diskurses wiederholte sich 1994 anlässlich der von Schwilk und Schacht herausgegebenen *Selbstbewussten Nation.* Beide Autoren weisen auf etwas Richtiges hin, wenn sie im Vorwort erklären, dass ein Deutschland ohne Selbstbewusstsein kein besseres Deutschland wird, weil ohne Selbstbewusstsein auch kein Selbstvertrauen möglich ist. Gleich zu Beginn halten sie fest: »Das deutsche Selbstvertrauen aber ist gebrochen. Dafür gibt es bösen Grund. Jedes Nachdenken über deutsche Identität muss sich dieses bösen Grundes – als Konsequenz temporärer, nicht dauernder deutscher Selbstverfehlung – bewusst sein.« Schwilk und Schacht haben jedoch sich und ihrer Sache keinen Gefallen getan, indem sie in ihrem Sammelband nicht nur liberale Konservative wie den deutsch-israelischen Historiker Michael Wolffsohn zu Wort kommen ließen, sondern eben auch nach altrechts tendierende Intellektuelle wie Ernst Nolte oder »Neurechte« wie Karlheinz Weißmann, der sich bis vor Kurzem zu den Mitstreitern Götz Kubitscheks zählte.

Die Unglücksraben des deutschen Diskurses kreisen aber ohnehin in erster Linie über dem Flaggschiffessay des Buches *Anschwellender Bocksgesang,* den der Schriftsteller Botho Strauß verfasst und den *Der Spiegel* vor Erscheinen des Sammelbandes auszugsweise abgedruckt hatte. Der Dichter verlieh dort seinem Leiden an der »heilen Welt des Schmunzel-Moderators« Ausdruck, beklagte die »Hypokrisie der öffentlichen Moral, die jederzeit tolerierte […] Verhöhnung des Eros, die Verhöhnung des Soldaten, die Verhöhnung von Kirche, Tradition und Autorität« und bekannte im Gegenzug: »Ich habe keinen Zweifel, dass Autorität, Meistertum eine höhere Entfaltung des Individuums befördert bei all jenen, die sich ihr zu verpflichten imstande sind, als jede Form der zu frühen leichtgemachten Emanzipation. Die herrenlose (und widerstandslose) Erziehung ist für niemanden gut gewesen, sie hat nur eine Vermehrung der Gleichgültigkeit hervorgebracht, eine jugendliche Müdigkeit.« Und in jener Passage seines Essays, aus der er seinen Titel schöpfte, raunte Strauß: »Von der Gestalt der künftigen Tragödie wissen wir nichts. Wir hören nur den lauter werdenden Mysterienlärm, den Bocksgesang in der Tiefe unseres Handelns. Die Opfergesänge, die im Innern des Angerichteten schwellen.«

Vielleicht wäre der anschließende Disput fruchtbarer verlaufen, wenn Botho Strauß nicht den Widerspruch des gesamtdeutschen Feuilletons heraufbeschworen hätte, sondern wenn Lodovico Settembrini vom Zauberberg in die uckermärkische Landeinsamkeit hinabgestiegen wäre, um mit dem Wiedergänger Leo Naphtas über den Wert von »Persönlichkeit, Menschenrecht, Freiheit« zu streiten.

Die unglücklichste Figur in der ganzen unglücklichen Strauß-Debatte machte tragischerweise Ignatz Bubis. Dem Berliner *Tagesspiegel* gab er ein Interview, in welchem er vor dem neuerlichen »Phänomen des intellektuellen Rechtsradikalismus« in Deutschland warnte. Als geistige Wegbereiter des neuen Rechtsradikalismus in Deutschland machte Bubis nicht nur Ernst Nolte aus, sondern ebenso Botho Strauß – sowie den Schriftsteller Hans Magnus Enzensberger, was noch problematischer war. Auf Nachfrage des *Spiegels* präzisierte Bubis dann, dass es ihm als Liberal-Konservativem prinzipiell schon recht sei, wenn Schriftsteller nicht mehr so »links« dächten wie in früheren Zeiten, dass er Strauß und Enzensberger in Wahrheit ja auch gar nicht gemeint und *Der Tagesspiegel* ihn bloß missverständlich zitiert habe. *Der Tagesspiegel* wiederum beharrte darauf, Bubis keineswegs missverständlich zitiert zu haben, der Theaterkritiker Gerhard Stadelmaier verteidigte Strauß, indem er ihm die Rolle des unschuldig-neutralen »Seismografen« zuwies, der Theaterkritiker Peter Iden versuchte, Strauß und Bubis zugleich zu verteidigen, indem er erklärte, Bubis hätte gewiss anders geredet, wäre er mit Straußens dramatischem Werk vertraut gewesen – das Diskursmalheur war komplett. Wer im vergangenen Winter die Feuilletondebatte um den Sohn von Botho Strauß, den Schriftsteller und Journalisten Simon Strauß, verfolgt hat, ist keiner akustischen Halluzination erlegen, wenn er das deutsche Murmeltier wieder einmal grüßen gehört hat.

Die Deutschen: endlich normal?

Lassen Sie uns per Daumenkino Revue passieren, was in der vereinigten Bundesrepublik sonst noch geschah: Der Autor Florian Illies bescherte denjenigen, die in den 1970er-Jahren in der gemütlichen alten Bundesrepublik geboren worden waren, mit seiner *Generation Golf* ein Stück westdeutscher Identitäts- und Heimatliteratur.

Die gesamte Republik vergnügte sich mit den satirischen Wende-romanen von Thomas Brussig und in Filmen wie *Good Bye, Lenin!* oder *Sonnenallee*, über die der ehemalige DDR-Bürgerrechtler und Bündnis 90/Die Grünen-Politiker Werner Schulz in der Tageszeitung *Die Welt* schimpfte, sie erweckten die Befürchtung, »die größte Gefahr in der DDR hätte darin bestanden, sich totzulachen«. Neben den Landschaften begann in den neuen Bundesländern auch die Ostalgie zu blühen, was nur allzu nachvollziehbar ist, denn wer von Nutella nicht schweigen kann, soll auch von Nusspli zu hören bekommen. Die Journalistin Jana Hensel schilderte in ihrem Bestseller *Zonenkinder*, welchen Kulturschock die DDR-Jugend nach 1990 im vereinigten Deutschland erleben musste. Die ernsthaftesten politischen und publizistischen Auseinandersetzungen fanden in den Neunzigerjahren rund um die Frage statt, wie mit den ehemaligen offiziellen und inoffiziellen Stasimitarbeitern umzugehen sei. Manch westdeutscher Glücksritter machte sich im Osten als »Besser-Wessi« unbeliebt. Derweil bereitete sich die Bundesregierung auf ihren Umzug nach Berlin vor, das alte Reichstagsgebäude wurde vom Künstlerehepaar Christo und Jeanne-Claude mit glitzerndem Stoff umhüllt, bekam anschließend eine begehbare Glaskuppel aufs Dach gesetzt und wurde zum Sitz des Deutschen Bundestages.

1998 gelang es den unpolitischen Deutschen zum zweiten Mal in der Geschichte der Bundesrepublik, einen Kanzler aktiv aus dem Amt zu wählen. Der »schwarze Riese« Helmut Kohl wurde nach Kurt Georg Kiesinger der zweite, der seine Kanzlerschaft nicht infolge eines Skandals, einer während der Legislaturperiode verlorengegangenen parlamentarischen Mehrheit oder eines Misstrauensvotums beenden musste. Bundeskanzler Gerhard Schröder, der das demokratische Kunststück ermöglicht hatte, musste seinerseits im Herbst 2005 nach anfänglicher Weigerung einsehen, dass auch er abwählbar war. Die Ära Angela Merkel begann, obwohl deutsche Schriftsteller kurz zuvor noch ihre rituellen Wahlaufrufe für die SPD verfasst hatten.

Ein Jahr später erlebte Deutschland sein »Sommermärchen«, als anlässlich der Fußballweltmeisterschaft »die Welt zu Gast bei Freunden« war. Zum ersten Mal tauchten die Farben Schwarz-Rot-Gold auf den erhitzten Wangen von Fußballfans auf, die im Halbfinale mit jenen Tränen verliefen, die flossen, als die deutsche Nationalmannschaft gegen Italien verlor. In Berlin dekorierten türkischstämmige Deutsche auf ihren Balkonen die türkische Fahne zur deutschen um, indem sie jene mit einem schwarzen und einem gelben Handtuch rahmten. In manch einem Biergarten wurden Textblätter verteilt, weil das deutsche Fußballvolk plötzlich der Versuchung unterlag, vor den Spielen bei seiner Nationalhymne mitzusingen. Im Feuilleton wurde ausgiebig darüber diskutiert, ob dieses öffentliche Mitsingen (a) korrekt sei und ob man es (b) den deutschen Nationalspielern mit Migrationshintergrund übelnehmen dürfe, wenn ihre Lippen bei der Hymne verschlossen blieben.

Bereits 2005 waren »wir« in Gestalt von Kardinal Josef Ratzinger Papst geworden, 2007 gewannen »wir« mit dem Stasidrama *Das Leben der Anderen* von Kinoregisseur Florian Henckel von Donnersmarck einen Oscar, und 2014 wurden »wir« nicht bloß wie 2006 Fußballweltmeister der Herzen, sondern gewannen den Titel tatsächlich. Die Lufthansa dekorierte eine Boeing 747-8 zum »Fanhansa Siegerflieger« um und erhielt von der Luftfahrtbehörde Berlin-Brandenburg sogar die Erlaubnis, eine Tiefflug-Ehrenrunde über der deutschen Hauptstadt zu drehen, bevor wir »unseren Jungs« am Brandenburger Tor einen rauschenden Empfang bereiteten.

Erzählt man die Geschichte der vergangenen zwei Jahrzehnte so, könnte man meinen, dass auch und sogar Deutschland es doch noch geschafft hat, eine ganz normale Nation zu werden. Aber ist das wirklich so? Sind wir eine Nation, in der endlich »zusammengewachsen ist, was zusammengehört«? Ich vermute, ich bin nicht die Einzige, der Zweifel kommen, wenn sie sich im gegenwärtigen Lande umschaut. Denn man könnte die Geschichte der letzten beiden Jahrzehnte ebenso gut als die einer wachsenden Spaltung erzählen: Volk gegen Eliten; eine Rechtsaußenpartei wie die AfD gegen den linksliberalen bis linken Mainstream; Feinde der »Gender-Ideologie« gegen »Gutmenschen«; Verfechter der traditionellen Familie gegen Anhänger »queerer« Familienmodelle; Zuwanderungsgegner gegen Flüchtlingshelfer; Europahasser gegen Europaenthusiasten; Verteidiger des nationalstaatlichen Gedankens gegen Befürworter radikal offener Grenzen; »Provinz« gegen Großstadt; Integrationsverweigerer gegen Deutsche mit Migrationshintergrund, die sich mit Freude integrieren wollen oder dies längst getan haben; religiöse Fundamentalisten gegen Säkulare; und letztlich noch immer: Ost gegen West.

Lob der Nation

Das einzige Mittel, unsere Gesellschaft vor einer noch gravierenderen und irgendwann nicht mehr zu kontrollierenden Spaltung zu bewahren, scheint mir das Bekenntnis zur Nation zu sein. Und zwar nicht in einem völkisch-ethnischen, sondern in einem verfassungsrechtlichen, sozialsolidarischen *und* kulturellen Sinn. Nationalstaaten sind keine Lämmer. Oft genug haben sie bewiesen – und beweisen es in manchen Regionen der Welt immer noch –, dass sie zu reißenden Bestien werden können. Andererseits ist es in der Menschheitsgeschichte bisher keinem Gesellschaftsmodell außer dem Nationalstaat gelungen, einen verlässlichen Rahmen für Menschen- und Bürgerrechte zu bieten. Die extrem kleinen Stadtstaaten im antiken Griechenland glichen eher erweiterten Familienverbänden, in denen nahezu jeder Bürger mit jedem verwandt war. (Die Sklaven waren Sklaven.) Das römische Imperium, das in seiner Blütezeit zum Hüter der »Pax Romana« wurde, zum Inbegriff von Frieden, Ordnung und Gerechtigkeit, scheiterte nicht zuletzt an seiner territorialen Überdehnung. Überall dort, wo Völker von einem Sohn der Sonne, Sohn des Himmels oder einem Kopf der Partei angeführt wurden, waltete früher oder später das Gesetz der Horde.

Solange die »Vereinigten Staaten von Europa« noch nicht als verfassungsmäßig reale Möglichkeit am politischen Horizont auftauchen, bleiben sie eine weitere Neuauflage der deutschen Sehnsucht, dass es doch eigentlich besser wäre, kein eigenständiger Staat zu sein, nicht selbst politisch Verantwortung übernehmen zu müssen, sondern lediglich eine »einheitliche Verwaltung« zu bekommen. Und solange der Weltbürgerstaat in noch nebulöseren Fernen liegt, dient der Traum von ihm in erster Linie dem, was der Philosoph Bernhard Waldenfels kritisch angemerkt hat: Er befriedigt den »diffusen Narzissmus eines ›ozeanischen Gefühls‹«. Der emanzipierte Citoyen wie der Bildungsbürger finden ihre geschützte Heimat bis auf Weiteres nur im Nationalstaat – für dessen Errichtung sie einst als Erste gekämpft haben.

Ralf Dahrendorf beäugte Nationen mit dem Wunsch nach ethnisch-kultureller Homogenität mit großer Skepsis. Auf den »heterogenen Nationalstaat« sang jedoch auch er das Loblied, weil dieser im Gegensatz zu jenen »nämlich rechtsstaatliche und demokratische Institutionen schaffen *muss*, wenn er mit sich in Frieden leben will«. Und weiter schrieb der kluge Gentleman des Liberalismus: »Der Romantizismus der homogenen Nationen bereichert die Welt, solange er sich auf ›Freistaat Bayern‹-Schilder und eine walisische Nationalmannschaft konzentriert; wo er indes politisch wird, lauern Gewalt und Unfreiheit.«

Nicht jeder von uns hat das Glück, eine so heterogene Familie um sich zu haben wie Thomas Mann. Seine hanseatisch-großbürgerliche Herkunft wurde aufgemischt durch eine brasilianische Großmutter mütterlicherseits; einen älteren, »zivilisationsliterarischen« Bruder, der den deutschen Untertanengeist verabscheute und mit dem sich Mann im Zuge seiner weltanschaulichen Neuorientierung wieder versöhnte; durch eine jüdische Ehefrau samt deren Verwandtschaft, zu der die brillante und kampfeslustige Schriftstellerin und Frauenrechtlerin Hedwig Dohm zählte, die ihrem Schwiegerenkel Thomas bisweilen gehörig auf die Nerven ging; und schließlich Kinder, von denen zumindest zwei, Klaus und Erika, es wagten, offen schwul beziehungsweise lesbisch zu leben. (Golo Mann wählte eher den Weg seines Vaters.) Nicht umsonst hat der Thomas-Mann-

Verehrer und deutsche »Literaturpapst« Marcel Reich-Ranicki mit *Thomas Mann und die Seinen* bereits Jahre, bevor der Filmemacher Heinrich Breloer *Die Manns* mit seinem TV-Dokudrama populär machte, dieser außergewöhnlichen deutschen Familie ein liebevolles Porträt gewidmet.

Auch in Sachen Vielfalt mögen nur wenige deutsche Einzelfamilien den Manns das Wasser reichen können. Aber als gesamtdeutsche Nation haben wir das Glück – anders als die DDR, deren Bevölkerung deutlich homogener gewesen ist als die bundesrepublikanische –, ein höchst heterogener und bunter Verein zu sein. Wir müssen nur begreifen, dass dies ein Glück ist. Und gern dürfen wir uns gegenseitig auf die Nerven gehen und heftig miteinander streiten, wenn wir, so wie die Manns, bereit sind, alle Animositäten zu begraben und uns wieder zusammenzuraufen, sobald es darauf ankommt. Und es kommt darauf an. Diejenigen, die heute die unübersichtliche Zersplitterung des Deutschen beklagen und sich nach einer früheren Homogenität zurücksehnen – die allerdings immer bloß eine zu Unrecht behauptete gewesen ist –, betreiben den unlauteren und dummen Plan, Deutschland abermals dumpf zu machen. Diejenigen, die Deutschland zur reinen Zweckgemeinschaft herunterkühlen wollen, verkennen, zu welch frostigem und instabilem Bündnis solch eine Zweckgemeinschaft in Krisenzeiten wird. Ich denke, wir dürfen uns bei unserem Nationsverständnis ruhig am guten, alten Eheideal orientieren. Ohne das nötige Maß an Respekt voreinander, Zuneigung füreinander, Treue zueinander und Hingabe ans gemeinsame Projekt zerfallen nicht nur die intimen zwischenmenschlichen Partnerschaften.

Der aus Prag stammende und 1939 in die USA emigrierte Sozial- und Politikwissenschaftler Karl W. Deutsch sagte einmal über die Nation, sie sei eine »Gruppe von Menschen, die durch einen gemeinsamen Irrtum hinsichtlich ihrer Abstammung und eine gemeinsame Abneigung gegen ihre Nachbarn geeint ist«. Als Bonmot in geistreiche Plaudereien eingeflochten ist diese Bemerkung hübsch. Im ernsthaften politischen Diskurs hilft sie nicht weiter.

Weit differenziertere und erhellendere Gedanken über die Nation hat sich – es ist kein Zufall – im 19. Jahrhundert ein Franzose gemacht. Am 11. März 1882 hielt der Schriftsteller, Historiker, Archäologe, Religionswissenschaftler und Orientalist Ernest Renan an der Pariser Universität Sorbonne einen Vortrag mit dem Titel *Was ist eine Nation?* Dort entfaltete er, dass eine wohlverstandene Nation sich weder durch Rasse noch durch Religion noch durch Geografie definieren darf. Die gewünschte »Verschmelzung der Bevölkerungen, die sie bewohnen«, kann nur geschehen, wenn es einen übergeordneten »Willen« zur Nation gibt. Diesen »Willen« stellt Renan auch deutlich über das Band, das die gemeinsame Sprache knüpft, denn: »Wenn man zu viel Wert auf die Sprache legt, schließt man sich in einer bestimmten, für national gehaltenen Kultur ein; man begrenzt sich, man beschränkt sich. Man verlässt die freie Luft, die man in der Weite der Menschheit atmet, um sich hinter die Mauern der Konventionen seiner Mitbürger zurückzuziehen. Nichts ist schlimmer für den Geist, nichts schlimmer für die Zivilisation.« Eine viersprachige Nation mit langer demokratischer Freiheitstradition wie die Schweiz beweist, dass Renans Bedenken gegen die alleinige Fixierung auf Sprache als Kern nationaler Identität – wie Herder sie vertrat – angebracht sind.

Noch pointierter, als ich es eben getan habe, erteilt Renan der Nation als reiner Zweckgemeinschaft eine Absage: »Die Gemeinschaft der Interessen ist sicherlich ein starkes Band zwischen den Menschen. Doch reichen die Interessen aus, um eine Nation zu bilden? Ich glaube es nicht. Die Gemeinschaft der Interessen führt zu Handelsverträgen. Die Nationalität jedoch hat eine Gefühlsseite, sie ist Seele und Körper zugleich. Ein *Zollverein* ist kein Vaterland.« Hätte Renan die Installation der Europäischen »Gemeinschaft« noch miterlebt (er starb 1892), ich bin sicher, er hätte seinen letzten Satz insgesamt kursiv gesetzt und mit drei Ausrufezeichen versehen.

Renans Credo zur Nation lautet: »Eine Nation ist eine Seele, ein geistiges Prinzip. Zwei Dinge, die in Wahrheit nur eins sind, machen diese Seele, dieses geistige Prinzip aus. Das eine liegt in der Vergangenheit, das andere in der Gegenwart. Das eine ist der gemeinsame Besitz eines reichen Erbes an Erinnerungen, das andere das gegenwärtige Einvernehmen, der Wunsch zusammenzuleben, der Wille, das Erbe hochzuhalten, welches man ungeteilt empfangen hat. Der Mensch improvisiert sich nicht.«

Es ist verblüffend zu lesen, dass die Postmoderne bereits einen entschiedenen Gegner hatte, lange bevor sie als Geistesrichtung überhaupt entstanden ist. Seinen zentralen Gedanken, dass die Nation in *beide* Zeitrichtungen blicken muss, führt Renan in einem emotionalen Schlussplädoyer aus: »In der Vergangenheit ein gemeinsames Erbe von Ruhm und Reue, für die Zukunft ein gemeinsames Programm; gemeinsam gelitten, gejubelt, gehofft haben – das ist mehr wert als gemeinsame Zölle und Grenzen, die strategischen Vorstellungen entsprechen. [...] Eine Nation ist also eine große Solidargemeinschaft, getragen von dem Gefühl der Opfer, die man gebracht hat, und der Opfer, die man noch zu bringen gewillt ist. [...] Die Existenz einer Nation ist – erlauben Sie mir diese Metapher – ein Plebiszit, das sich jeden Tag wiederholt, so wie die Existenz eines Individuums eine dauernde Bestätigung des Lebensprinzips ist.«

Ich halte Renans Schlussplädoyer für das schönste Plädoyer, das je zugunsten der Nation gehalten worden ist. Und es bringt uns endgültig zu der brisanten Frage, ob eine Nation bestehen kann, wenn es nur noch wenige oder gar niemanden mehr gibt, der bereit ist, Opfer für sie zu bringen.

Kapitel 8

Patriotismus – warum wir ihn brauchen

Nicht jeder Mensch, der sich liebt, wird zum Narzissten. Nicht jede Nation, die sich liebt, wird zum nazistischen Monster. Im Gegenteil: Für dergleichen Störungen und Exzesse sind gerade diejenigen Menschen und Nationen anfällig, die sich in Wahrheit selbst verachten, weil sie eben über kein souveränes, gelassenes Selbstbewusstsein verfügen, sondern vielmehr unter einem Minderwertigkeitskomplex leiden.

Unter einem groben Minderwertigkeitskomplex haben die Deutschen von Anfang an gelitten. Martin Luther billigte, wie im zweiten Kapitel erwähnt, in seiner theologischen Auseinandersetzung mit Erasmus von Rotterdam diesem höhnisch zu, ihm »an Kräften der Beredsamkeit und an Geist [...] bei Weitem überlegen« zu sein, da er, Luther, »als Barbar« eben immer »in der Barbarei« gelebt habe. Auch sonst ließ Luther kaum eine Gelegenheit aus zu erklären, dass der Papst sein teuflisches Spiel mit den Deutschen nur deshalb treiben könne, weil es sich bei diesen um keine aufrechten Streiter für die Christenheit, sondern in erster Linie um »volle, tolle Deutsche« handle.

Im Jahre 1765 wirbelte eine Flugschrift aus der Feder des Publizisten und späteren Politikers Friedrich Carl von Moser durch deutsche Lande. *Von dem teutschen Nationalgeist* wurde dort gesagt: »Wir sind ein Volk von einem Namen und Sprache, unter Einem gemeinsamen Oberhaupt [gemeint war der machtpolitisch weitestgehend bedeutungslose Kaiser des Heiligen Römischen Reichs deutscher Nation], an innerer Kraft und Stärke das erste Reich in Europa, dessen Königskronen auf deutschen Häuptern glänzten, doch so, wie wir sind, sind wir schon Jahrhunderte hindurch ein Rätsel politischer Verfassung, ein Raub der Nachbarn, ein Gegenstand ihrer Spöttereien, uneinig unter uns selbst, unempfindlich gegen die Ehre unseres Namens, ein großes und gleichwohl verachtetes, ein in der Möglichkeit glückliches, in der Tat selbst aber sehr bedauernswürdiges Volk.«

Gut zwanzig Jahre später veröffentlichte Adolph Freiherr von Knigge seine berühmte Benimmfibel *Über den Umgang mit Menschen*. Die Notwendigkeit seiner Schrift begründete der Freiherr damit, dass es den Deutschen bei aller Gemütstiefe leider eklatant am »esprit de conduite« mangele. Das gesamte frühe bildungsbürgerliche Vereinswesen hatte sich zum Ziel gesetzt, die Deutschen endlich in so manierliche, elegante und kultivierte Zeitgenossen zu verwandeln, wie es die damals noch neidvoll bewunderten Engländer und Franzosen schon seit Längerem waren. Friedrich Schillers Klage über »den Franken« und »den Briten«, der »mit stolzem Siegerschritte« über den deutschen »Nacken tritt«, haben wir im zweiten Kapitel bereits vernommen.

Sein bösartiges Gesicht offenbarte der deutsche Minderwertigkeitskomplex, sobald die Deutschen anfingen, nach realer politischer Macht zu streben: Die ständigen Kriege gegen Frankreich im 19. Jahrhundert, die Kolonialpolitik im Wilhelminisch-Bismarck'schen Kaiserreich und endgültig die beiden Weltkriege, die entsetzliche Ideologie des »Volks ohne Raum«, das die Nazis in die blutige Sprache des Angriffskrieges übersetzten, indem sie meinten, dem deutschen Volk »Lebensraum im Osten« schaffen zu müssen – all diese Irrwege schlug Deutschland ein, weil es sich seiner selbst nie sicher gewesen ist. Der deutsche Patriotismus konnte in der Geschichte so zerstörerisch wirken, weil er nicht wusste, worauf sich die Vaterlandsliebe konkret beziehen sollte.

Verfassungspatriotismus

Um zu verhindern, dass sich der Patriotismus der Deutschen jemals wieder mörderisch überhitzte, ersannen kluge Zeitgenossen in der alten Bundesrepublik das Konzept des »Verfassungspatriotismus«. Geprägt wurde diese Zauberformel eines menschheits- und freiheitsfreundlichen Patriotismus von dem Politologen und Journalisten Dolf Sternberger. Der Philosoph Jürgen Habermas, der mit diesem Begriff heute meist in Verbindung gebracht wird, hat ihn sich erst deutlich später angeeignet. Am dreißigsten Jahrestag des Grundgesetzes, am 23. Mai 1979, brachte Sternberger den Begriff zum ersten Mal ins Spiel. In seinem Leitartikel *Verfassungspatriotismus*, der in der *Frankfurter Allgemeinen Zeitung* erschien, schrieb er: »Das Nationalgefühl bleibt verwundet, wir leben nicht im ganzen Deutschland. Aber wir leben in einer ganzen Verfassung, in einem ganzen Verfassungsstaat, und das ist selbst eine Art von Vaterland.«

Drei Jahre später, anlässlich der 25-Jahr-Feier der Akademie für Politische Bildung in Tutzing, vertiefte Sternberger in einer Rede, inwiefern der Verfassungspatriotismus ein geläuterter Patriotismus sei. Zum Begriff selbst merkte er eingangs an, dass dieses »eine Wort« eigentlich »schon alles« beinhalte, was darüber zu sagen sei. Dementsprechend machte Sternberger es sich vorrangig zur Aufgabe zu entlarven, welche der älteren deutschen Patriotismen verfehlt gewesen waren. Den »marschierenden Kollektiven«, den »braunen, schwarzen und am Ende feldgrauen Kolonnen« hielt er rückwirkend vor, dass es kein wahrhafter Patriotismus gewesen sei, der sie angetrieben habe, sondern lediglich ein parteilicher Nationalismus. An die Adresse der älteren, romantischen Patrioten sagte er: »Das Vaterland ist nicht der Mutterschoß, kein dunkles, mythisches und mystisches Wesen, worin alle Personalität, alle individuelle Freiheit versänke.«

Positiv hingegen bezog sich Sternberger auf die aufgeklärten Patrioten des 18. Jahrhunderts. Zum Kronzeugen für einen menschheits- und freiheitsfreundlichen deutschen Patriotismus machte er den Schriftsteller und Philosophen Thomas Abbt. Bereits 1761, und zwar im Alter von 23 Jahren, hatte dieser eine Schrift veröffentlicht, die den späteren bundesrepublikanischen Verfassungspatriotismus in verblüffender Weise vorwegnahm, denn Abbt schrieb dort, dass nur derjenige Staat ein Anrecht darauf habe, geliebt zu werden, der seinen Bürgern Recht und Freiheit garantiere. Wörtlich: »Wenn mich die Geburt oder meine freie Entschließung mit einem Staate vereinigen, dessen heilsamen Gesetzen ich mich unterwerfe, Gesetzen, die mir nicht mehr von meiner Freiheit entziehen, als zum Besten des ganzen Staates nötig ist, alsdann nenne ich diesen Staat mein Vaterland. [...] Die Stimme des Vaterlandes kann nicht mehr erschallen, wenn einmal die Luft der Freiheit entzogen ist. Aber, wo man diese Luft noch atmet, ob sie gleich nicht heftig, niemals mit Ungestüm, stürmet, da muss der Fehler am Gehör liegen, wenn des Vaterlandes Stimme nicht gehört wird.«

Dolf Sternberger hätte sich noch auf andere helle Köpfe des 18. Jahrhunderts berufen können. Der evangelisch-lutherische Theologe und Pfarrer Wilhelm Abraham Teller machte sich 1793 in der *Berlinischen Monatsschrift* äußerst differenzierte Gedanken über sein Zeitalter, welches sich ihm zufolge »durch einen schrecklichen Kampf wahrer und falscher, wirklicher und vorgegebener, Patrioten« auszeichne. Teller geht in seinem Text von zwei rivalisierenden Sinnsprüchen zum Thema Patriotismus aus. Zum einen zitiert er den ersten Teil einer Sentenz des lateinischen Dichters Ovid: »Nescio qua natale solum dulcedine captos ducit.« (»Ich weiß nicht, mit welchem süßen Reiz der väterliche Boden an sich fesselt.«) Zum anderen führt er die vom Philosophen und römischen Konsul Cicero überlieferte, wohl aber noch ältere griechische Devise an: »Patria ibi est, ubi bene.« (»Meine Heimat ist dort, wo es mir wohl ergeht«.)

Teller selbst unterscheidet drei Stufen des Patriotismus: den »noch gar nicht gebildeten«, den »mehr oder weniger gebildeten« und den »umgebildeten«. Ersteren nennt Teller auch den »angeborenen«, »eingepflanzten« oder gar »tierischen« Patriotismus und charakterisiert ihn so: »Dieser noch ganz rohe Patriotismus ist also auch sehr partikulär und eingeschränkt, beruht auf bloß dunkeln Empfindungen; und weil das ist, so ist er auch blind für alles, was außer dem Bezirk des Geburtsortes liegt und vorgeht. [...] So roh und ungebildet nun dieser Patriot ist, so wild und tobend wird er sich auslassen, wenn ihm jemand sein kleines Erbteil streitig machen will: nicht eben, weil er es als sein Eigentum betrachtet [...], sondern weil ihm so wohl darauf ist, er mit seiner ganzen Seele daran haftet und mit demselben seine Existenz zu verlieren glaubt.« Trotz dieser harschen Schilderung rät Tellner, den »kleinlichen Gemeingeist« nicht gänzlich zu verachten. Denn wer würde die heimatlichen Schollen pflegen, würden die auf ihr Geborenen sie nicht so sehr lieben?

Deutlich wohler ist Teller mit dem »gebildeten« Patriotismus, den er auch als »erzogenen«, »vernünftigen« oder »erleuchteten« Patriotismus »im Großen« bezeichnet. Dieser größere Patriotismus entsteht allerdings nicht von allein. Er muss der »Liebe zur Vaterstätte gleichsam eingepfropft« werden. Und Teller erkennt, dass der »gebildete« Patriotismus in aller Regel ein schlummernder ist und nur dann geweckt beziehungsweise »aufgeschrien« wird, wenn ein äußerer Feind das Land bedroht oder wenn wirtschaftliche Ereignisse geschehen, die das Leben auf der kleinen Scholle beeinträchtigen.

So ganz will Teller auch diesem »Gemeingeist« nicht über den Weg trauen, weil dessen Motiv letztlich nicht die Anhänglichkeit an ein übergeordnetes Menschheitsideal ist, sondern lediglich darauf abzielt, die eigenen, »partikulären« Interessen zu schützen. Und also kommt Teller zu dem Schluss, dass der »umgebildete« Patriotismus, zu dem sich der Mensch allerdings erst »hinaufdenken« muss, der einzige ist, der diesen Namen wirklich verdient.

Alle, die sich heute mit Integrationspolitik beschäftigen, sollten genau lesen, wie dieser vergessene Theologe aus dem 18. Jahrhundert seinen »umgebildeten« Patriotismus definiert: »Das ist mir nämlich derjenige, den man für das Land hat, in welches man, es sei durch Zwang oder aus freier Wahl, versetzt wird, und welches nun das gewordene Vaterland ist.« Den »Durchläufern durch aller Herren Lande« – wir würden heute sagen: den postmodernen Nomaden des globalen Kapitalismus – wünscht Teller, dass die »Luciane aller Zeit« sie »immer ihre Geißel fühlen lassen« mögen.

Teller liegen einzig diejenigen Aus- und Einwanderer am Herzen, die sich als Bürger »selbst ein zweites Land zum beständigen Aufenthalt wählen«. Denn wenn sie dies tun, unterstellt er ihnen, dass sie in das neue Land »mit Weltbürgersinn« eintreten, dem antiken Motto folgend: »Es wird auch da gut sein; auch da dir wohl ergehen.« Den Alteingesessenen rät Teller, die neuen Bürger »freundlich aufzunehmen«, um ihnen auf diese Weise zu ermöglichen, »gar bald heimisch« zu werden. Die Eingewanderten wiederum sollen ihr neues Land mit folgender Geisteshaltung betrachten: »Es ist das Land, welches dir, als Fremdling, mit Güte und Zutrauen entgegengekommen ist, welches in deinem männlichen, tätigsten, kraftvollsten Alter dir den Kreis nützlicher Tätigkeiten angewiesen hat, dir bürgerliches Ansehen gegeben hat, dich im kraftlosen Alter nicht verstoßen, nur zuletzt in seine mütterliche Erde dich aufnehmen und auch gegen deine Hinterlassenen sich freundlich erweisen wird.« Deutsche Willkommenskultur, deutsche Integrationsforderungen anno 1793. Seinen klugen Artikel beendet Teller mit der Erkenntnis, dass der »blinde« Patriotismus mehr »Hitze« habe, der von ihm empfohlene hingegen mehr »sanftes erwärmendes Licht«.

Und Teller war nicht der Einzige, der seiner Zeit um über zweihundert Jahre voraus war. Ein weiterer, völlig vergessener Autor der Aufklärung, ein gewisser Christian Samuel Ludwig von Beyer (zu Aschersleben), ging 1795 in der *Deutschen Monatsschrift* der noch aktueller klingenden doppelten Frage nach, ob »Kosmopolitismus und Patriotismus mit- und beieinander bestehen« können und »welcher von beiden [...], wenn diese Verbindung nicht Statt hat, dem anderen weichen« müsse.

Der Patriot habe laut Beyer »eine vorzügliche Anhänglichkeit an das Land und den Staat, zu dem er entweder durch Geburt, oder nach eigener Wahl gehört«. Der Kosmopolit hingegen folge zunächst einmal dem bekannten »patria ibi est, ubi bene«. Wie Teller den Einwanderer will Beyer den Kosmopoliten dann allerdings durchaus nicht von der staatsbürgerlichen Verantwortung lossprechen: Stelle dieser seine eigenen Interessen nicht hinter denen der Menschheit zurück, verkomme er zum »vaterlandslosen Gesellen«. Patriotismus und Kosmopolitismus können für Beyer erst dann harmonische Zwillingsbrüder, wenn nicht gar identisch werden, wenn die Liebe des Patrioten seinem Vaterland allein deshalb gilt, weil dieses in einem kosmopolitischen Sinne »aufgeklärt« und »gerecht« ist. Beyers Fazit: »Der Patriotismus hat in der Tat nur insofern einen wirklichen Wert, kann nur insofern als Tugend angesehen werden, insofern er eine Folge, Wirkung und besondere Äußerung des Kosmopolitismus ist. [...] Die Liebe für das Vaterland ist alsdann als eine Privatneigung zu betrachten, die der allgemeinen Menschenliebe weichen muss.«

Im siebten Kapitel habe ich behauptet, Deutschland habe keine verlässliche liberale, staatsphilosophische Tradition. Abbt, Teller und Beyer relativieren diese Behauptung aufs Schönste. Aber sie zeigen auch, wie nachlässig, ja fahrlässig wir mit unserem geistigen Erbe umgegangen sind – und bis heute umgehen. Denn Hand aufs Herz: Wer von Ihnen hatte diese drei Namen vorher schon einmal gehört? Internet und Bibliotheken sei Dank sind die Schriften von Abbt, Teller und Beyer in digitalisierter Form leicht zugänglich. Der Universal-Enzyklopädie des 21. Jahrhunderts *Wikipedia* ist jener unbekannte Christian Samuel Ludwig von Beyer keinen Eintrag wert. Und auch anderweitig ist es mir leider nicht gelungen, Näheres über diesen Mann in Erfahrung zu bringen, außer dass er ein Feldprediger und preußischer »Konsistorialrat« gewesen sei. Weder Teller noch Beyer tauchen in der ansonsten vorzüglichen und materialreichen Doktorarbeit des Politologen Volker Kronenberg *Patriotismus in Deutschland* auf. Dabei sollten ihre Schriften von 1793 und 1795 wenigstens in den historischen und politischen Proseminaren der Universitäten zur Standardlektüre gehören.

Eher bekannt hingegen ist, was für einen in Tellers Sinne »blinden«, »hitzigen« Patriotismus Heinrich von Kleist 1809 in seinem *Katechismus der Deutschen, abgefasst nach dem Spanischen, zum Gebrauch für Kinder und Alte* vertrat. Der unbändige Dramatiker Kleist lässt dort einen Vater seinen Sohn fragen, warum dieser sein Vaterland liebe. Der Sohn antwortet: »Weil es mein Vaterland ist.« Der Vater fragt nach: »Du meinst, weil Gott es gesegnet hat mit vielen Früchten, weil viele schöne Werke der Kunst es schmücken, weil Helden, Staatsmänner und Weise, deren Namen anzuführen kein Ende ist, es verherrlicht haben?« Der Sohn erwidert: »Nein, mein Vater; du verführst mich.« Der Vater (scheinbar) erstaunt: »Ich verführte dich?« Der Sohn: »Denn Rom und das ägyptische Delta sind, wie du mich gelehrt hast, mit Früchten und schönen Werken der Kunst, und allem, was groß und herrlich sein mag, weit mehr gesegnet, als Deutschland. Gleichwohl, wenn deines Sohnes Schicksal wollte, dass er darin leben sollte, würde er sich traurig fühlen, und es nimmermehr so lieb haben, wie jetzt Deutschland.« Auf die abermalige Frage des Vaters, warum der Sohn nun also Deutschland liebe, antwortet dieser abschließend: »Weil es mein Vaterland ist.«

Als Dramatiker, als Erzähler war Kleist eines der begnadetsten Genies, das Deutschland je hervorgebracht hat. Und ich bekenne, dass er mir als Literat noch näher und lieber ist als Goethe oder Thomas Mann. Als Intellektueller mit gesellschaftlicher Wirkung war und ist Kleist aber dieselbe tickende Zeitbombe, die er als Privatmensch gewesen ist.

Nun ist die Auffassung, dass die Liebe zum Vaterland eine schicksalhaft absolute sein müsse, wahrlich nicht nur bei Kleist und nicht allein im deutschen Denken anzutreffen. Das berüchtigte »right or wrong, my country!« (»im Recht wie im Unrecht, mein Land!«) brachte nur wenige Jahre, nachdem Kleist seinen *Katechismus* geschrieben hatte, als Erster der US-amerikanische Marineoffizier Stephen Decatur als Trinkspruch auf sein kriegführendes Vaterland aus.

In diesem Kontext gebe ich dem bereits zitierten Heribert Prantl von der *Süddeutschen Zeitung* recht: Deutschland *ist* in Sachen Patriotismus ein trockengelegter Alkoholiker. Um so wichtiger wäre es, dass wir jene Denker wie Teller und Beyer nicht vergessen, die bewiesen haben, dass man deutsch und dennoch ein maßvoller, aufgeklärter Patriot sein kann. Sollte uns dies überfordern, so sollten wir wenigstens unser Kantisches Erbe bewahren, indem wir uns etwa daran erinnern, was der Königsberger Philosoph 1793 in seiner Schrift *Über den Gemeinspruch: Das mag in der Theorie richtig sein, taugt aber nicht für die Praxis* über Patriotismus zu sagen hatte. Im zweiten Teil seiner Abhandlung, in welchem er sich mit dem Staatsrecht beschäftigt, schreibt Kant: »*Patriotisch* ist nämlich die Denkungsart, da ein jeder im Staat (das Oberhaupt desselben nicht ausgenommen) das gemeine Wesen als den mütterlichen Schoß, oder das Land als den väterlichen Boden, aus und auf dem er selbst entsprungen, und welchen er auch so als ein teures Unterpfand hinterlassen muss, betrachtet, nur um die Rechte desselben durch Gesetze des gemeinsamen Willens zu schützen, nicht aber es seinem unbedingten Belieben zum Gebrauch zu unterwerfen sich für befugt hält.«

Wir sollten uns die Bemerkung ins Gedächtnis rufen, die Ralf Dahrendorf nach der Wiedervereinigung zu unserem Thema gemacht hat: »Patriotismus ist Voraussetzung des Weltbürgertums. […] Jedenfalls gilt, dass Menschen irgendwo hingehören müssen, bevor sie sich für weitere Horizonte öffnen können.« Dahrendorf war ein überzeugter Verfassungspatriot. Die unwiderstehliche »Kraft des Verfassungspatriotismus« sah er darin, dass dieser »den Regeln des Zusammenlebens gilt und nicht der Größe des Territoriums oder der Stärke der Wirtschaft oder gar der Überlegenheit der Rasse«.

Die Schwäche eines reinen Verfassungspatriotismus erkannte bereits Dolf Sternberger. In seiner Rede von 1982 zitiert er die Worte, mit denen das Bundesverfassungsgericht, der oberste Hüter unserer Verfassung, versucht, den Bürgern die Loyalität zum Grundgesetz schmackhaft zu machen: »Die freiheitliche, demokratische Grundordnung [ist] eine Ordnung, die unter Ausschluss jeglicher Gewalt- und Willkürherrschaft eine rechtsstaatliche Herrschaftsordnung auf der Grundlage der Selbstbestimmung des Volkes nach dem Willen der jeweiligen Mehrheit und der Freiheit und Gleichheit darstellt.«

Vielleicht ist es hinterhältig, wenn ich frage, ob Ihnen jetzt richtig warm ums Herz geworden ist. Sternberger selbst fährt in seiner Rede jedenfalls so fort: »Aber auch in solch einer Charakteristik des allgemeinen Wesens der Grundordnung sind wohl noch zu viele abstrakte, rechtsdogmatische Begriffe untergebracht, als dass sie insgesamt irgendeine starke Empfindung hervorzurufen imstande wären.«

Mit Wilhelm Abraham Teller ausgedrückt: Das Dilemma des reinen Verfassungspatriotismus liegt darin, dass er ein »schlummernder« ist. Gerade *weil* wir das Glück genießen, in einem Staat zu leben, dessen Verfassung uns weitestgehend in Ruhe lässt, in dem wir lediglich Steuern zahlen müssen (und manch überflüssige Verordnung befolgen), neigen unsere schnöden, vergesslichen Herzen dazu, sich von der Verfassung nicht entflammen zu lassen. Liebe zu unserer freiheitlichen, demokratischen Grundordnung verspüren wir erst dann, wenn sie bedroht wird. Zum Verfassungspatriotismus müssen wir uns nicht nur »hinaufdenken«, tragischerweise muss dieser in uns »aufgeschrien« werden.

Mein ganz persönlicher Verfassungspatriotismus wurde zum ersten Mal am 11. September 2001 »aufgeschrien«, als ich starr vor Entsetzen die Bilder verfolgte, die uns an jenem Tag aus Amerika erreichten. Er wird jedes Mal erneut »aufgeschrien«, wenn islamistische Attentäter gewaltsam demonstrieren, wie abgrundtief sie die freiheitlichen, demokratischen Werte des Westens hassen, wenn unser Staat mit der herrschenden Homophobie, dem Antisemitismus und der Frauenverachtung im radikal-islamischen Milieu konfrontiert ist. Mein Verfassungspatriotismus wurde »aufgeschrien«, als ich vor zwei Jahren durch China reiste und dort erlebte, welch hybrides Ungetüm entsteht, wenn sich das Schlimmste von Kommunismus und Kollektivismus mit dem Schlimmsten des Kapitalismus paart. Und spätestens seit der vergangenen Bundestagswahl wird mein Verfassungspatriotismus auch davon »aufgeschrien«, dass zum ersten Mal in der Geschichte der Bundesrepublik eine rechtsextreme Partei in unserem obersten Parlament in Fraktionsstärke vertreten ist. Die Linksextremen als die jüngsten Verlierer der Weltgeschichte bereiten mir derzeit weniger Sorgen – solange sie sich nicht heimlich auf den völkischen Grill legen, um zu einem der in Weimarer Zeiten berüchtigten »Beefsteak-Nazis« zu werden: außen braun und innen rot.

Patrioten von links

Um das »sanfte, erwärmende Licht« des Verfassungspatriotismus heller strahlen zu lassen, ohne dass aus ihm die Stichflammen des Nationalismus herausschlagen, haben eher links orientierte Intellektuelle und Politiker in den vergangenen Jahren einige Vorschläge gemacht, den Verfassungspatriotismus mit klassischen linken Anliegen wie Solidarität und Ökologie anzureichern.

2016 erschien das Buch *Die neuen Deutschen. Ein Land vor seiner Zukunft* des Professorenehepaars Marina und Herfried Münkler. Sie ist Literaturwissenschaftlerin und hat als solche ausgiebig zum Begriff des »Fremden« und zur Interkulturalität geforscht, er ist der wohl bekannteste deutsche Politologe. Seine Bücher über *Die Deutschen und ihre Mythen*, den Ersten Weltkrieg oder zuletzt über den Dreißigjährigen Krieg sind regelmäßig weit oben auf den Bestsellerlisten zu finden. Gleich zu Beginn von *Die neuen Deutschen* stellt das Autorenpaar fest, es sei in Deutschland höchste Zeit, »über die eigene Kollektividentität neu nachzudenken«. Die Notwendigkeit der neuen deutschen Selbstverständigung begründen die Münklers in erster Linie mit dem Umstand, dass sich unsere Gesellschaft »seit längerem nicht mehr biologisch reproduziert, sondern auf Zuwanderung angewiesen ist, wenn sie ihre Bevölkerungszahl halten will«. Sie räumen ein, »dass ein demographisches Schrumpfen ökologisch sinnvoll« sein möge, fürchten aber gleichzeitig, dass dieses »auf soziale und wirtschaftliche Verwerfungen« hinauslaufe.

Ich bin mir nicht sicher, ob ich den zweiten Teil der These unterschreiben würde, aber letztlich geht es den Münklers um das, was kein Nicht-Verbohrter leugnen kann: Die Bundesrepublik *ist* ein Einwanderungsland, auch wenn die neue Regierung wieder kein Einwanderungsgesetz für nötig hält. Das »ambitionierte Projekt, aus Fremden ›Deutsche‹ zu machen«, kann dem Autorenpaar zufolge nur dann gelingen, wenn es »auf den drei Ebenen von Staat, Wirtschaft und Zivilgesellschaft gleichermaßen stattfindet«. Der Staat sei »an diesem Prozess im administrativen Sinn beteiligt, als regelsetzende und regeldurchsetzende Instanz«. Arbeitsgesellschaft und Wirtschaftsleben müssten den neuen Deutschen »Arbeitsethos« vermitteln, und zwar auch als spezifisch deutsche »Lebensweise«. Selbstverständlich weisen die Münklers in Klammern darauf hin, dass dieses Ideal von manch alteingesessenem Deutschen wahrlich nicht immer beherzigt wird.

Als schwierigsten und wichtigsten Teil des Integrationsprojekts machen die Autoren das »Deutsch-Werden« in zivilgesellschaftlicher Hinsicht aus. Von der Mehrheitsgesellschaft verlangen sie zunächst einmal die »Akzeptanz« der »Neugekommenen«, Letzteren geben sie fünf »Merkmale des Deutschen« mit auf den Weg, die es diesen ermöglichen sollen, in der deutschen Zivilgesellschaft tatsächlich anzukommen: »Leistungswillen«, das heißt, die Absicht, »für sich und seine Familie durch Arbeit (gegebenenfalls auch durch Vermögen) selbst sorgen« zu wollen; das Vertrauen in die deutsche Solidargemeinschaft, deren Unterstützung allerdings nur in Not- und Ausnahmefällen in Anspruch genommen werden darf; die Überzeugung, »dass religiöser Glaube und seine Ausübung eine Privatangelegenheit sind, die im gesellschaftlichen Leben eine nachgeordnete Rolle zu spielen hat«; die Bereitschaft zu akzeptieren, »dass die Entscheidung für eine bestimmte Lebensform und die Wahl des Lebenspartners in das individuelle Ermessen eines jeden Einzelnen fällt und nicht von der Familie vorgegeben wird«; und schließlich das »Bekenntnis zum Grundgesetz der Bundesrepublik Deutschland«.

Der Münkler'sche Fünf-Punkte-Plan enthält manches, was auch ich im Kapitel über Leitkultur gefordert habe: die kompromisslose

Durchsetzung des Grundgesetzes seitens der Staatsmacht und eine klare Leitzivilität innerhalb der Gesellschaft. Die Münklers beenden ihr Buch über die »neuen Deutschen« mit dem Credo: »Tatsächlich ist die Vorstellung von nationaler Zugehörigkeit und Identität das Gegenmittel zu einer Gesellschaft, die allein aus Tauschakten und gegenseitiger Nutzenerwartung besteht. Dass wir uns in einigen Lebensbereichen weiter in diese Richtung entwickeln werden, ist absehbar. Umso dringlicher brauchen wir jedoch den Solidaritätsgenerator Nation – freilich auch eine Vorstellung von Nation, die hinreichend modernisiert ist, um den Herausforderungen unserer Gegenwart und Zukunft zu begegnen.«

So viele der Münkler'schen Einschätzungen und Vorschläge ich teile: Ich fürchte, sie greifen noch immer zu kurz, um das Selbstbewusstsein unserer Nation auf eine Weise zu stärken, dass diese tatsächlich zu dem erwünschten »Solidaritätsgenerator« werden kann. Die Frage, ob wir nicht doch eine bestimmte Art von Kulturpatriotismus *zusätzlich* brauchen, um die Spaltungstendenzen in unserem Land zu überwinden, ist so heikel, dass sie sich nicht kurz beantworten lässt. Deshalb werde ich ihr den gesamten nächsten Abschnitt dieses Kapitels widmen.

Gleichwohl sei hier bereits angemerkt, dass mir die Münklers in ihrer Kulturabstinenz nicht konsequent zu sein scheinen, wenn sie etwa das »Leistungsethos« als spezifisch deutsche »Lebensform« verstanden und vermittelt wissen wollen. Keine Nation, die *irgendwie* wirtschaftlich überleben will, kommt ohne eine gewisse Leistungsbereitschaft ihrer Bürger aus. Dessen ungeachtet stimme ich den Münklers zu, dass es sich beim »Leistungsethos« um ein tief in der deutschen Kultur verankertes Ideal handelt.

In *Die deutsche Seele* habe ich die Geschichte der deutschen »Arbeitswut« nachgezeichnet: von ihren Luther'schen und mehr noch pietistischen Anfängen, über das Lob der rastlosen »Tätigkeit«, des »Immer-Strebens«, in der Klassik, über das Leiden des Karl Marx an der »entfremdeten Arbeit«, über die gründerzeitlichen Produktionsräusche im Kaiserreich, über den selbst ernannten »Leistungsethiker«

Thomas Mann, über den autobahnbauwütigen NS-Staat, dem die »Schönheit der Arbeit« eine eigene Kunstausstellung wert war, über die DDR, die ihre »Helden der Arbeit« mit Orden dekorierte, über die Wirtschaftswunderrepublik, die ihren Stolz hauptsächlich aus der Produktion von VW-Käfern und der »harten« Währung D-Mark bezog, über Helmut Kohls Wutausbruch, dass sich eine erfolgreiche Industrienation nicht als »kollektiver Freizeitpark« organisieren lasse, bis hin zu dem heute noch »kultigen« Werbespruch eines der größten deutschen Baumärkte: »Es gibt immer was zu tun.«

Gerade weil mir die Arbeitswut »typisch deutsch« zu sein scheint, frage ich mich jedoch, warum die Münklers einzig sie aus dem weiten Feld deutscher Mentalitäts- und Kulturphänomene herausgepickt haben. Ließe sich nicht mit demselben Recht die tiefe Naturverbundenheit, die Liebe zum Wald, als zentrales »Merkmal des Deutschen« behaupten? Aus meiner Sicht hätten die Münklers in ihrem gemeinsamen Buch konsequenterweise darauf verzichten müssen, das »Leistungsethos« allein zur deutschen »Lebensform« zu küren. Reduzierten sie dieses allerdings auf das unspezifische Ethos eines jeden Wirtschaftsmenschen, bliebe vom beschworenen »Leistungswillen« nichts übrig, was als »Gegenmittel« taugen würde, »zu einer Gesellschaft, die allein aus Tauschakten und gegenseitiger Nutzenerwartung besteht«.

Munter und unerschrocken geht Robert Habeck ans Werk, Patriotismus für die zeitgenössische deutsche Linke zumutbar zu machen. Der Schriftsteller und Politiker, den Bündnis 90/Die Grünen in diesem Januar zu einem ihrer beiden Parteivorsitzenden gewählt haben, war der erste prominente Grüne, der es wagte, den Begriff »Patriotismus« nicht nur in den Mund zu nehmen, sondern sogar auf den Titel eines Buches zu setzen. 2010, in seiner Zeit als Fraktionsvorsitzender der Grünen im Landtag von Schleswig-Holstein, veröffentlichte Habeck *Patriotismus. Ein linkes Plädoyer.* Auf dem Cover ist er selbst zu sehen, entspannt im Rollkragenpullover, die Hände in die Taschen seiner Jeans versenkt, auf einem leicht nebligen Acker stehend.

Frei von der Leber weg bekennt der 1969 Geborene: »Patriotismus, Vaterlandsliebe also, fand ich stets zum Kotzen. Ich wusste mit Deutschland nichts anzufangen und weiß es bis heute nicht.«

Na, was jetzt?, mögen manche stutzen. Weiß mit Deutschland nichts anzufangen und will für Patriotismus werben – wie soll denn das gehen? In der Tat verkündet Habeck erst einmal, einen »Patriotismus ohne Deutschland« konstruieren zu wollen, der trotzdem – oder gerade deshalb – seinerseits dazu geeignet wäre, »eine Gesellschaft, eine Gemeinsamkeit, ein Wir« zu begründen. »Wenn Menschen füreinander da sein sollen«, schreibt er, »obwohl sie einander Fremde sind, obwohl sie durch Alter, Bildung, Herkunft getrennt in verschiedenen Welten leben, braucht man eine emotionale Ansprache, eine gemeinsame Idee, ein Pathos der Zusammengehörigkeit.« Ein »linker Patriotismus« ist für Habeck demnach jede »Erzählung, die auf Veränderung setzt, auf Gerechtigkeit und Internationalität«, jedes Engagement, das den »verborgenen Idealismus« der Menschen zu wecken vermag, denn: »Begeisterung für Politik, Gemeinwohl, Engagement ist notwendig. [...] Ideale ohne Menschen sind nur leere Ideen. Letzteres beschreibt den Zustand der politischen Kultur in Deutschland. Wir wurschteln uns so durch, reformieren so vor uns hin, aber nur kurzsichtig, ohne langfristige Ideen und konsequente Ideale.«

Sehnsüchtig blickt Habeck im Jahre 2010 über den Atlantik und verleiht seiner Bewunderung für den damaligen US-Präsidenten Barack Obama Ausdruck. Von seiner Kritik der deutschen Zustände nimmt Habeck auch die eigene Partei nicht aus. Dem »spielerischen Patriotismus« bei der Fußballweltmeisterschaft 2006 konnte er durchaus etwas abgewinnen, der politischen Linken in Deutschland wirft er vor, dass ihr »genau diese Freude, diese Lust« und damit letztlich auch »die Begeisterung für Veränderung« abhandengekommen seien. »Ihr ganzer Ansatz ist irgendwie griesgrämig«, stellt er unverblümt fest. Der »Mut, Veränderung zu wollen und neue Antworten auf neue Fragen zu suchen«, macht für Habeck aber den Kern des Linksseins aus. »Linkssein«, sagt er klar, »hat nichts mit Sozialismus zu tun.«

Sein eigenes Projekt eines »linken Patriotismus«, den er auch als

»liberalen Paternalismus« respektive »sanften Zwang zur Freiheit« versteht, umreißt Habeck im Hauptteil seines Buches, in welchem er postsozialistische linke Forderungen wie Bildungsgeld, Sozialerbschaft, Kindergrundsicherung, Elternteilzeit, Umweltschutz und die Stärkung von Infrastrukturen anstelle von Transferleistungen erhebt.

Beim Schreiben muss Habeck selbst irgendwann gemerkt haben, dass sein »Patriotismus ohne Deutschland« am Ende doch auf Backen ohne Mehl hinausläuft. Auf den letzten beiden Seiten seines Buches erklärt er nämlich: »Ein neues fortschrittliches Regierungsprojekt, eine neue fortschrittliche Partei, wird [...] einen neuen Begriff des Gemeinwesens entwickeln müssen, einen neuen Gesellschaftsvertrag, der die alten Gegensätze überwindet und seine Ideale als Gleichheit, Mündigkeit und Teilhabe neu formuliert. [...] Dies aber erfordert [...] ein positives Bekenntnis zu der Gesellschaft, in der man agiert. [...] ein Ja zum Gemeinwohl als grundlegende Haltung [ist] die Voraussetzung, sonst kann man es bleiben lassen.«

Ich würde sagen, die »intellektuelle Redlichkeit«, die Habeck zufolge »zum Bemühen um einen linken Patriotismus« zwingt, hätte ihn auch dazu verpflichtet, sich zu trauen, im letzten Satz statt »Gemeinwohl« »Bundesrepublik Deutschland« zu schreiben. Schließlich gibt er selbst zu, dass jedes »neue fortschrittliche Regierungsprojekt« ein »positives Bekenntnis zu der Gesellschaft, in der man agiert«, erfordert. Und diese Gesellschaft ist nun einmal – solange die Vereinigten Staaten von Europa oder gar der Weltbürgerstaat keine Wirklichkeit sind – unsere gute, alte Bundesrepublik.

Ich wünsche Habeck und unserem Land, dass er als neuer Vorsitzender in seiner Partei viele offene Ohren und Herzen für sein Anliegen eines »linken Patriotismus« finden möge. Als kleine und dennoch enorm stärkende Ermunterung, dass auch gute Linke das Wort »Deutschland« in den Mund nehmen dürfen, ohne *stets* Schaum vor denselben zu bekommen, möchte ich ihm die Lektüre eines Essays empfehlen, der hierzulande im Jahre 1929 erschienen ist. Der Autor, der unter vielen Namen veröffentlichte, heißt Kurt Tucholsky.

So wie Thomas Mann der einzige prominente konservativ-bürgerliche deutsche Künstler gewesen ist, der sich für die untergehende »Deutsche Republik« ins Zeug gelegt hat, war Kurt Tucholsky, der sich am 21. Dezember 1935 im schwedischen Exil das Leben nahm, der einzige linksrevolutionär gestimmte Schriftsteller, der Deutschland mit unermüdlichem publizistischem Einsatz vor dem Abmarsch in die Barbarei zu bewahren versuchte. Seiner rigorosen Abrechnung mit dem deutschen Nationalismus gab Tucholsky den sarkastischen Titel *Deutschland, Deutschland über alles* und bezeichnete sie überdies als »Bilderbuch«. In der Tat stehen Tucholskys Essays in beständigem Dialog mit bissigen Fotomontagen des – wie der Autor in Berlin geborenen – Künstlers und Grafikers John Heartfield sowie mit Bildern von deutschen Bierbäuchen, konterkariert von den Gesichtern des sozialen Elends in der Weimarer Republik, mit Bildern von ordenstarrenden Militärs und des Pickelhaubenträgers Prinz Friedrich von Hohenzollern, der entgegen den gesetzlichen Bestimmungen der Weimarer Republik und des Freistaats Preußen seit 1927 auf der Anrede »Hoheit« bestand.

Doch dann, auf den letzten Seiten des wilden, wütenden Buches, geschieht etwas Unerwartetes. Mit einem Mal tauchen Fotos von bayerischen Alpen- und Seenlandschaften auf. Ein winziges Bild des König-Ludwig-Schlosses Linderhof ist zu sehen. Die »Lange Anna« zeigt sich, jener 47 Meter hohe Brandungspfeiler vor der Nordseeinsel Helgoland, der mittlerweile akut abbruchgefährdet ist. Und ganz zum Schluss dampft ein Eisenbähnlein über den Hindenburgdamm, den damaligen Stolz deutscher Ingenieure, der die nordfriesische Insel Sylt bis heute mit dem Festland verbindet.

Ist dies der Gipfel des Tucholsky'schen Sarkasmus? Alles »Camp« – wie die postmodern Nachgeborenen sagen würden?

Sie werden staunen: Tucholskys letzter Essay in *Deutschland, Deutschland über alles* heißt »Heimat«. Er beginnt mit den Sätzen: »Nun haben wir auf 225 Seiten Nein gesagt, Nein aus Mitleid und Nein aus Liebe, Nein aus Hass und Nein aus Leidenschaft – und nun wollen wir auch einmal Ja sagen. Ja –: zu der Landschaft und zu dem Land Deutschland.«

Dieser Essay ist so ergreifend, so klug, dass ich ihn am liebsten in voller Länge zitieren würde. Aber ich will mich auf den Schluss beschränken:

»*Ja, wir lieben dieses Land.*

Und nun will ich euch mal etwas sagen:

Es ist ja nicht wahr, dass jene, die sich ›national‹ nennen und nichts sind als bürgerlich-militaristisch, dieses Land und seine Sprache für sich gepachtet haben. Weder der Regierungsvertreter im Gehrock, noch der Oberstudienrat, noch die Herren und Damen des Stahlhelms allein sind Deutschland. Wir sind auch noch da.

Sie reißen den Mund auf und rufen: ›Im Namen Deutschlands...!‹ Sie rufen: ›Wir lieben dieses Land, nur wir lieben es.‹ Es ist nicht wahr.

[...]

Und so widerwärtig mir jene sind, die – umgekehrte Nationalisten – nun überhaupt nichts mehr Gutes an diesem Lande lassen, kein gutes Haar, keinen Wald, keinen Himmel, keine Welle – so scharf verwahren wir uns dagegen, nun etwa ins Vaterländische umzufallen. Wir pfeifen auf die Fahnen – aber wir lieben dieses Land. Und so wie die nationalen Verbände über die Wege trommeln – mit dem gleichen Recht, mit genau demselben Recht nehmen wir, wir, die wir hier geboren sind, wir, die wir besser Deutsch schreiben und sprechen als die Mehrzahl der nationalen Esel – mit genau demselben Recht nehmen wir Fluss und Wald in Beschlag, Strand und Haus, Lichtung und Wiese: es ist unser Land. Wir haben das Recht, Deutschland zu hassen – weil wir es lieben. Man hat uns zu berücksichtigen, wenn man von Deutschland spricht, uns: Kommunisten, junge Sozialisten, Pazifisten, Freiheitliebende aller Grade; man hat uns mitzudenken, wenn ›Deutschland‹ gedacht wird... wie einfach, so zu tun, als bestehe Deutschland nur aus den nationalen Verbänden.

Deutschland ist ein gespaltenes Land. Ein Teil von ihm sind wir.

Und in allen Gegensätzen steht – unerschütterlich, ohne Fahne, ohne Leierkasten, ohne Sentimentalität und ohne gezücktes Schwert – die stille Liebe zu unserer Heimat.«

Ich hoffe, Kurt Tucholsky sieht es mir nach, dass ich ihn mit seiner Liebeserklärung an Deutschland als Landschaft, als Sprachheimat, bei den linken Patrioten eingemeindet habe. In dem von mir oben ausgelassenen Absatz weist er den Begriff »Patriotismus« schroff zurück, indem er schreibt: »Im Patriotismus lassen wir uns von jedem übertreffen – wir fühlen international.« Aber er schreibt dort eben auch, dass er und seine Gleichgesinnten sich in der »Heimatliebe« von niemandem übertreffen lassen, »nicht einmal von jenen, auf deren Namen das Land grundbuchlich eingetragen ist«.

Die »Heimatliebe« in Tucholskys Sinne scheint mir ein idealer Kandidat zu sein, wenn heutige, ökologisch inspirierte Linke nach dem »plus x« suchen, das der Verfassungspatriotismus als Ergänzung braucht. Und an dieser Stelle bedaure ich es nun doch, dass im Herbst 2017 kein schwarz-gelb-grünes Regierungsbündnis zustande gekommen ist. Das Amt des ersten deutschen »Heimatministers« wäre mit Winfried Kretschmann hervorragend zu besetzen gewesen, auch wenn dieser vermutlich wenig Neigung verspürt hätte, nach Berlin zu gehen. Als erster grüner Ministerpräsident beweist er in Baden-Württemberg seit 2011, dass man sich im Wanderverein, im Kirchenchor und sogar im Schützenverein engagieren und gleichzeitig für linke Politik einstehen kann. Und die FDP hätte dafür sorgen können, dass der Hang von Bündnis 90/Die Grünen zur Bürgerbevormundung tatsächlich zu einem *liberalen* Paternalismus wird.

Eines der größten politischen und diskursiven Versagen nach der deutschen Vereinigung war es, nicht zu erkennen, dass die ehemaligen Bürger der DDR ihre Heimat als Landschaft weit mehr liebten als die Bürger der Bonner Republik die ihre. Dies hat nichts mit Borniertheit zu tun, schließlich *gibt* es in Thüringen, Sachsen, Sachsen-Anhalt, Brandenburg und Mecklenburg-Vorpommern zauberhafte Landschaften. Aber noch entscheidender war: Das SED-Regime wusste zu verhindern, dass die Ostdeutschen mit derselben Begeisterung Italien, Frankreich und Spanien für sich entdeckten, wie die Westdeutschen dies ab den Fünfzigerjahren taten. Für die Bürger der alten Bundesrepublik war es eine originelle, zusätzliche Farbe auf der Palette ihrer möglichen Urlaubsziele, die Sommerferien auch einmal im Allgäu oder auf Sylt zu verbringen. Die Bürger der DDR, die nicht der Nomenklatura angehörten, waren gezwungen, ihr Fernweh in der Sächsischen Schweiz oder auf Hiddensee zu stillen – wenn es ihnen zu mühsam war, an den ungarischen Plattensee zu zuckeln, oder sie dort mit dem staatlicherseits festgelegten Höchstumtauschsatz nicht auskommen wollten.

Ich weiß nicht, ob glücklicher »zusammengewachsen wäre, was zusammengehört«, wenn führende westdeutsche Politiker in den Neunzigerjahren ihren wohlverdienten Sommerurlaub nicht weiterhin stur am Wolfgangsee oder in Italien verbracht hätten, sondern systematisch die Schönheiten der ostdeutschen Landschaften erkundet hätten. Ziemlich sicher bin ich mir hingegen, dass der Sommer der »Willkommenskultur« 2015 entscheidend dazu beigetragen hat, die mühsam und krumm zusammengewachsenen deutschen Äste abermals zu brechen.

Ich bin ein Kind der Bonner Republik, dennoch versuche ich mir vorzustellen, wie ich in jenem Sommer empfunden hätte, wäre ich fünfundvierzig Jahre zuvor nicht bei Frankfurt am Main, sondern bei Frankfurt an der Oder geboren worden. Ich hätte mich an den volksfestartigen Jubel erinnert, der in den Tagen nach dem 9. November 1989 geherrscht hat; an die West- und Ostberliner, die sich mit Tränen der Freude in den Armen gelegen haben; an die Trabi-Korsos auf dem Ku'damm; ans schwarz-rot-goldene Fahnenmeer; ans deutsche Herbstmärchen aus alten Zeiten. Ich hätte mich daran erinnert, wie schnell auf diesen Rausch der Kater alltäglichen Desinteresses gefolgt ist, wann immer ich »Ossi« versuchte, bei den »Wessis« offene, neugierige Ohren für meine Geschichte und meine Geschichten zu finden. Ich hätte mich an die gereizten bis verächtlichen Mienen der Westdeutschen erinnert, die ich bald zu sehen bekommen habe, sobald ich Bananen kaufte. Ich hätte mich – vielleicht sogar dankbar – an das »Begrüßungsgeld« erinnert, das mir im Herbst und Winter 1989 von westdeutschen Beamten durch einen Schalter hindurch in die Hand geblättert worden ist.

Aber ich hätte mich, wann immer ich mir im Sommer 2015 die Fernsehbilder aus München und anderen westdeutschen Städten angeschaut hätte, die Bilder von euphorischen Mitbürgern, welche die ankommenden Flüchtlinge an Bahnsteigen mit Teddybären und Jubel begrüßten, bei all dem hätte ich mich gefragt: Was, zum Teufel, geht da vor sich? Ich hätte mich gefühlt wie ein vernachlässigtes Kind, das ohnehin noch gar nicht so lange zur »Familie« gehört und dem seit einer Weile ohnehin Zweifel kommen, ob die westliche Verwandtschaft es wirklich »liebhat« – oder ob all die Solidaritätstransfers, die auch »mein« Frankfurt an der Oder mittlerweile wieder zu einer recht ansehnlichen Stadt gemacht haben, letztlich nicht mehr als Geldgeschenke gewesen sind, mit denen Eltern Kinder ruhigstellen, auf dass sie nicht nerven. Ich hätte mich gefragt, wieso mich immer noch ein jeder »Ossi« nennen darf, bei den Flüchtlingen aber plötzlich ein Bohei darum gemacht wird, ob sie nicht korrekterweise als »Geflüchtete« oder »Schutzsuchende« bezeichnet werden müssten. Irgendwann im Herbst 2015 hätte ich zu denken begonnen: Gut, das war's dann also. Wie ich sehe, habt ihr Westdeutschen beschlossen, euch künftig in erster Linie um eure neuen Adoptivkinder kümmern zu wollen. Ich bin dann wohl endgültig das Stiefkind der Familie. Kurz: Ich wäre ziemlich enttäuscht gewesen und vermutlich auch ziemlich zornig geworden.

Und nun wechsle ich wieder in mein reales Ich (west) zurück. Als ein solches sage ich: Liebe Mecklenburger! Liebe Brandenburger! Liebe Sachsen-Anhaltiner! Und vor allem: liebe Thüringer! Liebe Sachsen! Ich verehre eure Landschaften, und, wie ihr seht, bilde ich mir ein, eure Enttäuschung über und euren Zorn auf uns »Wessis« zu verstehen. Aber ich verstehe nicht, warum immer mehr von euch glauben, ihre Enttäuschung und ihren Zorn am effektivsten auszudrücken, indem sie bei Wahlen ihre Kreuze bei einer zunehmend rechtsextremen Partei machen. Etliche von euch haben bereits vor 1989 und auch danach noch für ein sozialistisches Deutschland »mit menschlichem Antlitz« gekämpft. Dass ich äußerst skeptisch bin, ob dieses alternative Deutschland eine gute Idee gewesen wäre, habe ich bereits zu Protokoll gegeben. Felsenfest bin ich jedoch davon überzeugt, dass das Deutschland, das der AfD vorschwebt, keine Alternative zum heutigen, real existierenden Deutschland ist.

Ich verstehe eure Wut auf Angela Merkel, die – trotz Häuschens in der Uckermark, sommers ausgelebter Wanderlust und Bekenntnisses zum Schweinebraten – bis heute nicht die rechten Worte findet, die euch das Gefühl geben würden, eure Seelennöte wären bei ihr gut aufgehoben. Sie *hat* sich als die getreue Ziehtochter ihres westdeutschen politischen Vaters Kohl erwiesen, indem auch sie zu einer kalkulierenden Verwalterin der Macht geworden ist. Aber bitte, bitte, *bitte*: Pöbelt die Kanzlerin nicht an, wenn sie Wahlkampfauftritte bei euch absolviert! Rottet euch nicht vor Flüchtlingsunterkünften zusammen! Bespuckt keine Menschen, die eine dunklere Hautfarbe haben als ihr! Reißt keine antisemitischen Witze! Diffamiert die westdeutsche »Vergangenheitsbewältigung« und deren Zeugnisse nicht als »Nestbeschmutzung«! Zeigt den Westdeutschen, dass einer der Gründungsmythen eures einstigen Staates, der Antifaschismus, mehr als ein Mythos gewesen ist! Erweist euch als würdige Erben eurer geistigen Idole wie Bertolt Brecht, der zwar auch manch politische Dummheit und manch grobe Unmanierlichkeit auf dem Kerbholz hatte, dem aber *niemals* eingefallen wäre, Flüchtlingsunterkünfte anzuzünden oder türkische Mitbürger zu ermorden!

Die deutsche Seele in ihrer Tiefe kann einzig verstehen, wer die Kulturlandschaften zwischen Eisenach und Dresden erkundet: wer die Wartburg besucht und nach dem Fleck an der Wand sucht, der entstanden sein soll, als Luther sein Tintenfass nach dem Teufel warf; wer bei Morgendämmerung auf den Kickelhahn steigt und sich in das Hüttchen setzt, an dessen Wand das berühmte Goethe-Gedicht *Über allen Gipfeln ist Ruh* steht; wer durch Weimar schlendert; wer in der Frauenkirche einem Konzert oder Gottesdienst lauscht; wer an einem nebligen Tag durchs Elbsandsteingebirge wandert. Liebe Ostdeutsche: Ihr seid die Hüter dieser kulturellen Schätze! Deshalb: Hütet auch euch! Bleibt wach und munter!

Damit sich nun niemand im Ruhrgebiet, auf der Schwäbischen

Alb oder in den Randbezirken unserer Großstädte vernachlässigt fühlt: Verlierer der Zeitläufte gibt es selbstverständlich auch im Westen. Auch ihre Enttäuschung und ihren Zorn, dass sie sich mit ihren Transferleistungen erst an den Kosten der deutschen Wiedervereinigung beteiligen mussten und nun auch noch für die deutsche »Willkommenskultur« bezahlen sollen, dürfen wir nicht übergehen. Aber auch sie seien daran erinnert: Ohne Solidarität wird unser Gemeinwesen zur Schimäre.

Die Kulturnation ist tot, es lebe die Kulturnation!

Das siebte Kapitel habe ich mit Ernest Renans Charakterisierung der Nation beschlossen, die besagt, dass diese »in der Vergangenheit ein gemeinsames Erbe von Ruhm und Reue, für die Zukunft ein gemeinsames Programm« haben müsse. Einige Aspekte eines gemeinsamen Zukunftsprogramms für die deutsche Nation habe ich bei meiner Auseinandersetzung mit linken Entwürfen eines Patriotismus aufgezeigt. Das »gemeinsame Erbe« der »Reue«, das uns der Nationalsozialismus und der Holocaust hinterlassen haben, hat mich durchs ganze Buch hindurch beschäftigt. Nun will ich genauer der Frage nachgehen, worin das »gemeinsame Erbe« des »Ruhms« für uns Deutsche liegen könnte.

Herfried Münkler hat sich in seinem Buch *Die Deutschen und ihre Mythen* 2009 ausführlich mit diesem schwierigen Thema befasst. Auf sechshundert Seiten lässt er deutsche Mythen Revue passieren: vom angeblich im Kyffhäuser schlummernden Kaiser Barbarossa bis zum Fußball-»Wunder von Bern«; von Arminius, aus dem in der Lutherzeit »Hermann« gemacht wurde, und dessen legendärer Schlacht im Teutoburger Wald bis zur preußischen »Königin der Herzen« Luise; von der Nibelungensage bis zum »Vater Rhein«. Bei fast sämtlichen Mythen kommt Münkler zu dem Ergebnis, dass sie für Zwecke der heutigen deutschen Selbstverständigung nicht mehr zu brauchen seien.

Was Mythen wie den »Sedanstag« angeht – der im Deutschen Kaiserreich als pompöser Nationalfeiertag begangen wurde, in Erinnerung an den deutschen Sieg über Frankreich 1870 – oder »Preußens Glanz und Gloria«, gebe ich Münkler recht: Sie mögen, so wie der langbärtige Barbarossa, für alle Zeiten schlummern. Aber ich stimme Münkler nicht zu, wenn für ihn am Schluss in erster Linie das »Wirtschaftswunder« der Fünfzigerjahre oder das deutsche »Sommermärchen« von 2006 als für die Gegenwart brauchbare deutsche Mythen-Kandidaten übrigbleiben.

Der aus meiner Sicht wichtigste und fruchtbarste Mythos der deutschen Geschichte war der, eine »Kulturnation« zu sein. (Im Folgenden verstehe ich »Kultur« also in jenem engeren Sinne des Musisch-Geistig-Künstlerischen, wie ich ihn im zweiten Kapitel dargelegt habe.) Dieser Mythos hat es ermöglicht, dass das verschlafene Nest Weimar im 18. Jahrhundert zum geistigen Zentrum Deutschlands aufsteigen konnte. Er hat dafür gesorgt, dass Johann Sebastian Bachs *Matthäus-Passion* aus der zwischenzeitlichen Vergessenheit befreit wurde, weil Felix Mendelssohn Bartholdy sich von seiner jüdischen Großmutter zu Weihnachten eine Abschrift der Partitur wünschte, diese bearbeitete, in der Berliner Singakademie 1829 zur triumphalen Wiederaufführung brachte und damit die Bach-Renaissance eröffnete. Der Mythos »Kulturnation« hat Deutschland seine einzigartige Landschaft von Opern- und Theaterhäusern beschert. Er hat den politisch zerfransten Deutschen ideellen und seelischen (Zusammen-)Halt geboten. Er hat Bayern und Hanseaten, Katholiken, Protestanten und Juden, Alteingesessene und Neuankömmlinge, Bildungsbürger und Kleinbürger vereint. Er ist im frühen 20. Jahrhundert dazu missbraucht worden, den deutschen Krieg gegen westlich-zivilisierte Nationen wie Frankreich und England zu rechtfertigen. Die Nazis haben ihn auf doppelte Weise barbarisiert, indem sie die klügsten und besten Repräsentanten der deutschen Kultur fast ausnahmslos vertrieben und den Rest zu einem größenwahnsinnigen braunen Windbeutel aufgeblasen haben. Er hat aber auch einem Thomas Mann im amerikanischen Exil erlaubt, den stolzen Satz zu sagen: »Wo ich bin, ist Deutschland.« Er war einer der Gründe, dass ein musikalischer Feingeist wie Theodor W. Adorno nach 1945 in seine Heimat zurückgekehrt ist.

Der deutsche Mythos, eine Kulturnation zu sein, ist älter als der deutsche Nationalstaat – und am wirksamsten ist er in der Tat gewesen, solange Letzterer noch nicht bestand. In einer ihrer *Xenien* seufzten Schiller und/oder Goethe anno 1796: »Deutschland? aber wo liegt es? Ich weiß das Land nicht zu finden, / Wo das gelehrte beginnt, hört das politische auf.«

Was hilft es uns Heutigen, wenn wir diese Verse travestieren, indem zwar niemand – außer ein paar Unbelehrbaren – an der geografisch-politischen Gestalt Deutschlands zweifelt, aber auch niemand mehr so recht zu sagen vermag, wie das »gelehrte« Deutschland wohl aussehen könnte? Den fatalen Fehler, »Kunst« gegen »Demokratie«, »Kultur« gegen »Zivilisation« auszuspielen, dürfen wir nie wieder begehen. Dennoch möchte ich Martin Walser aufs Heftigste widersprechen, wenn er die Kulturnation als »Abfindungsform« beiseitewischt, wie er es zu Zeiten der deutschen Teilung getan hat. Ein leidenschaftliches Bekenntnis dazu, *auch* eine Kulturnation zu sein, hätte nach 1990 massiv helfen können, die deutsche Teilung wirklich zu überwinden.

Die größten Bedenken dagegen, die Kulturnation derart zu betonen, rühren aus der Befürchtung, dass dies eine andere deutsche Spaltung weiter verschärfen würde: die zwischen alteingesessenen Deutschen und zugewanderten Deutschen. Ich habe Norbert Elias zitiert, der auf das »Trennende« von Kulturen hingewiesen hat. Aber muss das immer so sein?

Schauen wir uns ein paar Beispiele aus der Wirklichkeit an: Der langjährige Chefdirigent der Berliner Philharmoniker Sir Simon Rattle hat bereits zu Beginn seiner ersten Spielzeit 2002/2003 das Education Program »Zukunft@Bphil« ins Leben gerufen. Weltweit berühmt wurde jenes Projekt, bei dem 250 Berliner Kinder und Jugendliche aus 25 Nationen ein Tanzprojekt zur Musik von Igor Strawinskys *Le Sacre du Printemps* einstudierten und welches in dem vielfach preisgekrönten Film *Rhythm Is It!* dokumentiert wurde. Bekannte von mir, die sich seit 2015 in der Flüchtlingsarbeit engagieren, indem sie Kindern und Jugendlichen aus Syrien, Nordafrika und anderen Regionen der Welt ermöglichen zu musizieren, berichten von ähnlich erhitzten und konzentrierten glücklichen Gesichtern, wie man sie in *Rhythm Is It!* auf der Leinwand sehen kann.

Der türkischstämmige Regisseur Ersan Mondtag, der höchst erfolgreich an vielen großen deutschen Bühnenhäusern arbeitet – unter anderem am Berliner Maxim-Gorki-Theater, das von der gleichfalls türkischstämmigen Shermin Langhoff geleitet wird –, ging als Jugendlicher auf eine der berüchtigten Berliner »Brennpunktschulen« mit hohem Migrantenanteil, an denen der Unterricht keine wirkliche Chance hatte, weil auf dem Schulhof Drogen gehandelt oder gar Messer gezückt wurden. Die damalige Schuldirektorin Hildburg Kagerer hatte den Mut, vor den aggressiven Jugendlichen weder zu kapitulieren noch sie achselzuckend verloren zu geben. Sie reformierte die Schule von Grund auf, baute sie zu einer Ganztagsschule aus, in den Vordergrund rückte das jahrgangsübergreifende »Lernen in Arenen«. Diese »Arenen« konnten und können die Schüler frei nach ihren individuellen Interessen und Stärken wählen. Viele der »Arenen« widmen sich dem Handwerklichen, daneben gibt es aber auch solche mit musisch-künstlerischer Ausrichtung. In einer von ihnen wurde Ersan Mondtags Liebe zum Theater geweckt. Heute gilt die Ferdinand-Freiligrath-Schule als eine der »feineren« Berliner Oberschulen, auf die auch das neue bürgerliche Milieu seine Kinder gerne schickt – was nicht nur an der »Gentrifizierung« des Bergmannkiezes liegt, in dem sich die Schule befindet, sondern vor allem dem umsichtigen und konsequenten Engagement der ehemaligen Schuldirektorin zu verdanken ist.

Die international gefeierte Opernsängerin Annette Dasch hat 2017 einen Text geschrieben, in dem sie der Oper als dem »Modell einer besseren Welt« huldigt. Selbst für diejenigen, die der Oper als exaltierter Kunstgattung wenig bis nichts abgewinnen können, lohnt es sich, dem zu lauschen, was von der Sopranistin dort zu vernehmen ist: »Ich bin glücklich, in der Opern- und Theaterwelt leben zu dürfen: In meinem beruflichen Umfeld kann jeder unabhängig von Herkunft, von sexueller Ausrichtung, von Alter oder Geschlechtszugehörigkeit seiner Arbeit nachgehen. Da singt der 70-Jährige neben der 25-Jährigen, arbeiten Handwerker Hand in Hand mit Musikern mit und ohne Hochschulabschluss. Bei der Anprobe versichert mir die Schneiderin, wie großartig die Premiere war – ›unser Wozzeck‹, sagt sie.«

Ich persönlich bin der Oper, jenem »Kraftwerk der Gefühle«, seit meinem dreizehnten Lebensjahr verfallen. Aufgrund meiner eigenen Erfahrungen mit der Welt des Musiktheaters kann ich Annette Dasch nur beipflichten: Opernhäuser sind kleine, dafür umso realere, singende, klingende und – dort, wo getanzt wird – springende Utopias. Menschen aus zig Nationen, Christen, Muslime, Juden, Buddhisten, Agnostiker und Atheisten arbeiten innigst zusammen, um gemeinsam etwas Einzigartiges zu bewerkstelligen. Opernhäuser sind lokal, regional, deutsch, europäisch, kosmopolitisch, idealistisch und solidarisch zugleich.

Natürlich lässt sich einwenden: Aber dafür braucht's doch kein hochsubventioniertes Wagnergetöse, kein Händelgedudel, kein Mozartgefidel und kein Rossinigezwitscher! Fußball und anderer Mannschaftssport tun's auch!

Nichts gegen Fußball, nichts gegen Mannschaftssport. Auch sie besitzen immense soziale Bindekräfte, bringen Menschen aus den unterschiedlichsten Herkunftsmilieus zusammen. Aber erstens kommt auch der deutsche Sport, der Spitzensport zumal, nicht ohne großzügige staatliche Subventionen aus. Und zweitens macht es eben doch einen Unterschied, ob man Bällen und Pucks nachjagt oder ob man gemeinsam Geschichten und Partituren zu durchdringen versucht, die das Innerste der menschlichen Seele offenbaren.

Es tut *mir* in der Seele weh, wenn ich die Programme unserer im Bundestag vertretenen Parteien studiere, um herauszufinden, wie dort mit dem Thema Kultur umgegangen wird. Im Regierungsprogramm der CDU/CSU von 2017 tauchen »Kultur und Medien«

zwischen den Punkten »Politik für Ältere und Senioren« und »Mobilität für alle« auf. Im »Hamburger Programm« der SPD von 2007 wird die »Kultur der demokratischen Gesellschaft« immerhin von »Öffentlichkeit und Medien« und »Kirche, Religions- und Weltanschauungsgemeinschaften« gerahmt. Die Devise von Bündnis 90/Die Grünen lautet im Programm zur letzten Bundestagswahl: »Kultur in ihrer Vielfalt fördern« – und findet sich zwischen »Freie Medien stärken« und »Wir gestalten eine nachhaltige Sportentwicklung«. Dem Grundsatzprogramm der FDP von 2012 ist das Bekenntnis »Kulturelle Werte schaffen den Raum der Freiheit« noch nicht einmal ganze zehn Zeilen wert, dafür befinden sich diese neuneinviertel Zeilen zwischen den noblen liberalen Glaubenssätzen »Zukunft entsteht durch Selbstbestimmung« und »Freiheit ist ein globaler Wert«. Die Linke widmet in ihrem Parteiprogramm von 2011 der »Kultur für eine gerechte und dialogfähige Gesellschaft« mehr als eine Seite, nachdem sie sich über »Altern, aktiv und in Würde« Gedanken gemacht hat und bevor sie zum »Sport für alle« kommt. Die AfD schließlich ist die einzige der im Bundestag vertretenen Parteien, die dem Thema »Kultur, Sprache und Identität« in ihrem Programm ein ganzes, eigenständiges Kapitel einräumt. Bei der Lektüre stellt man allerdings fest, dass der mit Abstand größte Teil dieses Kapitels dem Bashing von Multikulturalismus und Islam gilt.

Wie hatte sich Altkanzler Gerhard Schröder einst über den Zuständigkeitsbereich des Bundesministeriums für Familie, Senioren, Frauen und Jugend geäußert: »Familie und das ganze Gedöns«? Das ernüchternde Ergebnis meines kleinen Streifzugs durch die Programme der gegenwärtig im Bundestag vertretenen Parteien lautet: Fünf von ihnen behandeln die Kultur als »Gedöns« – wobei die SPD noch am wenigsten schnöde verfährt –, und die eine, die es nicht tut, treibt Schindluder mit ihr.

Die Misere wird nicht kleiner, wenn man erfährt, dass im Koalitionsvertrag von CDU/CSU und SPD mit Blick auf die deutsche Kultur eine »strategische Auslandskommunikation« beschlossen wird, »um im Wettbewerb der Narrative und Werte zu bestehen und in verschiedenen Regionen der Welt gegen hybride Informationsver-fälschungen vorgehen zu können«, und dass wenige Paragrafen spä-ter noch einmal beschworen wird: »Wir wollen eine Stärkung der Kultur- und Bildungspolitik und den Ausbau unserer kulturellen Infrastruktur im In- und Ausland, um die Werte unseres Landes im globalen Wettbewerb der Narrative auch im digitalen Raum erfolg-reich zu vertreten.«

Ich habe keine Ahnung, wer der CDU/CSU und SPD dieses mit postmodernen Jargonsplittern überzuckerte Kauderwelsch soufliert hat. Ich weiß nur, dass diejenigen, die sich ein solches soufflieren lassen, keine Ahnung von Kultur haben. Im »globalen Wettbewerb« haben nur die »Narrative« eine Chance, die aus einer tiefen inne-ren, geistigen und/oder ästhetischen Überzeugung heraus entstehen. Die Pappkameraden, die von Anfang an aufs »globale« Lorbeerblatt schielen, kann man getrost in der Kunstkaserne lassen.

Nun ist es in einer freiheitlich, demokratisch verfassten Gesell-schaft wahrlich nicht die Aufgabe von Politikern, Künstlern zu sagen, was diese schreiben und malen, komponieren und inszenieren sollen. Und selbstverständlich höre ich es gern, wenn die deutsche Politik sich vornimmt, bessere Rahmenbedingungen dafür zu schaf-fen, dass deutsche Kultur im Ausland wieder mehr Anhänger fin-den kann, als dies seit einer Weile der Fall ist. Trotzdem wird durch solche Absichtserklärungen die Kulturnation von den Füßen auf den Kopf gestellt.

Im Zusammenhang mit international erfolgreichen Fernsehse-rien habe ich bereits einiges dazu gesagt, woran mir die gegenwär-tige deutsche Kultur zu kranken scheint: Sie ist provinziell-betulich oder anämisch-abstrakt geworden, weil sie die nationalen Quellen, aus denen sie *auch* schöpfen müsste, allzu oft ignoriert; weil sie die große Erzählung (man bleibe mir vom Leib mit »Narrativen«!), das große Gefühl, das Pathos notorisch scheut; weil sie es viel zu selten wagt, komplexe, ambivalente Geschichten mit offenem Ausgang zu erzählen.

Was soll der x-te literarische Bericht über eine Kindheit in der westdeutschen oder ostdeutschen Provinz, wenn ich darin nicht auch etwas über die brennenden Fragen unserer Zeit erfahre, noch dazu, wenn dieser Bericht in einem so läppisch-faden Deutsch verfasst ist, dass sich niemand wundern muss, wenn die Grabsteine der Brüder Jacob und Wilhelm Grimm auf dem Alten St.-Matthäus-Friedhof in Berlin eines Tages tatsächlich umfallen. Auch hier eine Verneigung vor dem Osten: Die Familienepen von Jenny Erpenbeck (*Heimsuchung, Aller Tage Abend*) oder von Uwe Tellkamp (*Der Turm*) haben eine ganz andere sprachlich-erzählerische Wucht und inhaltliche Relevanz als die Familienromane von westdeutschen Autoren dieser Generation.

Warum ringen die jüngeren deutschen Dramatiker nicht mehr bevorzugt mit schweren alten Stoffen wie den Nibelungen, sondern liefern am laufenden Band selten gelungene Familienaufstellungen und Beziehungsscharmützel? Zwischen dem ausgehenden 18. Jahrhundert und dem ausgehenden 19. Jahrhundert verging in Deutschland kaum ein Jahrzehnt, in dem kein Versuch erschien, das Schicksal des sagenumwobenen mittelalterlichen Doktor Johann Faust für die Gegenwart zu deuten: 1772 begann Goethe mit der Arbeit am *Urfaust*, 1832, kurz vor seinem Tod, beschloss er sein Lebenswerk mit *Faust. Der Tragödie zweiter Teil*. 1791, noch während der deutsche Überdichter den Stoff besetzt hielt, erzählte Friedrich Klinger *Fausts Leben, Taten und Höllenfahrt* als wüste Reise durch eine moralisch verrottete Welt. 1828 arrangierte Christian Dietrich Grabbe ein dramatisches Gipfeltreffen der beiden Frauenverschleißer Don Juan und Faust; 1836 erschien Nikolaus Lenaus elegisch-dramatisches Langgedicht *Faust*, dem es leider nie gelang, aus Goethes Schatten herauszutreten; 1839 begann Richard Wagner, eine Faust-Symphonie zu komponieren, er kam allerdings nie über den ersten Satz hinaus; 1846 machte Heinrich Heine dem alten Doktor Faust Tanzbeine und ließ Mephisto zum ersten Mal als Frau auftreten; 1862 beendete Friedrich Theodor Vischer das faustische Jahrhundert, indem er unter dem Namen »Deutobold Symbolizetti Allegoriowitsch Mystifizinsky« der Tragödie dritten Teil als grelle Farce erzählte.

Seine letzte kurze Renaissance bei Schriftstellern und Komponisten erlebte Faust während des Zweiten Weltkriegs durch den Roman von Thomas Mann und die nie vertonte Oper Hanns Eislers. Beide nutzten diesen alten deutschen Mythos, um die Abgründe ihrer Gegenwart auszuloten, indem sie auch in seine historische Tiefe hinabstiegen, so wie es die Künstler des 18. und 19. Jahrhunderts getan hatten. Und in der Tat eignet sich der Fauststoff wie kaum ein zweiter, um das wachsende Unbehagen an der Moderne und ihren Exzessen zu reflektieren. Goethe war gerade noch bereit, den ewig Wissensdurstigen, den »Unbehausten«, den »Unmenschen ohne Zweck und Ruh«, den Welterkenner und Weltverrenker Faust – der nicht davor zurückschreckte, einen Pakt mit dem Teufel einzugehen – zur Ikone der Moderne zu erheben. Doch je »veloziferischer« der technisch-industrielle Fortschritt wurde, desto stärker erinnerten sich die Dichter und Komponisten wieder daran, dass jene Gestalt ursprünglich ein Alchemist, ein *Schwarz*künstler gewesen war, und ließen ihn – wie einst im alten Volksbuch – Höllenfahrten antreten, anstatt ihm die himmlische Verklärung zu gönnen, die Goethe ihm am Ende von *Faust II* noch hatte angedeihen lassen.

Es ist erfreulich, dass fast alle deutschen Theater Goethes *Faust* im Repertoire haben. Aber wo bleiben die neuen Faust-Entwürfe, die den alten Stoff in unserer von technologischem Machbarkeitswahn und transhumaner Grenzüberschreitungsgier geprägten Gegenwart ansiedeln? Ich habe dieses Unterfangen vor einigen Jahren mit meinem Roman *Die Unglückseligen* gewagt, die Schriftstellerin Lea Singer tat es in ihrem 2007 erschienenen Roman *Mandelkern*. Aber sonst?

Goethe legte seinem Faust den berühmten Spruch von den »zwei Seelen« in den Mund, den Nietzsche später präzisierte: »Die deutsche Seele ist vor allem vielfach, verschiedenen Ursprungs, mehr zusammen- und übereinandergesetzt, als wirklich gebaut: Das liegt an ihrer Herkunft. Ein Deutscher, der sich erdreisten wollte, zu behaupten, ›zwei Seelen wohnen, ach! in meiner Brust‹, würde sich an der Wahrheit arg vergreifen, richtiger, hinter der Wahrheit um viele Seelen zurückbleiben.«

In Richard Wagners und meiner Enzyklopädie der »deutschen Seele« habe ich die alphabetische Fügung genutzt, den abschließenden Eintrag der »Zerrissenheit« als einem typischen Merkmal des Deutschen zu widmen. Dieses Lebensgefühl stammt nicht erst aus der Zeit der deutschen Teilung, wie Goethe, Nietzsche und auch Tucholsky belegen, der in seinem Heimatessay ebenfalls davon sprach, dass Deutschland ein »gespaltenes« Land sei. Die deutsche »Spaltung« zeigt sich in aller Deutlichkeit bereits im 18. und 19. Jahrhundert. Der Köhlerssohn, Augenarzt, Multi-Wissenschaftler und Dichter Johann Heinrich Jung-Stilling veröffentlichte 1777 den ersten Teil seiner Autobiografie, in der er den Wald zum mystisch-mythischen Seelenort stilisiert. Unter anderem erzählt er darin das später berühmt gewordene Märchen von Jorinde und Joringel, dem Bruder, der seine zur Nachtigall verzauberte Schwester erlöst, indem er sich auf die Suche nach der blutroten Blume macht, von der er eines Nachts geträumt hat. Romantik pur. Derselbe Jung-Stilling veröffentlichte jedoch auch ein zweibändiges, gänzlich unromantisches Lehrbuch der Forstwirtschaft, in welchem er etwa empfahl, die Wildbestände zu kontrollieren, um den Baumbestand zu schützen.

Dieselbe »Spaltung« des künstlerisch-ästhetischen und des technisch-wissenschaftlichen Blicks auf ein und denselben Gegenstand lässt sich im ersten Drittel des 19. Jahrhunderts am Rhein beobachten. Damals brach der Loreleykult aus, wurden die Gesänge auf den »Vater Rhein« nach romantischer Herzenslust angestimmt. Der Dichter Clemens Brentano sammelte die *Rheinmärchen* und erzählte sie neu. Heinrich Heine fragte sich mit schmachtendem Blick auf das sagenhafte Unglücksfräulein vom Schieferfelsen bei Sankt Goarshausen: »Ich weiß nicht, was soll es bedeuten, dass ich so traurig bin?« – was dank der Vertonung durch Friedrich Silcher seither Tausende von Chören auf der ganzen Welt nachschmachten. Nicht weniger anrührend huldigte Heine seinem »Vater Rhein« in der Fragment gebliebenen Erzählung *Der Rabbi von Bacherach*. Um einem Pogrom zu entfliehen, versucht besagter Rabbi mit seiner Frau, in einem Kahn verzweifelt rheinaufwärts zu rudern. Doch plötzlich erfasst die beiden eine wundersame Gemütsruhe, denn, so Heine: »Wahrlich, der alte, gutherzige Vater Rhein kann's nicht leiden, wenn seine Kinder weinen; Tränen stillend wiegt er sie auf seinen treuen Armen, und erzählt ihnen seine schönsten Märchen und verspricht ihnen seine goldigsten Schätze, vielleicht gar den uralt versunkenen Nibelungenhort.«

Gänzlich ungerührt von derlei Geschichten aus dem romantischen Oberen Mittelrheintal machte sich der badische Ingenieur Johann Gottfried Tulla daran, den schwierig zu beschiffenden Strom, der zu einer immer wichtigeren Handelsstraße wurde, zu zähmen. Bei der »Rheinkorrektion« ab 1817 wurden dem Fluss sämtliche Windungen, die er sich zwischen Basel und Worms bis dahin geleistet hatte, mithilfe von Landdurchstichen abgeschnitten, wurde er auf diese Weise um erstaunliche 81 Kilometer kürzer gemacht. Nicht nur in *Die deutsche Seele* frage ich mich: Geht man so mit einem »Vater« um?

Nach wie vor bin ich überzeugt, dass die Zerrissenheit der deutschen Kultur – jetzt in jenem weiteren Sinne gemeint, der all ihre unübersichtlichen Phänomene mit einschließt – kein Anlass für selbstmitleidige Klagen ist. Im Gegenteil. Sie ist ihr Bestes. Sie ist ihr Motor. In der deutschen Mentalitätsgeschichte ringen spätestens seit dem 18. Jahrhundert miteinander: Naturliebe und Technikgläubigkeit, Heimweh und Fernweh, Provinzialität und Menschheitspathos, revolutionärer Geist und Untertanentum, Eigenbrötlerei und Vereinsmeierei, Chaos und System, Innerlichkeit und Ordnungsfanatismus, der Hang zum romantischen Abgrund und die Sehnsucht nach klassischer Harmonie, der geheiligte Feierabend und die Arbeitswut, der Blick gen Ost und der Blick gen West. Seine dynamischglücklichsten Epochen hat Deutschland erlebt, seine kreativsten und klügsten Köpfe hat es hervorgebracht, wann immer es diese Spaltungen ausgehalten hat – und versucht hat, sie in produktive Spannungen umzuwandeln. Seine finsterste Zeit hat Deutschland erlebt, als es die Zeichen auf »Gleichschaltung« stellte.

Wenn Nietzsche von den vielen Seelen redet, die in der deutschen Brust wohnen, redet er keinem postmodernen Seelenwirrwarr das Wort. Die Devise »Anything Goes« ist der Anfang davon, dass nichts mehr geht. Bekennen wir Deutschen uns also ruhig dazu, kompliziert zu sein. Und fürchten wir uns, wenn wir merken, dass wir dabei sind, unterkomplex zu werden.

Die Fähigkeiten, komplex zu denken und/oder komplex zu dichten, sind keine Garanten für Zivilität und Rechtsstaatlichkeit. Ein höchst komplexer Denker wie Martin Heidegger ist den Nazis hinterhergekrochen. Der Held der Hypotaxe, der König des Schachtelsatzes, Heinrich von Kleist war ein politischer Blindgänger. Dennoch ist es ein grober Fehler zu meinen, in deutschen Gemütern wären Zivilität und Rechtsstaatlichkeit fester verankert, sobald ihnen die Komplexität ausgetrieben wäre. Erleben wir nicht gerade wieder, wie sich politische Diskurse sinnlos überhitzen, sobald die Komplexität aus ihnen verschwindet? Wie soll das Projekt einer realen europäischen Einigung gelingen, wenn Schüler beim Namen »Homer« in erster Linie an einen liebenswert verschusselten gelben Zeichentrickvater denken – und kaum einer noch an *Odyssee* und *Ilias*? Ohne ein Schulsystem, das die Geschichte des abendländischen Geistes und der europäischen Kunst leidenschaftlich zu vermitteln versucht, wird die EU das bürokratische Puppenhaus bleiben, das sie heute ist. Ohne das sprachlich-intellektuelle Vermögen, Sätze zu lesen, die aus mehr als 140 oder 280 Zeichen bestehen, zwitschern wir bald alle nur noch gedankenlos vor uns hin. Ohne ein beständiges Training unserer Urteilskraft können wir die Herrschaft endgültig den »intelligenten« Maschinen überlassen. Und wenn wir unsere Fähigkeit, gesellschaftliche und kulturelle Spannungen auszuhalten, nicht schleunigst neu beleben, wird sich unser Land weiter spalten.

Der Verfassungspatriotismus *muss* der Rahmen sein, der alle sonstigen Patriotismen vor Exzessen bewahrt. Aber ohne Kulturpatriotismus, der eben kein beschränkter deutscher ist, sondern dem Geist europäische und weltbürgerliche Horizonte überhaupt erst zu eröffnen vermag, wird auch der Verfassungspatriotismus nicht

»aufzuschreien« sein, wann immer es darauf ankommt. In diesem Sinne dürfen wir von einer Leitkultur sprechen. Denn Banausen kennen nicht nur keine Schubert-Lieder, Banausen daddeln ungerührt auf ihren Displays herum und werden nur dann nervös, wenn dort der Akku zu blinken beginnt, anstatt die Warnsignale wahrzunehmen, die darauf hinweisen, dass unser europäisch-westlicher Humanismus, unser Glaube ans Individuum und an den mündigen Bürger bedroht sind. Das verhängnisvolle Versagen des deutschen Bildungsbürgertums in der Weimarer Zeit und im Nationalsozialismus habe ich ausführlich dargestellt. Die deutschen Kulturpatrioten der ersten Hälfte des 20. Jahrhunderts begingen den Fehler zu meinen, sie kämen ohne die Liebe zu einer freiheitlich-demokratischen Verfassung aus. Und diejenigen gar, die im KZ nach getaner Folter- und Vernichtungsarbeit bei Schubert-Streichquartetten entspannten, waren keine Bildungsbürger – sie waren Barbaren.

Die Geschichte vom deutschen Soldaten

Den größten Bruch in der deutschen Mentalitätsgeschichte stellt die Abkehr vom Militarismus, vom soldatischen Pathos dar. Bis 1945 hatten die meisten Deutschen – in diesem Fall dürfen wir ruhig sagen: die meisten deutschen Männer – jene Parole auf den Lippen, die der britische Dichter Wilfred Owen als »die alte Lüge« bezeichnete, nachdem er im Ersten Weltkrieg am eigenen Leib und an der eigenen Seele einen Giftgasangriff überlebt hatte: »Dulce et decorum est pro patria mori« – »süß und ehrenvoll ist's, für's Vaterland zu sterben.« Inwieweit deutsche Soldaten diese Parole immer noch auf den Lippen hatten, wenn sie in den Schützengräben von Verdun oder im Kessel von Stalingrad elend krepierten, sei dahingestellt.

Zu Luthers Zeiten verklärte einer der ersten deutschen Nationalisten, der Reichsritter und Dichter Ulrich von Hutten, die aus römischer Sicht verheerende Varusschlacht des Jahres neun nach Christi zum germanisch-militärischen Urmythos. Aus dem siegreichen

Cheruskerfürsten Arminius wurde der deutsche Hermann, dem vor allem im Wilhelminisch-Bismarck'schen Kaiserreich etliche Denkmäler errichtet wurden – das berühmteste steht bis heute im Teutoburger Wald. Heinrich von Kleist verherrlichte die *Hermannsschlacht* in einem seiner wüstesten Dramen.

Der Dreißigjährige Krieg mit seinen marodierenden Söldnerhaufen und sonstigen Schrecken wollte zur positiven deutschen Mythenbildung nicht recht taugen, auch wenn Friedrich Schiller eine umfangreiche *Geschichte des Dreißigjährigen Krieges* verfasste und in seiner Schlachtentrilogie *Wallenstein* die berühmten Verse schrieb: »Und setzet ihr nicht das Leben ein, / Nie wird euch das Leben gewonnen sein«, über die Generationen von deutschen Schülern »Besinnungsaufsätze« schreiben mussten.

Die legendären »Langen Kerls«, die sich König Friedrich Wilhelm I. als Leibgarde aus allen Teilen der Welt zusammengeholt hatte, teils mit Geld, teils mit Gewalt, waren eher eine bizarre, vom Volk zumeist bespöttelte Marotte des preußischen »Soldatenkönigs«. In Schlachten wollte der sparsame Friedrich Wilhelm I. seine kostbaren Ein-Meter-Neunzig-aufwärts-Männer jedenfalls nie verheizen. Den extravagantesten Luxus seines Lebens leistete er sich, als er einmal 7650 Taler ausgab, um seine Riesengarde mit zwölf groß gewachsenen Afrikanern aufzustocken. Der nächste militärische Großmythos tauchte erst am deutschen Horizont auf, als sein Sohn Friedrich II. dank skrupelloser, aber umso erfolgreicherer Kriegspolitik das zuvor einigermaßen bedeutungslose Preußen zu »Glanz und Gloria« geführt hatte.

Abermals ist es Heinrich von Kleist, der bei der Mythenbildung mithelfen wollte. Bereits im zarten Alter von noch nicht einmal fünfzehn Jahren trat der Adelsspross, seiner Familientradition gehorchend, als Soldat ins preußische Heer ein und musste bald darauf am Rheinfeldzug gegen Frankreich sowie an der Belagerung von Mainz teilnehmen, das sich 1793 als erste bürgerliche Kleinrepublik auf deutschem Boden vergeblich zu etablieren versuchte. Kleist brachte es beim preußischen Militär bis zum Leutnant, mit Anfang zwanzig quittierte er allerdings den Dienst, weil er beschlossen hatte, sich künftig lieber der Ausbildung seines Geistes zu widmen.

Ein Produkt seiner Geistesausbildung – die ihr militärisches Gepräge bis zum Selbstmord im Jahre 1811 niemals wirklich ablegen sollte – war *Prinz Friedrich von Homburg oder die Schlacht bei Fehrbellin.* In diesem erst zehn Jahre nach Kleists Pistolensuizid uraufgeführten Drama stürmt der titelgebende Prinz mit seinen Reiterscharen in die Schlacht, ohne den Einsatzbefehl seines obersten Heerführers abzuwarten. Obwohl der Prinz mit seinem Alleingang den Sieg herbeiführt, wird er anschließend wegen seines Ungehorsams zum Tode verurteilt. Begnadigt wird er in dem Augenblick, in dem er bereit ist, seine Hinrichtung zu akzeptieren.

Anders als aus der maßlos-exzessiven *Hermannsschlacht* spricht aus diesem Kleist'schen Drama der Geist der antiken Tragödie: Die »schöne Seele« ringt mit dem ehernen Gesetz, das keinerlei Überschreitungen dulden darf. Die Größe und inhaltliche Komplexität des *Prinzen von Homburg* ist daran abzulesen, dass jedes Deutschland seinen eigenen und höchst konträren Blick auf dieses Werk hatte: Zu säbelrasselnden und panzerdröhnenden Zeiten galt es als *das* patriotisch-heroische deutsche Opferstück schlechthin. In der jüngeren Vergangenheit entdeckten deutsche Theatermacher es als pazifistisches Drama, indem sie sich auf den – kurz vor seinem finalen Gesinnungswandel – um sein Leben flehenden Prinzen konzentrierten.

Das 19. Jahrhundert war in militärischer Hinsicht von der Dauerrivalität zwischen Deutschland und Frankreich geprägt. Zum erbittert umkämpften Fluss wurde der Rhein, den ein Nationalist wie Ernst Moritz Arndt nicht als »Deutschlands Grenze«, sondern als »Deutschlands Strom« betrachtet wissen wollte. Die »Goldelse«, die bis heute die Berliner Siegessäule krönt, ist aus Kanonen gegossen, die in den Einigungskriegen des 19. Jahrhunderts gegen Dänemark, Österreich und Frankreich erbeutet worden waren, die Säule selbst ist mit gleichfalls in Frankreich erbeuteten und vergoldeten Kanonenrohren geschmückt. Nach dem Zweiten Weltkrieg verlangten die

Franzosen den Abriss der Siegessäule – der Berliner Magistrat unterstützte die Forderung. Hätten im Alliierten Kontrollrat nicht die Briten und US-Amerikaner gegen die Sprengung gestimmt, wäre Berlin heute um ein Wahrzeichen ärmer.

Die bellizistischste und düsterste Epoche der deutschen Geschichte begann im Wilhelminisch-Bismarck'schen Kaiserreich. Die militärische Aufrüstung war bereits seit 1871 mit Hochdruck betrieben worden. Als der deutsche Kaiser und preußische König am 1. August 1914 die Generalmobilmachungsorder unterschrieb, soll er Tränen der Rührung in den Augen gehabt haben. Die Bilder der Volksmassen, die sich am selben Abend im Berliner Lustgarten versammelten, um zu Wilhelm II. hinaufzujubeln, als dieser von einem der Balkone des Stadtschlosses den Krieg gegen Russland für eröffnet erklärte, sind überliefert – ebenso wie die feierlichen Sätze des Kaisers, dass er ab heute »keine Parteien und auch keine Konfessionen mehr« kenne, weil »heute alle deutsche Brüder und nur noch deutsche Brüder« seien. Schiller und Beethoven adieu. Der Völkerhass breitete seine stählernen Flügel aus und sorgte dafür, dass alle nicht-deutschen Menschen für die kommenden vier Jahre, zwei Monate und zehn Tage keine Brüder mehr waren, sondern erbarmungslos zu vernichtende Feinde.

Von der nächsten militärischen Mythenbildung der Deutschen, der »Dolchstoßlegende«, der Mär vom »im Felde unbesiegten« deutschen Heer, habe ich bereits berichtet. Wer 1918 gehofft hatte, der deutsche Militarismus sei mit dem Kaiserreich zusammengebrochen, hatte sich schmerzlich geirrt. Einundzwanzig Jahre später überfiel Deutschland Polen. Es folgten: der »Westfeldzug«, der Einmarsch deutscher Truppen in Frankreich und in den Beneluxländern; die Bombardierung des englischen Coventry; das »Unternehmen Barbarossa«, das zur »Hölle von Stalingrad« führte; der »Atlantikwall«, jene 2685 Kilometer lange Verteidigungslinie von Norwegen bis nach Frankreich hinunter, deren martialische Spuren bis heute an europäischen Atlantikküsten zu sehen sind. Im Berliner Sportpalast rief Propagandaminister Joseph Goebbels dazu auf, den ohnehin schon »totalen Krieg« noch totaler zu machen. Im Osten des »Reichs« wurde die Vernichtungsmaschinerie installiert, die den Völkermord an den Juden exekutierte. Am »D-Day«, an jenem Tag, an dem die Landung alliierter Truppen unter Führung der US-Amerikaner in der Normandie begann, hätte jedes nicht restlos verblendete Land die Kapitulation erklärt. Doch die Deutschen entsannen sich der alten »Nibelungentreue« und waren bereit, für ihren »Führer«, ihren Hagen von Braunau, weiterhin zu metzeln – und sich selbst metzeln zu lassen. Den Preis dafür zahlten sie in Dresden und anderen Städten, die in den letzten Kriegsmonaten noch schwerste Bombardierungen über sich ergehen lassen mussten. Die grauenhafte Bilanz des aggressivsten deutschen Militarismus im 20. Jahrhundert: Abermillionen von toten Soldaten und Zivilisten in vielen Ländern Europas und der Welt, sechs Millionen ermordete Juden, über fünf Millionen tote deutsche Soldaten, über eine Million deutsche Zivilopfer.

Wer in Deutschland nach 1945 nicht primär pazifistisch dachte, musste verrückt gewesen sein. Doch elenderweise folgte auf den Zweiten Weltkrieg kein ewiger Völkerfriede, sondern der »Kalte Krieg« zwischen den Supermächten USA und UdSSR mit seinem atomaren Wettrüsten. Deshalb blieb dem zunächst vollständig entmilitarisierten, geteilten Deutschland – zumal mit seiner Frontstellung im »Kalten Krieg« – nichts anderes übrig, als sich abermals militärisch zu positionieren.

In der Bundesrepublik wurde die Frage der »Wiederbewaffnung« von 1949 bis in die Mitte der Fünfzigerjahre hitzig diskutiert. Sie führte einerseits zur Gründung der Bundeswehr im November 1955, andererseits zum Erstarken der westdeutschen Friedensbewegung mit ihren Ostermärschen. In den Achtzigerjahren, im Jahrzehnt des NATO-Doppelbeschlusses, bei dem es um die Stationierung neuer Mittelstreckenraketen in Deutschland und Europa ging, erlebte die Bonner Republik ihre größten Antikriegs- und Anti-Atom-Demonstrationen mit teilweise mehreren Hunderttausend Teilnehmern.

Die Angst vor einem noch verheerenderen, weil von Anfang an

mit Atomwaffen ausgetragenen Dritten Weltkrieg war berechtigt. Ein kundiger Mann wie Carl Friedrich von Weizsäcker, der während der Nazizeit als Physiker am deutschen »Uranprojekt« zur Erforschung der Kernspaltung beteiligt gewesen war, wusste, wovor er warnte – und weshalb er nach 1945 zu einem der prominentesten deutschen Friedensforscher geworden war. Weite Teile der westdeutschen Friedensbewegung waren jedoch auf dem östlichen Auge blind. Bis heute ist mir schleierhaft, wie man in den Jahrzehnten des »Kalten Kriegs« amerikanische Atomwaffen für eine größere Bedrohung des Weltfriedens halten konnte als die tödlichen Arsenale auf sowjetischer Seite. Allzu oft wurden die legitimen Anliegen der westdeutschen Friedensbewegung für antiamerikanische Agitation missbraucht.

In der DDR blickte man von Anfang an mit Stolz auf das revolutionäre deutsche Erbe zurück, das durchaus kein pazifistisches gewesen war. In erster Linie gedachte man des antifaschistischen Widerstands, den zahlreiche Gründerväter und -mütter des sozialistischen deutschen Nachkriegsstaates geleistet hatten. Zu positiv besetzten Mythen wurden aber auch die kommunistischen Revolten, wie sie sich 1918/19 etwa in München ereignet hatten, und mehr noch der Spartakusaufstand, bei dem versucht worden war, die bolschewistische Oktoberrevolution in Berlin nachzuahmen. Den Status einer sozialistischen Staatsikone erlangte der in Weimarer Zeiten führende KPD-Politiker Ernst Thälmann, den die Nazis in Buchenwald ermordet hatten. 1923 hatte Thälmann die kommunistische Weltrevolution von Hamburg aus beschleunigen wollen – für jemanden wie ihn war pazifistisches Denken nicht mehr als ein Ausdruck bürgerlicher Laschheit und Dekadenz.

Die 1956 gegründete Nationale Voksarmee der DDR war im Gegensatz zu den anderen Streitkräften des Warschauer Paktes und der Bundeswehr eine Freiwilligenarmee. Dies allerdings auch nur bis 1962. Nach dem Bau der Berliner Mauer führte das SED-Regime die Wehrpflicht ein und benutzte die NVA primär für die Machtabsicherung nach innen. Bereits den Mauerbau selbst hatten Soldaten der

NVA »geschützt«. Sobald der »antifaschistische Schutzwall« stand, erhielten sie vom Regime den Befehl, notfalls unter Einsatz scharfer Munition zu verhindern, dass jener von Flüchtenden überstiegen oder untergraben werden konnte.

Im Grundgesetz der Bundesrepublik war zum Thema »Kriegsdienstverweigerung« zu lesen: »Niemand darf gegen sein Gewissen zum Kriegsdienst mit der Waffe gezwungen werden.« Und weiter: »Die Freiheit des Glaubens, des Gewissens und die Freiheit des religiösen und weltanschaulichen Bekenntnisses sind unverletzlich.«

In der DDR gab es keinen Zivildienst, der mit den Tätigkeiten in sozialen und karitativen Einrichtungen zu vergleichen gewesen wäre, wie sie in der alten Bundesrepublik die jungen Männer leisten mussten, die nicht »zum Bund gehen« wollten. Wer nach Einführung der Wehrpflicht im SED-Staat den Dienst an der Waffe verweigerte, wurde zum »Bausoldaten« degradiert und innerhalb der NVA als Handwerker, Gärtner oder Krankenpfleger eingesetzt. Erst in den letzten Jahren der DDR wurden die »Bausoldaten« auch in »volkseigene« Großbetriebe abkommandiert.

In jedem Fall hatten Wehrdienstverweigerer in der DDR mit Nachteilen zu rechnen: Ihre Wahlmöglichkeiten bei Ausbildung und Beruf waren oftmals noch eingeschränkter als die der sonstigen DDR-Bürger. Bis ins Jahr 1985 wurden viele, die aus religiösen Gründen den Dienst an der Waffe für sich abgelehnt hatten, inhaftiert. In der Bundesrepublik mussten nur diejenigen mit Freiheitsentzug rechnen, die »total« verweigerten, sich also, obwohl sie nicht »ausgemustert« worden waren, gleichfalls dem Zivildienst entzogen. Der »soziale Friedensdienst«, wie ihn der Bund der Evangelischen Kirchen in der DDR seit Anfang der Achtzigerjahre als gesetzliche Alternative zum Wehr- und Bausoldatendienst gefordert hatte, wurde vom SED-Regime verweigert. Gänzlich anders als in der Bundesrepublik war in der DDR zwischen 1978 und 1989 der aus theoretischen und praktischen Teilen bestehende »Wehrunterricht« obligatorisches Unterrichtsfach für alle Schüler der neunten und zehnten Klassen der Polytechnischen und Erweiterten Oberschulen.

Jeder zehnte Erwerbstätige war in das sogenannte »System der Landesverteidigung« institutionell eingebunden. Gemessen an der Einwohnerzahl gehörte die DDR damit zu den militärisch am stärksten mobilisierten und letztlich auch militarisierten Gesellschaften im »Kalten Krieg«.

Umso erstaunlicher und achtenswerter ist es, dass es auch in der DDR trotz des offiziellen Militarismus und trotz staatlicher Schikanen eine nicht unerhebliche Friedensbewegung gegeben hat. Teile von ihr gingen in die Bürgerrechtsbewegung über, die letztlich entscheidend zum Sturz des SED-Regimes beitragen sollte. Wann immer jedoch die Partei den »Völkerfrieden« beschwor, war Misstrauen angebracht. Zum Glück kam es in der DDR im Herbst 1989 zu keinem Bürgermassaker, wie es im Sommer desselben Jahres die chinesische Regierung befehligt hatte, obwohl auch in der DDR die NVA in höchste Alarmbereitschaft versetzt worden war. Gleichwohl will es mir nicht gelingen, die entsetzlichen Bilder vom Platz am Tor des »Himmlischen Friedens« in Peking aus dem Kopf zu vertreiben, wann immer ich über einen ostdeutschen Platz »des Friedens« gehe, der seinen scheinbar unverdächtigen Namen bis heute behalten hat.

Nach der Wiedervereinigung stand zum ersten Mal die Frage im politischen Raum, ob die gesamtdeutsche Bundeswehr sich auch an Auslandseinsätzen beteiligen dürfe. Die alte Bundeswehr hatte auf solche strikt verzichtet, und auch die NVA hatte keine Truppen entsandt, als 1968 sowjetische und andere Panzer des Warschauer Paktes ausrückten, um den Volksaufstand des »Prager Frühlings« militärisch niederzuschlagen. Ausgerechnet die erste rot-grüne Bundesregierung unter Kanzler Gerhard Schröder musste im Jahre 1999 darüber entscheiden, ob sie einige Verbände der Bundeswehr-Luftwaffe in Richtung Kosovo schicken sollte, um sich dort im Rahmen der »Operation Allied Force« an einem verfassungsmäßig und völkerrechtlich umstrittenen Krieg zu beteiligen. Der damalige Außenminister Joschka Fischer warb auf einem Parteitag von Bündnis 90/Die Grünen in einer emotionalen Rede um Zustimmung zu dem NATO-Einsatz. Die Lehre aus dem Zweiten Weltkrieg könne angesichts eines neuerlichen Völkermordes in Europa nicht »Nie wieder Krieg!« lauten, sondern müsse »Nie wieder Auschwitz!« heißen. Für seine Rede bekam Fischer einen Farbbeutel an den Kopf – der Auslandseinsatz wurde beschlossen.

Kurz zuvor hatte eine andere Debatte die deutschen Gemüter in Wallung gebracht: die Kontroverse um die sogenannte »Wehrmachtsausstellung«, die das von Jan Philipp Reemtsma gegründete Hamburger Institut für Sozialforschung seit 1995 in Form einer Wanderausstellung in verschiedenen deutschen Städten gezeigt hatte. Die ursprüngliche, vom Historiker Hannes Heer kuratierte Ausstellung trug den Titel *Vernichtungskrieg. Verbrechen der Wehrmacht 1941 bis 1944* und bewirkte, dass in Deutschland zum ersten Mal in einer breiten Öffentlichkeit über die Frage diskutiert wurde, welche Gräueltaten nicht nur Angehörige der SS, sondern »ganz normale« Soldaten der Wehrmacht während der Zeit des Nationalsozialismus, vor allem an der Ostfront, begangen hatten. Deutsche Nicht-Pazifisten witterten die Absicht, dass »der deutsche Soldat« insgesamt verteufelt werden sollte, rechte Geschichtsrevisionisten sahen ihre Legende von der »sauberen Wehrmacht« bedroht. In schwerwiegendere Bedrängnis gerieten die Ausstellungsmacher, als seriöse Historiker nachweisen konnten, dass einige der gezeigten Fotos in Wahrheit keine von Wehrmachtssoldaten begangenen Verbrechen abbildeten, sondern etwa Massenerschießungen, welche die Sowjets zu verantworten hatten. 1997 hatte sich der Bundestag anlässlich der Kontroverse um die »Wehrmachtsausstellung« in gleich zwei »aktuellen Stunden« mit dem Thema soldatischer und deutscher Schuld auseinandergesetzt – 1999 musste das Hamburger Institut für Sozialforschung die Ausstellung zurückziehen. Eine neu kuratierte, gründlich überarbeitete und ergänzte Version war von 2001 bis 2004 abermals als Wanderausstellung zu sehen und fand insgesamt mehr als 450 000 Besucher – unter ihnen zahlreiche Angehörige der Bundeswehr, denen vom damaligen Bundesverteidigungsminister Rudolf Scharping gestattet worden war, die Ausstellung in Uniform zu besichtigen.

Nach den islamistischen Terrorattentaten auf die USA vom 11. September 2001 wurde die deutsche Bündnistreue zu Amerika und zur NATO erneut auf eine harte Bewährungsprobe gestellt. Abermals kam es zu hitzigen Debatten, abermals beschloss die Regierung Schröder die Entsendung deutscher Soldaten in humanitär-kriegerischer Mission, in diesem Falle nach Afghanistan. Der Satz des damaligen Verteidigungsministers Peter Struck, dass »unsere Sicherheit nicht nur, aber auch am Hindukusch verteidigt« werde, blieb im deutschen Gedächtnis haften.

Im Rückblick müssen wir erkennen, dass jene Mission nicht den gewünschten Erfolg hatte. Nach wie vor ist Afghanistan kein freiheitlich-demokratisch verfasster Staat, dem religiös-totalitären Terror der Taliban fallen, allen westlichen Bemühungen zum Trotz, weiterhin Tausende von »Ungläubigen« zum Opfer, Tausende von Mädchen und Frauen, deren einzige »Sünde« es ist, zur Schule gehen zu wollen. Ebenso müssen wir im Rückblick erkennen, dass es klug und richtig gewesen ist, sich aus dem völkerrechtswidrigen Krieg der USA, Großbritanniens und der »Koalition der Willigen« gegen den Irak herauszuhalten, der, auf fingierte »Fakten« gestützt, im Jahre 2003 begonnen worden war. Die Terrorherrschaft Saddam Husseins wurde beendet. Von Frieden und Freiheit ist jenes Land nach wie vor weit entfernt. Auch ist es völlig unklar, ob ein deutsches militärisches Engagement in Syrien *irgendetwas* dazu beitragen könnte, jenes Land zu retten, das seit Jahren von Terror und Krieg immer grausamer geschunden wird.

Gleichwohl bleibt mir ein Unbehagen am deutschen Fudamentalpazifismus, wie er zur heute alles dominierenden Doktrin geworden ist. Mit der treuherzig dahingeklampften und gesäuselten Devise »Ein bisschen Frieden« ließ sich 1982 der Grand Prix d'Eurovision gewinnen. Auf weltpolitischer Bühne lässt sich mit ihr nicht bestehen – zumal in Zeiten, in denen die USA als globaler »Schutzherr« von Recht und Freiheit ausgespielt haben. Möglicherweise war es unumgänglich, dass das Bundeskabinett unter Angela Merkel – und dem damaligen Verteidigungsminister Karl-Theodor zu Guttenberg – die deutsche Wehrpflicht im Jahre 2011 abschaffte. Vermutlich ist angesichts der heutigen Bedrohungen des europäischen Friedens ein gesamteuropäisches Heer die einzig vernünftige (und einzig schlagkräftige) Lösung.

Wenig bis nichts halte ich hingegen von dem Weg, den die erste deutsche Verteidigungsministerin Ursula von der Leyen seit ihrem Amtsantritt eingeschlagen hat, indem sie der Bundeswehr verordnete, in die »Attraktivitätsoffensive« zu gehen. Schaute man sich im Jahre 2014 auf der Homepage der Bundeswehr um, konnte man dort erstaunt zur Kenntnis nehmen, dass junge Menschen mit der Aussicht auf flexiblere Arbeitszeiten, vorbildliche Kinderbetreuung, ein »hochmodernes« betriebliches Gesundheitsmanagement und renovierte Stuben samt WLAN und Kühlschrank in den Militärdienst gelockt werden sollten. Eine Armee als sanfte IT-Truppe mit blendenden Karriereaussichten. Mittlerweile hat sich die Selbstdarstellung der Bundeswehr ein wenig geändert, heute ist richtigerweise die »Verantwortung« in den Mittelpunkt gerückt. Außerdem musste sich die Bundeswehr in ihrer jüngsten Vergangenheit mit mehreren Skandalen herumschlagen, bei denen nicht nur herauskam, in welch teils marodem Zustand sich ihr Material befindet, sondern dass es sich um blanken Hohn handelt, sie als eine beschauliche Krabbelstube für Jung und Alt zu promoten.

In diesem Zusammenhang bin ich geneigt, mich der früher zitierten Deutschlandschelte Karl Heinz Bohrers anzuschließen, der bereits in den Neunzigerjahren die »winselnde Harmlosigkeit« des deutschen Pazifismus und die »Freizeitmentalität«, die keinerlei »Ernstfall« mehr kenne, anprangerte. Bohrer hat recht, wenn er auf die Gefahren hinweist, denen sich ein Land ausliefert, dessen oberstes Ideal darin besteht, dass »alles gesund, übersichtlich, geregelt« sein soll, das Zuflucht bei der »staatlich verordneten Idylle jenseits der großen Politik« sucht. Ich nenne diese Haltung »Vulgärpazifismus«. Wenn zeitgenössische deutsche Pazifisten ihre friedliche Gesinnung in erster Linie damit begründen, dass militärische Abstinenz der sicherste Weg sei, terroristische Bedrohungen von

Deutschland fernzuhalten, ist dies nicht nur erbärmlich feige. Wie wir in den vergangenen Jahren mehrfach erfahren mussten, ist es auch falsch. Wer es mit seinem Pazifismus ernst meint, muss bereit sein, nach jedem erhaltenen Schlag die andere Wange hinzuhalten. Jesus mag der Ahnherr abendländischer Friedfertigkeit sein, der Begründer und Verteidiger der europäischen Demokratie und der Menschenrechte war er nicht. Verfassungspatriotismus muss beinhalten, seine Werte im »Ernstfall« auch militärisch zu verteidigen. Bestrebungen, wie sie derzeit von der AfD ausgehen, das Soldatische wieder aufzuwerten, indem die Wehrmacht als Ganze im Nachhinein reingewaschen werden soll, müssen wir mit aller Schärfe begegnen. Diejenigen Männer und Frauen, die im Jahre 2018 bereit sind, als Soldaten und Soldatinnen der Bundeswehr ihr Leben für die Verteidigung von Recht und Freiheit aufs Spiel zu setzen, verdienen Respekt – und zwar allerhöchsten.

Postheroische Opfer

Manche mögen zusammengezuckt sein, als ich mich am Ende des letzten Kapitels auf Ernest Renan berief. Denn schließlich verstand dieser die Nation auch als »eine große Solidargemeinschaft«, die getragen sein müsse »von dem Gefühl der Opfer, die man gebracht hat, und der Opfer, die man noch zu bringen gewillt ist«.

Wie problematisch die Forderung nach patriotischer Opferbereitschaft ist, zeigt sich bereits am Titel jener oben zitierten Schrift von Thomas Abbt. Es dürfte kein Zufall sein, dass Dolf Sternberger ihn in seiner Rede über den Verfassungspatriotismus unterschlägt, lautet er doch: *Vom Tod für das Vaterland*. Und tatsächlich ist das Hauptanliegen des jungen Autors, der im Alter von knapp 28 Jahren starb, sein Publikum davon zu überzeugen, dass die Opferbereitschaft für das gerechte, aufgeklärte Vaterland kein Ausweis von Dummheit, sondern von nobelster »Denkungsart« sei. Abbt versucht, den Egoismus seiner Zeitgenossen zu erschüttern, »die Berge«

niederzureißen, »welche die Eigenliebe aufgeworfen und sich damit umgrenzt hatte«. In bester aufgeklärt-solidarischer Manier bekennt er: »Ich liebe die Einrichtung des Staates, weil ich darin Schutz und Freiheit genieße; ich liebe sie aber auch, weil andere sie genießen. Wenn niemand sich den Anfällen eines Feindes dieser Staatsverfassung widersetzt: So werden die Vorteile derselben für mich, für andere verloren gehen. Ich suche sie also zu erhalten. Für mich allein? Nein, auch für meine Mitbürger. Aber warum soll ich sie verfechten? Lass andere den Degen in die Hand nehmen. Wie? Wenn alle ebenso sprächen, oder haben sie nicht gleiches Recht dazu?«

Bis hierhin plädiert Abbt für nicht mehr als für das, wofür auch ich in diesem Kapitel plädiert habe. Seine Argumentation für die heroische Opferbereitschaft missrät ihm allerdings gründlich. Den »Tempel der Unsterblichkeit« betreten Abbt zufolge nur »tapfere«, »erhabene« Nationen. Als Beispiel führt er Theben an, das zwar zerstört worden und untergegangen sei, »durch die Schlacht bei Leuktra« aber »noch in unserem Andenken« lebe. Damit schert Abbt aus der Reihe aufgeklärter Patrioten wie Friedrich Schiller aus, der die »deutsche Größe« gerade nicht darin sah, »obzusiegen mit dem Schwert«, sondern darin, »in das Geisterreich zu dringen«, »männlich mit dem Wahn zu ringen«, »der Wahrheit Blitz« zu schwingen und auf diese Weise »die Geister selbst« in aller Welt zu befreien. Gewiss: Als Abbt seine Schrift im Jahre 1761 verfasste, schickte Deutschland sich gerade erst an, zu jener selbstbewussten Kulturnation zu werden, zu der es um 1800 herum heranreifen sollte. Trotzdem ist es bedrückend, bei ihm zu lesen, dass der Deutsche, wenn er durch seine kleinstaatlichen Lande wandele, keinerlei Stolz auf herausragende Leistungen in der Kunst oder der Wissenschaft empfinden könne, sondern einzig den Stolz auf die tapferen Deutschen, die bereit waren, für ihr Vaterland (welches eigentlich?) zu sterben. Es bleibt eine fatale Schieflage von Abbts Schrift, dass ihm im Zusammenhang mit deutschem Patriotismus die Erfindung des Buchdrucks durch Johannes Gutenberg keine Erwähnung wert ist, ebenso wenig wie die Kunstwerke von Albrecht Dürer, die theologischen Verdienste von Martin Luther, die naturwissenschaftlichen Erkenntnisse von Johannes Kepler, die Kompositionen von Johann Sebastian Bach – die zu jener Zeit, wie wir gesehen haben, allerdings weitestgehend in Vergessenheit geraten waren – oder das reiche geistige Erbe des Universalgelehrten Gottfried Wilhelm Leibniz. Indem Abbt ausschließlich militärische Verdienste gelten lässt, macht er sich leider zu einem Vorläufer jener Pickelhauben, mit denen Deutschlands kriegerisches Verhängnis im Kaiserreich begann.

Zur eigentümlichen Kulturblindheit des jungen Autors gesellt sich der schwerwiegende Trugschluss, in der Opferbereitschaft fürs Vaterland die alleinige Schule für Solidarität, Altruismus und Opferbereitschaft zu sehen. Schaut man sich in der Wirklichkeit um – und ich vermute, dass dies auch für die Wirklichkeit anno 1761 galt –, stellt man schnell fest, dass dies einfach nicht stimmt: Eltern sind bereit, für ihre Kinder alle Arten von Opfern zu bringen; Kinder nehmen es auf sich, ihre kranken Eltern bis zur Selbstaufgabe zu pflegen; Eheleute oder Partner stehen füreinander ein; Freunde zögern nicht, einander in altruistischster Weise zu helfen; zivilcouragierte Zeitgenossen springen ins kalte Wasser, um einen gänzlich Fremden vor dem Ertrinken zu bewahren; Feuerwehrleute betreten brennende Häuser, um Menschenleben zu retten. Manche dieser Opfer sind mindestens so heroisch wie diejenigen, die ein Soldat für sein Vaterland bringt.

Darüber hinaus gibt es Opfer, die keine Opferung des eigenen Lebens bedeuten, aber gleichwohl Züge des Heroischen tragen: Ärzte und Pflegepersonal leisten in Krankenhäusern unbeirrt Überstunden; Pfarrer fahren nachts über Land, um Sterbenden oder Trauernden Trost zu spenden; Politiker setzen in nächtlichen Verhandlungsmarathons ihre Gesundheit aufs Spiel; verantwortungsbewusste Unternehmer kämpfen für das Ethos ihrer Firma und den Erhalt von Arbeitsplätzen; Sportler, Künstler und Wissenschaftler nehmen Entbehrungen auf sich, um ihr Ziel zu erreichen; zahlreiche Bürger engagieren sich in ihrer Stadt oder ihrem Dorf ehrenamtlich. Es gehört zum großen Glück zivil verfasster Gesellschaften, dass ihre Ernstfälle zumeist keine Kämpfe um Leben und Tod sind.

Seit Jahrzehnten seufzen Soziologen und Politologen, teils resigniert, teils zustimmend, dass das Heroische im Zeitalter von Hedonismus, Hochindividualismus oder gar »Singularität« nun mal keine Chance mehr hat. Ich halte solche Seufzer für kontraproduktiv. Es ist wahr: Das Internet und die von ihm beförderten Verhaltensweisen folgen weitestgehend dem Motto »Der User ist König«. Immer stärker gewöhnen wir uns daran, dass alles, was wir vorgesetzt bekommen, doch bitte auf unseren höchst persönlichen Leib und unsere höchst persönlichen Bedürfnisse zugeschnitten sein müsse. So viel »Customizing« wie heute war noch nie. Je oberflächlicher, je leerer die Ichs werden, desto mehr scheinen sie vergötzt werden zu wollen. Wer es immer radikaler verlernt, von sich, von seinen privaten Befindlichkeiten auch einmal abzusehen, ist für keinen Idealismus und letztlich auch für keine demokratischen Prozesse mehr zu gewinnen.

Der indisch-US-amerikanische Politologe Parag Khanna hat unlängst einen Entwurf vorgelegt, wie die Demokratien der Zukunft aussehen könnten. Das Modell, das ihm vorschwebt, ist eine direktdemokratische Technokratie: Abschied vom Parteiensystem, Abschied vom Parlament, Abschied vom Gedanken der repräsentativen Demokratie. Auf den ersten Blick könnte man Khannas Modell für eine plebiszitäre Demokratie 2.0 halten. Der erste Blick trügt. Denn der Politologe geht deutlich weiter als etwa die Schweizer, die seit vielen Jahrhunderten eine Demokratie mit starken plebiszitären Elementen kennen. Khannas Modell zufolge sollen politische Entscheidungen in gleicher Weise zustande kommen, wie Netflix oder Amazon ihre Unternehmenspolitiken betreiben: Die unmittelbaren Wünsche der Kunden – pardon: Bürger – sollten gesammelt und algorithmisch ausgewertet werden. Die Verantwortung von Regierenden beschränkte sich darauf, diese algorithmischen Prozesse zu überwachen und in konkrete Beschlüsse umzusetzen.

Khannas Vorschlag scheint mir fürchterlich zu sein – und fürchterlich konsequent. Denn erleben wir nicht längst auch hierzulande die Netflixisierung und Amazonisierung von Politik, indem politische Entscheidungen mehr und mehr dem Diktat der wöchentlich hereingereichten demoskopischen Umfragen gehorchen, anstatt die Überzeugungen der politisch Handelnden widerzuspiegeln? Müssen wir den gewissermaßen über Nacht beschlossenen Ausstieg Deutschlands aus der Atomenergie oder die Abschaffung der Wehrpflicht nicht als solche postparlamentarischen Phänomene betrachten? Hat die Auflösung unserer gewohnten bundesrepublikanischen Parteienlandschaft nicht auch damit zu tun, dass immer weniger Wähler bereit sind, ihre Stimme einer Partei zu geben, bei der ihnen zu vieles »nicht passt«?

Robert Habeck hat meine Zustimmung, wenn er an sich und andere Politiker den Anspruch stellt: »Man muss auf Abweichung setzen, auf den Bruch von Erwartungen, in der Hoffnung, dass sie mehrheitsfähig werden. Letztlich bedeutet das, dass man von Menschen, die sich engagieren, fordert, dass sie alles auf eine Karte setzen müssen, ohne Netz und doppelten Boden agieren.« Solch ein Credo dürfen wir getrost als Ausweis einer postheroisch-heroischen demokratischen Gesinnung betrachten.

Vielleicht sollten deutsche Schüler doch wieder Aufsätze über ein einstmals berühmtes Schiller-Zitat schreiben: »Das Leben ist der Güter höchstes nicht.« Seinen schrecklichen Gehalt hat dieses Zitat offenbart, wann immer deutsche Soldaten mit der ersten Strophe des Deutschlandliedes auf den Lippen in Angriffskriege gezogen sind; seinen schrecklichen Gehalt offenbart es in unseren Tagen, wenn islamische Gotteskrieger noch ein letztes »Allahu Akbar« rufen, bevor sie sich und andere Menschen in den Tod reißen. Gleichwohl empfehle ich, wenn Sie das nächste Mal im Supermarkt oder an einem Check-in-Schalter Schlange stehen, eine kleine Meditation über den Satz: Ich wäre bereit, für mich zu sterben.

Es *ist* eine Befreiung des Menschen, wenn kein Gott und kein Vaterland ihn mehr zur Selbstaufopferung zwingen dürfen. Aber ist es nicht ein Verlust, wenn die befreiten Individuen erkennen müssen, dass sie keine Ideale, keine Werte mehr kennen, für die sie im Extremfall sogar zu sterben bereit wären?

In seiner – bereits im dritten Kapitel zitierten – Studie *Die Gesellschaft der Singularitäten* zeichnet der Soziologe Andreas Reckwitz die Seelennöte der neuen tonangebenden, vom digitalen Zeitalter geprägten bürgerlichen Klasse anschaulich nach. Ich empfehle der Bohème bourgeois, allen Anhängern der Bobo-Kultur, sich mit ihrem Ahnherrn, mit Thomas Mann, zu beschäftigen. Jener bürgerliche Künstler, der ein Leben lang mit dem Zwiespalt gerungen hat, ob er in erster Linie ein Bourgeois oder ein Bohemien sein soll, hat seine glücklichsten Phasen erlebt, als er den Citoyen in sich entdeckte. Und als Leistungsethiker wusste er, dass er regelmäßig von sich und seinen Wehwehchen absehen musste, wenn er ein großes künstlerisches Werk vollbringen wollte. Bei allem Genießertum war Thomas Mann die heutige Wellnessmentalität fremd. So wie er nicht davor zurückschreckte, sich an komplizierten Texten und Denkern der Vergangenheit abzuarbeiten, sollten wir heute nicht seinen *Doktor Faustus* aussortieren, nur weil uns die Sätze zu lang, zu kompliziert, zu anstrengend sind.

Selbst eine »Singularität« braucht von Zeit zu Zeit Ferien vom Ich. Natürlich kann man abenteuerliche Fernreisen machen oder eine Risikosportart betreiben. Ebenso gut kann man komplizierte Texte lesen. Wer sich vornimmt, Hegels *Phänomenologie des Geistes* zu durchdringen, hat keine Zeit, dem Dschungel nachzugrübeln, in dem er sich alltäglich verstrickt wähnt.

Kurz vor seinem Tod hielt Theodor W. Adorno im Mai 1969 einen Radiovortrag über Freizeit. Darin gab er seinem Befremden Ausdruck, das ihn jedes Mal befällt, wenn ihn ein Journalist nach seinen »hobbies« fragt. »Ich habe kein ›hobby‹«, bekannte der konsternierte Philosoph. »Nicht dass ich ein Arbeitstier wäre, was nichts anderes mit sich anzufangen wüsste, als sich anzustrengen und zu tun, was es tun muss. Aber mit dem, womit ich mich außerhalb meines offiziellen Berufs abgebe, ist es mir, ohne alle Ausnahme, so ernst, dass mich die Vorstellung, es handele sich um ›hobbies‹, also um Beschäftigungen, in die ich mich sinnlos vernarrt habe, nur um Zeit totzuschlagen, schockierte, hätte nicht meine Erfahrung gegen

Manifestationen von Barbarei, die zur Selbstverständlichkeit geworden sind, mich abgehärtet. Musik machen, Musik hören, konzentriert lesen ist ein integrales Moment meines Daseins, das Wort ›hobby‹ wäre Hohn darauf.«

Adornos Ausführungen machen deutlich: Die »Feierabend«-Anstrengungen, denen er sich hingab, haben nichts zu tun mit dem Optimierungswahn, in dessen zahlreiche Tretmühlen wir uns heute gefangen geben. Ich bin sicher, Adorno hätte beim Wort »chillen« ein noch größeres Entsetzen befallen als bei »Hobby«. Seine ästhetische Radikalmaxime, dass echte Kunst stets sperrig, stets ein unergründliches »Rätsel« sein müsste, halte auch ich für veraltet. Ich weiß nicht, was Adorno getan hat, wenn er abends tatsächlich nur noch von den Mühen des Tages entspannen wollte. Ich schaue, wie bereits gesagt, am liebsten klug und gut gemachte internationale Fernsehserien – und wenn ich wirklich gar nicht mehr kann (die letzten echten Bildungsbürger, bitte weghören!), lasse ich den Tag sogar mit Country Music ausklingen. Trotz dieses Geständnisses bleibe ich dabei: Ohne eine gewisse Bereitschaft zum postheroischen Heldentum kommt auch der Kulturpatriotismus nicht aus. Dass die strenge Unterscheidung von »E« und »U« in der Kunst mittlerweile am Verschwinden ist, ist ein Zugewinn an künstlerischer und ästhetischer Freiheit. Aber wir sollten dieses Verschwinden nicht als Freifahrtschein dafür nehmen, stets den Weg des geringsten Widerstands zu gehen. Wer ein Buch, einen Film, ein Bild, eine Komposition mit der beleidigt-verächtlichen Miene des Dreijährigen von sich schiebt und »bäh« sagt, weil er keine Lust zum Beißen, zum Kauen hat, erwartet auch in anderen Bereichen, dass ihm einzig mundgerechte Häppchen serviert werden. Ohne Bürger, die bereit sind, komplexe, fundierte Debatten über gesellschaftlich relevante Themen zu ertragen – und selbst zu führen –, sind wir verloren. Wer meint, nur noch Nachrichten für Eilige anbieten beziehungsweise konsumieren zu können, schlägt Nägel in den Sarg unserer Mündigkeit. Der Weg von »Fast News« zu »Fake News« ist verdammt kurz.

Partyotismus, wie wir ihn bei Fußballweltmeisterschaften erleben, ist eine schöne Lockerungsübung. Mit einem wohlverstandenen, aufgeklärten, postheroisch opferbereiten Patriotismus hat er nur am Rande zu tun.

Dürfen wir unser Land lieben?

Nein: Deutschland steht nicht über allem in der Welt, wie es die alte deutsche Nationalhymne beschwor. Zu Recht haben wir uns nach 1945 von der ersten Strophe verabschiedet – selbst wenn der Dichter August Heinrich Hoffmann von Fallersleben in seinem *Lied der Deutschen*, welches er im August 1841 auf Helgoland schrieb, nicht ahnen konnte, welche verbrecherischen Schändlichkeiten einhundert Jahre später im Namen des Deutschen begangen werden sollten. Deutschland ist ein Teil Europas. Ein Teil des Westens. Ein Teil der Menschheit. Nie wieder darf es darum gehen, dass Deutschland Europa, dem Westen und der Menschheit durch kriegerische Muskel- und Maschinenspiele oder gar durch millionenfachen Mord zeigen will, dass es ein »Überdeutschland« ist. Aber von Sigmund Freud wissen wir, dass das Über-Ich innerhalb der menschlichen Psyche jene Instanz ist, in der die moralischen Normen und sozialen Werte ihren Anker finden, in der das Gewissen beheimatet ist. Wem es nicht gelingt, ein Über-Ich auszubilden, überlässt sich seinen blinden Trieben. Freud schreibt: »Das Über-Ich ist für uns die Vertretung aller moralischen Beschränkungen, der Anwalt des Strebens nach Vervollkommnung, kurz das, was uns von dem sogenannt Höheren im Menschenleben psychologisch greifbar geworden ist.«

Von Freud wissen wir ebenso, dass das Über-Ich meist im Verborgenen der Psyche schlummert und dass es ein mühsamer Prozess ist, sich darüber Klarheit zu verschaffen, welche Werte und Normen, welche Gebote und Verbote wir unbewusst verinnerlicht haben. Diese Werte und Normen, Gebote und Verbote müssen aber ans Tageslicht des Verstandes heraufgeholt werden, weil nur dieser überprüfen kann, ob sie der kritischen Betrachtung standhalten. Tun sie dies nicht, müssen wir uns von ihnen befreien.

Drittens wissen wir von Freud, dass es ohne Über-Ich kein Ich-Ideal geben kann, welches dafür sorgt, dass wir nach »Vervollkomm-nung« streben, dass wir unser reales Ich beständig an diesem messen. Stellen wir fest, dass unser reales Ich weit hinter seinem Ideal zurückbleibt, empfinden wir Schuldgefühle.

Alles, was Freud über die individuelle Psyche sagt, lässt sich auf die Psyche einer Gesellschaft übertragen: Ohne Über-Wir besitzt sie weder ein Gewissen, noch kann sie nach Höherem streben. Nach 1945 musste Deutschland begreifen, dass es in seiner Vergangenheit etliche falsche Werte und Normen, Gebote und Verbote internalisiert hatte. Dass dieser Prozess geglückt ist, beweist die Bundesrepublik. Seine verbrecherische Vergangenheit wird Deutschland niemals »bewältigen« können. Ein Grauen dieses Ausmaßes kann nicht »bewältigt« werden. Aber es kann und soll bei denjenigen, die es zu verantworten haben, zu Reue führen – und bei den »Nachgeborenen« für ewige Scham sorgen. Trotz aller Verleugner und Verdränger in beiden Gruppen darf man, ohne einem grotesken »Sündenstolz« zu verfallen, behaupten, dass Deutschland sich gründlicher und glaubwürdiger mit seiner Schuld auseinandergesetzt hat, als dies viele andere Nationen mit ihren verbrecherischen Vergangenheiten getan haben.

Allzu oft hing Deutschland einem utopisch-verträumten Wir-Ideal an. Zwölf lange Jahre pervertierte es ein falsches, völkisches Ideal ins Monströse. Aus all dem sollten wir Heutigen nicht schließen, dass es besser wäre, ein deutsches Wir-Ideal gänzlich zu begraben. Deutschland ist ein erstaunlich gutes Land geworden. Es hat eine vorbildliche Verfassung; es ist nicht der unsozial-unsolidarische Eisschrank, zu dem manch Linker es karikiert; es kann nach wie vor eine Kulturnation sein, wenn sich nur genügend neue Bildungsbürger finden, die sich diesem Geist verpflichtet fühlen. Deutschland hat seinen Minderwertigkeitskomplex endlich abgelegt, es strebt nach wirtschaftlicher und sportlicher, manchmal sogar nach wissenschaftlicher und künstlerischer Exzellenz, ohne hysterisch oder größenwahnsinnig zu werden.

Glaubt man der Befragung, die ein Marktforschungsinstitut 2017 durchgeführt hat, ist Deutschland derzeit die beliebteste Nation der Welt. Dies sollten wir eher mit einem leisen Schmunzeln denn mit grölendem Hurra-Patriotismus quittieren – und als Erlaubnis dafür nehmen, dass endlich auch wir Deutschen unser Land lieben dürfen. Eigenliebe kann blind machen. Eigenhass nicht weniger. Und Gleichgültigkeit führt am Ende zu nichts als Trostlosigkeit.

Der 2016 verstorbene Fritz Stern, der als Kind mit seinen jüdischen Eltern aus Breslau fliehen musste und später in den USA zu einem der wichtigsten Historiker der deutschen Ideen- und Machtgeschichte wurde, gab 2007 dem Wochenmagazin *Stern* ein Interview. Darin erklärte er: »Ein nationales Bewusstsein ist von fundamentaler Bedeutung für eine Gesellschaft. Dieses Nationalgefühl darf man den Rechtsradikalen nicht überlassen.« Im selben Interview bekräftigte er abermals, was er seit 1990 immer wieder betont hatte: »Ich bin bis heute überzeugt, dass 1989 der strahlendste Moment in Europas dunkelstem Jahrhundert war. Deutschland bekam das Glück der zweiten Chance.«

Dieses »Glück der zweiten Chance« *dürfen* wir Deutschen nicht verspielen. Das sind wir uns und unserer Zukunft und unser Vergangenheit und all denen, denen wir schlimmstes Unrecht angetan haben, schuldig. In diesem Sinne: Lasst uns Patrioten sein! Kritische, wache und aufgeklärte Patrioten!

Werden wir noch kritischer, wacher und aufgeklärter, als wir es heute bereits sind, dürfen wir uns auch an das erinnern, was Johann Gottfried Herder in seinen *Briefen zu[r] Beförderung der Humanität* vor über zweihundert Jahren den Deutschen ans Herz gelegt hat: »Nicht zu grübeln hast du über dein Vaterland: denn du warest nicht sein Schöpfer; aber mithelfen musst du ihm, wo und wie du kannst, ermuntern, retten, bessern, und wenn du die Gans des Kapitoliums wärest.«

Gleichzeitig sollten wir uns den berühmten Ausspruch des US-amerikanischen Präsidenten John F. Kennedy regelmäßig ins Gedächtnis rufen: »Frage nicht, was dein Land für dich tun kann – frage, was du für dein Land tun kannst.«

Wir können die letzte Strophe von Bertolt Brechts und Hanns Eislers *Kinderhymne* anstimmen, die manch DDR-Bürgerrechtler 1990 gern als gesamtbundesrepublikanische Nationalhymne gehört hätte: »Und weil wir dies Land verbessern / Lieben und beschirmen wir's / Und das liebste mag's uns scheinen / So wie andern Völkern ihrs.«

Ebenso gut können wir aber auch jene Melodie singen, die der Österreicher Joseph Haydn am Ende des 18. Jahrhunderts seinem Kaiser komponiert hat und zu der August Heinrich Hoffmann von Fallersleben knapp fünfzig Jahre später, in der dritten Strophe seines Deutschlandliedes, die beflügelnden neuen Worte fand:

> Einigkeit und Recht und Freiheit
> für das deutsche Vaterland!
> Danach lasst uns alle streben
> brüderlich mit Herz und Hand!
> Einigkeit und Recht und Freiheit
> sind des Glückes Unterpfand:
> Blüh im Glanze dieses Glückes,
> blühe, deutsches Vaterland!

Der große Roman über die Sehnsucht nach Unsterblichkeit

In der amerikanischen Kleinstadt Dark Harbor treffen im Supermarkt aufeinander: Johanna Mawet, Molekularbiologin aus Deutschland, die darum ringt, durch genetische Manipulationen den unsterblichen Menschen zu erschaffen, und Johann Wilhelm Ritter, 1776 geborener Romantiker und Physiker, der sich danach sehnt, endlich in Frieden sterben zu dürfen.

Vor dem Hintergrund der heutigen technologischen Möglichkeiten erzählt Thea Dorn von den alten Menschheitsfragen, dem Sinn von Leben und Tod. »Die Unglückseligen« ist ein nachdenklicher Wissenschaftsroman, eine anrührende Liebesgeschichte und großes Welttheater in der langen Tradition des Fauststoffs.

PENGUIN VERLAG

»Zum Glück haben die Autoren nicht über die deutsche Seele geschrieben, sondern sie in vielen Ausdrucksformen selbst sprechen lassen.« *Martin Walser*

KNAUS

Das schönste Buch über uns Deutsche – jetzt als attraktive Sonderausgabe

»Thea Dorns und Richard Wagners Buch ist gescheit und kritisch, die deutsche Seele wird zwischen Abendbrot und Strandkorb ohne Gejammer erforscht, immer an meist zusammengesetzten Substantiven entlang«, urteilte Kurt Flasch zum Erscheinen in der Süddeutschen Zeitung. Über 100 000 Exemplare später erscheint nun diese einmalig ansprechende Kulturgeschichte des Deutschen, die von Lesern wie Kritikern gleichermaßen gepriesen und sogar in China verlegt wurde, erstmals als broschierte Sonderausgabe.